AÇÃO REVISIONAL
Juros abusivos

RONILDO DA CONCEIÇÃO MANOEL

Sumário

REFERÊNCIAS AO AUTOR

RONILDO DA CONCEIÇÃO MANOEL - Graduado em Gestão de Processos Gerenciais pela FACINTER/PR (ênfase em gestão financeira e tributária, devidamente inscrito no Conselho Regional de Administração sob n.º 200265); contabilista técnico inscrito no CRC/PR sob n.º 050.461/O-1; Pós-graduando (MBA) em Gestão Bancária e Finanças Corporativas, ESAB-Londrina/PR; autor de livro técnico-contábil pela Editora Juruá, "Perito-contador: com foco na área econômico-financeira", 2005, Curitiba; autor dos livros "Como se defender dos juros abusivos nos contratos bancários", 2011, São Paulo, Habermann; "Revisional de Financiamentos de Veículos e outros contratos bancários", Habermann, 2012, SP; "Gestão de Projetos Ambientais: ativos e passivos ambientais", Clube de Autores, 2010, SP; "A inconstitucionalidade do FUNRURAL e sua restituição na prática", 2010, São Paulo, RCN; curso Superior de Filosofia Licenciatura pela UFSC (Universidade Federal de Santa Catarina); Consultor Tributário e Articulista da Revista Contábil NetLegis (Portal Contábil e Jurídico – www.netlegis.com.br), Portal InfoBip (www.infobip.com.br), Banco de Informações privilegiadas, com consultoria fiscal e tributária, Classe Contábil (www.classecontabil.com.br) e InterFisco (www.interfisco.com.br) e Plênnitus Consultoria & Auditoria Contábil. Atua como perito financeiro e grafotécnico nas varas cíveis do interior do Paraná.

1 - Introdução

Você vai encontrar neste ebook o que realmente precisa para fundamentar suas ações judiciais de revisão de contratos bancários cumuladas com repetição de indébito.

Encontrará muitos modelos de laudos judiciais e extrajudiciais, imprescindíveis para subsidiar e provar as questões fáticas das ações judiciais.

Muitos modelos de petições já estão prontinhos, é só adaptar, imprimir e protocolizar.

Primeiramente, vamos adentrar no campo das principais teses jurídicas que estão "bombando" nos tribunais, em especial no Superior Tribunal de Justiça, considerando a nova sistemática de julgamento em Recursos Repetitivos.

2 - Principais teses jurídicas

2.1 - Anatocismo

Sem adentrar profundamente nas questões matemáticas, podemos definir anatocismo como capitalização composta de juros de um dado empréstimo e/ou financiamento.

O vocábulo não foi ainda muito utilizado nos Recursos Repetitivos, salvo no REsp 1118103/SP, com Acórdão publicado em 27/07/2009.

Na grande maioria das vezes, o STJ refere-se à capitalização de juros como anatocismo, o que tecnicamente é inapropriado, já que somente a **capitalização composta de juros seria anatocismo ou juros sobre juros.**

A jurisprudência atual *parece* ter sido "resolvida" quanto à capitalização de juros.

Vamos ver em quais contratos é permitida a capitalização e a partir de quando, com fulcro tão-somente na jurisprudência em recursos repetitivos do STJ.

2.1.1 - Anatocismo em contratos bancários

O REsp 973827/SP, proveniente do TJ/RS, julgado pela Segunda Seção do STJ, transitado em julgado na data de 27/11/2012, tratou da "possibilidade ou não de capitalização de juros mensais em contratos bancários, especialmente após a entrada em vigor do art. 5º da Medida Provisória n.2170-36/2001".

2.2.1.1 – Anatocismo após o Sistema de Julgamento em Recursos Repetitivos

Quanto à questão da proibição do anatocismo após vigência da MP 2170-36 e a Lei de Recursos Repetitivos, infere-se que o STJ já considera legal a capitalização dos juros quando expressamente contratada ou ainda quando a taxa de juros anual for superior a 12 vezes à taxa mensal (nominal), conforme súmulas 539 e 541

> Súmula 539
>
> É permitida a capitalização de juros com periodicidade inferior à anual em contratos celebrados com instituições integrantes do Sistema Financeiro Nacional a partir de 31/3/2000 (MP n. 1.963-17/2000, reeditada como MP n. 2.170-36/2001), desde que expressamente pactuada.

> Súmula 541
>
> A previsão no contrato bancário de taxa de juros anual superior ao duodécuplo da mensal é suficiente para permitir a cobrança da taxa efetiva anual contratada.

Portanto, por questões de razoabilidade e justiça, a Corte Superior, considerando a multiplicidade de recursos acerca da possibilidade ou não de capitalização de juros mensais em contratos bancários, especialmente após a entrada em vigor do art. 5º da Medida Provisória n. 2170-36/2001, afetou o julgamento do presente à E. Segunda Seção, nos termos do art. 543-C do CPC, suspendendo todos os recursos cuja controvérsia verse sobre o anatocismo, conforme REsp 973.827/RS, *in verbis*:

> "RECURSO ESPECIAL Nº 973.827 - RS (2007/0179072-3)
> RELATOR: MINISTRO LUIS FELIPE SALOMÃO
> RECORRENTE: BANCO SUDAMERIS BRASIL S/A
> ADVOGADO : CAROLINE WEISSHEIMER E OUTRO(S)
> RECORRIDO: JOÃO FELIPE ZANELLA FELIZARDO
> ADVOGADO: DANIEL DEMARTINI
> DECISÃO
> 1. Cuida-se de recurso especial, com fundamento no art. 105, III, "a" e "c", da Constituição Federal, interposto pelo BANCO SUDAMERIS DO BRASIL S/A, nos autos de ação revisional de contrato bancário, no qual o recorrente se insurge contra a limitação

dos juros remuneratórios e a vedação da prática da capitalização mensal de juros e da cobrança de comissão de permanência.

Considerando a multiplicidade de recursos acerca da possibilidade ou não de capitalização de juros mensais em contratos bancários, especialmente após a entrada em vigor do art. 5° da Medida Provisória n. 2170-36/2001, que ascendem diariamente a esta Corte Superior, afeto o julgamento do presente à E. Segunda Seção, nos termos do

art. 543-C do CPC, bem como da Resolução n. 08/2008.

Dê-se ciência, facultando-lhes manifestação no prazo de quinze dias (art. 3°, I, da Resolução n. 08/2008), ao Presidente do Banco Central, à Federação Brasileira de Bancos - FEBRABAN, e ao Instituto Brasileiro de Defesa do Consumidor - IDEC.

Oficie-se aos Presidentes dos Tribunais de Justiça e Regionais Federais, comunicando-lhes a instauração deste procedimento, para que suspendam o processamento de recursos cuja controvérsia esteja estabelecida, além de, querendo, prestem informações que entenderem relevantes.

Comunique-se, com cópia desta decisão, aos E. Ministros integrantes da Segunda Seção para os procedimentos previstos no art. 2°, § 2°, da Resolução n. 08/2008.

Após, vista ao Ministério Público Federal para, querendo, oferecer manifestação em quinze dias (art. 3°, II, da Resolução n. 08/2008).

Publique-se na íntegra, de modo a atender a publicidade descrita no art. 3°, "fine", da Resolução n. 08/2008.

Brasília, 05 de outubro de 2009".

Na mesma senda, o REsp 1.003.530/RS.

2.2.2 – Taxas de juros remuneratórios – média de mercado ou Lei de Usura? – Importância da perícia judicial para apuração da taxa de juros

Desde a edição da Emenda Constitucional 40/2003, infelizmente não há mais que se falar em limitação das taxas de juros, nem mesmo em taxas legais prescritas pela Lei de Usura, que não se aplicam às operações de crédito liberadas por instituições financeiras.

Em conformidade com o entendimento pacificado do Superior Tribunal de Justiça (STJ), as taxas de juros remuneratórios são limitadas pelo próprio contrato, podendo, contudo, ser revisadas se as taxas de juros remuneratórios forem abusivas, e, neste caso, deve haver a limitação pelas taxas médias de mercado divulgadas pelo banco Central, **salvo se a taxa contratual for mais vantajosa,** considerando o REsp 1.061.530/RS (Recurso Repetitivo) Documento: 4382151 - EMENTA / ACORDÃO - Site certificado - DJe: 10/03/2009, conforme ementa abaixo resumida:

> **"JULGAMENTO DAS QUESTÕES IDÊNTICAS QUE CARACTERIZAM A MULTIPLICIDADE. ORIENTAÇÃO 1 - JUROS REMUNERATÓRIOS**
> **a) As instituições financeiras não se sujeitam à limitação dos juros remuneratórios estipulada na Lei de Usura (Decreto 22.626/33), Súmula 596/STF;**
> **b) A estipulação de juros remuneratórios superiores a 12% ao ano, por si só, não indica abusividade;**
> **c) São inaplicáveis aos juros remuneratórios dos contratos de mútuo bancário as disposições do art. 591 c/c o art. 406 do CC/02;**
> **d) É admitida a revisão das taxas de juros remuneratórios em situações excepcionais, desde que caracterizada a relação de consumo e que a abusividade (capaz de colocar o consumidor em desvantagem exagerada – art. 51, §1º, do CDC) fique cabalmente demonstrada, ante às peculiaridades do julgamento em concreto".**

Para melhor esclarecimento, na pág. 20 do Acórdão referente ao REsp 1.061.530/RS, **"O Min. Fernando Gonçalves sustenta que "a alteração da taxa de juros pactuada depende da demonstração cabal da sua abusividade em relação à taxa média de mercado"** (AgRg no REsp 1.041.086/RS, Quarta Turma, DJe de 01.09.2008).

Tendo em vista à relevância do tema, colaciona-se trecho extraído do Acórdão, REsp 1.061.530/RS, págs. 17 a 25, que trata dos juros remuneratórios no período da adimplência ou da normalidade:

> **I – PERÍODO DA ADIMPLÊNCIA**
> **1. JUROS REMUNERATÓRIOS**
> **Juros remuneratórios são aqueles que representam o preço da disponibilidade monetária, pago pelo mutuário ao mutuante, em decorrência do negócio jurídico celebrado entre eles.**
> **1.1. Juros Remuneratórios Pactuados**

O entendimento hoje vigente nesta 2ª Seção indica que a regra, no Sistema Financeiro Nacional, é a liberdade na pactuação dos juros remuneratórios.

Isso implica, mais especificamente, reconhecer que:

(i) As instituições financeiras não se sujeitam à limitação dos juros remuneratórios que foi estipulada na Lei de Usura (Decreto 22.626/33), como já dispõe a Súmula 596/STF.

Inaplicabilidade da Lei de Usura.		
Ministro Relator	Julgado	Órgão
Fernando Gonçalves	AgRg no Resp 1.041.086/RS, j. em 19.08.2008	4.ª Turma
Aldir Passarinho Junior	REsp 680.237/RS, j. em 14.12.2005	2.ª Seção
Nancy Andrighi	AgRg no Ag 921.983/RJ, j. em 01.04.2008	3ª Turma
João Otávio de Noronha	AgRg no Ag 888.492/SP, j. em 18.12.2007	4ª Turma
Massami Uyeda	REsp 1.036.474/RS, j. em 27.05.2008	3ª Turma
Sidnei Beneti	Ag 1.026.104/MG, DJe de 01.08.2008	Unipessoal
Luis Felipe Salomão	REsp 1.007.071/RS , DJe de 27.08.2008	Unipessoal
Carlos Mathias	REsp 1.038.020/RS, Dje de 26.09.2008	Unipessoal
Ari Pargendler	REsp 402.261/RS, j. em 26.03.2003	2ª Seção

(ii) A simples estipulação de juros remuneratórios superiores a 12% ao ano não indica abusividade.

Não abusividade pela simples estipulação de juros remuneratórios superiores a 12% ao ano.		
Ministro Relator	Julgado	Órgão
Fernando Gonçalves	AgRg no REsp 913.609/RS, j. em 20.11.2007	4.ª Turma
Aldir Passarinho Junior	AgRg no REsp 688.627/RS, j. em 17.03.2005	4.ª Turma
Nancy Andrighi	REsp 715.894/PR, j. em 26.04.2006	2.ª Seção
João Otávio de Noronha	REsp 1.038.242/RS, DJe de 12.09.2008	Unipessoal
Massami Uyeda	REsp 1.042.903/RS, j. em 03.06.2008	3ª Turma
Sidnei Beneti	AgRg no REsp 879.902/RS, j. em	3ª Turma

Não abusividade pela simples estipulação de juros remuneratórios superiores a 12% ao ano.		
Ministro Relator	Julgado	Órgão
	19.06.2008	
Luis Felipe Salomão	REsp 1.007.071/RS , DJe de 27.08.2008	Unipessoal
Carlos Mathias	REsp 1.038.020/RS, Dje de 26.09.2008	Unipessoal
Ari Pargendler	/AgRg nos EDcl no REsp 681.411/RS, j. em 27.09.2005	3ª Turma

(iii) São inaplicáveis aos juros remuneratórios dos contratos de mútuo bancário as disposições do art. 591 c/c o art. 406 do CC/02 (Único voto encontrado: REsp 680.237/RS, 2ª Seção, Rel. Min. Aldir Passarinho Junior, DJ de 15.03.2006).

(...)

1.2. A Revisão dos Juros Remuneratórios Pactuados

Fixada a premissa de que, salvo situações excepcionais, os juros remuneratórios podem ser livremente pactuados em contratos de empréstimo no âmbito do Sistema Financeiro Nacional, questiona-se a possibilidade de o Poder Judiciário exercer o controle da liberdade de convenção de taxa de juros naquelas situações que são evidentemente abusivas.

A dificuldade do tema, que envolve o controle do preço do dinheiro é enorme. Isso não é, entretanto, suficiente para revogar o art. 39, V, CDC, que veda ao fornecedor, dentre outras práticas abusivas, "exigir do consumidor vantagem manifestamente excessiva" , e o art. 51, IV, do mesmo diploma, que torna nulas as cláusulas que "estabeleçam obrigações consideradas iníquas, abusivas, que coloquem o consumidor em desvantagem exagerada, ou sejam incompatíveis com a boa-fé ou a eqüidade" .

As premissas básicas de solução foram lançadas no julgamento do REsp 407.097/RS, DJ de 29.09.2003, quando a 2ª Seção estava diante da cobrança de taxa de juros de 10,90% ao mês em contrato de abertura de crédito em conta corrente. Naquela oportunidade, a maioria dos Ministros manifestou o entendimento de que os juros não deveriam ser limitados, salvo em hipóteses excepcionais.

A excepcionalidade pressupunha: (i) aplicação do CDC ao contrato e (ii) taxa que comprovadamente discrepasse, de modo substancial, da média do mercado na praça do empréstimo, salvo se justificada pelo risco da operação (no mesmo sentido, vide REsp 420.111/RS,

Segunda Seção, Rel. Min. Pádua Ribeiro, Rel. p. Acórdão Min. Ari Pargendler, DJ de 06.10.2003).

Acompanhando tais precedentes, os Ministros que atualmente compõem esta 2ª Seção têm admitido a possibilidade de controle dos juros manifestamente abusivos naqueles contratos que se inserem em uma relação de consumo.

O Min. Aldir Passarinho Junior vem considerando "que a pactuação [dos juros] é livre entre as partes, somente se podendo falar em taxa abusiva se constatado oportunamente por prova robusta que outras instituições financeiras, nas mesmas condições, praticariam percentuais muito inferiores" (REsp 915.572/RS, Quarta Turma, DJe 10.03.2008).

Por isso, o Ministro Aldir defende que ESSA ABUSIVIDADE SEJA DEMONSTRADA EM "PERÍCIA QUE PROPICIE A COMPARAÇÃO COM AS TAXAS PRATICADAS POR OUTRAS INSTITUIÇÕES FINANCEIRAS, DESDE QUE COINCIDENTES O PRODUTO, A PRAÇA E A ÉPOCA DA FIRMATURA DO PACTO[1]" (AgRg no REsp 935.231/RJ, Quarta Turma, DJ de 29.10.2007).

No mesmo sentido, o Min. João Otávio de Noronha tem asseverado que "a alteração da taxa de juros pactuada depende da demonstração cabal de
sua abusividade em relação à taxa média do mercado" (AgRg no REsp 939.242/RS, Quarta Turma, DJe de 14.04.2008).

O Min. Luis Felipe Salomão, por sua vez, afirma que "a abusividade da pactuação dos juros remuneratórios deve ser cabalmente demonstrada em cada caso, com a comprovação do desequilíbrio contratual ou de lucros excessivos, sendo insuficiente o só fato de a estipulação ultrapassar 12% ao ano ou de haver estabilidade inflacionária no período, o que não ocorreu no caso dos autos" (AgRg no REsp 881.383, DJ de 27.08.2008).

O Min. Fernando Gonçalves sustenta que "a alteração da taxa de juros pactuada depende da demonstração cabal da sua abusividade em relação à taxa média de mercado" (AgRg no REsp 1.041.086/RS, Quarta Turma, DJe de 01.09.2008).

O Min. Massami Uyeda entende ser "firme o entendimento desta augusta Corte no sentido de que, não obstante a inequívoca incidência da lei consumerista nos contratos bancários, a abusividade da pactuação dos juros remuneratórios deve ser

---

[1] - Nosso destaque.

cabalmente demonstrada em cada caso, com a comprovação do desequilíbrio contratual ou de lucros excessivos (...)" e, com base nesse argumento e na Súmula 7/STJ, já manteve acórdão que reduziu uma taxa de juros de 45,65% ao ano, em contrato de alienação fiduciária, para o patamar da taxa média de 37,42% ao ano (REsp 1.036.857/RS, Terceira Turma, DJe de 05.08.2008).

O Min. Sidnei Beneti reconheceu que "para o período da inadimplência, permite-se o controle judicial dos juros remuneratórios, com base nas regras do Código de Defesa do Consumidor, quando ficar comprovado que o percentual cobrado destoa da taxa média do mercado para a mesma operação financeira".

Assim, conclui o Min. Beneti que, como "o Acórdão recorrido apurou que a taxa de juros remuneratórios cobrada pela instituição financeira recorrida encontra-se acima do dobro da taxa média do mercado para a modalidade do negócio jurídico efetivado", na inadimplência, os juros deveriam variar "segundo a taxa média do mercado, para a operação de mútuo, apurada pelo Banco Central do Brasil, na forma da Circular da Diretoria n° 2.957, de 28 de dezembro de 1999 (...)" (REsp 977.789/RS, Terceira Turma, DJe de 20.06.2008). Ressalte-se, para fins ilustrativos, que nessa hipótese havia dois contratos de mútuo, um com taxa de 9,9% ao mês e outro de 8,8% ao mês.

Aponta-se, ainda, precedente de minha lavra, com o qual manifestaram concordância os Min. Ari Pargendler, Massami Uyeda e Sidnei Beneti, no qual, diante de empréstimo pessoal a juros de 249,85% ao ano, superiores ao dobro da taxa média apurada pelo Banco Central, ficou estabelecido que "cabalmente demonstrada pelas instâncias ordinárias a abusividade da taxa de juros remuneratórios cobrada, deve ser feita sua redução ao patamar médio praticado pelo mercado para a respectiva modalidade contratual" (Resp 1.036.818, Terceira Turma, DJe de 20.06.2008). Por sua importância, ainda vale mencionar a posição de alguns Ministros que não mais integram esta 2ª Seção: O Ministro César Asfor Rocha, diante de juros remuneratórios pactuados à taxa de 34,87% ao mês contra uma taxa média, <u>APURADA POR PERÍCIA</u>[2], de 14,19% ao mês, entendeu que, estando "cabalmente comprovada por perícia, nas instâncias ordinárias, que a estipulação da taxa de juros remuneratórios foi aproximadamente

---

[2] - Idem.

150% maior que a taxa média praticada no mercado, nula é a cláusula do contrato" (REsp 327.727/SP, Segunda Seção, DJ de 08.03.2004).

O Min. Pádua Ribeiro, por seu turno, constatando cobrança de taxa superior ao triplo da média (380,78% ao ano contra 67,81% ao ano), reduziu-a para o "patamar médio praticado pelo mercado para a respectiva modalidade contratual" (REsp 971.853/RS, Quarta Turma, DJ de 24.09.2007).

O Ministro Ari Pargendler consignou que "evidentemente, pode-se, em casos concretos reconhecer a existência de juros abusivos. Por exemplo, no Agravo de Instrumento n° 388.622, MG, tive ocasião de decidir que, 'se o acórdão, confortado por laudo pericial, dá conta de que os juros praticados na espécie excediam em quase 50% à taxa média de mercado, não há como fugir da conclusão de que são, mesmo, abusivos' (DJ, 10.08.2001). O tema, com certeza, é complexo, porque o risco de cada operação influi na respectiva taxa de juros. Mas o peso desse componente, e de outros, no custo do empréstimo deve, então, caso a caso, ser justificado pela instituição financeira, o juiz saberá decidir as controvérsias a propósito, se respeitar a racionalidade econômica, representada pelo mercado" (voto proferido no REsp 271.214/RS, Rel. p. Acórdão Min. Menezes Direito, DJ de 04.08.2003; no mesmo sentido, vide REsp 420.111/RS, Segunda Seção, Rel. Min. Pádua Ribeiro, Rel. p. Acórdão Min. Ari Pargendler, DJ de 06.10.2003; REsp 1.061.512, Rel. Min. Ari Pargendler, DJ de 07.08.2008).

Logo, diante desse panorama sobre o posicionamento atual da 2ª Seção, conclui-se que é admitida a revisão das taxas de juros em situações excepcionais, desde que haja relação de consumo e que a abusividade (capaz de colocar o consumidor em desvantagem exagerada – art. 51, §1°, do CDC) esteja cabalmente demonstrada.

Necessário tecer, ainda, algumas considerações sobre parâmetros que podem ser utilizados pelo julgador para, diante do caso concreto, perquirir a existência ou não de flagrante abusividade.

Inicialmente, destaque-se que, para este exame, a meta estipulada pelo Conselho Monetário Nacional para a SELIC – taxa do Sistema Especial de Liquidação e Custódia – é insatisfatória. Ela apenas indica o menor custo, ou um dos menores custos, para a captação de recursos pelas instituições que compõem o Sistema Financeiro Nacional. Sua adoção como parâmetro de abusividade elimina o 'spread' e não resolve as intrincadas questões inerentes ao preço do empréstimo. Por essas razões, conforme destacado, o STJ em diversos precedentes tem afastado a taxa SELIC como parâmetro de limitação de juros. Descartados índices ou taxas fixos, é razoável que os instrumentos para aferição da abusividade sejam buscados no próprio mercado financeiro. Assim, a análise da abusividade ganhou muito quando o Banco Central do Brasil passou, em outubro de 1999, a divulgar as taxas médias, ponderadas segundo o volume de crédito concedido, para os juros praticados pelas instituições financeiras nas operações de crédito realizadas com recursos livres (conf. Circular nº 2957, de 30.12.1999).

As informações divulgadas por aquela autarquia, acessíveis a qualquer pessoa através da rede mundial de computadores (conforme http://www.bcb.gov.br/?ecoimpom - no quadro XLVIII da nota anexa; ou http://www.bcb.gov.br/?TXCREDMES, acesso em 06.10.2008), são segregadas de acordo com o tipo de encargo (prefixado, pós-fixado, taxas flutuantes e índices de preços), com a categoria do tomador (pessoas físicas e jurídicas) e com a modalidade de empréstimo realizada ('hot money', desconto de duplicatas, desconto de notas promissórias, capital de giro, conta garantida, financiamento imobiliário, aquisição de bens, 'vendor', cheque especial, crédito pessoal, entre outros).

A taxa média apresenta vantagens porque é calculada segundo as informações prestadas por diversas instituições financeiras e, por isso, representa as forças do mercado. Ademais, traz embutida em si o custo médio das instituições financeiras e seu lucro médio, ou seja, um 'spread' médio. É certo, ainda, que o cálculo da taxa média não é completo, na medida em que não abrange todas as modalidades de concessão de crédito, mas, sem dúvida, presta-se como parâmetro de tendência das taxas de juros. Assim, dentro do universo regulatório atual, a taxa média constitui o melhor parâmetro para a elaboração de um juízo sobre abusividade. Como média, não se pode exigir que todos os empréstimos sejam feitos segundo essa taxa. Se isto ocorresse, a taxa média deixaria de ser o que é, para ser um valor fixo. Há, portanto, que se admitir uma faixa razoável para a variação dos juros.

A jurisprudência, conforme registrado anteriormente, tem considerado abusivas taxas superiores a uma vez e meia (voto proferido pelo Min. Ari Pargendler no REsp 271.214/RS, Rel. p. Acórdão Min. Menezes Direito, DJ de 04.08.2003), ao dobro (Resp 1.036.818, Terceira Turma, minha relatoria, DJe de 20.06.2008) ou ao triplo (REsp 971.853/RS, Quarta Turma, Min. Pádua Ribeiro, DJ de 24.09.2007) da média. Todavia, esta perquirição acerca da abusividade não é estanque, o que impossibilita a adoção de critérios genéricos e universais. A taxa média de mercado, divulgada pelo Banco Central, constitui um valioso referencial, mas cabe somente ao juiz, no exame das peculiaridades do caso concreto, avaliar se os juros contratados foram ou não abusivos.

1.3. Taxa aplicável quando reconhecida a abusividade na contratação dos juros remuneratórios.

A questão final atinente a este tópico procura responder ao seguinte problema: constatada a abusividade, qual taxa deve ser considerada adequada pelo Poder Judiciário?

Muitos precedentes indicam que, demonstrado o excesso, deve-se aplicar a taxa média para as operações equivalentes, segundo apurado pelo Banco Central do Brasil (vide, ainda, EDcl no AgRg no REsp 480.221/RS, Quarta Turma, Rel. Min. Hélio Quaglia Barbosa, DJ de 27.3.2007; e REsp 971853/RS, Terceira Turma, Rel. Min. Pádua Ribeiro, DJ de 24.09.2007).

Esta solução deve ser mantida, pois coloca o contrato dentro do que, em média, vem sendo considerado razoável segundo as próprias práticas do mercado. Não se deve afastar, todavia, a possibilidade de que o juiz, de acordo com seu livre convencimento racional, indicar outro patamar mais adequado para os juros, segundo as circunstâncias particulares de risco envolvidas no empréstimo.

CONSOLIDAÇÃO DA JURISPRUDÊNCIA

Portanto, no que diz respeito aos juros remuneratórios, a 2ª Seção do STJ consolida o entendimento de que:

a) As instituições financeiras não se sujeitam à limitação dos juros remuneratórios que foi estipulada na Lei de Usura (Decreto 22.626/33), como dispõe a Súmula 596/STF;

b) A estipulação de juros remuneratórios superiores a 12% ao ano por si só não indica abusividade;

c) São inaplicáveis aos juros remuneratórios dos contratos de mútuo bancário as disposições do art. 591 c/c o art. 406 do CC/02;

d) É admitida a revisão das taxas de juros remuneratórios em situações excepcionais, desde que caracterizada a relação de consumo e que a abusividade (capaz de colocar o consumidor em desvantagem exagerada – art. 51, §1º, do CDC) fique cabalmente demonstrada, ante às peculiaridades do caso concreto".

Portanto, para que haja apuração adequada e tecnicamente correta, no REsp 1.061.530/RS, "(...) o Ministro Aldir defende que essa abusividade seja demonstrada em "perícia que propicie a comparação com as taxas praticadas por outras instituições financeiras, desde que coincidentes o produto, a praça e a época da firmatura do pacto" (AgRg no REsp 935.231/RJ, Quarta Turma, DJ de 29.10.2007).

Desta forma, percebe-se a importância essencial do laudo pericial judicial, cuja prova pode e/ou deve ser apreciada pelo juízo monocrático, justamente por ser uma prova científica especializada. Tal importância é destacada pelos ministros César Asfor Rocha e Ari Pargendler, no Recurso Especial em comento:

> "O Ministro César Asfor Rocha, diante de juros remuneratórios pactuados à taxa de 34,87% ao mês contra uma taxa média, apurada por perícia, de 14,19% ao mês, entendeu que, estando "cabalmente comprovada por perícia, nas instâncias ordinárias, que a estipulação da taxa de juros remuneratórios foi aproximadamente 150% maior que a taxa média praticada no mercado, nula é a cláusula do contrato" (REsp 327.727/SP, Segunda Seção, DJ de 08.03.2004).
>
> O Min. Pádua Ribeiro, por seu turno, constatando cobrança de taxa superior ao triplo da média (380,78% ao ano contra 67,81% ao ano), reduziu-a para o "patamar médio praticado pelo mercado para a respectiva modalidade contratual" (REsp 971.853/RS, Quarta Turma, DJ de 24.09.2007).
>
> O Ministro Ari Pargendler consignou que "evidentemente, pode-se, em casos concretos reconhecer a existência de juros abusivos. Por exemplo, no Agravo de Instrumento nº 388.622, MG, tive ocasião de decidir que, 'se o acórdão, confortado por laudo pericial, dá conta de que os juros praticados na espécie excediam em quase 50% à taxa média de mercado, não há como fugir da conclusão de que são, mesmo, abusivos' (DJ, 10.08.2001). O tema, com certeza, é complexo, porque o risco de cada operação influi na respectiva taxa de juros. Mas o peso desse componente, e de outros, no custo do empréstimo deve, então, caso a caso, ser justificado pela instituição financeira, o juiz saberá decidir as controvérsias a propósito, se respeitar a racionalidade econômica, representada pelo mercado" (voto proferido no REsp 271.214/RS, Rel. p. Acórdão Min. Menezes Direito, DJ de 04.08.2003; no mesmo sentido, vide REsp 420.111/RS, Segunda Seção, Rel. Min. Pádua Ribeiro, Rel. p. Acórdão Min. Ari Pargendler, DJ de 06.10.2003; REsp 1.061.512, Rel. Min. Ari Pargendler, DJ de 07.08.2008).

Para melhor subsídio aos operadores de Direito, demonstra-se, na íntegra, o Acórdão do REsp 1.061.530/RS:

"RECURSO ESPECIAL N° 1.061.530 - RS (2008/0119992-4)

RELATORA	:	MINISTRA NANCY ANDRIGHI
RECORRENTE	:	UNIBANCO UNIÃO DE BANCOS BRASILEIROS S/A
ADVOGADOS	:	MARIANE CARDOSO MACAREVICH E OUTRO(S) LUCIANO CORRÊA GOMES
RECORRIDO	:	ROSEMARI DOS SANTOS SANCHES
ADVOGADO	:	MAURO TRÁPAGA TEIXEIRA

EMENTA

DIREITO PROCESSUAL CIVIL E BANCÁRIO. RECURSO ESPECIAL. AÇÃO REVISIONAL DE CLÁUSULAS DE CONTRATO BANCÁRIO. INCIDENTE DE PROCESSO REPETITIVO. JUROS REMUNERATÓRIOS. CONFIGURAÇÃO DA MORA. JUROS MORATÓRIOS. INSCRIÇÃO/MANUTENÇÃO EM CADASTRO DE INADIMPLENTES. DISPOSIÇÕES DE OFÍCIO.

DELIMITAÇÃO DO JULGAMENTO
Constatada a multiplicidade de recursos com fundamento em idêntica questão de direito, foi instaurado o incidente de processo repetitivo referente aos contratos bancários subordinados ao Código de Defesa do Consumidor, nos termos da ADI n.º 2.591-1. Exceto: cédulas de crédito rural, industrial, bancária e comercial; contratos celebrados por cooperativas de crédito; contratos regidos pelo Sistema Financeiro de Habitação, bem como os de crédito consignado.
Para os efeitos do § 7º do art. 543-C do CPC, a questão de direito idêntica, além de estar selecionada na decisão que instaurou o incidente de processo repetitivo, deve ter sido expressamente debatida no acórdão recorrido e nas razões do recurso especial, preenchendo todos os requisitos de admissibilidade.

Neste julgamento, os requisitos específicos do incidente foram verificados quanto às seguintes questões: i) juros remuneratórios; ii) configuração da mora; iii) juros moratórios; iv) inscrição/manutenção em cadastro de inadimplentes e v) disposições de ofício.

PRELIMINAR

O Parecer do MPF opinou pela suspensão do recurso até o julgamento definitivo da ADI 2.316/DF. Preliminar rejeitada ante a presunção de constitucionalidade do art. 5º da MP n.º 1.963-17/00, reeditada sob o n.º 2.170-36/01.

I - JULGAMENTO DAS QUESTÕES IDÊNTICAS QUE CARACTERIZAM A MULTIPLICIDADE.

ORIENTAÇÃO 1 - JUROS REMUNERATÓRIOS

a) As instituições financeiras não se sujeitam à limitação dos juros remuneratórios estipulada na Lei de Usura (Decreto 22.626/33), Súmula 596/STF;

b) A estipulação de juros remuneratórios superiores a 12% ao ano, por si só, não indica abusividade;

c) São inaplicáveis aos juros remuneratórios dos contratos de mútuo bancário as disposições do art. 591 c/c o art. 406 do CC/02;

d) É admitida a revisão das taxas de juros remuneratórios em situações excepcionais, desde que caracterizada a relação de consumo e que a abusividade (capaz de colocar o consumidor em desvantagem exagerada – art. 51, §1º, do CDC) fique cabalmente demonstrada, ante às peculiaridades do julgamento em concreto.

ORIENTAÇÃO 2 - CONFIGURAÇÃO DA MORA

a) O reconhecimento da abusividade nos encargos exigidos no período da normalidade contratual (juros remuneratórios e capitalização) descaracteriza a mora;

b) Não descaracteriza a mora o ajuizamento isolado de ação revisional, nem mesmo quando o reconhecimento de abusividade incidir sobre os encargos inerentes ao período de inadimplência contratual.

ORIENTAÇÃO 3 - JUROS MORATÓRIOS

Nos contratos bancários, não-regidos por legislação específica, os juros moratórios poderão ser convencionados até o limite de 1% ao mês.

ORIENTAÇÃO 4 - INSCRIÇÃO/MANUTENÇÃO EM CADASTRO DE INADIMPLENTES

a) A abstenção da inscrição/manutenção em cadastro de inadimplentes, requerida em antecipação de tutela e/ou medida cautelar, somente será deferida se, cumulativamente: i) a ação for fundada em questionamento integral ou parcial do débito; ii) houver demonstração de que a cobrança indevida se funda na aparência do bom direito e em jurisprudência consolidada do STF ou STJ; iii) houver depósito da parcela incontroversa ou for prestada a caução fixada conforme o prudente arbítrio do juiz;

b) A inscrição/manutenção do nome do devedor em cadastro de inadimplentes decidida na sentença ou no acórdão observará o que for decidido no mérito do processo. Caracterizada a mora, correta a inscrição/manutenção.

ORIENTAÇÃO 5 - DISPOSIÇÕES DE OFÍCIO

É vedado aos juízes de primeiro e segundo graus de jurisdição julgar, com fundamento no art. 51 do CDC, sem pedido expresso, a abusividade de cláusulas nos contratos bancários. Vencidos quanto a esta matéria a Min. Relatora e o Min. Luis Felipe Salomão.

II- JULGAMENTO DO RECURSO REPRESENTATIVO (REsp 1.061.530/RS)

A menção a artigo de lei, sem a demonstração das razões de inconformidade, impõe o não-conhecimento do recurso especial, em razão da sua deficiente fundamentação. Incidência da Súmula 284/STF.

O recurso especial não constitui via adequada para o exame de temas constitucionais, sob pena de usurpação da competência do STF. Devem ser decotadas as disposições de ofício realizadas pelo acórdão recorrido.

Os juros remuneratórios contratados encontram-se no limite que esta Corte tem considerado razoável e, sob a ótica do Direito do Consumidor, não merecem ser revistos, porquanto não demonstrada a onerosidade excessiva na hipótese.

Verificada a cobrança de encargo abusivo no período da normalidade contratual, resta descaracterizada a mora do devedor.

Afastada a mora: i) é ilegal o envio de dados do consumidor para quaisquer cadastros de inadimplência; ii) deve o consumidor permanecer na posse do bem alienado fiduciariamente e iii) não se admite o protesto do título representativo da dívida.

Não há qualquer vedação legal à efetivação de depósitos parciais, segundo o que a parte entende devido.

Não se conhece do recurso quanto à comissão de permanência, pois deficiente o fundamento no tocante à alínea "a" do permissivo constitucional e também pelo fato de o dissídio jurisprudencial não ter sido comprovado, mediante a realização do cotejo entre os julgados tidos como divergentes. Vencidos quanto ao conhecimento do recurso a Min. Relatora e o Min. Carlos Fernando Mathias.

Recurso especial parcialmente conhecido e, nesta parte, provido, para declarar a legalidade da cobrança dos juros remuneratórios, como pactuados, e ainda decotar do julgamento as disposições de ofício.

Ônus sucumbenciais redistribuídos.

ACÓRDÃO

Vistos, relatados e discutidos estes autos, acordam os Ministros da SEGUNDA SEÇÃO do Superior Tribunal de Justiça, na conformidade dos votos e das notas taquigráficas constantes dos autos, por unanimidade, conhecer em parte do recurso especial e, nessa parte, dar-lhe provimento, nos termos do voto da Sra. Ministra Relatora, acompanhada pelos Srs. Ministros João Otávio de Noronha, Sidnei Beneti, Luis Felipe Salomão, Carlos Fernando Mathias, Fernando Gonçalves e Aldir Passarinho Junior; salvo em relação às disposições de ofício, vencidos a Ministra Relatora e o Ministro Luis Felipe Salomão, e quanto à comissão de permanência, vencidos no conhecimento a Ministra Relatora e o Ministro Carlos Fernando Mathias. Presidiu o julgamento o Sr. Ministro Massami Uyeda.

Brasília (DF), 22 de outubro de 2008.(data do julgamento).

MINISTRA NANCY ANDRIGHI

Relatora

RECURSO ESPECIAL Nº 1.061.530 - RS (2008/0119992-4)

QUESTÃO DE ORDEM

VOTO

EXMO. SR. MINISTRO ALDIR PASSARINHO JUNIOR: Entendo que a sustentação oral deve se restringir à dos ilustres advogados das partes.

RECURSO ESPECIAL Nº 1.061.530 - RS (2008/0119992-4)

QUESTÃO DE ORDEM

VOTO

O SR. MINISTRO FERNANDO GONÇALVES: Sr. Presidente, se há manifestação escrita e por se tratar de um processo em que se vai apenas consolidar teses que já estão, ao longo do tempo, sendo acatadas por todos os Membros da Seção, não vejo razão para que haja sustentação oral, além das duas partes envolvidas.

Com a vênia devida da Sra. Ministra Relatora, indefiro, no sentido de admitir somente a sustentação oral das partes.

RECURSO ESPECIAL Nº 1.061.530 - RS (2008/0119992-4)

RECORRENTE :	UNIBANCO UNIÃO DE BANCOS BRASILEIROS S/A	
ADVOGADOS :	MARIANE CARDOSO MACAREVICH E OUTRO(S)	
	LUCIANO CORRÊA GOMES	
RECORRIDO :	ROSEMARI DOS SANTOS SANCHES	
ADVOGADO :	MAURO TRÁPAGA TEIXEIRA	

RELATORA: MINISTRA NANCY ANDRIGHI

RELATÓRIO

Trata-se de recurso especial interposto por Unibanco – União Brasileira de Bancos S.A., com fundamento nas alíneas "a" e "c" do permissivo constitucional, contra acórdão proferido pelo TJ/RS.

Ação: Rosemari dos Santos Sanches ajuizou ação de revisão contratual em face do Unibanco – União Brasileira de Bancos S.A., alegando, em síntese, que adquiriu uma motocicleta mediante financiamento concedido pela instituição financeira recorrente. Obteve o empréstimo de R$ 4.980,00 (quatro mil, novecentos e oitenta reais) para pagamento em 36 parcelas de R$ 249,48 (duzentos e quarenta e nove reais e quarenta e oito centavos).

Com base em precedente desta Corte (REsp 213.825/RS, Quarta Turma, Rel. Min. Cesar Asfor Rocha), a recorrida sustentou na inicial que "todas as vezes que a contratação dos juros remuneratórios se apresente excessivamente onerosa, em percentual caracterizadamente abusivo, por extrapolar os padrões da conjuntura econômica pátria (...), pode ser aplicada a norma protetora do consumidor, com o fito de coibirem-se intoleráveis abusos por parte das instituições financeiras".

Além de insurgir-se contra os juros remuneratórios, que considerou excessivamente onerosos, pleiteou o afastamento da capitalização de juros, da cobrança da comissão de permanência e da inclusão de seu nome em cadastro de inadimplentes. Aventou a possibilidade de realizar o depósito da quantia que entende devida, qual seja R$ 2.509,15 (dois mil quinhentos e nove reais e quinze centavos), em 23 prestações de R$ 122,66 (cento e vinte e dois reais e sessenta e seis centavos).

Ao final, requereu que fosse: (i) mantida na posse da motocicleta; (ii) impedida a inscrição de seu nome em cadastro de inadimplentes, como Serasa, SPC, Cartório de Protestos e Central de Risco do Banco Central; (iii) autorizada a realizar o depósito da quantia incontroversa; (iv) apresentada pelo banco cópia do contrato celebrado entre as partes; (v) declarada a nulidade das cláusulas que contrariam a lei; (vi) estipulada a aplicação de juros remuneratórios de 12% ao ano e (vii) excluída a capitalização mensal.

Sentença: Considerou que a taxa mensal de juros remuneratórios de 2,5654% ao mês era abusiva, razão pela qual a reduziu para 1% ao mês, afastando, ainda, "a cobrança da comissão de permanência, que deverá ser substituída pelo IGPM, e determinando a capitalização anual dos juros" (fls. 63).

Acórdão: O Tribunal de origem negou provimento à apelação interposta pela instituição financeira, afastando, de ofício, a cobrança de certos encargos, tal como resumido na seguinte ementa:

"AÇÃO REVISIONAL. NEGÓCIOS JURÍDICOS BANCÁRIOS. ALIENAÇÃO FIDUCIÁRIA. APLICAÇÃO DO CDC. JUROS REMUNERATÓRIOS. CAPITALIZAÇÃO. COMISSÃO DE PERMANÊNCIA. ÍNDICE DE ATUALIZAÇÃO MONETÁRIA. ENCARGOS MORATÓRIOS. COMPENSAÇÃO E / OU REPETIÇÃO DO INDÉBITO. CLÁUSULA DE EMISSÃO DE TÍTULO DE CRÉDITO. TARIFA DE ABERTURA DE CRÉDITO. EMISSÃO DE BOLETO BANCÁRIO. CADASTRO DE RESTRIÇÃO AO CRÉDITO. PROTESTO DE TÍTULO. MANUTENÇÃO NA POSSE DO BEM. AUTORIZAÇÃO PARA DEPÓSITO. HONORÁRIOS ADVOCATÍCIOS.

1. APLICAÇÃO DO CDC. O Código de Defesa do Consumidor implementou uma nova ordem jurídica, viabilizando a revisão contratual e a declaração de nulidade absoluta das cláusulas abusivas, o que pode ser feito inclusive de ofício pelo Poder Judiciário.

2. JUROS REMUNERATÓRIOS. É nula a taxa de juros remuneratórios em percentual superior a 12% ao ano porque acarreta excessiva onerosidade ao devedor em desproporção à vantagem obtida pela instituição credora, por aplicação do art. 51, IV, do CDC.

3. CAPITALIZAÇÃO. A capitalização dos juros é vedada em contratos da espécie, por ausência de permissão legal, ainda que expressamente convencionado.

4. ÍNDICE DE ATUALIZAÇÃO MONETÁRIA. CABIMENTO. Adoção do IGP-M para atualização do valor da moeda. Disposição de ofício.

5. COMISSÃO DE PERMANÊNCIA. É vedada a comissão de permanência por cumulada com juros remuneratórios e correção monetária.

6. ENCARGOS MORATÓRIOS 6.1. Juros moratórios. Contemplados no contrato em 1% ao mês e mantidos, vedada a cumulação com juros remuneratórios e multa. 6.2. Multa Contratual. Contemplada no contrato à taxa de 2% e mantida. Deve incidir sobre a parcela

efetivamente em atraso e não sobre a totalidade do débito. 6.3. Mora do Devedor. Por ter sido elidida a mora *debendi*, não há exigir os encargos moratórios. Esses são exigíveis tão-só quando constituído em mora o devedor. Disposição de ofício.

7. COMPENSAÇÃO E/OU REPETIÇÃO DO INDÉBITO. Após a compensação, e na eventualidade de sobejar saldo em seu favor do devedor, é admitida a repetição simples, afastada a previsão contida no parágrafo único do art. 42 do CDC. Disposição de ofício.

8. CLÁUSULA DE EMISSÃO DE TÍTULO DE CRÉDITO. A cláusula que prevê emissão de título de crédito configura nulidade pela abusividade que ostenta ou pela excessiva outorga de poderes conferida ao credor ou pelo excesso de garantia. Disposição de ofício.

9. TARIFA DE EMISSÃO DE BOLETO BANCÁRIO. A emissão de qualquer carnê ou boleto para pagamento é obrigação do credor não devendo ensejar ônus algum ao devedor, já que os arts. 319 do Código Civil/2002 e art. 939 do Código Civil/1916, não trazem no seu bojo a condição de pagamento em dinheiro para ele receber o que lhe é de direito. Disposição de ofício.

10. TAXA DE ABERTURA DE CRÉDITO. Além de atender interesse exclusivo do mutuante, essa cláusula contratual contraria o disposto no art. 46, parte final, do Código de Defesa do Consumidor, pois não fornece ao mutuário todas as informações sobre sua finalidade e alcance. Disposição de ofício.

11. CADASTRO DE CRÉDITO. INSCRIÇÃO NEGATIVA. Discussão da dívida que revela probabilidade, ainda que mínima, de sucesso do devedor. Inveracidade de dados e constrangimento desnecessário vedados no CDC.

12. PROTESTO DO TÍTULO. Na medida em que o devedor possui argumentos que fragilizam o negócio subjacente, podendo ser excluídos juros e taxas consideradas abusivas, o protesto revela-se ato temerário e que somente virá em prejuízo do devedor, sem qualquer repercussão jurídica de monta para o credor.

13. MANUTENÇÃO DE POSSE. É de ser mantido o devedor na posse do bem alienado fiduciariamente enquanto pendente pleito revisional.

14. AUTORIZAÇÃO DE DEPÓSITOS. É possível a autorização para depósito de valores que o autor entende devidos, enquanto pende de julgamento ação revisional de cláusulas contratuais. 1

5. HONORÁRIOS ADVOCATÍCIOS. Redimensionados. Disposição de ofício.

APELO DESPROVIDO, COM DISPOSIÇÕES DE OFÍCIO".

Recurso Especial: Sustentou haver violação aos arts. 5º da MP 2.170/36; 4º do Decreto 22.626/33; 6º, V, e 52, §1º, do CDC; 3º, 4º, VI e IX, da Lei 4.595/64; 2º, 20, 128, 333, I, 460, 515, 890 e 925 do CPC; 188, 397, 406, 422, 478, 876 e 877 do CC/02; 4º, §2º, da Lei 9.507/97; 14 da Lei 9.492/97; 161 do CTN e ainda Resolução 1.129 do CMN. Apontou, também, a existência de dissídio pretoriano. Afirma, ainda, haver violação aos arts. 5º, XXXV, e 192, CF.

Recurso Extraordinário: Interposto pela recorrente com base em suposta violação do art. 62 da CF/88.

Juízo Prévio de Admissibilidade: Transcorrido o prazo legal sem que fossem apresentadas contra-razões, foi o recurso especial admitido na origem e considerado inepto o recurso extraordinário, ante a falta de demonstração da repercussão geral.

Aplicação do art. 543-C do CPC: O Min. Ari Pargendler, considerando a multiplicidade de recursos com fundamento em idêntica questão de direito, afetou o julgamento do recurso especial à Segunda Seção desta Corte, conforme o rito do art. 543-C do CPC.

Assim, foram suspensos os recursos relacionados a direito bancário e que digam respeito a: a) juros remuneratórios; b) capitalização de juros; c) mora; d) comissão de permanência; e) inscrição do nome do devedor em cadastros deproteção ao crédito; f) disposições de ofício no âmbito do julgamento da apelação acerca de questões não devolvidas ao Tribunal.

Em cumprimento ao despacho de fls. 226, no qual o Min. Ari Pargendler determinou a redistribuição deste processo, por prevenção, a um dos Ministros que compõem a Terceira Turma do STJ, recaiu sobre mim a incumbência de relatar o presente recurso.

Responderam aos ofícios expedidos com base no art. 3º, I, da Resolução 08/08 do STJ, as seguintes entidades: (i) a Ordem dos Advogados do Brasil (fls. 286); (ii) o Banco Central do Brasil (fls. 288); (iii) a Febraban – Federação Brasileira de Bancos e (iv) o Instituto Brasileiro de Defesa do Consumidor – IDEC, que trouxe pareceres de Cláudia Lima Marques e Cristiano Heineck Schmitt.

Manifestaram-se espontaneamente: (i) a Defensoria Pública do Estado do Rio de Janeiro; (ii) a Fundação de Proteção e Defesa do Consumidor – Procon/SP; (ii) o Fórum Nacional das Entidades Civis de Defesa do Consumidor –FNECDC; (iii) a Associação Brasileira das

Entidades de Crédito Imobiliário e Poupança – ABECIP; (iv) a Serasa S/A, trazendo parecer de Luiz Rodrigues Wambier e José Miguel Garcia Medina; (v) a Defensoria Pública da União, cujas manifestações foram juntadas, por linha, ao processo e (vi) os professores Romualdo Wilson Cançado e Orlei Claro de Lima.

Parecer do Ministério Público Federal: Por fim, o Ministério Público Federal opinou às fls. 957/1.024, em parecer da lavra do i. Subprocurador-Geral da República, Dr. Aurélio Rios, sustentando questão de ordem para que se delimitasse a matéria a ser julgada. No mérito, propugnou pela parcial procedência do especial, tão-somente em relação à taxa de indexação dos juros remuneratórios, ressalvada a aplicação das taxas médias de mercado.

É o relatório.

RECURSO ESPECIAL Nº 1.061.530 - RS (2008/0119992-4)

RELATORA   : **MINISTRA NANCY ANDRIGHI**
RECORRENTE : UNIBANCO UNIÃO DE BANCOS BRASILEIROS S/A
ADVOGADOS : MARIANE   CARDOSO   MACAREVICH   E OUTRO(S)
                        LUCIANO CORRÊA GOMES
RECORRIDO : ROSEMARI DOS SANTOS SANCHES
ADVOGADO : MAURO TRÁPAGA TEIXEIRA

RELATORA: MINISTRA NANCY ANDRIGHI

VOTO

DELIMITAÇÃO DO JULGAMENTO

A natureza do procedimento do art. 543-C do CPC visa unificar o entendimento e orientar a solução de recursos repetitivos.

No despacho que instaurou o incidente do processo repetitivo, o relator originário, Min. Ari Pargendler, determinou que fossem suspensos os processamentos dos recursos especiais que versassem sobre "as seguintes matérias,quando ativadas em ações que digam respeito a contratos bancários: a) juros remuneratórios;   b) capitalização de juros; c) mora; d) comissão de permanência; e) inscrição do nome do devedor em cadastros de proteção ao crédito; f) disposições de ofício no âmbito do julgamento da apelação acerca de questões não devolvidas ao tribunal" (fls. 224).

Apesar da aparente abrangência do termo "contratos bancários" do despacho supratranscrito, constata-se que a característica da multiplicidade de recursos especiais, exigida pelo art. 543-C do CPC, evidencia-se nos contratos bancários que se submetem à legislação consumerista. Portanto, este julgamento abordará, em quaisquer de suas modalidades, apenas os contratos de mútuo bancário em que a relação de consumo esteja caracterizada, nos termos do alcance da ADI 2.591-1, relator para acórdão o Min. Eros Grau.

Conforme estabelecido na referida ADI, aos bancos aplica-se o CDC, norma "de ordem pública e interesse social" (art. 1º do CDC). Eis a ementa do julgado em comento:

"ART. 3º, §2º, DO CDC. CÓDIGO DE DEFESA DO CONSUMIDOR. ART. 5º, XXXII, DA CB/88. ART. 170, V, DA CB/88. INSTITUIÇÕES FINANCEIRAS. SUJEIÇÃO DELAS AO CÓDIGO DE DEFESA DO CONSUMIDOR. AÇÃO DIRETA DE INCONSTITUCIONALIDADE JULGADA IMPROCEDENTE.

1. As instituições financeiras estão, todas elas, alcançadas pela incidência das normas veiculadas pelo Código de Defesa do Consumidor.

2. "Consumidor", para os efeitos do Código de Defesa do Consumidor, é toda pessoa física ou jurídica que utiliza, como destinatário final, atividade bancária, financeira e de crédito".

Ressalte-se, ainda, que esta 2ª Seção, sem discrepar deste entendimento, tem reiteradamente aplicado este diploma às relações bancárias, conforme a Súmula 297/STJ, inclusive à taxa de juros (conf. REsp 327.727/SP, 2ª Seção, Rel. Min. César Asfor Rocha DJ 08.03.2004; REsp 402.261/RS, 2ª Seção, Rel. p. Acórdão Min. Ari Pargendler, DJ 06.12.2004; REsp 291.575/RS, 2ª Seção, Rel. p. Acórdão Min. Ari Pargendler, DJ 06.12.2004; REsp 420.111/RS, 2ª Seção, Rel. p. Acórdão Min. Ari Pargendler, DJ 06.10.2003; REsp 407.097/RS, 2ª Seção, Rel. p. Acórdão Min. Ari Pargendler, DJ 29.09.2003).

Registre-se que não se encontram abrangidas por esta decisão as Cédulas de Crédito Rural, Industrial, Bancária e Comercial; os contratos celebrados por cooperativas de crédito, os que se incluem sob a égide do Sistema Financeiro da Habitação, bem como os que digam respeito a crédito consignado.

Por fim, em decisão colegiada, os Ministros da 2ª Seção consideraram que os efeitos externos trazidos pelo art. 543-C, § 7º, do CPC somente atingiriam os temas que, cumulativamente: i) estivessem previstos no despacho que instaurou o presente incidente de processo repetitivo; ii) tivessem sido discutidos nas razões do recurso especial e iii) conseguissem preencher todos os requisitos de admissibilidade e fossem alvo de expressa manifestação desta 2ª Seção quanto ao mérito recursal.

As demais questões trazidas no especial serão igualmente apreciadas no exame do recurso representativo, mas as razões de decidir aqui declinadas quanto a tais pontos não terão a aptidão de produzir os referidos efeitos externos do art. 543-C, § 7º, do CPC.

PRELIMINAR

- Do pedido de suspensão do julgamento formulado pelo MPF.

Em seu parecer, o i. Subprocurador-Geral da República, Dr. Aurélio Virgílio Veiga Rios, afirma que "o Superior Tribunal de Justiça não deve, enquanto não julgada definitivamente a ADIn nº 2316/DF, manifestar-se sobre o tema capitalização mensal de juros" (fls. 989).

Entretanto, até que seja encerrado o julgamento do referido processo, deve prevalecer a presunção de constitucionalidade do art. 5º da MP nº 1.963-17/00, reeditada sob o nº 2.170-36/01, que admite a capitalização mensal de juros nas operações realizadas por instituições financeiras.

O princípio da imperatividade assegura a auto-executoriedade das normas jurídicas, dispensando prévia declaração de constitucionalidade pelo Poder Judiciário. Ainda que esta presunção seja *iuris tantum*, a norma só é extirpada do ordenamento com o reconhecimento de sua inconstitucionalidade. E essa questão, na hipótese específica do art. 5º da MP nº 1.963-17/00, ainda não foi resolvida pelo STF, nem mesmo em sede liminar.

Logo, entende-se que não deve ser acolhido este pedido de suspensão do julgamento.

JULGAMENTO DAS QUESTÕES IDÊNTICAS QUE CARACTERIZAM A MULTIPLICIDADE - ART. 543-C, § 7º, DO CPC

I - PERÍODO DA ADIMPLÊNCIA

1. JUROS REMUNERATÓRIOS

Juros remuneratórios são aqueles que representam o preço da disponibilidade monetária, pago pelo mutuário ao mutuante, em decorrência do negócio jurídico celebrado entre eles.

1.1. Juros Remuneratórios Pactuados

O entendimento hoje vigente nesta 2ª Seção indica que a regra, no Sistema Financeiro Nacional, é a liberdade na pactuação dos juros remuneratórios. Isso implica, mais especificamente, reconhecer que:

(i) As instituições financeiras não se sujeitam à limitação dos juros remuneratórios que foi estipulada na Lei de Usura (Decreto 22.626/33), como já dispõe a Súmula 596/STF.

Inaplicabilidade da Lei de Usura.		
Ministro Relator	**Julgado**	**Órgão**
Fernando Gonçalves	AgRg no Resp 1.041.086/RS, j. em 19.08.2008	4ª Turma
Aldir Passarinho Junior	REsp 680.237/RS, j. em 14.12.2005	2ª Seção
Nancy Andrighi	AgRg no Ag 921.983/RJ, j. em 01.04.2008	3ª Turma
João Otávio de Noronha	AgRg no Ag 888.492/SP, j. em 18.12.2007	4ª Turma
Massami Uyeda	REsp 1.036.474/RS, j. em 27.05.2008	3ª Turma
Sidnei Beneti	Ag 1.026.104/MG, DJe de 01.08.2008	Unipessoal
Luis Felipe Salomão	REsp 1.007.071/RS , DJe de 27.08.2008	Unipessoal
Carlos Mathias	REsp 1.038.020/RS, Dje de 26.09.2008	Unipessoal
Arl Pargendler	REsp 402.261/RS, j. em 26.03.2003	2ª Seção

(ii) A simples estipulação de juros remuneratórios superiores a 12% ao ano não indica abusividade.

Não abusividade pela simples estipulação de juros remuneratórios superiores a 12% ao ano.

Ministro Relator	Julgado	Órgão
Fernando Gonçalves	AgRg no REsp 913.609/RS, j. em 20.11.2007	4ª Turma
Aldir Passarinho Junior	AgRg no REsp 688.627/RS, j. em 17.03.2005	4ª Turma
Nancy Andrighi	REsp 715.894/PR, j. em 26.04.2006	2ª Seção
João Otávio de Noronha	REsp 1.038.242/RS, DJe de 12.09.2008	Unipessoal
Massami Uyeda	REsp 1.042.903/RS, j. em 03.06.2008	3ª Turma
Sidnei Beneti	AgRg no REsp 879.902/RS, j. em 19.06.2008	3ª Turma
Luis Felipe Salomão	REsp 1.007.071/RS, DJe de 27.08.2008	Unipessoal
Carlos Mathias	REsp 1.038.020/RS, Dje de 26.09.2008	Unipessoal
Ari Pargendler	AgRg nos EDcl no REsp 681.411/RS, j. em27.09.2005	3ª Turma

(iii) São inaplicáveis aos juros remuneratórios dos contratos de mútuo bancário as disposições do art. 591 c/c o art. 406 do CC/02 (Único voto encontrado: REsp 680.237/RS, 2ª Seção, Rel. Min. Aldir Passarinho Junior, DJ de15.03.2006).

(iv) É inviável a utilização da SELIC - taxa do Sistema Especial de Liquidação e Custódia - como parâmetro de limitação de juros remuneratórios.

Vedação da utilização da Taxa SELIC para limitação dos juros remuneratórios.		
Ministro Relator	Julgado	Órgão
Fernando Gonçalves	REsp 1.056.274/RS, DJe de 12.09.2008	Unipessoal
Aldir Passarinho Junior	REsp 915.572/RS, j. em 07.02.2008	4ª Turma
Nancy Andrighi	AgRg nos EDcl no REsp 808.324/RS, j. em09.05.2006	3ª Turma

Vedação da utilização da Taxa SELIC para limitação dos juros remuneratórios.		
Ministro Relator	**Julgado**	**Órgão**
João Otávio de Noronha	REsp 1.044.457/RS, DJe de 02.09.2008	Unipessoal
Massami Uyeda	AgRg no REsp 1.023.399/RS, j. em 13.05.2008	3ª Turma
Sidnei Beneti	REsp 1.055.002/RS, DJe de 01.08.2008	Unipessoal
Luis Felipe Salomão	REsp 986.943/RS, DJe de 05.08.2008	Unipessoal
Carlos Mathias	REsp 919.838/RS, DJe de 26.09.2008	Unipessoal
Ari Pargendler	REsp 901.518/RS, DJe de 13.08.2008	Unipessoal

1.2. A Revisão dos Juros Remuneratórios Pactuados

Fixada a premissa de que, salvo situações excepcionais, os juros remuneratórios podem ser livremente pactuados em contratos de empréstimo no âmbito do Sistema Financeiro Nacional, questiona-se a possibilidade de o Poder Judiciário exercer o controle da liberdade de convenção de taxa de juros naquelas situações que são evidentemente abusivas.

A dificuldade do tema, que envolve o controle do preço do dinheiro é enorme. Isso não é, entretanto, suficiente para revogar o art. 39, V, CDC, que veda ao fornecedor, dentre outras práticas abusivas, "exigir do consumidor vantagem manifestamente excessiva", e o art. 51, IV, do mesmo diploma, que torna nulas as cláusulas que "estabeleçam obrigações consideradas iníquas, abusivas, que coloquem o consumidor em desvantagem exagerada, ou seja, incompatíveis com a boa-fé ou a eqüidade".

As premissas básicas de solução foram lançadas no julgamento do REsp 407.097/RS, DJ de 29.09.2003, quando a 2ª Seção estava diante da cobrança de taxa de juros de 10,90% ao mês em contrato de abertura de crédito em conta corrente. Naquela oportunidade, a maioria dos Ministros manifestou o entendimento de que os juros não deveriam ser limitados, salvo em hipóteses excepcionais.

A excepcionalidade pressupunha: (i) aplicação do CDC ao contrato e (ii) taxa que comprovadamente discrepasse, de modo substancial, da média do mercado na praça do empréstimo, salvo se justificada pelo risco da operação (no mesmo sentido, vide REsp 420.111/RS, Segunda Seção, Rel. Min. Pádua Ribeiro, Rel. p. Acórdão Min. Ari Pargendler, DJ de 06.10.2003).

Acompanhando tais precedentes, os Ministros que atualmente compõem esta 2ª Seção têm admitido a possibilidade de controle dos juros manifestamente abusivos naqueles contratos que se inserem em uma relação de consumo.

O Min. Aldir Passarinho Junior vem considerando "que a pactuação [dos juros] é livre entre as partes, somente se podendo falar em taxa abusiva se constatado oportunamente por prova robusta que outras instituições financeiras, nas mesmas condições, praticariam percentuais muito inferiores" (REsp 915.572/RS, Quarta Turma, DJe 10.03.2008).

Por isso, **o Ministro Aldir defende que essa abusividade seja demonstrada em "perícia que propicie a comparação com as taxas praticadas por outras instituições financeiras, desde que coincidentes o produto, a praça e a época da firmatura do pacto"** (AgRg no REsp 935.231/RJ, Quarta Turma, DJ de 29.10.2007).

No mesmo sentido, o Min. João Otávio de Noronha tem asseverado que "a alteração da taxa de juros pactuada depende da demonstração cabal de sua abusividade em relação à taxa média do mercado" (AgRg no REsp 939.242/RS,Quarta Turma, DJe de 14.04.2008).

O Min. Luis Felipe Salomão, por sua vez, afirma que "a abusividade da pactuação dos juros remuneratórios deve ser cabalmente demonstrada em cada caso, com a comprovação do desequilíbrio contratual ou de lucros excessivos,sendo insuficiente o só fato de a estipulação ultrapassar 12% ao ano ou de haver estabilidade inflacionária no período, o que não ocorreu no caso dos autos" (AgRg no REsp 881.383, DJ de 27.08.2008).

O Min. Fernando Gonçalves sustenta que "a alteração da taxa de juros pactuada depende da demonstração cabal da sua abusividade em relação à taxa média de mercado" (AgRg no REsp 1.041.086/RS, Quarta Turma, DJe de01.09.2008).

O Min. Massami Uyeda entende ser "firme o entendimento desta augusta Corte no sentido de que, não obstante a inequívoca incidência da lei consumerista nos contratos bancários, a abusividade da pactuação dos juros remuneratórios deve ser cabalmente demonstrada em cada caso, com a comprovação do desequilíbrio contratual ou de lucros excessivos (...)" e, com base nesse argumento e na Súmula 7/STJ, já manteve acórdão que reduziu uma taxa de juros de 45,65% ao ano, em contrato de alienação fiduciária, para o patamar da taxa média de 37,42% ao ano (REsp 1.036.857/RS, Terceira Turma, DJe de 05.08.2008).

O Min. Sidnei Beneti reconheceu que "para o período da inadimplência, permite-se o controle judicial dos juros remuneratórios, com base nas regras do Código de Defesa do Consumidor, quando ficar comprovado que o percentual cobrado destoa da taxa média do mercado para a mesma operação financeira".

Assim, conclui o Min. Beneti que, como "o Acórdão recorrido apurou que a taxa de juros remuneratórios cobrada pela instituição financeira recorrida encontra-se acima do dobro da taxa média do mercado para a modalidade do negócio jurídico efetivado", na inadimplência, os juros deveriam variar "segundo a taxa média do mercado, para a operação de mútuo, apurada pelo Banco Central do Brasil, na forma da Circular da Diretoria n° 2.957, de 28 de dezembro de 1999 (...)" (REsp 977.789/RS, Terceira Turma, DJe de 20.06.2008). Ressalte-se, para fins ilustrativos, que nessa hipótese havia dois contratos de mútuo, um com taxa de 9,9% ao mês e outro de 8,8% ao mês.

Aponta-se, ainda, precedente de minha lavra, com o qual manifestaram concordância os Min. Ari Pargendler, Massami Uyeda e Sidnei Beneti, no qual, diante de empréstimo pessoal a juros de 249,85% ao ano, superiores ao dobro da taxa média apurada pelo Banco Central, ficou estabelecido que "cabalmente demonstrada pelas instâncias ordinárias a abusividade da taxa de juros remuneratórios cobrada, deve ser feita sua redução ao patamar médio praticado pelo mercado para a respectiva modalidade contratual" (Resp 1.036.818, Terceira Turma, DJe de 20.06.2008).

Por sua importância, ainda vale mencionar a posição de alguns Ministros que não mais integram esta 2ª Seção:

O Ministro César Asfor Rocha, diante de juros remuneratórios pactuados à taxa de 34,87% ao mês contra uma taxa média, apurada por perícia, de 14,19% ao mês, entendeu que, estando "cabalmente comprovada por perícia, nas instâncias ordinárias, que a estipulação da taxa de juros remuneratórios foi aproximadamente 150% maior que a taxa média praticada no mercado, nula é a cláusula do contrato" (REsp 327.727/SP, Segunda Seção, DJ de 08.03.2004).

O Min. Pádua Ribeiro, por seu turno, constatando cobrança de taxa superior ao triplo da média (380,78% ao ano contra 67,81% ao ano), reduziu-a para o "patamar médio praticado pelo mercado para a respectiva modalidade contratual" (REsp 971.853/RS, Quarta Turma, DJ de 24.09.2007).

O Ministro Ari Pargendler consignou que "evidentemente, pode-se, em casos concretos reconhecer a existência de juros abusivos. Por exemplo, no Agravo de Instrumento nº 388.622, MG, tive ocasião de decidir que, 'se o acórdão, confortado por laudo pericial, dá conta de que os juros praticados na espécie excediam em quase 50% à taxa média de mercado, não há como fugir da conclusão de que são, mesmo, abusivos' (DJ, 10.08.2001). O tema, com certeza, é complexo, porque o risco de cada operação influi na respectiva taxa de juros. Mas o peso desse componente, e de outros, no custo do empréstimo deve, então, caso a caso, ser justificado pela instituição financeira, o juiz saberá decidir as controvérsias a propósito, se respeitar a racionalidade econômica, representada pelo mercado" (voto proferido no REsp 271.214/RS, Rel. p. Acórdão Min. Menezes Direito, DJ de 04.08.2003; no mesmo sentido, vide REsp 420.111/RS, Segunda Seção, Rel. Min. Pádua Ribeiro, Rel. p. Acórdão Min. Ari Pargendler, DJ de 06.10.2003; REsp 1.061.512, Rel. Min. Ari Pargendler, DJ de 07.08.2008).

Logo, diante desse panorama sobre o posicionamento atual da 2ª Seção, conclui-se que **é admitida a revisão das taxas de juros em situações excepcionais, desde que haja relação de consumo e que a abusividade (capaz de colocar o consumidor em desvantagem exagerada – art. 51, §1º, do CDC) esteja cabalmente demonstrada.**

Necessário tecer, ainda, algumas considerações sobre parâmetros que podem ser utilizados pelo julgador para, diante do caso concreto, perquirir a existência ou não de flagrante abusividade.

Inicialmente, destaque-se que, para este exame, a meta estipulada pelo Conselho Monetário Nacional para a SELIC – taxa do Sistema Especial de Liquidação e Custódia – é insatisfatória. Ela apenas indica o menor custo, ou um dos menores custos, para a captação de recursos pelas instituições que compõem o Sistema Financeiro Nacional. Sua adoção como parâmetro de abusividade elimina o 'spread' e não resolve as intrincadas questões inerentes ao preço do empréstimo. Por essas razões, conforme destacado, o STJ em diversos precedentes tem afastado a taxa SELIC como parâmetro de limitação de juros.

Descartados índices ou taxas fixos, é razoável que os instrumentos para aferição da abusividade sejam buscados no próprio mercado financeiro.

Assim, a análise da abusividade ganhou muito quando o Banco Central do Brasil passou, em outubro de 1999, a divulgar as taxas médias, ponderadas segundo o volume de crédito concedido, para os juros praticados pelas instituições financeiras nas operações de crédito realizadas com recursos livres (conf. Circular nº 2957, de 30.12.1999).

As informações divulgadas por aquela autarquia, acessíveis a qualquer pessoa através da rede mundial de computadores (conforme http://www.bcb.gov.br/?ecoimpom - no quadro XLVIII da nota anexa; ou http://www.bcb.gov.br/?TXCREDMES, acesso em 06.10.2008), são segregadas de acordo com o tipo de encargo (prefixado, pós-fixado, taxas flutuantes e índices de preços), com a categoria do tomador (pessoas físicas e jurídicas) e com a modalidade de empréstimo realizada ('hot money', desconto de duplicatas, desconto de notas promissórias, capital de giro, conta garantida, financiamento imobiliário, aquisição de bens, 'vendor', cheque especial, crédito pessoal, entre outros).

A taxa média apresenta vantagens porque é calculada segundo as informações prestadas por diversas instituições financeiras e, por isso, representa as forças do mercado. Ademais, traz embutida em si o custo médio das instituições financeiras e seu lucro médio, ou seja, um 'spread' médio. É certo, ainda, que o cálculo da taxa média não é completo, na medida em que não abrange todas as modalidades de concessão de crédito, mas, sem dúvida, presta-se como parâmetro de tendência das taxas de juros. Assim, dentro do universo regulatório atual, a taxa média constitui o melhor parâmetro para a elaboração de um juízo sobre abusividade.

Como média, não se pode exigir que todos os empréstimos sejam feitos segundo essa taxa. Se isto ocorresse, a taxa média deixaria de ser o que é, para ser um valor fixo. Há, portanto, que se admitir uma faixa razoável para a variação dos juros.

A jurisprudência, conforme registrado anteriormente, tem considerado abusivas taxas superiores a uma vez e meia (voto proferido pelo Min. Ari Pargendler no REsp 271.214/RS, Rel. p. Acórdão Min. Menezes Direito, DJ de 04.08.2003), ao dobro (Resp

1.036.818, Terceira Turma, minha relatoria, DJe de 20.06.2008) ou ao triplo (REsp 971.853/RS, Quarta Turma, Min. Pádua Ribeiro, DJ de 24.09.2007) da média.

Todavia, esta perquirição acerca da abusividade não é estanque, o que impossibilita a adoção de critérios genéricos e universais. A taxa média de mercado, divulgada pelo Banco Central, constitui um valioso referencial, mas cabe somente ao juiz, no exame das peculiaridades do caso concreto, avaliar se os juros contratados foram ou não abusivos.

1.3. Taxa aplicável quando reconhecida a abusividade na contratação dos juros remuneratórios.

A questão final atinente a este tópico procura responder ao seguinte problema: constatada a abusividade, qual taxa deve ser considerada adequada pelo Poder Judiciário?

Muitos precedentes indicam que, demonstrado o excesso, deve-se aplicar a taxa média para as operações equivalentes, segundo apurado pelo Banco Central do Brasil (vide, ainda, EDcl no AgRg no REsp 480.221/RS, Quarta Turma, Rel. Min. Hélio Quaglia Barbosa, DJ de 27.3.2007; e REsp 971853/RS, Terceira Turma, Rel. Min. Pádua Ribeiro, DJ de 24.09.2007).

Esta solução deve ser mantida, pois coloca o contrato dentro do que, em média, vem sendo considerado razoável segundo as próprias práticas do mercado. Não se deve afastar, todavia, a possibilidade de que o juiz, de acordo com seu livre convencimento racional, indicar outro patamar mais adequado para os juros, segundo as circunstâncias particulares de risco envolvidas no empréstimo.

CONSOLIDAÇÃO DA JURISPRUDÊNCIA

Portanto, no que diz respeito aos juros remuneratórios, a 2ª Seção do STJ consolida o entendimento de que:

a) As instituições financeiras não se sujeitam à limitação dos juros remuneratórios que foi estipulada na Lei de Usura (Decreto 22.626/33), como dispõe a Súmula 596/STF;

b) A estipulação de juros remuneratórios superiores a 12% ao ano por si só não indica abusividade;

c) São inaplicáveis aos juros remuneratórios dos contratos de mútuo bancário as disposições do art. 591 c/c o art. 406 do CC/02;

d) É admitida a revisão das taxas de juros remuneratórios em situações excepcionais, desde que caracterizada a relação de consumo e que a abusividade (capaz de colocar o consumidor em desvantagem exagerada – art. 51, §1º, do CDC) fique cabalmente demonstrada, ante às peculiaridades do caso concreto.

II - PERÍODO DA INADIMPLÊNCIA

2. CONFIGURAÇÃO DA MORA

Quanto à mora em contratos bancários, são vários os entendimentos cristalizados pela jurisprudência do STJ ao longo dos anos. De forma sucinta, a seguir serão expostos tais entendimentos, no sentido do mais geral ao mais particular.

É preciso alertar, apenas, que nem sempre foram encontradas decisões que exemplificassem a utilização de cada uma de tais posições. E esse fato não deve ser interpretado como representativo de uma eventual superação ou desprestígio de certo entendimento em face de outro. Trata-se, apenas, de um sinal demonstrativo das relações de continência e de especialidade existentes entre os tópicos, pois, à medida que existe certo diálogo entre eles, é natural que nem todos sejam citados cumulativamente.

A partir de tais ressalvas, o entendimento mais genérico é aquele consubstanciado no precedente REsp 607.961/RJ, 2ª Seção, de minha Relatoria, julgado em 09.03.2005, segundo o qual **"não basta o ajuizamento de ação revisional para descaracterização da** mora".

Esse primeiro posicionamento é encontrado, isoladamente, em decisões de alguns Ministros, conforme segue:

Insuficiência do mero ajuizamento de ação revisional para descaracterizar a mora.		
Ministro Relator	**Julgado**	**Órgão**
Fernando Gonçalves		
Aldir Passarinho Junior		
Nancy Andrighi	REsp 607.961/RJ, j. em 09.03.2005	2ª Seção
João Otávio de Noronha		
Massami Uyeda	Resp nº 1.071.004/RS,	Unipessoal

Insuficiência do mero ajuizamento de ação revisional para descaracterizar a mora.		
Ministro Relator	**Julgado**	**Órgão**
	DJ de 15.08.2008	
Sidnei Beneti		
Luis Felipe Salomão		
Carlos Mathias		
Ari Pargendler	AgRg no Ag 678.120/SP, j. em 29.11.2005	3ª Turma

O entendimento mais utilizado, todavia, é aquele derivado do julgamento do EREsp 163.884/RS, 2ª Seção, Rel. Min. Barros Monteiro, Rel. p/ Acórdão Min. Ruy Rosado de Aguiar, julgado em 23.05.2001, segundo o qual **apenas a constatação de que foram exigidos encargos abusivos na contratação permite o afastamento da configuração da** mora.

Tal posicionamento é reiteradamente aceito:

A exigência de encargos abusivos permite o afastamento da mora.		
Ministro Relator	**Julgado**	**Órgão**
Fernando Gonçalves	AgRg no Resp 1.060.855/RS, j. em 19.08.2008	4ª Turma
Aldir Passarinho Junior	AgRg no Resp 990.830/RS, j. em 24.06.2008	4ª Turma
Nancy Andrighi	AgRg no Ag 710.601/MS, j. em 16.02.2006	3ª Turma
João Otávio de Noronha	Resp 1.029.420/RS, DJ de 04.08.2008	Unipessoal
Massami Uyeda	Resp 1.068.353/RS, DJ de 15.08.2008	Unipessoal
Sidnei Beneti	AgRg no Resp 973.646/RS, j. em 25.03.2008	3ª Turma
Luis Felipe Salomão		
Carlos Mathias		

A exigência de encargos abusivos permite o afastamento da mora.		
Ministro Relator	**Julgado**	**Órgão**
Ari Pargendler	Ed no AgRg no Resp 593.205/RS, j. em 23.11.2005	3ª Turma

De forma correlata, é possível citar diversos precedentes utilizando o mesmo argumento, mas com a inversão da premissa e da conclusão – ou seja, **se não existe abusividade, a** mora **do devedor está configurada:**

Configuração da mora na ausência de abusividade.		
Ministro Relator	**Julgado**	**Órgão**
Fernando Gonçalves	Resp 750.022/RS, j. em 15.09.2005	4ª Turma
Aldir Passarinho Junior	AgRg no Resp 917.459/RS, j. em 13.05.2008	4ª Turma
Nancy Andrighi	AgRg no Resp 958.662/RS, j. em 25.09.2007	3ª Turma
João Otávio de Noronha	Resp 1.067.303/RS, DJ de 15.08.2008	Unipessoal
Massami Uyeda	Resp 894.916/RS, DJ de 19.12.2006	Unipessoal
Sidnei Beneti	Resp 1.063.818/RS, DJ de 22.08.2008	Unipessoal
Luis Felipe Salomão	Resp 1.015.148/RS, DJ de 04.08.2008	Unipessoal
Carlos Mathias		
Ari Pargendler	Resp nº 708.633/RS, j. em 26.02.2008	3ª Turma

Porém, deve-se deixar claro que é o eventual abuso na exigência dos chamados "encargos da normalidade" – notadamente nos juros remuneratórios e na capitalização de juros – que deve ser levado em conta para tal análise, conforme definido no precedente EDcl no

45

AgRg no REsp 842.973/RS, 3ª Turma, Rel. originário Min. Humberto Gomes de Barros, Rel. p/ Acórdão Min. Nancy Andrighi, julgado em 21.08.2008.

De outro modo, **o eventual abuso em algum dos encargos** morat**órios não descaracteriza a** mora. Esse abuso deve ser extirpado ou decotado sem que haja interferência ou reflexo na caracterização da mora em que o consumidor tenha eventualmente incidido, pois a configuração dessa é condição para incidência dos encargos relativos ao período da inadimplência, e não o contrário.

Os encargos abusivos que possuem potencial para descaracterizar a mora são, portanto, aqueles relativos ao chamado "período da normalidade", ou seja, aqueles encargos que naturalmente incidem antes mesmo de configurada a mora.

Somente o abuso na cobrança de encargo 'da normalidade' descaracteriza a mora.		
Ministro Relator	**Julgado**	**Órgão**
Fernando Gonçalves	Resp 905.278/RS, DJ de 27.06.2008	Unipessoal
Aldir Passarinho Junior	Ed no AgRg no Resp 533.704/RS, j. em 08.03.2005	4ª Turma
Nancy Andrighi	Ed no AgRg no Resp 842.973/RS, j. em 21.08.2008	3ª Turma
João Otávio de Noronha	Voto-vista no Ed no AgRg no Resp 842.973/RS, j.em 21.08.2008	3ª Turma
Massami Uyeda	Resp 1.036.474/RS, j. em 27.05.2008	3ª Turma
Sidnei Beneti	AgRg no Resp 1.017.958/RS, j. em 15.04.2008	3ª Turma
Luis Felipe Salomão	Resp 996.217/RS, DJ de 04.08.2008	Unipesssoal
Carlos Mathias		
Ari Pargendler	Voto-vista no Ed no AgRg no Resp 842.973/RS, j.em 21.08.2008	3ª Turma

Logo, os seguintes enunciados representam a jurisprudência consolidada na 2ª Seção quanto ao tema:

I. Afasta a caracterização da mora:

(i) a constatação de que foram exigidos encargos abusivos na contratação, durante o período da normalidade contratual.

☐Não afasta a caracterização da mora:

(i) o simples ajuizamento de ação revisional;

(ii) a mera constatação de que foram exigidos encargos moratórios abusivos na contratação.

3. JUROS MORATÓRIOS

Juros moratórios são aqueles pagos pelo mutuário ao mutuante em decorrência da mora no cumprimento da prestação estabelecida no contrato.

3.1. Posicionamento Atual da 2ª Seção

A jurisprudência do STJ encontra-se pacificada no sentido de que, nos contratos bancários não alcançados por lei específica, **os juros moratórios podem ser convencionados até o limite de 1% ao mês.**

Dentre outros, neste sentido, confiram-se os seguintes julgados:

Juros moratórios – Limitação de 1% ao mês.		
Ministro Relator	Julgado	Órgão
Fernando Gonçalves	AgRg no REsp 672.168/RS, j. em 05.04.2005	4ª Turma
Aldir Passarinho Junior	AgRg no Ag 558.753/RS, j. em 08.06.2004	4ª Turma
Nancy Andrighi	AgRg no REsp 469.538/RS, j. em 20.02.2003	3ª Turma
João Otávio de Noronha	Ag 965.353/RS, DJe de 12.02.2008	Unipessoal
Massami Uyeda	REsp 1.038.417/RS, DJe de 25.06.2008	Unipessoal
Sidnei Beneti	AgRg no REsp 879.902/RS, j.	3ª Turma

Juros moratórios – Limitação de 1% ao mês.		
Ministro Relator	Julgado	Órgão
	em 19.06.2008	
Luis Felipe Salomão	REsp 1.007.561/RS, DJe de 05.08.2008	Unipessoal
Carlos Mathias	-	-
Antônio de Pádua Ribeiro	AgRg no REsp 406.841/RS, j. em 10.06.2003	3ª Turma
Ari Pargendler	REsp 188.674/MG, j. em 17.06.2003	3ª Turma
Barros Monteiro	REsp 400.255/RS, j. em 02.09.2003	4ª Turma
Carlos A. Menezes Direito	AgRg no REsp 765.674/RS, j. em 26.10.2006	3ª Turma
Castro Filho	REsp 402.483/RS, j. em 26.03.2003	2ª Seção
Cesar Asfor Rocha	REsp 623.691/RS, j. em 27.09.2005	4ª Turma
Hélio Quaglia Barbosa	AgRg no REsp 791.172 / RS, j. em 22.08.2006	4ª Turma
Humberto Gomes de Barros	AgRg no Ag 830.575/RS, j. em 19.12.2007	3ª Turma

CONSOLIDAÇÃO DA JURISPRUDÊNCIA

A 2ª Seção mantém o entendimento de que, nos contratos bancários não alcançados por legislação específica, os juros moratórios poderão ser convencionados até o limite de 1% ao mês.

4. CADASTROS DE INADIMPLÊNCIA

Entende-se por cadastros de inadimplência todos os bancos de dados mantidos por quaisquer instituições, financeiras ou não, para controle acerca da reputação do correntista, quanto à solvabilidade das obrigações por ele contraídas. São exemplos os cadastros mantidos por instituições financeiras (SERASA) ou empresas particulares (SPC), sem prejuízo de outros, existentes ou que venham a ser criados.

A controvérsia acerca da inscrição do nome do devedor em cadastros de inadimplência apresenta-se sob duas óticas, a saber: (i) a possibilidade de inscrição no curso do processo em que se discute o saldo devedor – e a conseqüente ponderação acerca dos requisitos para o deferimento de tutela antecipada ou medida liminar que a impeça; e (ii) a possibilidade de inscrição depois de discutido o mérito da ação, e os requisitos a serem observados pela sentença para autorizar ou negar tal inscrição.

Cada uma dessas questões deve ser analisada à luz da jurisprudência desta Corte, para uniformização dos precedentes sobre a questão.

4.1. Pedido de antecipação de tutela.

A jurisprudência da 2ª Seção, consolidada no REsp 527.618/RS, Rel. Min. César Asfor Rocha, julgado em 22/11/2003, firmou o entendimento de que, para que se defira **medida liminar ou antecipação de tutela** que impeça a inscrição do nome do devedor em cadastros de inadimplência, no curso do processo, devem ser exigidos **cumulativamente** os seguintes requisitos: **a) que haja ação proposta pelo devedor contestando a existência integral ou parcial do débito; b) que nessa ação esteja efetivamente demonstrado que a contestação da cobrança indevida se funda na aparência do bom direito e em jurisprudência consolidada do STF ou STJ; c) contestada apenas parte do débito, ofereça-se o depósito da parcela incontroversa ou a prestação de caução, fixada conforme o prudente arbítrio do juiz.**

Cadastros de inadimplência - Pedido de antecipação de tutela.		
Ministro Relator	**Julgado**	**Órgão**
Fernando Gonçalves	REsp 871.832/PR, j. em 25.09.2007	4ª Turma
Aldir Passarinho Junior	REsp 712.126/RS, j. em 22.03.2005	4ª Turma
Nancy Andrighi	AgRg no REsp 991.037/RS, j. em 18.03.2008	3ª Turma
João Otávio de Noronha	REsp 1.070.998/MS, DJ de 27.08.2008	Unipessoal
Massami Uyeda	Ag 851.538/RS, DJ de 03.08.2007	Unipessoal
Sidnei Beneti	Ag 821.076/RJ, DJ de	Unipessoal

Cadastros de inadimplência - Pedido de antecipação de tutela.		
Ministro Relator	**Julgado**	**Órgão**
	30.06.2008	
Luis Felipe Salomão	AgRg no Ag 970.099/DF, j. em 26.08.2008	4ª Turma
Carlos Mathias	Ag 920.214/DF, DJ de 05.09.2008	Unipessoal
Ari Pargendler	AgRg no Ag 651.764/RS, j. em 27.08.2008	3ª Turma

4.2. Sentença com resolução do mérito.

A remessa do nome do devedor para os referidos cadastros de inadimplentes deve se limitar a acompanhar o que ficar decidido quanto à mora, **ou seja, tal inscrição somente será lícita se a** mora **restar configurada.**

CONSOLIDAÇÃO DA JURISPRUDÊNCIA

Logo, os seguintes enunciados representam a jurisprudência consolidada na 2ª Seção quanto ao tema:

a) A proibição da inscrição/manutenção em cadastro de inadimplentes, requerida em antecipação de tutela e/ou medida cautelar, somente será deferida se, cumulativamente: i) houver ação fundada na existência integral ou parcial do débito; ii) ficar demonstrado que a alegação da cobrança indevida se funda na aparência do bom direito e em jurisprudência consolidada do STF ou STJ; iii) for depositada a parcela incontroversa ou prestada a caução fixada conforme o prudente arbítrio do juiz;

b) A inscrição/manutenção do nome do devedor em cadastro de inadimplentes, por ocasião da sentença ou do acórdão, seguirá a sorte do que houver sido decidido no mérito do processo quanto à mora. Autoriza-se ainscrição/manutenção apenas se configurada a mora.

5. DISPOSIÇÕES DE OFÍCIO. REVISÃO DE OFÍCIO DE CLÁUSULAS CONTRATUAIS NAS INSTÂNCIAS ORDINÁRIAS.

Considerando a renovação da composição da 2ª Seção, dado que sou a única remanescente do julgamento do EREsp 702.524/RS, propus a rediscussão do entendimento consolidado e registrei que o meu posicionamento, sempreressalvado, foi no sentido de admitir a revisão de ofício, pelos julgadores das instâncias ordinárias, pois estes julgamentos, muitas vezes, limitam-se a reconhecer proteções ao consumidor que já estão pacificadas pela jurisprudência do STJ.

No Eresp nº 702.524/RS, consignei que a visão restritiva da análise das disposições de ofício, mediante perspectiva puramente processual, estava empurrando a jurisprudência do STJ para um paradoxo, porque em questão similar – decretação de ofício da nulidade da cláusula de eleição de foro –, a solução adotada foi pelo conhecimento de ofício da questão.

Diante da antinomia dos julgamentos, por que assumir postura diversa em relação a todas as demais cláusulas abusivas que possam vir a serem declaradas nulas?

Ademais, essa proposição, hoje, reafirma-se pela tomada de posição do legislador, que inseriu um parágrafo único no art. 112 do CPC (pela Lei nº 11.280/06), segundo o qual "a nulidade da clausula de eleição de foro, em contrato de adesão, pode ser declarada de ofício pelo juiz, que declinará de competência para o juízo de domicilio do réu".

Atenta ao micro-sistema introduzido pelo CDC, vinculado aos demais princípios e normas que orientam o direito pátrio, notadamente do CC/02, que é sua fonte de complementação normativa, entendo que não é coerente adotar perante hipóteses idênticas soluções diversas.

O CDC é categorizado como norma de ordem pública (art. 1º); portanto, todas as suas disposições possuem interesse público que impelem o juiz a atuar de ofício. Além do mais, o CDC adotou a mesma teoria de nulidades que regula os contratos regidos pelo Código Civil, especificando os vícios que são causa de nulidade e que o juiz deve declarar de ofício. A abusividade, por exemplo, é disciplinada como vício de nulidade da cláusula do contrato – art. 51, IV, do CDC.

Outro motivo relevante que me levou a fazer esta proposição é o resultado dos julgamentos em favor dos consumidores, na perspectiva da política judiciária.

Como explicar ao consumidor, leigo juridicamente, que determinada cláusula, apesar de abusiva, é válida para ele, mas não o é para o seu vizinho, em situação idêntica?

O que ocorre é que na ação revisional proposta pelo vizinho houve pedido expresso de declaração de nulidade, ao passo que no seu processo não foi formulado tal pedido, o que impede o juiz de pronunciá-la.

Conseqüências graves são geradas por esse tipo de julgamento: a **primeira** é a equivocada priorização da norma processual (que exige a formulação de pedido expresso) de molde a inviabilizar o conhecimento e a aplicação do direito material (nulificação da cláusula abusiva), exigindo para tanto uma nova movimentação da máquina judiciária com a propositura de outra ação; a **segunda** é o manifesto descumprimento de regra que disciplina a sanção decorrente da abusividade/nulidade, prevista expressamente no CDC e no ordenamento jurídico complementar (CDC, art. 51, todos os seus incisos, cumulado com o CC/02, parágrafo único, do art. 168, que determina ao juiz pronunciar as nulidades provadas, quando conhecer do negócio jurídico ou de seus efeitos); a **terceira** é o descrédito no Poder Judiciário, que tem a obrigação constitucional de tratar igualmente os consumidores que se encontram em situações idênticas; a **quarta** é a frustração de toda a operacionalidade do novo instrumento dos processos repetitivos, pois o não reconhecimento de ofício impõe reiteração de ações e recursos, que o art. 543-C visa impedir, prejudicando a almejada celeridade na entrega da prestação jurisdicional.

O entendimento da Relatora foi acompanhado, com fundamentos diversos, pelo i. Min. Luis Felipe Salomão.

Os demais Ministros que compõem a 2ª Seção do STJ mantiveram a tese de que **o juiz não está autorizado a proceder à revisão de ofício de cláusulas contratuais.**

Os precedentes que cristalizaram essa posição são o REsp 541.153/RS, Rel. Min. César Asfor Rocha, julgado em 08.06.2005, e o EREsp 702.524/RS, do qual fui relatora originária, vencida, e Relator para acórdão o Min. Humberto Gomes de Barros, julgado em 08.03.2006.

Registro, por oportuno, que todos os Ministros que compõem a 2ª Seção possuem decisões neste sentido, ainda que com ressalvas. Confira-se:

Impossibilidade de revisão de ofício de cláusulas contratuais nas instâncias ordinárias.		
Ministro Relator	**Julgado**	**Órgão**
Fernando Gonçalves	EREsp 645.902/RS, j. em 10.10.2007	2ª Seção
Aldir Passarinho Junior	AgRg no Resp 1.028.361/RS, j. em 15.05.2008	4ª Turma
Nancy Andrighi	AgRg no Resp 824.847/RS, j. em 16.05.2006	3ª Turma
João Otávio de Noronha	Resp 1.064.594/RS, DJ de 04.08.2008	Unipessoal
Massami Uyeda	Resp 1.042.903/RS, j. em 3.06.2008	3ª Turma
Sidnei Beneti	AgRg no Resp 782.895/SC, j. em 19.06.2008	3ª Turma
Luis Felipe Salomão	Resp 1.007.561/RS, DJ de 05.08.2008	Unipessoal
Carlos Mathias	-	-
Ari Pargendler	AgRg no EREsp 801.421/RS, j. em 14.03.2007	2ª Seção

CONSOLIDAÇÃO DA JURISPRUDÊNCIA

Assim, resta mantido o posicionamento desta 2ª Seção no sentido de que é vedado aos juízes de primeiro e segundo grau, com fundamento no art. 51 do CDC, julgar, sem pedido expresso, a abusividade de cláusulas contratuais.

RESUMO DAS ORIENTAÇÕES - ART. 543-C, § 7º, DO CPC

1- JUROS REMUNERATÓRIOS

a) As instituições financeiras não se sujeitam à limitação dos juros remuneratórios que foi estipulada na Lei de Usura (Decreto 22.626/33), como dispõe a Súmula 596/STF;

b) A estipulação de juros remuneratórios superiores a 12% ao ano por si só não indica abusividade;

c) São inaplicáveis aos juros remuneratórios dos contratos de mútuo bancário as disposições do art. 591 c/c o art. 406 do CC/02;

d) É admitida a revisão das taxas de juros remuneratórios em situações excepcionais, desde que caracterizada a relação de consumo e que a abusividade (capaz de colocar o consumidor em desvantagem exagerada – art. 51, §1º, do CDC) fique cabalmente demonstrada, ante às peculiaridades do caso concreto.

2- CONFIGURAÇÃO DA MORA

a) Afasta a caracterização da mora a constatação de que foram exigidos encargos abusivos na contratação, isto é, durante o período da normalidade contratual;

b) O mero ajuizamento de ação revisional ou a constatação de que foram exigidos encargos moratórios abusivos não afastam a caracterização da mora.

3- JUROS MORATÓRIOS

Nos contratos bancários não alcançados por legislação específica, os juros moratórios poderão ser convencionados até o limite de 1% ao mês.

4- INSCRIÇÃO/MANUTENÇÃO EM CADASTRO DE INADIMPLENTES

a) A proibição da inscrição/manutenção em cadastro de inadimplentes, requerida em antecipação de tutela e/ou medida cautelar, somente será deferida se, cumulativamente: i) houver ação fundada na existência integral ou parcial do débito; ii) ficar demonstrado que a alegação da cobrança indevida se funda na aparência do bom direito e em jurisprudência consolidada do STF ou STJ; iii) for depositada a parcela incontroversa ou prestada a caução fixada conforme o prudente arbítrio do juiz;

b) A inscrição/manutenção do nome do devedor em cadastro de inadimplentes, por ocasião da sentença ou do acórdão, seguirá a sorte do que houver sido decidido no mérito do processo quanto à mora. Autoriza-se ainscrição/manutenção apenas se configurada a mora.

5- JULGAMENTO COM DISPOSIÇÕES DE OFÍCIO

É vedado aos juízes de primeiro e segundo grau, com fundamento no art. 51 do CDC, julgar, sem pedido expresso, a abusividade de cláusulas contratuais. Vencidos quanto a esta matéria a Min. Relatora e o Min. Luis Felipe Salomão.

JULGAMENTO DO RECURSO REPRESENTATIVO

REsp n.º 1.061.530/RS

1. Deficiência na fundamentação.

Embora mencione uma suposta violação aos arts. 6º, V, do CDC; 4º, VI, da Lei 4.595/64; 422 e 478 do CC/02; 2º, 20 e 331, I, do CPC; 14 da Lei 9.492/97 e 161 do CTN, o recorrente não demonstrou, em relação a tais dispositivos legais, no que consistiria a ofensa à legislação federal.

A simples menção a artigo de lei, sem a demonstração das razões de inconformidade, não abrem o caminho do Especial (Conf. AgRg no Ag 663.548/MS, Terceira Turma, DJ de 10.04.2006).

Incide, por isso, a Súmula 284/STF.

2. Violação a dispositivos constitucionais.

Aponta o recorrente violação aos arts. 5º, XXXV, e 192 da CF/88. Todavia, a análise de pretensa ofensa a dispositivo constitucional refoge à competência desta Corte, a que a Carta Magna confia a missão de unificação do direito federal, nos exatos termos do art. 105, III, da CF/88. Em se tratando, portanto, de violação de normas constitucionais, o tema não há de ser analisado nesta sede recursal.

3. Capitalização de Juros

O Tribunal de origem afastou a capitalização mensal de juros com base na inconstitucionalidade da MP nº 1.963-17/00. Quanto a esta questão, usualmente debatida nos recursos especiais que versam sobre a capitalização de juros, encontra-se assente nesta Corte o entendimento de que o recurso especial não constitui via adequada para o exame de temas constitucionais, sob pena de caracterizar usurpação da competência do STF.

Neste sentido, confiram-se os seguintes julgados:

> Impossibilidade da apreciação da constitucionalidade da MP nº 1.963-

55

17/00 em recurso especial.

Ministro Relator	Julgado	Órgão
Fernando Gonçalves	AgRg nos EDcl no REsp 734.838/RS, j. em18.10.2005	4ª Turma
Aldir Passarinho Junior	AgRg no REsp 900.411/DF, j. em 06.03.2007	4ª Turma
Nancy Andrighi	AgRg no REsp 999.829/RS, j. em 21.02.2008	3ª Turma
João Otávio de Noronha	AgRg no Ag 897.830/RS, j. em 20.11.2007	4ª Turma
Massami Uyeda	AgRg no Ag 668.746/RS, j. em 04.03.2007	4ª Turma
Sidnei Beneti	Ag 1.049.956/RJ, DJe de 28.08.2008	Unipessoal
Luis Felipe Salomão	-	-
Carlos Mathias	-	-

Portanto, não se conhece do recurso especial quanto ao ponto.

4. Disposições de ofício.

Nos termos do entendimento ora firmado, é inviável o exame de ofício de cláusulas consideradas abusivas em contratos que regulem relação de consumo.

Portanto, devem ser decotadas as disposições de ofício julgadas pelo acórdão recorrido.

5. Juros remuneratórios.

O recurso especial deve ser provido no que diz respeito à limitação dos juros remuneratórios, pois, conforme reiteradamente afirmado por este Tribunal, a taxa de juros não é abusiva apenas porque supera o patamar de 12% ao ano ou o valor da taxa SELIC.

Vê-se, ademais, que as partes, em 28.12.2004, celebraram um contrato de empréstimo para financiamento da aquisição de veículo a pessoa física, com taxa de juros pré-fixada em 2,5654% ao mês, ou 35,5222% ao ano. As informações divulgadas pelo Banco Central do Brasil revelam que, à época, a taxa média praticada no mercado, para operações similares, era de 35,63% ao ano.

Assim, não se vislumbra discrepância exagerada entre a taxa contratada e aquilo que representava a média de mercado para o período, porquanto aquele é, inclusive, inferior a esta.

Logo, os juros remuneratórios contratados encontram-se no limite que esta Corte tem considerado razoável e, sob a ótica do Direito do Consumidor, não merecem ser revistos, porquanto não demonstrada a onerosidade excessiva na hipótese.

6. Configuração da Mora

Não tendo sido alterada a conclusão do acórdão recorrido quanto à capitalização dos juros, verifica-se a cobrança de encargo abusivo no período da normalidade contratual. Por esse motivo, resta descaracterizada a mora do devedor, não havendo que se falar em violação aos arts. 397 e 406 do CC/02 e 52, §1º, CDC.

7. Inscrição em cadastro de inadimplentes.

Afastada, na espécie, a mora do consumidor, é ilegal o envio de seus dados para quaisquer cadastros de inadimplência.

8. Manutenção na posse.

A questão relativa à manutenção na posse relaciona-se diretamente com aquilo que restou decidido quanto à configuração da mora. Como consolidado na Súmula 72/STJ, "a comprovação da mora é imprescindível à busca e apreensão do bem alienado fiduciariamente". Confira-se, ainda, nesse sentido: AgRg no REsp 400.227/RS, Rel. Min. Aldir Passarinho Junior, DJ de 28.02.2005; AgRg no REsp 1.005.202/RS, 3ª Turma, Rel. Min. Sidnei Beneti, DJe 07.05.2008.

Logo, afastada a mora da recorrida, não há como ser acolhido o pleito da instituição financeira de afastar a recorrida da posse do bem alienado fiduciariamente.

Assim, não merece provimento o recurso especial também nesse ponto.

9. Protesto de Título.

Embora a jurisprudência desta 2ª Seção venha reconhecendo que "o protesto do título representativo da dívida é procedimento legítimo e inerente à cobrança executiva, não podendo ser obstado em face de simples ajuizamento, pelo devedor, de ação revisional do contrato de empréstimo, salvo situação excepcional, sequer objeto de discussão no recurso especial" (REsp 337.794 / SC, 4ª Turma, Rel. Min. Aldir Passarinho Junior, DJ de 15.04.2002), a hipótese vertente revela que foram cobrados encargos abusivos, durante o período de 'normalidade' (capitalização mensal), e que, com isso, afastou-se a mora.

Dessa forma, sendo o protesto um procedimento que pressupõe a inadimplência, o acórdão recorrido deve, nesse ponto, ser mantido.

10. Depósitos.

Embora a recorrida tenha pleiteado e o Tribunal de origem tenha aceitado a realização de depósitos parciais, o recorrente vem sustentando que, nos termos do art. 890 do CPC, só é possível o depósito integral.

Nesse aspecto, cumpre ressaltar que não há qualquer vedação legal à efetivação de depósitos parciais, segundo aquilo que a parte entende devido. Isso, por si só, afasta a pretensão do recorrente.

É bem verdade que a existência de depósito integral, ou não, pode ser relevante para a análise de uma série de questões legais. Como demonstrado, a vedação à inscrição do nome do devedor em cadastro de inadimplentes, em pedido de antecipação dos efeitos da tutela, exige, entre outros requisitos, o depósito apenas parcial.

Veja-se, à guisa de exemplo, as seguintes situações em que esta Corte aceitou o depósito parcial: AgRg no REsp 827035/RS, 4ª Turma, Rel. Min. Aldir Passarinho, DJ 19/06/2006; REsp 448.602/SC, 4ª Turma, Rel. Min. Ruy Rosado de Aguiar DJ 17/02/2003.

Incide, portanto, a Súmula 83/STJ.

11. Comissão de Permanência
11.1. Juízo de Admissibilidade.

A Segunda Seção, por maioria, deixou de conhecer do recurso especial quanto à comissão de permanência, por considerar o recurso deficientemente fundamentado quanto à alínea "a" do permissivo constitucional e pelo fato de o dissídio jurisprudencial não ter sido comprovado, mediante a realização do cotejo analítico entre os julgados tidos como divergentes.

Quanto a este aspecto, fiquei vencida juntamente com i. Desembargador Convocado Carlos Fernando Mathias, pois consideramos que o especial neste ponto poderia ser apreciado em razão da notoriedade do dissídio jurisprudencial, notadamente por se tratar de matéria repetitiva, objeto de questionamento em milhares de recursos que ingressam neste STJ.

Apesar de o presente recurso não ter logrado êxito em preencher os requisitos de admissibilidade, deixo aqui consignados os fundamentos que teci quanto à legalidade da cláusula que prevê a cobrança da comissão de permanência:

" 1. Definição

Definir a comissão de permanência talvez seja uma das tarefas mais árduas do Direito Bancário. Este encargo foi instituído pela Resolução 15/66 do Conselho Monetário Nacional (CMN) e regulado pelas Circulares 77/67 e 82/67, ambas do Banco Central.

Com efeito, há insegurança até quanto à sua definição, natureza jurídica e, principalmente, quanto aos componentes incorporados em seu cálculo.

Trata-se de uma faculdade concedida às instituições financeiras para cobrar uma importância calculada sobre os dias de atraso, nas mesmas bases proporcionais de juros, encargos e comissões cobradas na operação primitiva. Em resumo, é um mecanismo utilizado para o banco compensar-se dos prejuízos decorrentes do inadimplemento.

Com o surgimento da Lei 6.899/81, que possibilitou o direito à correção monetária a partir do vencimento do débito e, algum tempo depois, com a edição da Resolução 1.129/86 do CMN, as instituições financeiras ficaram expressamente autorizadas a cobrar a comissão de permanência de seus devedores por dia de atraso, além dos juros de mora.

O Banco Central do Brasil, ao responder o convite para se manifestar neste incidente de processo repetitivo, afirmou, expressamente, desconhecer os encargos que compõem a comissão de permanência:

"Não é possível saber com antecedência os encargos que a instituição financeira deverá arcar para reequilibrar sua situação líquida após o atraso no pagamento, ante a existência de inúmeras variáveis (como a disponibilidade de crédito no mercado, os custos operacionais de cada instituição financeira, sua situação patrimonial, etc.), razão pela qual a permanência no inadimplemento gera diferentes encargos em cada contrato, a depender de suas especificidades e do momento em que o atraso no pagamento ocorre." (grifo no original)

A Federação Brasileira de Bancos – Febraban, também em resposta ao ofício de fls. 224, afirmou que os encargos moratórios (juros de mora e multa contratual) devem ser cumulados com a comissão de permanência, pleiteando a modificação da jurisprudência neste ponto.

Em seguida, foi novamente oficiado à Febraban a respeito da definição deste encargo, seu modo de cálculo e componentes, bem como sobre as taxas cobradas por alguns dos maiores bancos brasileiros. Contudo, diante das respostas, como se verificará em tópico posterior, constatou-se que cada instituição financeira calcula a comissão de permanência de maneira particular e diferenciada das demais, o que dificulta sobremaneira qualquer categorização definitiva.

2. A evolução jurisprudencial da 2ª Seção.

Quatro são as principais controvérsias jurídicas a respeito da cobrança da comissão de permanência, a saber: (i) cumulação da comissão com a correção monetária; (ii) cumulação com os juros remuneratórios; (iii) cálculo da comissão pelas taxas contratuais ou pela taxa média de mercado; (iv) cumulação com os encargos moratórios (multa e juros de mora).

As quatro controvérsias foram resolvidas da seguinte forma:

(i) Impossibilidade de cumulação com a correção monetária, porque incorporada na própria comissão de permanência (Súmula 30/STJ);

(ii) Impossibilidade de cumulação com os juros remuneratórios, porque a já citada Resolução 1.129/86 proibia a cobrança de "quaisquer outras quantias compensatórias". Foi reconhecido o caráter múltiplo da comissão de permanência, que se prestava para atualizar, bem como para remunerar a moeda. O *leading case* é o REsp 271.214/RS, julgado pela 2ª Seção, Relator o Min. Carlos Alberto Menezes Direito;

(iii) O cálculo da taxa, a título de comissão de permanência, pela média de mercado divulgada pelo Banco Central, não caracteriza potestatividade, pois a taxa média não é calculada pela instituição financeira, mas pelo mercado, sendo que a taxa pactuada pelas partes limita o teto da cobrança (Súmulas 294 e 296/STJ);

(iv) A incidência da comissão de permanência leva necessariamente à exclusão de todos os outros encargos, tenham eles natureza remuneratória ou moratória (AgRg no REsp 706.368/RS, também pela 2ª Seção, de minha Relatoria, ainda no mesmo sentido o AgRg no REsp 712.801/RS, 2ª Seção, Relator o Min. Carlos Alberto Menezes Direito).

Esclareceu-se, portanto, que a natureza da cláusula de comissão de permanência é tríplice: índice de remuneração do capital (juros remuneratórios), atualização da moeda (correção monetária) e compensação pelo inadimplemento (encargos moratórios). Assim, esse entendimento, que impede a cobrança cumulativa da comissão com os demais encargos, protege, como valor primordial, a proibição do bis in idem.

Mais recentemente, o Ministro Ari Pargendler passou a adotar – em nome da transparência – posicionamento que explicita quais encargos podem ser cobrados sob a denominação 'comissão de permanência'. Confira-se:

"A Segunda Seção, no julgamento do REsp nº 863.887, RS, consolidou o entendimento de que a comissão de permanência abrange três parcelas, a saber, os juros remuneratórios, à taxa média de mercado, nunca superiores àquela contratada para o empréstimo, os juros moratórios e a multa contratual; daí ser impossível a sua cobrança cumulada com juros de mora e multa contratual, sob pena de incorrer em bis in idem." (AgRg no REsp 986.508/RS, Terceira Turma, j. em 20.05.2008)

Em outro precedente, julgado na mesma data pela Terceira Turma, o Min. Ari Pargendler chegou, inclusive, a classificar de abusiva a comissão calculada em percentual muito acima do cobrado nos juros remuneratórios, não sem antes reforçar a natureza tríplice daquela:

"Quer dizer, após o vencimento, a comissão de permanência visa manter, por meio dos juros remuneratórios, a base econômica do negócio, desestimular, mediante os juros de mora, a demora no cumprimento da obrigação e reprimir o inadimplemento pela aplicação da multa contratual." (AgRg no REsp 1.016.657/RS, Terceira Turma, j. em 20.05.2008)

Neste julgado, a cláusula que estipulava a comissão de permanência em 14,90% ao mês foi considerada manifestamente abusiva, uma vez que, no período da normalidade, os juros remuneratórios eram de 2,451% ao mês.

No âmbito da Quarta Turma, também o Min. João Otávio de Noronha já seguiu tal orientação. Confira-se:

"PROCESSO CIVIL. CONTRATO BANCÁRIO. REVISIONAL. COMISSÃO DE PERMANÊNCIA. LICITUDE DA COBRANÇA. 1. A partir do vencimento do mútuo bancário, o devedor responderá exclusivamente pela comissão de permanência (assim entendida como os juros remuneratórios, à taxa média de mercado, acrescidos de juros moratórios e multa contratual) sem cumulação com a correção monetária (Súmula nº 30, STJ). 2. Agravo regimental provido." (AgRg no REsp 930.807/RS, Quarta Turma, Rel. Min. João Otávio de Noronha, j. em 23.09.2008)

Da jurisprudência consolidada, duas orientações surgiram:

(i) É possível a cobrança da comissão de permanência, desde que não cumulada com nenhum outro encargo moratório ou remuneratório. Prevista a cobrança da comissão de permanência cumulada com outro encargo, este deve ser afastado, mantendo-se somente aquela.

Orientação 1 – Manutenção isolada da comissão de permanência e afastamento de outros encargos.		
Ministro Relator	Julgado	Órgão
Fernando Gonçalves	AgRg no REsp 1.020.737/RS, j. em 24.06.2008	4ªTurma
Nancy Andrighi	AgRg no REsp 1.057.319/MS, j. em 19.08.2008	3ªTurma
João Otávio de Noronha	AgRg no Ag 961.275/SP, j. em 06.03.2008	4ªTurma
Massami Uyeda	AgRg no REsp 1.056.827/RS, j. em 07.08.2008	3ªTurma
Sidnei Beneti	EDcl no AgRg no REsp 1.014.434/MS, j. em19.08.2008	3ªTurma
Carlos Mathias		
Ari Pargendler	AgRg no REsp 1.016.657/RS, j. em 20.052008	3ªTurma
Carlos A. Menezes Direito	REsp 821.357/RS, j. em 23.08.2007	3ªTurma
Hélio Quaglia Barbosa	AgRg no REsp 986.179/RS, j. em 27.11.2007	4ªTurma
Humberto Gomes de Barros	AgRg no REsp 896.269/RS, j. em 06.12.2007	3ªTurma

(ii) Se o acórdão recorrido permitiu a cobrança de qualquer outro encargo, afasta-se a cobrança da comissão de permanência, mantendo os demais encargos.

Este entendimento é defendido pelos Ministros Aldir Passarinho Junior e Luis Felipe Salomão:

Orientação 2 – Afastamento da comissão de permanência e manutenção dos outros encargos.		
Ministro Relator	**Julgado**	**Órgão**
Aldir Passarinho Junior	AgRg no REsp 990.830/RS, j. em 24.06.2008	4ªTurma
Luis Felipe Salomão	AgRg no Resp 920.180/RS, j. em 26.08.2008	4ªTurma

3. Da Ilegalidade da Comissão de Permanência.

A jurisprudência atual da 2ª Seção está pacificada no sentido de admitir a cobrança da comissão de permanência, desde que não cumulada com nenhum outro encargo – moratório **ou compensatório –** e calculada à taxa média do mercado, limitada às taxas contratuais.

A resposta aos ofícios encaminhados à Febraban revelou dados novos que não podem passar despercebidos e que merecem ser considerados na elaboração deste voto.

Os bancos, ao responderem às indagações da Febraban acerca da composição da comissão de permanência, solicitaram, por questões comerciais e concorrenciais, que esta julgadora mantivesse sigilo de suas informações, o que será respeitado.

Isto não impede, porém, que alguns desses dados sejam utilizados, de forma impessoal e genérica, na elaboração deste voto.

As enormes variações constatadas das respostas ao ofício, demonstram que cada banco trata da cláusula de comissão de permanência de maneira particular e diferenciada, o que impossibilita o conhecimento pelo consumidor daquilo que está pagando, além de inviabilizar a comparação dos custos da inadimplência face aos outros bancos.

Vejam-se os seguintes dados:

(i) Um dos bancos cobrou, para abertura de crédito, em setembro de 2007, acima de 16% ao mês nos dois primeiros meses, e em torno de 5,50% após, em ambos os casos acrescido de 1% ao mês a título de juros de mora;

(ii) Em outro banco, a tendência é que a comissão se aproxime muito das taxas de juros, encontrando-se ao redor de 0,5% ao dia;

(iii) Outro banco comunicou serem vários os componentes formadores do encargo, como os custos com a captação de recursos, os impostos, o risco de inadimplência e o chamado custo de administração, que envolve gastos com pessoal, operacional, de instalações e equipamentos. Para este banco, a comissão foi de 12% ao mês para as diversas modalidades de operação de crédito;

(iv) Outro banco informou que, nos últimos doze meses, a comissão de permanência variou entre, aproximadamente, 4,70% e 6,30% ao mês;

(v) Na resposta mais esclarecedora, um banco afirmou que compõem a sua comissão de permanência, entre outros, os seguintes itens: "custas com despesas jurídicas pela ação de cobrança" e "custo operacional pela ativação da cobrança (...) Escritórios de Cobrança e Escritórios de Advocacia". Aqui, a comissão variou entre 6,5% até quase 20% ao mês.

Acrescente-se, por fim, a palavra da Febraban, entidade representativa dos bancos, que, textualmente, assevera:

"Em outras palavras, **é impossível apontar critérios uniformes de cálculo da comissão de permanência** para todas as instituições, dado que esse cálculo se baseia em diferentes peculiaridades." (grifei)

Como se depreende de tais informações, a incidência da cláusula de comissão de permanência, tal como ocorre nos dias atuais, viola uma série de princípios e direitos previstos no CDC.

Numa listagem meramente exemplificativa, são afrontados o princípio da transparência (art. 4º, caput); o princípio da boa-fé e equilíbrio entre os contratantes (art. 4º, III); o direito à informação adequada e clara sobre os produtos e serviços (art. 6º, III); além das regras específicas para a outorga de crédito ou concessão de financiamento ao consumidor, previstas nos incisos do art. 52 do CDC (informação prévia e adequada sobre o preço do produto, o montante dos juros e os acréscimos legais).

Tais princípios são essenciais na sistemática do CDC, como anota a doutrina em diversas oportunidades:

(i) Sobre a boa-fé e a transparência:

"Poderíamos afirmar genericamente que a boa-fé é o princípio máximo orientador do CDC; neste trabalho, porém, estamos destacando igualmente o princípio da transparência (art. 4º, caput), o qual não deixa de ser um reflexo da boa-fé exigida aos agentes contratuais." (Cláudia Lima Marques, Antônio Herman Benjamin e Bruno Miragem, in Comentários ao Código de Defesa do Consumidor, RT, São Paulo, 2003, pág. 124)

(ii) Sobre o direito à informação:

"Trata-se, repita-se, do dever de informar bem o público consumidor sobre todas as características importantes de produtos e serviços, para que aquele possa adquirir produtos, ou contratar serviços, sabendo exatamente o que poderá esperar deles." (Ada Pellegrini Grinover e outros, in Código Brasileiro de Defesa do Consumidor Comentado pelos Autores do Anteprojeto, Forense Universitária, Rio de Janeiro, 2004, pág. 138)

Assim, se está diante de uma situação de total indefinição sobre os encargos que integram a comissão de permanência e de suas taxas, situação que se agrava, inclusive, pelo inusitado pedido de sigilo formulado pelos bancos.

Exsurge gritante a ausência de informação transparente e precisa ao consumidor, bem como a potestatividade da sua cobrança.

Logo, deve ser definitivamente excluída a cláusula de comissão de permanência, mesmo quando expressamente pactuada, permitindo-se aos bancos-credores, para o período de inadimplência, a cobrança especificada dos seguintes encargos, numericamente individualizados: (i) juros remuneratórios, limitados pela taxa pactuada ou calculados à taxa média de mercado; (ii) juros moratórios, de acordo com a lei aplicável; (iii) multa moratória de 2%, nos termos do art. 52, § 1º, do CDC; e (iv) correção monetária, se for a hipótese. "

12. Dispositivo

Forte em tais razões, CONHEÇO PARCIALMENTE do Recurso Especial e, nesta parte, DOU-LHE PROVIMENTO para declarar a legalidade da cobrança dos juros remuneratórios, na forma como pactuados na espécie, e afastar as disposições de ofício realizadas pelo Tribunal de origem.

Em razão da sucumbência recíproca, condeno as partes ao pagamento das custas processuais e dos honorários advocatícios, mantendo quanto a estes o valor fixado no acórdão recorrido, que serão reciprocamente distribuídos e suportados na proporção de 80% pelo recorrente e de 20% pela recorrida, e devidamente compensados, conforme a Súmula 306/STJ. Suspensa a exigibilidade, em relação à recorrida, enquanto perdurarem os efeitos da concessão do benefício da assistência judiciária gratuita.

RECURSO ESPECIAL N° 1.061.530 - RS (2008/0119992-4)

VOTO
(proferido oralmente na sessão)

O EXMO. SR. MINISTRO JOÃO OTÁVIO DE NORONHA:
a) Sustentação oral pela Febraban e pelo Idec

Senhor Presidente, se não estou enganado, a votação em questão de ordem começa pelo mais antigo, mas já posso proferir meu voto.

Indefiro. Com relação a este processo, a lei é taxativa: aqueles que não são partes podem se manifestar; todavia, hão de manifestar-se por escrito.

Trata o caso de mais um recurso especial, apenas julgado pela técnica ou metodologia do instituto denominado "recurso repetitivo". A lei permite ao relator ouvir terceiros interessados, vale dizer, pessoas que, embora não se submetam à eficácia da coisa julgada que derivará do acórdão no caso concreto, têm legítimo interesse na defesa da tese apreciada, tendo em vista a repercussão que dela se extrairá para futuros julgamentos de outros recursos. No caso, os terceiros interessados foram ouvidos e se manifestaram por escrito. Portanto, penso que, para manter a boa ordem, deve-se cumprir o que ficou estabelecido nesta Seção em julgamento anterior: a sustentação oral deverá ficar reservada apenas para as partes.

b) Mérito

I

Sr. Presidente, Srs. Ministros, Srs. advogados, inicialmente, parabenizo os advogados que ocuparam a tribuna: Dr. Luciano, pela parte recorrente; Dra. Cláudia Lima, grande especialista em Direito do Consumidor; Dr. Marcos Cavalcante, grande especialista na matéria de Direito Bancário; e Dr. Valter Moura, do Idec. Todos prestaram, da tribuna, proveitosos esclarecimentos.

Entendo ser importante elucidar que esta Corte, no presente julgamento, não tem por propósito questionar a incidência do Código de Defesa do Consumidor nas relações de Direito Bancário. Ao contrário, temos tal questão como resolvida em caráter definitivo, razão por que este Sodalício editou a Súmula n. 297.

Tenho que reconhecer, outrossim, que, no caso em espécie, não fomos felizes na escolha do processo tipo, ou seja, aquele afetado a julgamento da Seção nos termos do art. 543-C do Código de Processo Civil. Com efeito, dois temas importantes não poderão ser analisados – quais sejam, capitalização de juros e comissão de permanência –, pois, diante das peculiaridades do caso em concreto, afigura-se impossível transpor a fase do conhecimento para analisar tais questões, que integram o núcleo do mérito recursal.

O que restou então para ser analisado? As teses relativas: a) às "disposições de ofício"; b) ao limite dos juros remuneratórios; c) à configuração da mora – e, nesse ponto, parece-me termos um problema de ordem técnica –; e d) à inscrição do nome do devedor no cadastro de inadimplentes.

Manifesto-me, primeiramente, sobre a capitalização de juros.

Entendo que a capitalização de juros é matéria que não ultrapassa a fase de conhecimento – e peço vênia à Sra. Ministra Relatora para divergir no que tange aos fundamentos, porquanto, embora o acórdão tenha enfrentado explicitamente a questão, fê-lo sob a vertente constitucional. Confira-se:

"No que respeita à Medida Provisória n° 2.070, não é aplicável, pelo fato de não atender aos requisitos da relevância e urgência estabelecidas no art. 62 da Constituição Federal; por isso, é inconstitucional, dependendo de processo legislativo ordinário para a sua aplicação. Tanto é assim que a eficácia do art. 5° foi suspensa em 3 de abril de 2002, por decisão do Ministro Sidney Sanches."

Observa-se, portanto, com uma leitura mais atenta do acórdão recorrido, que há enfrentamento da questão, mormente porque pressupõe contratada a capitalização de juros.

A minha divergência, contudo, está em que o recurso não pode ser conhecido porque o enfrentamento da questão deu-se com base em fundamento constitucional, ou seja, o acórdão está respaldado em norma constitucional; tanto é que o recorrente também aviou recurso extraordinário – inclusive causou-me perplexidade o fato de esse recurso não ter sido admitido na origem, tendo em vista o prequestionamento explícito da norma constitucional.

Portanto, a questão da capitalização dos juros, no caso, ainda está em aberto, pendente de apreciação pelo Colendo Supremo Tribunal Federal. Aqui, vejo algo mais grave, que, aliás, passou desapercebido pelo recorrente e por todos que, no Tribunal de origem, participaram do julgamento –. O Tribunal, na realidade, ao afastar a constitucionalidade da norma, fê-lo em julgamento em sede de órgão fracionário, violando, sem sombra de dúvida, o princípio da reserva de plenário, visto que somente o Órgão Especial do Tribunal do Rio Grande do Sul poderia aferir a inconstitucionalidade da norma, nos termos do art. 97 da Constituição Federal e dos artigos 481 e 482, ambos do CPC.

Esta Corte teria condições de conhecer da matéria se, no recurso especial, a questão da violação dos artigos 481 e 482 do CPC tivesse sido agitada no acórdão recorrido. Como não foi, entendo que não temos como enfrentá-la, uma vez que matérias que não foram prequestionadas não podem ser apreciadas por este Tribunal ante a incidência das Sumulas ns. 282 e 356 do Colendo STF.

Entretanto, se a capitalização de juros encontra-se pendente de apreciação – porque aviado recurso extraordinário – surge outra questão: a mora está, então, descaracterizada? No caso em julgamento, ainda não. Com efeito, é certo que a mora só poderá ser considerada descaracterizada caso o Supremo Tribunal acolha a tese de inconstitucionalidade da capitalização mensal dos juros ¾ ressalto, matéria ainda submetida à apreciação da excelsa Corte em vista do ajuizamento pelo ora recorrente de recurso extraordinário. Assim, entendo que, enquanto pender a apreciação da tese no Supremo Tribunal, não temos como analisar a abusividade dos encargos contratados de modo a descaracterizar a mora. Isso porque o recurso extraordinário, no caso em espécie, é prejudicial ao julgamento do recurso especial.

Essa questão a Sra. Ministra Relatora não enfrentou, até porque S. Exa. diz, em seu voto, quando trata da capitalização de juros, à fl. 10, que:

"Os encargos abusivos que possuem potencial para descaracterizar a mora são, portanto, aqueles relativos ao chamado 'período de normalidade', ou seja, aqueles encargos que, naturalmente, incidem, antes mesmo de configurada a mora."

Ainda que ultrapassada essa questão, penso que temos um incidente de prejudicialidade, que importaria na suspensão do próprio julgamento do recurso especial para apreciação primeiro do recurso extraordinário. Só aqui na Seção, lendo o voto da Ministra Nancy Andrighi, é que constatei esse fato. Aliás, tal questão nem sequer foi mencionada nos memoriais que me foram entregues pelas partes ou pelos terceiros interessados.

Se suplantada a questão, enfrento os demais argumentos.

Quanto à comissão de permanência, também não conheço do recurso, visto que não foi demonstrada analiticamente a divergência, bem como não foi apontado nenhum dispositivo de lei violado. A mera citação de súmula e de paradigmas não dispensa a demonstração analítica da divergência como, reiteradamente, entende a jurisprudência desta Corte.

Seguirei a ordem da eminente Relatora.

No que tange aos juros de mora, a eminente Relatora manteve a posição já consolidada deste Sodalício, no sentido de ser permitido até o limite da taxa de 1% (um por cento) ao mês, com o que estou de pleno acordo.

Quanto ao **cadastro de inadimplência**, também estou de pleno acordo com a Sra. Ministra Relatora, inclusive no que tange ao pedido de antecipação de tutela, porquanto o seu voto está em consonância com a reiterada jurisprudência da Segunda Seção deste Tribunal.

Juros remuneratórios: nesse ponto, peço vênia para divergir.

É evidente que, em se tratando de juros remuneratórios, há de ser apreciada a questão da abusividade das taxas; não tenho dúvida quanto a isso. Tal análise, contudo, há de ser feita caso a caso. **Data vênia**, não vejo como pode esta Corte tarifar ou tabelar tal encargo financeiro como forma de estabelecer um paradigma para o diagnóstico da abusividade da taxa contratada.

E por que me posiciono contra o tarifamento ou tabelamento dos juros? A um, porque essa não é uma atribuição que nos é dada pela Constituição Federal. A dois, porque entendo que decisão dessa natureza acaba por penalizar ou prejudicar aquele que a lei quer proteger, ou seja, o consumidor.

Os agentes econômicos têm inteligência e instrumentos suficientes para contornarem um eventual (e absurdo) tabelamento judicial dos juros. Em caso tal, a primeira conseqüência seria um aumento radical das taxas cobradas como forma de elevar a "taxa média de mercado", o que encareceria sobremaneira o custo da moeda para os tomadores, mormente para aqueles com menor potencial negocial, como os consumidores.

Por isso, hei de divergir da proposta da eminente relatora de que esta Corte estabeleça um teto correspondente ao dobro da taxa média como sendo os juros razoáveis. Vale dizer, haveria o Judiciário de reconhecer como abusivos os encargos financeiros quando a taxa pactuada ultrapassasse o dobro da média da taxa de juros praticada pelo mercado financeiro. A meu sentir, melhor será aferir a abusividade diante do caso concreto, tendo em conta a realidade econômica vigente em determinado local e tempo. Confio que, nas instâncias ordinárias, os julgadores saberão, caso a caso, diagnosticar se está ou não configurada a chamada abusividade dos encargos cobrados para daí, então, descaracterizar ou não a mora.

Há outro detalhe: Sua excelência Ministra Nancy Andrighi, embora estipule o dobro, sustenta que é permitido à instituição financeira provar que, com relação àquele cliente, os riscos oferecidos são maiores. Tenho como correta tal afirmativa, pois, na estipulação da taxa de juros, segundo a boa técnica bancária, o banco há de levar em conta não apenas os riscos macroeconômico e setorial, mas também o risco do cliente. Todavia, surge outro problema: admitida essa possibilidade, que me parece extremamente razoável, inviabilizada encontra-se a tese que permite ao juiz, de ofício, conhecer da abusividade dos encargos, visto que, ante a falta de alegação do devedor, o que torna a questão incontroversa, nem sequer seria possível oferecer à instituição financeira a oportunidade de desincumbir-se do mister de demonstrar e provar que a elevação da taxa de juros, no caso concreto, decorreria do elevado risco-cliente.

No caso em julgamento, pedindo novamente vênia à ilustre Relatora, entendo que não está configurada a abusividade dos juros pactuados, porquanto a taxa estipulada é inferior à taxa média de mercado vigente à época da celebração do contrato. Também, como afirmei, não há de ser estipulada nenhuma tarifação, nenhum limite, visto que a abusividade dos encargos há de ser aferida nas instâncias ordinárias, diante do caso concreto.

II

Não, Excelência. Mantenho a taxa média de mercado, mas não estipulo o seu dobro como teto ou mesmo estabeleço qualquer outro limite. O parâmetro da razoabilidade dos encargos pactuados deve ser aferido pelo Juiz diante do caso concreto, que poderá concluir pelo dobro, pelo triplo ou por outro critério que seja inclusive inferior ao teto que V. Exa. propõe.

Até digo que, quando ficar estabelecido o dobro, a instituição financeira penderá por contratar sempre por uma taxa que, embora inferior, seja mais próxima desse teto. Entendo que, às vezes, considerando determinada situação da economia e do cliente, uma vez e meia a taxa média poderá caracterizar preço excessivo da moeda. Reafirmo: é melhor que o juiz, caso a caso, mediante demonstração cabal da situação, tendo em conta a realidade econômica subjacente ao contrato e às provas dos autos, decida, justificadamente, se há ou não onerosidade da taxa contratada.

Lamento que, no Brasil, discuta-se a abusividade das cláusulas contratuais apenas com fundamento no Código de Defesa do Consumidor. Na verdade, o instituto da onerosidade excessiva tem aptidão para se configurar em qualquer tipo de relação contratual, pouco importando a sede legislativa em que as partes estribam seus fundamentos. No Código Civil atual, existe a figura da lesão, que anteriormente achava-se consagrada por força doutrinária e jurisprudencial.

Na verdade, quando julgamos o recurso especial pela técnica do procedimento repetitivo de que trata o art. 543-C do Código de Processo Civil, considerando a multiplicidade de recursos com fundamento em idêntica questão de direito, primeiramente sufragamos o entendimento da "tese jurídica" para depois aplicarmos o entendimento ao caso em concreto. Mas no caso, não vejo como assim proceder, visto que o recurso em questão não ultrapassa a fase do conhecimento ante a ausência do prequestionamento da tese ora debatida.

III

Agora, manifesto meu posicionamento a respeito da **revisão de ofício das cláusulas contratuais** nas instâncias ordinárias.

Aqui, novamente, peço vênia a Exma. Ministra Nancy Andrighi, pois, neste ponto, temos como caracterizada entre nós uma profunda divergência de cunho até ideológico, certamente em razão de nossas origens. Sua Excelência desenvolveu toda a sua vida profissional, de forma brilhante, na magistratura, enquanto eu finco minhas raízes no exercício por mais de duas décadas na advocacia para só depois ingressar, como magistrado, neste Colendo Tribunal, do que, aliás, muito me orgulho.

Sempre entendi que não cabe ao juiz distanciar-se de sua neutralidade na condução do processo; não deve ele advogar no sentido de defender interesse algum no processo. Se lhe é dado examinar amplamente as provas e até tomar a iniciativa de inverter o seu ônus de produção, isso não pode nos levar à conclusão de que o juiz protege o hipossuficiente. Não, o juiz não protege ninguém, é a lei que, na forma por ela taxativamente prevista, protege o hipossuficiente nas relações de consumo, mas nunca o juiz. A este cabe a tarefa de, diante do caso concreto, subsumir os fatos a norma e, mediante um juízo de valor, formular a regra jurídica aplicável ao caso.

Na atualidade, para a defesa dos hipossuficientes, a Constituição Federal instituiu as defensorias públicas. Aliás, a jurisprudência desta Sessão pacificou-se no sentido de não ser admissível a revisão de ofício das cláusulas contratuais para taxá-las de onerosas.

Repiso a indagação: Como o juiz poderá saber se há abusividade ou não diante do caso concreto se a própria parte não a alegou?

E mais: até para ser coerente com o que sustentei – acerca da impossibilidade de ser estabelecido um teto –, como admitir possa o juiz, de ofício, promover o decote dos encargos financeiros pactuados sem que seja oferecida à outra parte – o banco – a oportunidade de provar que, no caso concreto, a taxa pactuada fora fixada tendo em conta as condições imperantes no mercado e segundo a boa técnica bancária, não caracterizando portanto abusividade?

Ademais, é bom que se diga que nem sempre será do agente financeiro o ônus da prova da não-caracterização da abusividade, porquanto existem hipóteses em que a inversão do ônus da prova não deve ser deferida, como, por exemplo, quando a parte litigante for pessoa jurídica que não se enquadra na relação de consumo ou quando não caracterizada a hipossuficiência daquele que litiga com a instituição financeira.

Reitero minhas vênias para discordar também de um dos fundamentos invocados pela eminente Relatora, qual seja, o da alteração legislativa, que, a meu ver, diz respeito apenas às regras de competência, não se referindo à possibilidade de conhecimento e decote de ofício das cláusulas contratuais relativas aos encargos financeiros. Oportuno lembrar que, na espécie, estamos tratando de direitos disponíveis e não se pode olvidar que a parte, de regra, sabe o que pode e o que não pode contratar e honrar.

Considero estranha à discussão estabelecida no presente caso a questão relativa ao dever de informação da instituição financeira, ora ventilada pela eminente Relatora.

Assim, peço vênia a Exma. Ministra Relatora, mas não vejo razão que justifique que esta Corte altere o entendimento jurisprudencial cristalizado ao longo de vários anos de julgamento.

Rejeito também porque, durante esses seis anos de Tribunal, constatei que o consumidor tem sido muito bem defendido no Judiciário. A meu ver, o micro sistema legislativo que regula as relações de consumo – segundo diz a eminente Dra. Cláudia Lima Marques – vem atingindo alto grau de eficácia, conforme se infere do exame dos acórdãos deste Tribunal. Aliás, a jurisprudência edificada nesta Corte a respeito do tema não se consolidou por obra do acaso. Ao contrário, é fruto direto do hercúleo trabalho desenvolvido pelos advogados contratados por diversos organismos de proteção do consumidor, como por exemplo, o Idec. Assim, afigura-se inegável que a estrutura protetiva das relações de consumo não está exigindo que o juiz perca sua neutralidade no processo; por isso, entendo não deva ele atuar substituindo ou dispensando a manifestação da parte indigitada como hipossuficiente na defesa de seus interesses.

Assim, com as ressalvas aqui colocadas quanto a) ao conhecimento de ofício; b) ao fundamento da questão acerca da capitalização mensal dos juros; e c) ao estabelecimento de um teto – que a Sra. Ministra Relatora indicou como sendo o dobro da taxa média de mercado – para aferição da abusividade da taxa de juros contratada, acompanho, no mais, o brilhante, didático e claro voto da Sra. Ministra Fátima Nancy Andrighi.

Conheço parcialmente do recurso especial e dou-lhe provimento em maior extensão do que aquele dado pela Relatora.

Fica pendente a questão da prejudicialidade relativa à questão da capitalização de juros, tese que tem relação com a descaracterização da mora.

c) Correção do resultado após esclarecimentos

Sr. Presidente, dou provimento ao recurso especial neste ponto; dou provimento ao recurso especial quanto aos juros remuneratórios, porque a Sra. Ministra Relatora também o proveu; entendo que, quanto à configuração da mora, temos uma questão de prejudicialidade para ser resolvida. Penso que deveríamos primeiro apreciar essa questão. Quanto à inscrição no cadastro de inadimplemento, estou acompanhando o voto da Sra. Ministra Relatora.

Conheço parcialmente do recurso especial, porque dele não conheço com relação à comissão de permanência, e dou-lhe provimento em maior extensão que a Sra. Ministra Relatora.

d) Esclarecimentos do Ministro João Otávio para a Ministra Nancy Andrighi, no sentido de divergir dos fundamentos de seu voto quanto à estipulação de um teto para aferir sobre a abusividade da taxa de juros

I

Quanto aos percentuais, acompanho o voto de V. Exa., Sra. Ministra Nancy Andrighi. Não há abusividade. Mas, como V. Exa. avança em seus fundamentos, e o acórdão deste julgamento certamente será considerado como paradigma nas instâncias ordinárias, reafirmo que não concordo com o estabelecimento de um teto ou limite como forma de balizar a aferição da abusividade dos encargos financeiros. Reafirmo: esta aferição deverá ser feita pelo juiz caso a caso.

II

Acredito até que essa questão não é objeto de discussão, mas V. Exa. sobre ela tece considerações em seu voto. Entendo que, mesmo que inserido no seu voto como obter dictum, algum operador do direito, menos atento, poderá pleitear a aplicação do limite proposto por V. Exa. Daí o cuidado que devemos ter para que questão não efetivamente apreciada por esta Corte possa ser tomada como se decidida o fosse por ela.

III

Minha preocupação reside – Exma. Ministra Nancy Andrighi – no cuidado que devemos ter com o efetivo entendimento do que aqui restou decidido. Suponhamos que V. Exa. seja autora do voto vencedor e, por isso, lavre o acórdão. Se do seu voto constar esse fundamento – com o qual não concordamos –, esse entendimento poderá pautar a conduta dos julgamentos nas instâncias originárias, quando, na realidade, a Corte sobre essa questão jurídica definitivamente ainda não se manifestou. Ademais, não há sequer um precedente desta Seção que fixe qualquer limite ou parâmetro para caracterização da abusividade da taxa de juros.

IV

Estou apenas mostrando a conseqüência. De modo algum ataquei o posicionamento de V. Exa.; pelo contrário, o debate está no mais alto nível e nossa intenção aqui é estabelecer regras claras que possam orientar os juízes deste país quando do julgamento de causas fundamentadas em tese idêntica a esta que estamos apreciando.

e) Esclarecimentos do Ministro João Otávio após o voto do Ministro Sidnei Beneti

I

Com relação à prejudicialidade, chamei a atenção para o fato de o Tribunal ter reconhecido a inconstitucionalidade de norma federal por órgão fracionário, isto é, sem observância do princípio da reserva de plenário.

A parte interpôs recurso extraordinário, que se encontra pendente de apreciação pelo STF. Esse recurso não foi suspenso pelo Excelso Pretório, em que pese o processamento da ADIn que tem por objeto a mesma matéria.

II

Não, Sr. Ministro Sidnei Beneti, o art. 481, parágrafo único, do Código de Processo Civil dispensa o órgão fracionário de submeter ao órgão pleno a argüição de inconstitucionalidade quando esta já o fora declarada pelo próprio órgão pleno ou pelo plenário do Supremo Tribunal Federal. No caso, nenhuma das hipóteses ocorreu .

f) Esclarecimentos do Ministro João Otávio à Ministra Nancy Andrighi

Afirmei o seguinte: divirjo de V. Exa. na aplicação da Súmula n. 7, já que o Tribunal enfrentou expressamente a questão da capitalização, dizendo que a afastava porque a Medida Provisória n. 2.170 é inconstitucional. Vale dizer, afastou a eficácia da norma por inconstitucionalidade sem suscitar o incidente de que tratam os artigos ns. 480 a 482 do Código de Processo Civil – incidente de inconstitucionalidade.

Por isso, não incide a Súmula n. 5 nem a Súmula n. 7. O Tribunal claramente enfrentou a tese da inconstitucionalidade. A matéria encontra-se explicitamente prequestionada. O proceder do Tribunal de Justiça é que me parece, *data venia*, equivocado. Concluindo pela inconstitucionalidade, caberia a ele suscitar o incidente de inconstitucionalidade na forma preconizada pela Constituição e pelo CPC. Todavia, não o fez. Nada obstante, a parte não ventilou a nulidade do julgamento no recurso especial nem no recurso extraordinário. A questão, assim, restou preclusa. Destarte, a questão relativa à reserva de plenário, no presente caso, encontra-se sepultada.

Avanço: se se quer descaracterizar a mora por causa da capitalização, porque vingou, no Tribunal *a quo*, a tese de que a capitalização é inconstitucional, e se a questão da capitalização continua aberta porque não transitada em julgado na medida em que tal fundamento do acórdão recorrido restou impugnado por meio do recurso extraordinário, apesar de o TJ ter-lhe negado seguimento (fato que me parece absurdo, pois é a típica hipótese de prequestionamento explícito), a parte teve o cuidado de interpor recurso de agravo de instrumento, cujo julgamento encontra-se pendente. Portanto, não está transitada em julgado a questão da capitalização. É esse o fundamento.

g) Esclarecimentos do Ministro João Otávio após elucidação da Ministra Nancy Andrighi de que não considerou a mora caracterizada

I

Ora, se a mora não restou descaracterizada, então não ocorrerá a prejudicialidade, uma vez que, na hipótese de provimento do recurso extraordinário interposto, o STF decidirá de modo definitivo a questão da constitucionalidade ou não da capitalização dos juros.

II

Sra. Ministra Nancy Andrighi, V. Exa. disse, com todas as letras, que a mora, no caso, não está descaracterizada. O erro foi meu. Assim, estou apenas dissentindo no que tange ao fundamento relativo à estipulação do teto dos juros remuneratórios e à disposição de ofício.

RETOMADA DO JULGAMENTO

a) Sobre o pedido de suspensão formulado pelo Ministério Público em razão da ADIN n. 2.316-DF

Sr. Presidente, entendo que esteja prejudicado o pedido, mas voto de acordo com a Sra. Ministra Relatora.

b) Comissão de permanência/ manutenção de posse/ cláusula-mandato/ protesto do título/ repetição de indébito, que não fazem parte das teses de uniformização, pois referem-se ao caso concreto

I

Não conhecemos do recurso quanto à comissão de permanência, porque não havia demonstração analítica no que tange à alínea **c**. Então, V. Exa. está mudando o voto?

II

Estou afirmando que V. Exa. está mudando o voto e pedirei vista para examinar.

O que é comissão de permanência? São os encargos moratórios, isto é, cobrados após o vencimento da obrigação. O que tínhamos de fazer seria fixá-los. A jurisprudência evoluiu para entender que a comissão de permanência é composta das seguintes parcelas: a) juros segundo a taxa média de mercado; b) multa moratória de até 2% na forma do CDC: e c) juros de mora fixado em até 1% ao mês.

Cabe-nos a missão de deixar claro aos juridicionados qual o entendimento deste Tribunal sobre o conteúdo da denominada cláusula "comissão de permanência". Aliás, esta Seção já o fez. Aqui estamos apenas precisando e reiterando o seu conceito.

Comissão de permanência é, portanto, o somatório dos encargos que incidem no período do inadimplento (*sic*) da obrigação, ou seja, após o vencimento da dívida. Destarte, o devedor que honra pontualmente com suas obrigações a esse encargo não estará submetido.

Com base nisso, não há como prosperar, **data vênia**, o entendimento de que eventual abusividade na estipulação dos encargos que integram a cláusula "comissão de permanência" teria o condão de descaracterizar a mora. Ora, não se pode olvidar que a cláusula "comissão de permanência" só adquire eficácia quando a mora já estiver caracterizada.

Reportando-me ao princípio da boa-fé objetiva – que deve ser aplicado à relação contratual de forma a incidir em ambos os lados da relação negocial – na hipótese, especificamente com relação ao deferimento da busca e apreensão do bem em face do inadimplemento contratual, entendo que não se deve permitir que o devedor que contratou e adquiriu o bem com o produto do financiamento permaneça na posse do referido bem quando apenas honrou uma única ou poucas prestações, só pelo fato de ter ele ajuizado ação revisional. Não é esse o comportamento que se espera de um homem probo.

Registro que tenho, no meu gabinete, inúmeros processos nos quais se verifica a seguinte situação: paga-se uma ou duas parcelas do financiamento e ajuíza-se a ação revisional sob alegação de que cláusula de comissão de permanência é abusiva. Não se paga mais nada, e, ainda assim, há decisões judiciais determinando que o bem (normalmente um carro) deve ficar na posse do devedor inadimplente. É lógico que tais decisões, longe de aplicarem o princípio da boa-fé objetiva, acabam por violá-lo.

Sr. Presidente, eventual excesso dos encargos financeiros integrantes da cláusula "comissão de permanência" deve levar o juiz simplesmente a decotá-los, ajustando o seu conteúdo àquele admitido pela jurisprudência consolidada deste Sodalício.

Destarte, temos que nos pautar por aquele entendimento que respeite e privilegie a conduta dos contratantes em conformidade com o princípio da boa-fé objetiva, não tolerando abusividade na cobrança dos encargos de mora e não permitindo a proliferação de condutas abusivas do devedor, evitando-se ao mesmo tempo o crescente inadimplemento no tráfico comercial, situação que prejudica a todos, mormente os adimplentes, que sofrem as conseqüências na medida em que a elevação do risco importa no aumento dos encargos financeiros. Cabe-nos zelar pelo prestígio do princípio da segurança jurídica a bem de todos.

III

Sra. Ministra Nancy Andrighi, um aparte, por favor. É importante.

A mora não foi descaracterizada por V. Exa. na semana passada. Entendi que estava sendo descaracterizada e errei ao propor o incidente de prejudicialidade. Mas, hoje, V. Exa. está voltando a descaracterizar a mora pela cláusula de comissão de permanência ou não entendi nada do voto de V. Exa.

c) Manifestação do Ministro João Otávio de Noronha após os esclarecimentos da Ministra Nancy Andrighi de que não estava decidindo acerca da mora, **mas apenas retirando a eficácia da cláusula que prevê a comissão de permanência**

I

Entendo que essa posição de V. Exa. prejudica o consumidor, porque a jurisprudência evoluiu em benefício dele ao estabelecer que a taxa de juros integrante da comissão de permanência – refiro-me aos juros remuneratórios – será calculada segundo a taxa média de mercado. Qual a grande vantagem para o consumidor?

II

Sra. Ministra Nancy Andrighi, V. Exa. também não está entendendo o que estou afirmando.

A comissão de permanência, ou seja, os encargos que incidem após a mora ¾ segundo o entendimento de nossa jurisprudência ¾ , na verdade, beneficia o consumidor quando a taxa de juros que a integra oscila segundo a taxa média de juros de mercado apurada pelo Banco Central do Brasil. Isso é evidente, pois, na hipótese de queda dessa taxa, o consumidor sai beneficiado sem que isso altere o equilíbrio financeiro do contrato.

d) Após a proposta de se votar a preliminar de conhecimento sobre a questão da comissão de permanência

I

Sr. Presidente, li o voto novamente e verifico que o dissídio efetivamente não restou demonstrado.

Tenho que a matéria é relevante, mas, ainda assim, no caso concreto, não vejo como ultrapassar o conhecimento do recurso.

Bom seria que o critério reitor do juízo de admissibilidade fosse o da relevância da tese jurídica, o que faria preponderar sempre o interesse geral sobre o particular. Aliás, é a posição que defendo minoritariamente nesta Corte. Mas, infelizmente não é o entendimento da maioria dos Ministros que integram este Tribunal.

No caso vertente, como já dito, não tendo o recorrente se desincumbido de demonstrar o dissídio jurisprudencial, não vejo como conhecer do recurso nesse ponto.

II

Sr. Presidente, não conheço do recurso especial pelas alíneas **a** e **c**.

e) Esclarecimentos sobre o teto – parâmetro para aferir abusividade da taxa de juros

I

Sr. Presidente entendo que a fixação de um teto referencial igual a duas vezes a taxa média de juros do mercado para caracterização da abusividade, **data vênia,** não se mostra conveniente para o próprio consumidor. É sabido que o custo do dinheiro varia segundo o tempo, o espaço geográfico, as condições da macroeconomia e outras variáveis.

Melhor deixar que tal aferição, ou seja, a da abusividade, fique entregue ao juiz que, diante do caso concreto, tendo em conta a realidade do mercado no momento da contratação, saberá decidir se o consumidor estará ou não sendo prejudicado. Aliás, é bom que se diga, que, em determinadas situações, o estabelecimento do dobro da taxa média poderá ser inclusive oneroso para o devedor. Tudo dependerá da realidade econômico-financeira reinante.

II

Faço um complemento para melhor informar meus Pares, com relação à fixação da taxa de juros. Cito aqui um exemplo: no Banco do Brasil, a taxa de juros do cheque especial é fixada diferentemente para cada cliente tendo em conta sempre o retorno financeiro oferecido, o grau de risco que ele apresenta, a pontualidade e ainda o seu histórico econômico-financeiro. A isso somam-se o risco setorial e o risco legal do produto. Inegável, portanto, que, para fixar ataxa de juros, o banco leva em consideração uma série de variáveis ou fatores. Se assim o é, como poderá ser estabelecido por decisão judicial um critério geral, desprezando conseqüentemente as peculiaridades de cada contratação?

Se optarmos por estabelecer um teto, toda essa realidade fática e econômica será desconsiderada e em detrimento de quem? Do consumidor, é evidente.

O consumidor que quita seus financiamentos no vencimento, que, com seus negócios, oferta uma razoável retribuição ao banco pode obter uma taxa muito inferior àquela equivalente à média do mercado. Para este consumidor, a fixação de uma taxa de juros igual ou um pouco inferior, inclusive, ao dobro da taxa média de juros vigente poderá caracterizar abusividade.

É por isso, Senhores Ministros, que prefiro confiar na prudência do juiz da causa, que, diante da realidade do caso concreto, saberá adotar a decisão que melhor atenda o equilíbrio contratual e, por conseguinte, beneficie, nos exatos termos da lei, o consumidor probo e honesto.

f) Esclarecimentos do Ministro João Otávio ao Ministro Sidnei Benetti sobre a fixação de parâmetro para aferir a abusividade da taxa de juros

Sr. Ministro Sidnei Beneti, começarei pelo último ponto, a competição.

Penso que, por mais de dez anos, não teremos uma efetiva concorrência no sistema financeiro: os bancos cresceram, grandes instituições incorporaram outras menores, diminuindo, conseqüentemente, a disputa pelo mercado. O que se tem observado no mundo, nestes últimos tempos, é uma redução do número de instituições financeiras. Bancos maiores incorporando menores ou, quando não, dois grandes conglomerados fundindo-se, resultando numa instituição ainda maior e mais forte, facilitando inclusive a formação de cartéis no sistema.

Então, competitividade no sistema financeiro, nesta crise, por um prazo que estimo em dez anos, não haverá. Assim, não acredito, pelo que tenho lido, que o sistema financeiro não se reabilitará nos níveis de competitividade observados nos últimos anos, tamanho o estrago feito no sistema americano, que refletiu diretamente no sistema europeu. De outro lado, o sistema brasileiro está protegido porque os nossos fundos de pensão não puderam comprar títulos emitidos pelas instituições estrangeiras.

É sabido que a taxa média de juros de mercado é calculada segundo as taxas praticadas pelas instituições financeiras, das quais algumas conseguem captar a custos baixos e outras não. Conseqüentemente, as taxas por elas praticadas variam segundo o custo de captação. Assim, a cobrança de encargos pelas grandes instituições, que normalmente captam recursos a custos menores, tendo como parâmetro a média da taxa, poderá ser-lhes extremamente vantajosa. Já para os bancos pequenos, a taxa média poderá ser inclusive inferior ao custo de captação.

Destarte, tenho que a estipulação de um teto para aferição de abusividade poderá sugerir aos agentes financeiros procederem, preventivamente, ao aumento das taxas praticadas como forma de elevar o cálculo da própria média, procedimento que seria altamente prejudicial aos tomadores. Daí a importância de não ser adotado um critério geral, mas ter sempre em conta a realidade econômica-financeira que subjaz à causa posta à apreciação do judiciário.

É certo que o aumento da oferta de recursos certamente reduziria o preço do dinheiro e conseqüentemente influenciaria na diminuição das taxas cobradas pelas instituições financeiras. Isso seria o desejável neste momento. Entretanto, é sabido que a demanda por crédito, nesses últimos tempos, cresceu em dimensão maior do que a oferta, fato que provocou a interrupção da tão desejada queda das taxas que estava ocorrendo no mercado. Ou seja, a demanda por crédito voltou, neste momento da economia brasileira, a ser bem maior do que a oferta –, basta ver que os pequenos bancos estão passando por dificuldades para manter o giro de suas carteiras, fato observado inclusive no crédito consignado que, pela maior segurança que oferece ao financiador, permite seja cobrada, no financiamento, uma taxa menor que a cobrada nos outros empréstimos em geral.

Está aí a razão de o Governo brasileiro instituir, por meio da edição de medida provisória, a exemplo do que está acontecendo na Europa e nos Estados Unidos, um mini PROER para permitir que os bancos maiores, inclusive o Banco do Brasil e a CAIXA Econômica Federal, possam adquirir carteiras de crédito de outros bancos menores que enfrentam problema de liquidez em razão do descasamento entre os prazos de captação e o de empréstimo dos recursos.

São essas as razões – Exmo. Ministro – que me levam a me posicionar contrariamente à Exma. Sra. Ministra Nancy Andrighi no que tange à estipulação de um parâmetro (judicial) para aferição da abusividade da cláusula dos encargos financeiros.

CERTIDÃO DE JULGAMENTO
SEGUNDA SEÇÃO

Número   Registro: **REsp 1061530/RS**
2008/0119992-4

Números Origem: 10700002465 70021397559 70023207079

PAUTA: 08/10/2008   JULGADO: 08/10/2008

Relatora
Exma. Sra. Ministra **NANCY ANDRIGHI**

Presidente da Sessão
Exmo. Sr. Ministro MASSAMI UYEDA

Subprocurador-Geral da República
Exmo. Sr. Dr. AURÉLIO VIRGÍLIO VEIGA RIOS

Secretária
Bela. HELENA MARIA ANTUNES DE OLIVEIRA E SILVA

AUTUAÇÃO

RECORRENTE :   UNIBANCO UNIÃO DE BANCOS BRASILEIROS S/A
ADVOGADOS :   MARIANE CARDOSO MACAREVICH E OUTRO(S)
                        LUCIANO CORRÊA GOMES
RECORRIDO   :   ROSEMARI DOS SANTOS SANCHES
ADVOGADO   :   MAURO TRÁPAGA TEIXEIRA

ASSUNTO: Civil - Contrato - Revisão

SUSTENTAÇÃO ORAL

Sustentaram oralmente, pela Recorrente, o Dr. Luciano Corrêa Gomes, pela Recorrida, a Dra. Cláudia Lima Marques, pela Federação Brasileira de Bancos - FEBRABAN, o Dr. Marcos Cavalcante de Oliveira, pelo Instituto Brasileiro de Defesa do Consumidor - IDEC, o Dr. Walter Moura e o Subprocurador-Geral da República, Dr. Aurélio Virgílio Veiga Rios, pelo Ministério Público Federal.

CERTIDÃO

Certifico que a egrégia SEGUNDA SEÇÃO, ao apreciar o processo em epígrafe na sessão realizada nesta data, proferiu a seguinte decisão:

Em Questão de Ordem preliminar, a Seção, por maioria, admitiu a sustentação oral da Febraban e do IDEC. Vencidos os Srs. Ministros Fernando Gonçalves, Aldir Passarinho Junior e João Otávio de Noronha.
Após o voto da Sra. Ministra Relatora conhecendo parcialmente do Recurso Especial e, nesta parte, dando-lhe provimento, e dos votos dos Srs. Ministros João Otávio de Noronha e Sidnei Beneti conhecendo parcialmente do Recurso Especial, dando provimento em maior extensão, pediu VISTA o Sr. Ministro Luis Felipe Salomão.
Aguardam os Srs. Ministros Carlos Fernando Mathias (Juiz Federal convocado do TRF 1ª Região), Fernando Gonçalves e Aldir Passarinho Junior.

Presidiu o julgamento o Sr. Ministro Massami Uyeda.

Brasília, 08 de outubro de 2008

HELENA MARIA ANTUNES DE OLIVEIRA E SILVA
Secretária

RECURSO ESPECIAL Nº 1.061.530 - RS (2008/0119992-4)

VOTO-PRELIMINAR

EXMO. SR. MINISTRO ALDIR PASSARINHO JUNIOR: Sr. Presidente, na verdade, o Sr. Ministro Luis Felipe Salomão tem razão, a Sra. Ministra Relatora não conheceu. Então, estou com a Relatora por duas razões: uma, porque não conheceu da matéria, então, está prejudicada e, segundo, porque também não seria o caso de se aguardar, mas, de qualquer forma, a Relatora não está conhecendo.

RECURSO ESPECIAL Nº 1.061.530 - RS (2008/0119992-4)

VOTO

EXMO. SR. MINISTRO ALDIR PASSARINHO JUNIOR: Sr. Presidente, rogo vênia a Sra. Ministra Relatora para também não conhecer do recurso especial em função da especificidade da matéria. Apenas pela mera nulidade da cláusula pelo nome que se dá à comissão de permanência, eu não teria como enfrentar pela letra **c**.

Examinei a petição recursal e, de fato, pela letra **c** fica muito difícil o enfrentamento dessa questão, até porque a própria tese de mérito diz respeito a se se poderia considerar nula ou não a comissão de permanência, considerando que a nossa própria jurisprudência, em relação ao tema, considera válida a cláusula, apenas limitando-a a uma taxa média de mercado, ou seja, independentemente do que se ponha na comissão, sempre limitamos à taxa média de mercado sem agregação de outros encargos, mas sempre validando-a.

Portanto, entendo que pela letra **c** ficaria difícil enfrentar a cláusula específica, muito embora eu entenda a preocupação da eminente Relatora no sentido de se procurar solucionar essa questão, agilizando o julgamento. Devemos ter uma largueza maior nessa interpretação, mas, no caso específico, eu teria essa dificuldade em função de como está sendo colocada a tese.

Feita essa ressalva, acompanho a divergência inaugurada pelo Sr. Ministro João Otávio de Noronha, não conhecendo do recurso especial.

Sr. Presidente, não conheço da matéria alusiva à capitalização dos juros e também em relação à comissão de permanência, pelos motivos já declinados – inclusive em um deles já antecipamos esse não-conhecimento.

Em relação aos juros remuneratórios, acompanho em parte a eminente Ministra Relatora no sentido de entender que não há a limitação de juros. Constitucionalmente, isso foi abolido, e o que se entende é que se considera abusivo aquilo que for demonstrado como ultrapassando, em muito, a taxa média de mercado. Essa consideração, realmente, fica a juízo das instâncias ordinárias e me parece até que, nesse ponto, depois que assim se firmou, vêm os Tribunais estaduais aplicando, de forma razoável, a orientação do STJ.

Entendo a posição da Sra. Ministra Nancy Andrighi quando quis estabelecer um teto objetivo para aferição da abusividade poder, pelo menos, aliviar as instâncias superiores. Muito embora vendo a praticidade da proposta, penso que as instâncias ordinárias é que devem avaliar, mesmo porque – o Sr. Ministro João Otávio de Noronha destacou, e é fato – isso depende de uma série de fatores, inclusive do risco jurídico de cada região e suas peculiaridades.

Em relação à mora, estou com a Sra. Ministra Relatora porque, como no caso deu-se uma interpretação de que não havia sido pactuada capitalização, e essa matéria ficou vencida porque não conhecemos do especial nessa parte, não houve a mora, conseqüentemente.

Quanto à inscrição do devedor no Cadastro de Proteção ao Crédito, acompanho a Sra. Ministra Nancy Andrighi, que fez um pormenorizado levantamento da nossa jurisprudência. Faço a ressalva quanto às disposições de ofício porque, efetivamente, entendo que não é uma questão de formalismo: a ação segue conforme a prestação jurisdicional que é solicitada; dizer que o contrato é abusivo, *data venia*, não dá direito a que o juiz saia lendo o contrato e fazendo uma interpretação subjetiva do que ele pensa ser ou não abusivo. E o grau de subjetivismo, hoje, é extraordinário. Esse é um grande problema. Por mais boa-vontade que se possa ter na tese, muitos advogados, conscientes de que aquela pretensão não tem amparo legal, nem a põe na inicial porque sabem que aquilo não irá longe, mas o Tribunal ou, às vezes, o juiz, vão além, em defesa de teses já ultrapassadas no STF e STJ, e aí cria-se um contencioso que nem foi pretensão da parte autora.

Então, realmente, penso que a estrita observância ao pedido inicial, nesse ponto, há de preponderar.

Em relação às questões do processo repetitivo, da afetação, estou, em suma, acompanhando a eminente Relatora, salvo na sugestão de se considerar como abusivo apenas a partir do dobro da taxa média de mercado e em relação ao conhecimento, de ofício, de cláusula contratual, que entendo não ser possível.

Em relação ao restante, estou de acordo com a eminente Relatora.

RECURSO ESPECIAL N° 1.061.530 - RS (2008/0119992-4)

VOTO
O EXMO. SR. MINISTRO FERNANDO GONÇALVES:
Sr. Presidente, não conheço do recurso especial.

RECURSO ESPECIAL N° 1.061.530 - RS (2008/0119992-4)

RELATORA	:	**MINISTRA NANCY ANDRIGHI**
RECORRENTE	:	UNIBANCO UNIÃO DE BANCOS BRASILEIROS S/A
ADVOGADOS	:	MARIANE CARDOSO MACAREVICH E OUTRO(S)
		LUCIANO CORRÊA GOMES
RECORRIDO	:	ROSEMARI DOS SANTOS SANCHES
ADVOGADO	:	MAURO TRÁPAGA TEIXEIRA

VOTO-VISTA
O EXMO. SR. MINISTRO LUIS FELIPE SALOMÃO:
1. Relatório
A autora propôs ação revisional em face de Unibanco – União Brasileira de Bancos S/A, pedindo: a) antecipação da tutela, a fim de evitar que seu nome seja inscrito em cadastro de inadimplentes, bem como para ficar em posse do bem objeto do financiamento até o encerramento da discussão judicial; b) depósito em juízo do valor incontroverso; c) apresentação do contrato pela empresa ré; d) fixação

de juros em 12%; e) exclusão da capitalização; f) aplicação do Código de Defesa do Consumidor; e g) declaração de nulidade de encargos contratuais considerados abusivos. Cuida-se de contrato bancário, garantido por alienação fiduciária, no qual a autora, Rosemari dos Santos Sanches, obteve financiamento para a aquisição de motocicleta Honda CG 150, com pagamento de uma entrada e parcelamento do saldo remanescente (R$ 4.980,00) em 36 (trinta e seis) prestações no valor, cada uma, de R$ 249,48 (duzentos e quarenta e nove reais e quarenta e oito centavos).

A antecipação de tutela foi deferida à fl. 17, no sentido de manter a posse do veículo, uma vez depositados os valores incontroversos, assim como para impedir a negativação de seu nome nos cadastros de proteção ao crédito.

A sentença (fls. 61-63) julgou procedente o pedido, reduzindo os juros remuneratórios para 1% ao mês, substituindo a comissão de permanência pelo IGPM e determinando a capitalização anual de juros. Estabeleceu que os demais encargos do contrato devem ser mantidos, inexistindo abusividade. Condenou o réu ao pagamento das custas processuais e honorários advocatícios, arbitrados em R$ 700,00 (setecentos reais).

Por sua vez, o acórdão recorrido negou provimento ao apelo da instituição financeira, afastando, de ofício, disposições contratuais, nos seguintes termos (fls. 114-133):

AÇÃO REVISIONAL. NEGÓCIOS JURÍDICOS BANCÁRIOS. ALIENAÇÃO FIDUCIÁRIA. APLICAÇÃO DO CDC. JUROS REMUNERATÓRIOS. CAPITALIZAÇÃO. COMISSÃO DE PERMANÊNCIA. ÍNDICE DE ATUALIZAÇÃO MONETÁRIA. ENCARGOS MORATÓRIOS. COMPENSAÇÃO E / OU REPETIÇÃO DO INDÉBITO. CLÁUSULA DE EMISSÃO DE TÍTULO DE CRÉDITO. TARIFA DE ABERTURA DE CRÉDITO. EMISSÃO DE BOLETO BANCÁRIO. CADASTRO DE RESTRIÇÃO AO CRÉDITO. PROTESTO DE TÍTULO. MANUTENÇÃO NA POSSE DO BEM. AUTORIZAÇÃO PARA DEPÓSITO. HONORÁRIOS ADVOCATÍCIOS.

1. APLICAÇÃO DO CDC. O Código de Defesa do Consumidor implementou uma nova ordem jurídica, viabilizando a revisão contratual e a declaração de nulidade absoluta das cláusulas abusivas, o que pode ser feito inclusive de ofício pelo Poder Judiciário.

2. JUROS REMUNERATÓRIOS. É nula a taxa de juros remuneratórios em percentual superior a 12% ao ano porque acarreta excessiva onerosidade ao devedor em desproporção à vantagem obtida pela instituição credora, por aplicação do art. 51, IV, do CDC.

3. CAPITALIZAÇÃO. A capitalização dos juros é vedada em contratos da espécie, por ausência de permissão legal, ainda que expressamente convencionado.

4. ÍNDICE DE ATUALIZAÇÃO MONETÁRIA. CABIMENTO. Adoção do IGP-M para atualização do valor da moeda. Disposição de ofício.

5. COMISSÃO DE PERMANÊNCIA. É vedada a comissão de permanência por cumulada com juros remuneratórios e correção monetária.

6. ENCARGOS MORATÓRIOS

6.1. Juros moratórios. Contemplados no contrato em 1% ao mês e mantidos, vedada a cumulação com juros remuneratórios e multa.

6.2. Multa Contratual. Contemplada no contrato à taxa de 2% e mantida. Deve incidir sobre a parcela efetivamente em atraso e não sobre a totalidade do débito.

6.3. Mora do Devedor. Por ter sido elidida a mora *debendi*, não há exigir os encargos moratórios. Esses são exigíveis tão-só quando constituído em mora o devedor. Disposição de ofício.

7. COMPENSAÇÃO E/OU REPETIÇÃO DO INDÉBITO. Após a compensação, e na eventualidade de sobejar saldo em seu favor do devedor, é admitida a repetição simples, afastada a previsão contida no parágrafo único do art. 42 do CDC. Disposição de ofício.

8. CLÁUSULA DE EMISSÃO DE TÍTULO DE CRÉDITO. A cláusula que prevê emissão de título de crédito configura nulidade pela abusividade que ostenta ou pela excessiva outorga de poderes conferida ao credor ou pelo excesso de garantia. Disposição de ofício.

9. TARIFA DE EMISSÃO DE BOLETO BANCÁRIO. A emissão de qualquer carnê ou boleto para pagamento é obrigação do credor não devendo ensejar ônus algum ao devedor, já que os arts. 319 do Código Civil/2002 e art. 939 do Código Civil/1916, não trazem no seu bojo a condição de pagamento em dinheiro para ele receber o que lhe é de direito. Disposição de ofício.

10. TAXA DE ABERTURA DE CRÉDITO. Além de atender interesse exclusivo do mutuante, essa cláusula contratual contraria o disposto no art. 46, parte final, do Código de Defesa do Consumidor,

pois não fornece ao mutuário todas as informações sobre sua finalidade e alcance. Disposição de ofício.

11. CADASTRO DE CRÉDITO. INSCRIÇÃO NEGATIVA. Discussão da dívida que revela probabilidade, ainda que mínima, de sucesso do devedor. Inveracidade de dados e constrangimento desnecessário vedados no CDC.

12. PROTESTO DO TÍTULO. Na medida em que o devedor possui argumentos que fragilizam o negócio subjacente, podendo ser excluídos juros e taxas consideradas abusivas, o protesto revela-se ato temerário e que somente virá em prejuízo do devedor, sem qualquer repercussão jurídica de monta para o credor.

13. MANUTENÇÃO DE POSSE. É de ser mantido o devedor na posse do bem alienado fiduciariamente enquanto pendente pleito revisional.

14. AUTORIZAÇÃO DE DEPÓSITOS. É possível a autorização para depósito de valores que o autor entende devidos, enquanto pende de julgamento ação revisional de cláusulas contratuais.

15. HONORÁRIOS ADVOCATÍCIOS. Redimensionados. Disposição de ofício.

APELO DESPROVIDO, COM DISPOSIÇÕES DE OFÍCIO.

Sobreveio recurso especial da ré (fls. 137-151), fundamentado nas alíneas "a" e "c" do permissivo constitucional, reclamando, em síntese: a) caracterização da mora da devedora e a conseqüente imposição de encargos moratórios; b) ofensa ao princípio da boa-fé objetiva; c) impossibilidade do julgamento de ofício; d) não limitação dos juros remuneratórios; e) possibilidade da capitalização mensal de juros; f) validade da cobrança de comissão de permanência; g)descabimento da repetição de indébito; h) seu direito à negativação do nome da devedora; i) equívoco na manutenção da ré na posse do bem; j) validade da cambial emitida ("cláusula mandato").

A instituição financeira interpôs, igualmente, recurso extraordinário, que teve seu seguimento negado na origem ante a ausência da preliminar de repercussão geral (fls. 201-203).

Admitido o recurso especial, os autos ascenderam a esta Egrégia Corte Superior, sendo afetado a julgamento à Segunda Seção, segundo a sistemática do art 543-C do CPC, por despacho do Relator Ministro Ari Pargendler (fls. 224), que identificou, em processos repetidos, as seguintes questões de direito: a) juros remuneratórios; b) capitalização de juros; c) mora; d) comissão de permanência;

e) inscrição do nome do devedor em cadastros de proteção ao crédito;

f) disposições de ofício.

O feito foi redistribuído à Relatoria da Ministra Nancy Andrighi (fl. 565).

2. Voto da Min. Relatora:

Em extraordinário e denso trabalho, a culta Ministra Relatora proferiu bem-fundamentado voto, estabelecendo as seguintes teses:

a) Afastamento da mora quando constatada a cobrança abusiva de qualquer dos encargos da normalidade; mantida sua caracterização quando verificada a simples propositura de ação revisional ou a cobrança de encargos moratórios abusivos.

b) Autorização da cobrança de juros moratórios até o limite de 1% ao mês.

c) Concessão de liminar para impedir a inscrição do devedor em cadastro de inadimplentes quando reunidos os seguintes requisitos: "a) houver ação fundada na existência integral ou parcial do débito; b) ficar efetivamente demonstrado que a alegação de cobrança indevida se funda na aparência do bom direito e em jurisprudência consolidada do STF e STJ; c) for depositada a parcela incontroversa, ou prestada a caução fixada conforme o prudente arbítrio do juiz".

d) Não reconhecimento da abusividade das taxa de juros que não ultrapassem o dobro da taxa média de mercado, conforme apurada pelo Banco Central;

e) Possibilidade de as instâncias ordinárias afastarem de ofício cláusulas abusivas, nos termos do art. 51, do CDC.

Até o momento, além da Ministra Nancy Andrighi, votaram os Ministros João Otávio de Noronha e Sidnei Beneti, aquele, divergindo do entendimento da Relatora quanto ao estabelecimento de critérios fixos para a aferição de abusividade da taxa de juros remuneratórios e quanto à possibilidade de análise de ofício dos encargos contratados pelo consumidor; este, apenas quanto ao segundo ponto.

Tendo pedido vista dos autos na sessão do dia 08.10.2008, profiro meu voto.

3. Aspectos processuais – extensão horizontal e vertical do julgamento:

3.1. Por primeiro, cumpre bem delimitar a extensão do julgamento que ora se procede, com a nova sistemática introduzida pelo art. 543-C do CPC (Lei 11.672/08), seja em relação ao processo entre as partes recorrente e recorrida, seja no tocante aos efeitos externos do acórdão, atingindo os inúmeros outros recursos com "fundamento em idêntica questão de direito", de modo a ser afastada qualquer dúvida quanto aos efeitos do acórdão que ora se constitui, resguardando a segurança jurídica e judicial.

É que a inclusão do art. 543-C no Código de Processo Civil, cujo processamento foi regulado pela Resolução n. 8/2008 do Superior Tribunal de Justiça, permitirá a objetivação no julgamento dos recursos especiais, com a análise, em abstrato, de questões reiteradamente conduzidas à apreciação desta Corte, assentando seu entendimento e orientando a atuação das instâncias ordinárias.

Contudo, em decorrência do potencial impacto das decisões proferidas em recurso repetitivo a milhares de relações jurídicas intersubjetivas, faz-se necessário delimitar com exatidão, em cada caso, a extensão da controvérsia sujeita à disciplina do art. 543-C, CPC, afastando as questões não conhecidas no especial e aquelas não afetadas ao exame da Seção.

Esse problema foi habilmente suscitado pelo parecer ministerial, que consignou (fls. 982-983):

"Dito de outro modo, a principal atividade a ser desempenhada no julgamento de recursos que apresentem esses contornos peculiares relaciona-se com o fato de que o Superior Tribunal de Justiça delimite, de maneira estrita, o objeto da questão jurídica a ser debatida, até mesmo para que se procure diferenciar situações fático-jurídicas para ulteriores casos aparentemente semelhantes.

Com estas considerações, almeja-se destacar que, para fins de aplicação do art. 543-C do CPC, é de grande importância operacional a definição da estrita delimitação da controvérsia no âmbito do julgamento de recurso especial, até mesmo para, após o julgamento da Corte, ser possível identificar, exatamente, quais recursos especiais 'terão seguimento denegado' ou 'serão novamente examinados pelo tribunal de origem'."

Como se sabe, a Lei 11.672/08 não criou propriamente um requisito específico de admissibilidade do recurso especial – e nesse ponto se distancia do instituto da "repercussão geral" para o recurso extraordinário (art. 102, § 3º, da CF e art. 543-A do CPC) -, mas tratou apenas do processamento a ser observado quando interposto determinado recurso especial na situação particular de ser um entre tantas causas repetitivas.

Em outras palavras, valendo-me de uma estrutura pouco mais esquemática, ao examinar o recurso especial em que o relator percebe: a) multiplicidade de recursos; b) com fundamento em idêntica questão de direito, procederá:

1º) exame dos requisitos (pressupostos) genéricos do recurso nobre;

2º) exame dos requisitos (pressupostos) específicos;

3º) afetação à Seção das questões de direito que serão julgadas, de modo a se conferir ao acórdão os efeitos do art. 543-C, § 7º, CPC;

4º) expedirá ordem para suspensão de todos os demais recursos repetidos;

5º) procederá, na seqüência, conforme dispõe o art. 543-C, §§ 3º a 6º, CPC.

3.2. Parece interessante, nesse passo, estabelecer corretamente a(s) questão(ões) de direito do caso concreto ora em exame, na medida em que estas é que estão relacionadas à matéria de fundo do recurso especial, ou seja, ao mérito de questão.

Esse é o elemento identificador da controvérsia, que irá determinar a existência ou não de multiplicidade de recursos acerca do tema.

A ausência de qualquer dos pressupostos de admissibilidade do recurso especial impõe óbice intransponível à apreciação do mérito, de maneira que, em relação aos temas não conhecidos, não se há falar nos efeitos "externos" do recurso (§ 7º do art. 543-C, CPC).

Ademais, a análise dos pressupostos de admissibilidade do recurso especial não é realizada em abstrato, mas singularmente, no caso concreto, contrariando a lógica de objetivação imposta pelo art. 543-C.

Por oportuno, transcrevo lição de Teresa Arruda Alvim Wambier e José Miguel Garcia Medina extraída da Revista de Processo n. 159:

"Assim, por exemplo, em relação ao sobrestamento de recursos extraordinários, o § 2.º do art. 543-C estabelece que, decidindo o STF no sentido da inexistência de repercussão geral, os recursos cuja tramitação ficou suspensa, 'considerar-se-ão automaticamente não admitidos". Vê-se que a decisão do STF tem caráter absolutamente vinculante, quanto à inadmissibilidade do recurso em razão da ausência de repercussão geral. Deverá o órgão *a quo*, portanto, ater-se ao que tiver deliberado o STF, a respeito. O mesmo, porém, não ocorre em relação aos recursos especiais: o não conhecimento dos recursos especiais selecionados não importará, necessariamente, na inadmissibilidade dos recursos especiais sobrestados."

No mesmo ponto, extrai-se das notas de rodapé:

"4. A solução prevista no § 7.º do art. 543-C refere-se, a nosso ver, apenas e tão-somente ao julgamento do mérito do recurso especial, e não à sua inadmissibilidade."

(Wambier, Teresa Arruda Alvim e Medina, José Miguel Garcia. "Sobre o novo art. 543-C do CPC: sobrestamento de recurso especiais 'com fundamento em idêntica questão de direito' in "Revista de Processo. ano 33. n. 159. São Paulo: Revista dos Tribunais, 2008. p. 216-217)

No caso em apreço, não se está conhecendo do recurso especial nos seguintes pontos:

a) capitalização de juros, pois o acórdão está amparado somente em fundamento constitucional para afastá-la, escapando da competência desta Corte;

b) comissão de permanência, uma vez que o recorrente não especifica qualquer dispositivo legal tido por violado ou realiza o necessário cotejo analítico com o precedente paradigma.

c) manutenção de posse do devedor em relação ao bem, pois os dispositivos tidos por violados não foram apreciados pela Corte local. Aplica-se, portanto, a Súmula 282/STF.

d) "análise da cláusula mandato", uma vez que a matéria suscitada não foi devidamente prequestionada, esbarrando no óbice da Súmula 282/STF. Ademais, o recorrente não empreendeu o necessário cotejo analítico dos precedentes transcritos, sendo impossível a constatação da similitude fática perante os acórdãos paradigmas.

Dessa forma, essas matérias estão expressamente excluídas dos efeitos determinados pelo § 7.º do art. 543-C.

Bem por isso, também prejudicadas as questões de ordem suscitada pelo Ministério Público e a prejudicial alteada no voto do eminente Ministro João Otávio Noronha, no que se refere aos aspectos relativos à capitalização de juros.

3.3 Outro ponto que merece destaque diz respeito à abrangência do acórdão proferido em recursos repetitivos, especificamente, no caso vertente, no que se refere aos juros remuneratórios não pactuados.

No caso em análise, houve previsão expressa da incidência de juros remuneratórios ao contrato bancário, por meio de cláusula declarada nula pelo acórdão recorrido. Por sua vez, o recurso especial da instituição bancária versa acercada impossibilidade de limitação dos juros legalmente pactuados.

Assim, para que não haja qualquer dúvida a respeito do ponto, esclareça-se que a discussão não abrange os juros não pactuados.

Se, por um lado, é necessário fixar, em abstrato, a tese jurídica que orientará a atuação dos Tribunais locais quanto aos recursos sobrestados; por outro, não se pode olvidar que estamos diante de um caso concreto, que exige, nos termos da Súmula 456/STF e do art. 257 do RISTJ, a aplicação do direito à espécie:

"Art. 257. No julgamento do recurso especial, verificar-se-á, preliminarmente, se o recurso é cabível. Decidida a preliminar pela negativa, a Turma não conhecerá do recurso; se pela afirmativa, julgará a causa, aplicando o direito à espécie."

Dessa forma, qualquer manifestação desta Corte acerca da taxa de juros aplicável quando inexiste pactuação expressa, conquanto válida para fundamentar a decisão, não poderá integrar a tese jurídica a que se pretende atribuir efeito extensivo, nos termos do § 7.º do art. 543-C.

3.4. De outra parte, deve-se tratar ainda das demais matérias constantes do recurso especial de fls. 137-151 e que não foram afetadas ao procedimento dos recursos repetitivo, no caso, a afirmada validade da cláusula mandato e a impossibilidade da manutenção da devedora na posse da motocicleta.

Em tese, é competência da Turma a apreciação de pontos que não foram afetados pelo Ministro Relator, ou seja, sobre os quais não repousa multiplicidade de recursos com fundamento em idêntica questão de direito. Contudo, vislumbram-se as dificuldades práticas do julgamento fragmentado do recurso, com parte sendo apreciado pela Seção e o restante pela Turma originária.

Por todas, acredito que o recurso deva ser julgado em sua totalidade pela Seção, nos termos do art. 34, XII, do RISTJ, porquanto não haverá prejuízo ao recorrente em ver sua controvérsia apreciada pelo colegiado maior.

"Art. 34. São atribuições do relator:

(...)

XII – Propor à Seção ou à Turma seja o processo submetido à Corte Especial ou à Seção, conforme o caso."

Entretanto, ainda que esta Segunda Seção decida pelo conhecimento do recurso nesses pontos, tais matérias devem ser destacadas dos efeitos do § 7.º do art. 543-C, visto que não foram afetadas a julgamento conforme disciplina dos recursos repetitivos.

São as seguintes as matérias que não foram conhecidas, nem afetadas e tampouco analisadas no voto da eminente Relatora: a) manutenção do devedor na posse; b) "análise da cláusula mandato".

4. Mérito (teses consolidadas, com os efeitos do §7° do art. 543-C, do CPC)

4.1. Caracterização da mora do devedor e cadastros de inadimplência

Quanto à descaracterização da mora do devedor e a possibilidade de sua inscrição em cadastros de inadimplência acompanho o voto da Ministra Relatora, o qual traduz o entendimento precedente desta Segunda Seção (ERESP 163.884/RS, 2ª Seção, Rel. Min. Barros Monteiro, Rel. p/ Acórdão Min. Ruy Rosado de Aguiar, julgado em 23.05.2001; RESP 607.961/RJ, 2ª Seção, Rel. Min. Nancy Andrighi, julgado de 09.03.2005; RESP 527618/RS, 2ª Seção, Rel. Min. César Asfor Rocha, julgado em 22.11.2003).

4.2. Juros moratórios

Em conformidade com a jurisprudência da Segunda Seção, que já decidiu que os juros moratórios podem ser pactuados até o limite de 12% ao ano, conforme previsto na Lei de Usura (REsp 402.483/RS, 2ª Seção, Rel. Min. Castro Filho, julgado em 26.03.2003), acompanho o voto da Ministra Relatora.

4.3. Juros remuneratórios

A jurisprudência desta Corte está pacificada no sentido de que os juros remuneratórios cobrados pelas instituições financeiras não sofrem a limitação imposta pelo Decreto n° 22.626/33 (Lei de Usura), conforme o disposto na Súmula 596/STF.

Contudo, uma vez demonstrado que a pactuação dos juros remuneratórios é evidentemente abusiva, o Poder Judiciário tem o dever de exercer o controle da taxa contratada, como explicitado no voto da eminente Ministra Relatora.

Todavia, ouso divergir em relação aos critérios para a aferição da abusividade da taxa de juros remuneratórios.

No julgamento dos Embargos Declaratórios na ADI 2.591-1/DF, os Ministros do Supremo Tribunal Federal deram provimento, por unanimidade, aos embargos opostos pelo Procurador Geral da República para reduzir a ementa referente ao julgamento da ADIN. O Relator, Ministro Eros Grau, esclareceu o alcance da decisão prolatada em relação à taxa de juros remuneratórios:

"A ementa efetivamente é explícita ao afirmar que incumbe ao Conselho Monetário Nacional a definição do custo das operações ativas e da remuneração das operações passivas praticadas por instituições financeiras na exploração da intermediação do dinheiro na economia, providência essencial à formulação das políticas monetária e de crédito do Estado, cuja racional elaboração é essencial à efetividade da soberania nacional. Atribuir a órgãos de defesa do consumidor e/ou mesmo ao Poder Judiciário essa definição seria insensato, colocaria em risco a continuidade da atividade estatal.

Isso não significa, contudo, que o Poder Judiciário não fiscalize, que o Poder Judiciário não controle e opere a revisão, caso a caso, de eventual abusividade, onerosidade excessiva ou outras distorções na composição contratual das taxas de juros. Isso diz a ementa. Diz que o poder Judiciário operará o controle e a revisão, em cada caso, de eventual abusividade, onerosidade excessiva ou outras distorções na composição contratual da taxa de juros. Estamos seguramente de acordo quanto a este ponto. Não há, nele, contradição nenhuma a ser superada, nem há omissão qualquer a ser colmatada. De resto, é inadmissível o rejulgamento da matéria nesta sede, que é isso o que se pretende mediante o oferecimento dos presentes embargos."

Portanto, em face da decisão do Supremo Tribunal Federal, a qual estamos estritamente vinculados, conforme o art. 102, § 2º, da CF, a abusividade dos juros remuneratórios pactuados deve ser analisada caso a caso, não cabendo estabelecer critérios estritos de aferição.

Cumpre ressaltar que o efeito vinculativo decorrente da improcedência da ADI 2.591-1/DF não se limita à parte dispositiva, mas se estende aos fundamentos da decisão. Corrobora esse entendimento lição do Ministro Gilmar Mendes:

(...) resta evidente que o efeito vinculante da decisão não está restrito à parte dispositiva, mas abrange também os próprios fundamentos determinantes.

Como se vê, com o efeito vinculante pretendeu-se conferir eficácia adicional à decisão do STF, outorgando-lhe amplitude transcendente ao caso concreto. Os órgão estatais abrangidos pelo efeito vinculante devem observar, pois, não apenas o conteúdo da parte dispositiva da decisão, mas a norma abstrata que dela se extrai, isto é, que determinado tipo de situação, conduta ou regulação – e não apenas aquela objeto de pronunciamento jurisdicional – é constitucional ou inconstitucional e deve, por isso, ser preservada ou eliminada. (MENDES, Gilmar Ferreira; COELHO, Inocêncio Mártires;

BRANCO, Paulo Gustavo Gonet. Curso de Direito Constitucional. São Paulo: Saraiva, 2007. p. 1222)

Logo, não cabe ao Superior Tribunal de Justiça tarifar os juros remuneratórios para demonstrar sua excessividade quando o Supremo Tribunal Federal já afirmou que a questão deve ser analisada caso a caso.

Acompanho o voto da Ministra Relatora quanto aos demais pontos referentes aos juros remuneratórios pactuados, quais sejam:

a) não sujeição das instituições financeiras à limitação dos juros remuneratórios conforme estipulado no Decreto 22.626/33;

b) inexistência de abusividade pela simples estipulação de juros remuneratórios superiores à 12% ao ano;

c) impossibilidade de utilização da SELIC como parâmetro de limitação de juros remuneratórios.

4.4. Disposições de ofício

Apesar de a relação jurídica existente entre o contratante e a instituição financeira ser disciplinada pelo Código de Defesa do Consumidor, a Segunda Seção do Superior Tribunal de Justiça entende que o julgamento realizado de ofício pelo Tribunal de origem ofende o princípio *tantum devolutum quantum appellatum*, previsto no artigo 515 do CPC, conforme manifestado pelo Min. Cesar Asfor Rocha, em 08.06.2005, no julgamento do Resp 541.153/RS: "não se tratando de questões relacionadas às condições da ação, as matérias que não foram objeto da apelação não podem ser examinadas pelo tribunal".

A questão foi reapreciada por ocasião do EREsp 702.524/RS, julgado em 08.03.2006, sendo assentado o entendimento acima referido por maioria de votos.

Diante da modificação substancial na composição da Segunda Seção, a Ministra Relatora propõe a rediscussão da matéria para admitir a revisão de ofício, tendo em vista o caráter de norma de ordem pública do CDC e a disciplina do art. 51 do CDC c/c ao art. 168, parágrafo único, do Código Civil.

Embora consciente do fundamental papel do Superior Tribunal de Justiça de guardião da unidade do Direito Federal, assim também o de uniformizar a jurisprudência infraconstitucional, com as inúmeras conseqüências daí decorrentes, mas força é convir que decisões consolidadas da Corte não se constituem jurisprudência imutável do Tribunal.

É bem verdade que o STJ, ao longo de sua história, consolidou-se como o Tribunal da Cidadania, com uma jurisprudência sólida que não pertence a um ou alguns Ministros, mas obra coletiva que orgulha o povo brasileiro.

Contudo, malgrado a observação de que a jurisprudência firmada deve ser perene em resguardo à segurança jurídica, num ou noutro ponto, com fundamentos diferentes, é possível avançar.

De modo a se tentar a evolução da jurisprudência sem o inconveniente das "guinadas bruscas", com seguidos avanços e retrocessos, parece que, no tema, a boa medida do equilíbrio apresenta-se, no meu modo de ver, mais acertada. Refiro-me à possibilidade de reconhecimento das disposições de ofício, quando presente a hipossuficiência do consumidor/contratante.

É, na verdade, uma interpretação sistêmica e convergente dos artigos 51 e art. 4°, I, 6°, IV, e 39, IV, CDC.

Anteriormente à consolidação do atual entendimento desta Segunda Seção, ambas as Turmas decidiam pela possibilidade da análise de ofício de cláusulas abusivas em contratos de consumo, conforme abaixo transcrito:

AGRAVO REGIMENTAL. RECURSO ESPECIAL. CAPITALIZAÇÃO MENSAL DOS JUROS. INEXISTÊNCIA DE PREVISÃO CONTRATUAL. MEDIDA PROVISÓRIA 2.170-36/2001. NÃO INCIDÊNCIA. COMISSÃO DE PERMANÊNCIA. LIMITE MÁXIMO. TAXA DE JUROS DO CONTRATO. CLÁUSULAS ABUSIVAS. REVISÃO DE OFÍCIO. POSSIBILIDADE.

1. A Segunda Seção desta Corte entende cabível a capitalização dos juros em periodicidade mensal, para os contratos celebrados a partir de 31 de março de 2000 - data da primitiva publicação do art. 5° da MP 1.963-17/2000, atualmente reeditada sob o n° 2.170-36/2001 -, desde que pactuada, requisito *in casu* inexistente, obstando, pois, o seu deferimento.

2. A limitação máxima da comissão de permanência à taxa de juros remuneratórios do próprio contrato não enseja nenhuma ilegalidade ou irregularidade, estando, aliás, em consonância com o *leading case* sobre o assunto (Resp 271.214/RS), em que foi pacificada pela Segunda Seção.

3. O STJ tem preconizado a possibilidade de rever, de ofício, cláusulas contratuais consideradas abusivas, para anulá-las, com base no art. 51, IV do CDC. Nesse sentido: RESP 248.155/SP, in DJ de 07.08.2000 e RESP 503.831/RS, in DJ de 05.06.2003.

4. Agravo regimental desprovido.

(AgRg no REsp 655.443/RS, Rel. Ministro FERNANDO GONÇALVES, QUARTA TURMA, julgado em 05/04/2005, DJ 02/05/2005 p. 372)

AGRAVO REGIMENTAL. CONTRATO DE FINANCIAMENTO. EXAME DE OFÍCIO. ART. 51, IV, CDC. COMISSÃO DE PERMANÊNCIA. LIMITAÇÃO AO PACTO. HONORÁRIOS ADVOCATÍCIOS. FIXAÇÃO DO VALOR EMFASE DE LIQUIDAÇÃO. REFORMATIO IN PEJUS. IMPOSSIBILIDADE.

- A jurisprudência permite afastar, de ofício, as cláusulas abusivas com base no Art. 51, IV, do CDC, questão de ordem pública.

- É lícito a cobrança de comissão de permanência no período da inadimplência, desde que não cumulada com a correção monetária (Súmula 30), nem com juros remuneratórios, calculada pela taxa média de mercado, apurada pelo Banco Central do Brasil, limitada à taxa do contrato (Súmulas 294 e 296).

- A redistribuição da verba honorária reserva-se à liquidação da sentença, limitada a condenação ao quantum fixado pelo acórdão recorrido, em atenção ao princípio da *reformatio in pejus*.

(AgRg no REsp 645.902/RS, Rel. Ministro HUMBERTO GOMES DE BARROS, TERCEIRA TURMA, julgado em 28/09/2004, DJ 17/12/2004 p. 542, REPDJ 01/02/2005 p. 556)

Embora não se possa generalizar, o fato é que o reconhecimento da abusividade de ofício, em casos extremos, é indispensável, ou seja, quando reconhecida a hipossuficiência do consumidor.

O Ministro Antônio Herman Benjamin, em seu Manual de Direito do Consumidor, explica o conceito de hipossuficiência disposto no art. 39, IV do CDC:

"O consumidor é, reconhecidamente, um ser vulnerável de consumo (art. 4°, I). Só que, entre todos os que são vulneráveis, há outros cuja vulnerabilidade é superior a média. São os consumidores ignorantes e de pouco conhecimento, de idade pequena ou avançada, de saúde frágil, bem como aqueles cuja posição social não lhes permite avaliar com adequação o produto ou serviço que estão adquirindo. Em resumo: são os consumidores hipossuficientes. Protege-se, com esse dispositivo, por meio de tratamento mais rígido que o padrão, o consentimento pleno e adequado do consumidor hipossuficiente.

A vulnerabilidade é um traço universal de todos os consumidores, ricos ou pobres, educados ou ignorantes, crédulos ou espertos. Já a hipossuficiência é marca pessoal, limitada a alguns – até mesmo a uma coletividade –, mas nunca a todos os consumidores.

A utilização, pelo fornecedor, de técnicas mercadológicas que se aproveitam da hipossuficiência do consumidor caracteriza a abusividade da prática.

A vulnerabilidade do consumidor justifica a existência do Código. A hipossuficiência, por seu turno, legitima alguns tratamentos diferenciados no interior do próprio Código, como, por exemplo, a previsão de inversão do ônus da prova (art. 6°, VIII).

(BENJAMIN, Antônio Herman; MARQUES, Cláudia Lima; BESSA, Leonardo Roscoe. Manual de Direito do Consumidor São Paulo: Editora Revista dos Tribunais, 2007. p. 220)

Logo, em face da grande desigualdade existente entre a instituição financeira e o consumidor hipossuficiente, ou seja, o consumidor que possui uma vulnerabilidade técnica ou econômica ou jurídica, agravada em razão de suas condições pessoais, deve-se protegê-lo de maneira mais rígida e ativa.

Portanto, nos casos de existência de cláusulas nulas de pleno direito, como as exemplificadas no art. 51 do CDC, e em virtude da posição de vulnerabilidade extremada do consumidor (art. 4, I; art. 6°, IV e art. 39, IV), entende-se como possível o reconhecimento das nulidades das cláusulas abusivas.

Destarte, reconheço a possibilidade do juiz de dispor de ofício, quando diante de cláusulas absolutamente nulas, conforme o Código de Defesa do Consumidor, desde que o consumidor esteja comprovadamente em situação de hipossuficiência. Acompanho o voto da Ministra Relatora para manter o acórdão recorrido, embora por fundamentos diversos.

5. Manutenção de posse do bem e cláusula mandato (sem os efeitos do §7°, 543-C, CPC)

As questões referentes à manutenção da posse do bem objeto da alienação fiduciária (fl. 147) e da cláusula mandato (fl. 148), conforme anteriormente explicitado, carecem dos pressupostos de admissibilidade do recurso especial, não devendo ser conhecidas.

6. Parte Dispositiva

Ante o exposto, acompanho parcialmente o voto da eminente Ministra Relatora, divergindo em relação aos seguintes pontos:

a) em preliminar, não conheço do recurso especial em relação à capitalização de juros e à comissão de permanência, restando as referidas matérias afastadas dos efeitos do § 7° do art. 543-C do CPC;

b) deixo de apreciar a questão relativa aos juros remuneratórios não pactuados, tendo em vista que a matéria não integra os limites da lide, estando excluída igualmente dos efeitos do § 7° do art. 543-C do CPC;

c) não conheço, igualmente, dos pontos relativos à manutenção da posse do devedor em relação ao bem e à alegada validade da cláusula mandato, esclarecendo que, ainda que fossem apreciadas por esta Corte, tais matérias restariam excluídas dos efeitos dos recursos repetitivos, uma vez que não foram afetadas ao procedimento do art. 543-C do CPC.

d) reconheço a legalidade da fixação de juros remuneratórios superiores a 12% ao ano, mas divirjo quanto aos critérios de fixação da abusividade de tal encargo, que deve ser analisada caso a caso;

e) mantenho o acórdão no tocante às disposições de ofício, desde que reconhecida expressamente a hipossuficiência do consumidor/contratante.

É como voto.

RECURSO ESPECIAL N° 1.061.530 - RS (2008/0119992-4)
VOTO-PRELIMINAR
O EXMO. SR. MINISTRO CARLOS FERNANDO MATHIAS (JUIZ FEDERAL CONVOCADO DO TRF 1ª REGIÃO):
Sr. Presidente, peço as mais respeitosas vênias àquilo que designarei de divergência, porque, na realidade, estão surgindo questões novas, como é esse problema do conhecimento pela alínea c.

Renovo as respeitosas vênias, desculpem-me a redundância, mas tenho a impressão de que o mais importante é discutir a matéria de fundo.

Pelo que ouvi da eminente Ministra Relatora – farei as anotações –, S. Exa. não se retratou, mas trouxe uma nova ótica, uma nova visão sobre o ponto e está conhecendo do recurso também pela alínea c. Não vejo nenhum perigo em avançarmos e discutirmos o que seria, pedindo empréstimo à expressão do Sr. Ministro Luis Felipe Salomão, a matéria de fundo.

Conheço do recurso especial pela alínea c, reservando-me, obviamente, quando em tempo oportuno, a discutir o mérito.

RECURSO ESPECIAL N° 1.061.530 - RS (2008/0119992-4)

VOTO-MÉRITO

O EXMO. SR. MINISTRO CARLOS FERNANDO MATHIAS (JUIZ FEDERAL CONVOCADO DO TRF 1ª REGIÃO):

Sr. Presidente, como a Sra. Ministra Relatora teve o cuidado de mandar farto material, não só cópia dos votos, como uma síntese didática de todo seu estudo neste processo, lembrei-me do poeta Manuel Bandeira, que,diante do verso "Tu pisavas nos astros, distraída", dizia que se ralava de inveja de não ser o autor daqueles versos.

Que magistrado não gostaria de poder proferir o voto que proferiu a eminente Ministra Fátima Nancy Andrighi, borbulhando a magistratura brasileira? É um trabalho de escafandro em matéria com tanta complexidade, em que S. Exa. teve o cuidado, inclusive, de fazer, quando diante de tão claro relato, um resumo das soluções para o caso concreto e um resumo das soluções para as teses repetitivas.

Evidentemente que os elogios não ficam só a ela. Eu, particularmente, adoraria ter os conhecimentos de Direito Bancário, entre outros, que tem o Sr. Ministro João Otávio de Noronha, com segurança, com firmeza, com vivência, com saber teórico e com saber de experiência feita.

Quem não gostaria de proferir um voto-vista como este que acaba de proferir o eminente Ministro Luís Felipe Salomão?

Mas todos nós fomos nos debruçar, porque recebemos esse farto material: memoriais, adendos, aditivos e cópias de votos. Aqui, renovo os elogios desnecessários, que nada acrescentam aos méritos da eminente Relatora, mas o cuidado que ela teve de nos mandar e de discutir muitos pontos.

Permito-me pedir respeitosas vênias à eminente Ministra Relatora em um ponto que tenho dificuldade de transpor. S. Exa., com a objetividade de sempre, lembra, com relação à revisão de ofício das chamadas cláusulas abusivas, que é a única remanescente que participou do julgamento dos Embargos de Divergência no Recurso Especial nº 702.524/RS.

O SR. MINISTRO CARLOS FERNANDO MATHIAS (JUIZ CONVOCADO DO TRF 1ª REGIÃO): Já na sessão anterior, quando a matéria foi aventada, tive o cuidado de colher tudo o que havia a respeito, e, agora,acrescento, inclusive, um outro EREsp da lavra do não menos eminente Ministro Fernando Gonçalves.

Louvo, mais uma vez, S. Exa., porque, se o ser humano não ousasse, não teria inventado a roda, domesticado o fogo e conquistado o espaço. É da essência do ser humano estar em mutação. Aliás, Toynbee dizia que só os desafios constroem a história. A história é feita por desafios.

Aqui me permitirei, e o farei com todo o cuidado, inclusive prestando modestíssima homenagem à Professora Cláudia Lima Marques, que tanto admiro e no que não sou original, porque todos a admiramos, e também ao grande Mestre que esteve nesta Seção por muito tempo, Ministro Ruy Rosado de Aguiar, que escreveram, entre outros, sobre cláusulas abusivas. Eu mesmo rabisquei algumas coisas sobre esse assunto, louvando-me em trabalhos de S. Exas.

Confesso, no entanto, que tenho enorme dificuldade em transpor esse fato, porque, mesmo sabendo que estamos vivendo uma era de desconstrutivismo, portanto, derrubando cânones, vivendo a era dos direitos de terceira geração, dos direitos de solidariedade, já não podemos afirmar com tanta tranqüilidade, por exemplo, que o contrato faz lei entre as partes.

Hoje, é preciso ter coragem de justificar isso com tanta tranqüilidade. A revolução no Direito das Obrigações, que foi a maior revolução desde o Código de Napoleão, que é o Direito do Consumidor. Não gosto da expressão "Direito Consumerista", desses neologismos, porém, não vamos brigar por palavras, fazer moinhos de ventos particulares para, quixotescamente, brigar mais.

Porém, tenho dificuldade. Como fica o problema do pedido? Aquilo que está no Código de Processo Civil? Como fica o princípio do *tantum devolutum quantum apellatum*? São também outros cânones. E o Direito Pretoriano, que também faz Direito. O Direito Pretoriano, que tanto fascínio imprimiu a Savigny – aliás, ele dizia que as duas grandes construções, todos sabem, não legislativas, eram o Direito Pretoriano, Romano e a Common Law, que não são construções legislativas.

O SR. MINISTRO CARLOS FERNANDO MATHIAS (JUIZ CONVOCADO DO TRF 1ª REGIÃO): Então, confesso que não vejo por que mudarmos uma posição que está sedimentada na Seção. E, agora, vejo que não só S. Exa. participou, mas também o Sr. Ministro Fernando Gonçalves. Tenho cópia das ementas dos acórdãos dos Embargos de Divergência no Recurso Especial nº 702.524/RS, que está expressamente citado no voto de S. Exa. Tenho aqui cópia do acórdão do Recurso Especial nº 541.153/RS e um outro mais recente –

estou enfatizando isso porque o eminente Ministro Luis Felipe Salomão citou um precedente que está aqui e o eminente Ministro Fernando Gonçalves teria votado em outro sentido. Mas esse aqui é recentíssimo:

"Viola o princípio do *tantum devolutum quantum apellatum* o deferimento de repetição de indébito, em face do reconhecimento de abusividade no contrato de financiamento bancário, sem que a parte interessada tenha manejado o competente recurso de apelação."

O SR. MINISTRO CARLOS FERNANDO MATHIAS (JUIZ CONVOCADO DO TRF 1ª REGIÃO): Agradeço a V. Exa. pelo esclarecimento e me penitencio, mas isso em nada altera a minha postura; não por teimosia, mas por convicção. Esse é o único ponto.

Eu me permitiria, em atenção ao voto do eminente Ministro Luis Felipe Salomão, dizer que a questão da capitalização dos juros com relação às soluções para o caso concreto, do resumo didático que S. Exa., a eminente Ministra Relatora, teve a bondade de nos fazer chegar às mãos, está no item III:

"Não conhecido; ausência de pactuação; aplicação das Súmulas 5 e 7 do Superior Tribunal de Justiça."

S. Exa., com relação ao resumo das soluções para as teses repetitivas, também enfrenta, mantendo a jurisprudência atual:

"Nas operações realizadas por instituições integrantes do sistema financeiro nacional após 31 de março de 2000 admite-se a capitalização mensal de juros, desde que pactuados."

Com essas considerações – e meu voto é bem aquém de todos tão brilhantes aqui, proferidos –, não vejo como deixar de acompanhar a eminente Ministra Relatora, que conhece parcialmente do recurso especial e,nessa parte, dá-lhe provimento, salvo no ponto da revisão, de ofício, pelas instâncias ordinárias, das chamadas cláusulas abusivas, que são essas novas conquistas desses novos bem-vindos direitos.

Sr. Presidente, V. Exa. não precisa de elogio algum, mas quero, também, me permitir um registro da serenidade oriental, da paciência quase monástica com que V. Exa. está presidindo – nada surpreendente –, tão bem e de forma tão objetiva, separando um processo tão complexo, em que temos questões de ordem geral e questões de ordem específicas.

Renovo, mais uma vez, as homenagens à minha Mestra Cláudia de Lima Marques. Enfatizo isso, porque recorro aos seus ensinamentos. Dirá S. Exa. que concordo com ela nos artigos, porém, no momento que seria mais preciso, mais pragmático, não voto com ela.

O SR. MINISTRO CARLOS FERNANDO MATHIAS (JUIZ CONVOCADO DO TRF 1ª REGIÃO): Sr. Presidente, permita-me corrigir essa parte em que votei "a vôo de pássaro". Não estou acompanhando quanto ao dobro das taxas.

O SR. MINISTRO CARLOS FERNANDO MATHIAS (JUIZ CONVOCADO DO TRF 1ª REGIÃO): Tenho nota aqui que isso já estaria resolvido, mas se não está – e, vejo que não foi apenas eu que pensei assim, o Sr. Ministro Beneti também –, salvo se a eminente Relatora vier a alterar essa questão do dobro, não haveria divergência alguma. Mas, também com relação ao dobro dos juros remuneratórios.

RECURSO ESPECIAL Nº 1.061.530 - RS (2008/0119992-4)

VOTO

O EXMO. SR. MINISTRO FERNANDO GONÇALVES:

Sr. Presidente, não tenho a verve, a eloqüência, nem a criatividade do Sr. Ministro Carlos Fernando Mathias. Sou mais objetivo.

Gostaria de estabelecer o que se está votando em termos de recurso repetitivo.

A meu ver, a mora do devedor e o cadastro de inadimplência seriam os primeiros temas. No caso, estou acompanhando o voto da Sra. Ministra Relatora no que diz respeito à possibilidade de inscrição do devedor remisso no cadastro de inadimplência, naquelas condições já estabelecidas no *leading case*, que é o Recurso Especial nº 527.618/RS, do qual foi Relator o Sr. Ministro Cesar Asfor Rocha.

A segunda tese diz respeito aos juros moratórios, que podem ser pactuados até o limite de 1% ao mês.

Se eu estiver enganado, corrijam-me, por favor. A questão dos juros remuneratórios, a fixação é de acordo com a taxa média de mercado estabelecida pelo Banco Central, tendo como limite o que foi pactuado, quer dizer, o contrato.

RECURSO ESPECIAL Nº 1.061.530 - RS (2008/0119992-4)

VOTO

O EXMO. SR. MINISTRO FERNANDO GONÇALVES:

Acompanho.

E a última é a questão da revisão de ofício das cláusulas chamadas abusivas. Efetivamente – e o Sr. Ministro Luis Felipe Salomão cita um julgado meu, de 2005 –, na minha anterior investidura na Quarta Turma, em que acompanhei aquele entendimento, mas, agora, recobrando a razão, retifico a posição anterior, não permitindo a revisão de ofício, mesmo porque não entendo o conceito de hipossuficiente; é um conceito fugidio, que, em qualquer figurino, se encaixa.

O Sr. Ministro Carlos Fernando Mathias citou um voto que proferi no ano de 2007, no qual afirmo que:

"Viola o princípio do *tantum devolutum* **quantum apelatum** o deferimento de repetição de indébito, em face do reconhecimento de abusividade no contrato de financiamento bancário, sem que a parte interessada tenha manejado o competente recurso de apelação."

Esse foi o entendimento tirado da jurisprudência da Segunda Seção.

Portanto, meu voto é nesse sentido.

CERTIDÃO DE JULGAMENTO
SEGUNDA SEÇÃO

Número   Registro: **REsp 1061530/RS**
2008/0119992-4

Números Origem: 10700002465 70021397559 70023207079

PAUTA: 08/10/2008   JULGADO: 22/10/2008

Relatora
Exma. Sra. Ministra **NANCY ANDRIGHI**

Presidente da Sessão
Exmo. Sr. Ministro MASSAMI UYEDA

Subprocurador-Geral da República
Exmo. Sr. Dr. AURÉLIO VIRGÍLIO VEIGA RIOS

Secretária

Bela. HELENA MARIA ANTUNES DE OLIVEIRA E SILVA

AUTUAÇÃO

RECORRENTE	:	UNIBANCO UNIÃO DE BANCOS BRASILEIROS S/A
ADVOGADOS	:	MARIANE CARDOSO MACAREVICH E OUTRO(S)
		LUCIANO CORRÊA GOMES
RECORRIDO	:	ROSEMARI DOS SANTOS SANCHES
ADVOGADO	:	MAURO TRÁPAGA TEIXEIRA

ASSUNTO: Civil - Contrato - Revisão

CERTIDÃO

Certifico que a egrégia SEGUNDA SEÇÃO, ao apreciar o processo em epígrafe na sessão realizada nesta data, proferiu a seguinte decisão:

A Seção, por unanimidade, conheceu em parte do recurso especial e, nessa parte, deu-lhe provimento, nos termos do voto da Sra. Ministra Relatora, acompanhada pelos Srs. Ministros João Otávio de Noronha, Sidnei Beneti, Luis Felipe Salomão, Carlos Fernando Mathias, Fernando Gonçalves e Aldir Passarinho Junior; salvo em relação às disposições de ofício, vencidos a Ministra Relatora e o Ministro Luis Felipe Salomão, e quanto à comissão de permanência, vencidos no conhecimento a Ministra Relatora e o Ministro Carlos Fernando Mathias.
Presidiu o julgamento o Sr. Ministro Massami Uyeda.
Brasília, 22 de outubro de 2008".

2.2.2.1 – Quando as taxas de juros remuneratórios podem ser consideradas abusivas pela jurisprudência?

Apesar de ainda não estar bem definida a questão sobre o que são taxas abusivas, pois o próprio STJ no REsp 1.061.530/RS, não especificou com precisão quais os percentuais discrepantes em relação à taxa de mercado seriam considerados abusivos, apenas informou alguns precedentes das turmas do STJ:

A jurisprudência, conforme registrado anteriormente, tem considerado abusivas taxas superiores a uma vez e meia **(voto proferido pelo Min. Ari Pargendler no REsp 271.214/RS, Rel. p. Acórdão Min. Menezes Direito, DJ de 04.08.2003),** ao dobro **(Resp 1.036.818, Terceira Turma, minha relatoria, DJe de 20.06.2008) ou** ao triplo **(REsp 971.853/RS, Quarta Turma, Min. Pádua Ribeiro, DJ de 24.09.2007) da média.**

Na prática, a jurisprudência do STJ considera, tecnicamente, taxas abusivas a partir de 50% acima da média de mercado, podendo chegar até 200%, o que se torna extremamente absurdas estas decisões.

O TJ/PR tem considerado abusivas as taxas de juros quando cobradas a partir de 50% acima da média de mercado:

> 1) APELAÇÃO CíVEL (VIVIANE VOGLERS COSTA). REVISIONAL. EMPRÉSTIMO PESSOAL NÃO CONSIGNADO. DÉBITO EM CONTA CORRENTE. SENTENÇA DE IMPROCEDÊNCIA REFORMADA. REDUÇÃO da taxa de juros à MÉDIA DE MERCADO. contrato com parcelas fixas. juros remuneratórios abusivos. encargos da mora AFASTADOS. PETIÇÃO INICIAL PARCIALMENTE PROCEDENTE. REPETIÇÃO DE INDÉBITO NA FORMA SIMPLES. REDISTRIBUIÇÃO DOS ÔNUS SUCUMBENCIAIS. RECURSO conhecido E PARCIALMENTE PROVIDO. (TJPR - 13ª C.Cível - 0009573-34.2017.8.16.0038 - Fazenda Rio Grande - Rel.: Athos Pereira Jorge Júnior - J. 03.04.2019)
>
> (...)
>
> Sobre o limite a ser considerado abusivo, ao contrário do posicionamento do magistrado singular, esta Câmara Cível tem considerado os juros superiores a 1,5 (uma vez e meia) à taxa média de mercado:
>
> APELAÇÃO CÍVEL AÇÃO REVISIONAL DE CONTRATO DE FINANCIAMENTO DE VEÍCULO. SENTENÇA DE PROCEDÊNCIA. REDUÇÃO DA TAXA DE JUROS CONTRATADA À MÉDIA DE MERCADO. CONTRATO COMPARCELAS FIXAS. JUROS REMUNERATÓRIOS ABUSIVOS. DECISÃO MANTIDA. RECURSO CONHECIDO E NÃO PROVIDO. (TJPR - 13ª C.Cível - AC – 8873-84.2016.8.16.0170 - Rel. LUIZ HENRIQUE MIRANDA - Unânime - J. 04.07.2018).
>
> 2) APELAÇÕES CÍVEIS. AÇÃO DE REVISÃO DE CLÁUSULAS CONTRATUAIS C.C REPETIÇÃO DE INDÉBITO E PEDIDO LIMINAR DE MANUTENÇÃO DA POSSE.

CONTRATO DE FINANCIAMENTO DE VEÍCULO. SENTENÇA DE PARCIAL PROCEDÊNCIA. (...) APELAÇÃO CÍVEL (02). RECURSO DA FINANCEIRA RÉ. 1. REVISÃO DAS CLÁUSULAS CONTRATADAS. POSSIBILIDADE. RELATIVIZAÇÃO DA FORÇA OBRIGATÓRIA DO CONTRATO (PRINCÍPIO DO PACTA SUNT SERVANDA). OBSERVÂNCIA AOS PODER JUDICIÁRIO TRIBUNAL DE JUSTIÇA 13ª CÂMARA CÍVELAPELAÇÃO CÍVEL Nº. 1.626.483-22PRINCÍPIOS DO CÓDIGO DE DEFESA DO CONSUMIDOR. 2. JUROS REMUNERATÓRIOS. ABUSIVIDADE CONSTATADA. TAXA DE JUROS CONTRATADA QUE SUPERA UMA VEZ E MEIA A MÉDIA PRATICADA PELO MERCADO. MAGISTRADO QUE NÃO SE ENCONTRA ADSTRITO AS TAXAS MÉDIAS DIVULGADOS PELO BACEN. 3. ENCARGOS MORATÓRIOS LIMITAÇÃO, NO CASO, DEVIDA. CUMULADOS COM COMISSÃO DE PERMANÊNCIA. IMPOSSIBILIDADE. MANUTENÇÃO EXCLUSIVA DA COMISSÃO DE PERMANÊNCIA. OBSERVÂNCIA À SÚMULA 472 DO SUPERIOR TRIBUNAL DE JUSTIÇA. SENTENÇA PARCIALMENTE REFORMADA NO PONTO. 4. DISTRIBUIÇÃO DA SUCUMBÊNCIA MANTIDA. RECURSO CONHECIDO E PARCIALMENTE PROVIDO. (TJPR - 13ª C.Cível - AC - 1626483-2 - Rel. FRANCISCO EDUARDO GONZAGA DE OLIVEIRA - Unânime - J. 10.05.2017) – sem grifo no original.

Já o Tribunal de Justiça de SC considerou abusiva a taxa de juros que extrapole 10% a média de mercado:

> Na esteira do entendimento delineado pelo STJ - que admite a revisão do percentual dos juros remuneratórios, quando aplicável o CDC ao caso e quando exista abusividade no pacto -, esta Câmara julgadora tem admitido como parâmetro para aferir a abusividade a flexibilização da taxa de juros remuneratórios até o percentual de 10% (dez por cento) acima da taxa média divulgada pelo Banco Central. **(TJ/SC - 3.ª Câmara de Direito Comercial - AC nº 0005122-77.2008.8.24.0031, Rel. Desembargador Gilberto Gomes de Oliveira – Unânime – J. 08/02/2018).**

Já o TRF 4.ª Região já considerou abusiva a taxa de juros discrepante em cerca de 40% em relação à média de mercado:

> Dessa forma, analisando o caso concreto, entendo que a demonstração de que a taxa cobrada pelo banco a título de juros remuneratórios, em valor anual cerca de 40% maior do que a taxa média verificada no período, é suficiente para a configuração de abusividade em sua cobrança, ainda mais por se tratar de contrato de

renegociação de dívida, que pressupõe, em tese, o oferecimento de melhores condições de pagamento dos débitos ao devedor.
(TRF 4.ª Região – AC 5008898-71.2015.4.04.7200 - RELATOR: DESEMBARGADOR FEDERAL LUÍS ALBERTO D AZEVEDO AURVALLE – J. 17/10/2018).

3 – Manutenção na posse do bem arrendado e/ou financiado - Possibilidade quando há depósito judicial da quantia considerada devida e/ou incontroversa e desconfiguração da mora **– Pacificação da jurisprudência do STJ**

O Superior Tribunal de Justiça tem entendido ser possível a manutenção na posse do bem enquanto pendente ação revisional e houver depósito das parcelas consideradas devidas, desde que não seja inferior ao contratado, **salvo nos casos em que houver descaracterização ou que seja afastada a** mora, conforme algumas decisões monocráticas colacionadas, *in verbis*:

- - AGRAVO EM RECURSO ESPECIAL nº 32991 - MG (2011/0103945-2)
  RELATOR: MIN. SIDNEI BENETI
  AGRAVANTE : AECIO FERREIRA DO NASCIMENTO
  ADVOGADO: JULIENE OLIVEIRA FERNANDES E OUTRO(S)
  AGRAVADO: BANCO AYMORÉ CRÉDITO FINANCIAMENTO E INVESTIMENTO S/A
  ADVOGADO: OSMAR MENDES PAIXÃO CÔRTES E OUTRO(S)
  DECISÃO
  1.- AECIO FERREIRA DO NASCIMENTO interpõe Agravo contra decisão que, na origem, negou seguimento a Recurso Especial fundamentado nas
  alíneas "a" e "c" do permissivo constitucional, manifestado contra Acórdão do Tribunal de Justiça do Estado de Minas Gerais (Rel. Des. ANTÔNIO DE PÁDUA), assim ementado (fl. 81):
  AÇÃO REVISIONAL DE CONTRATO - PEDIDO INCIDENTAL DE DEPÓSITO JUDICIAL DAS PARCELAS DEVIDAS - VALOR INFERIOR AO DO CONTRATADO - IMPOSSIBILIDADE - INSCRIÇÃO DO NOME DO DEVEDOR NOS ÓRGÃOS DE RESTRIÇÃO DO CRÉDITO - INADIMPLÊNCIA CONFIGURADA - POSSIBILIDADE.
  Como requisito objetivo para deferimento do pedido incidental de depósito judicial das parcelas devidas, é necessário que compreenda

a totalidade da prestação devidas (CC, art. 314), conforme a obrigação. (CC, arts. 233, 244 e 313), incluindo os frutos naturais e os juros vencidos, quando estipulados ou legalmente devidos.

Estando o devedor inadimplente, pode o credor, no exercício regular do seu direito, observada a disposição do § 2º do art. 43 do CDC, promover a inscrição do seu nome nos cadastros de restrição ao crédito, sem que essa providência possa ser considerada abusiva. Não procede o pleito do devedor inadimplente de se manter na posse do veículo objeto do contrato, sob pena de violar preceito constitucional. V.v. Enquanto pendente demanda em que se discute a legalidade do débito é inviável a inscrição do nome do devedor em órgãos de proteção ao crédito. É perfeitamente possível o deferimento do depósito de prestações sucessivas em juízo no valor que a parte entende devido, enquanto em discussão o valor do débito, pois tal fato não acarreta qualquer prejuízo para o credor.

2.- Nas razões do Apelo Especial, defende o recorrente, em suma, que deve ser deferida a antecipação de tutela para determinar a abstenção de inscrição de seu nome nos órgãos de proteção ao crédito e a sua manutenção na posse do bem. Defende, ainda, a possibilidade de efetuar o depósito das prestações nos valores que entende devidos.

É o relatório.

3.- Os temas já estão pacificados pela jurisprudência firmada nesta Corte, de modo que não há necessidade de processamento do Recurso Especial e posterior envio às sobrecarregadas pautas de julgamento deste Tribunal.

4.- Inicialmente, anote-se que o entendimento desta Corte Superior de Justiça é no sentido de que, para que seja deferido o pedido de cancelamento ou de abstenção da inscrição do nome do contratante nos

cadastros de proteção ao crédito, é indispensável que este demonstre a existência de prova inequívoca do seu direito, com a presença concomitante de três elementos: a) ação proposta por ele contestando a existência integral ou parcial do débito; b) demonstração efetiva da cobrança indevida, amparada em jurisprudência consolidada do Supremo Tribunal Federal ou do Superior Tribunal de Justiça; c) sendo parcial a contestação, que haja o depósito da parte incontroversa ou a prestação de caução idônea, a critério do magistrado. Essa a orientação da Segunda Seção (REsp 527.618/RS, Rel. Min. CÉSAR ASFOR ROCHA, DJ 24.11.03). **NA ESPÉCIE, NÃO**

RESTARAM SATISFEITOS TODOS OS MENCIONADOS REQUISITOS.

5.- E, ainda, conforme entendimento assente nesta Corte, o simples ajuizamento de ação revisional, com a alegação da abusividade das cláusulas contratadas, não importa no reconhecimento do direito do contratante à antecipação da tutela, sendo necessário o preenchimento dos requisitos do art. 273 do Código de Processo Civil. **ASSIM, PARA QUE SEJA DEFERIDO O PEDIDO DE MANUTENÇÃO DO DEVEDOR NA POSSE DO BEM, É INDISPENSÁVEL QUE ESTE DEMONSTRE A VEROSSIMILHANÇA DAS ALEGAÇÕES DE ABUSIVIDADE DAS CLÁUSULAS CONTRATUAIS E DOS ENCARGOS FINANCEIROS CAPAZES DE ELIDIR A MORA, BEM COMO DEPOSITE O VALOR INCONTROVERSO DA DÍVIDA OU PRESTE CAUÇÃO IDÔNEA.**

Nesse sentido:

DIREITO PROCESSUAL CIVIL E BANCÁRIO. RECURSO ESPECIAL. AÇÃO REVISIONAL DE CLÁUSULAS DE CONTRATO BANCÁRIO. INCIDENTE DE PROCESSO REPETITIVO. JUROS REMUNERATÓRIOS. CONFIGURAÇÃO DA MORA. JUROS MORATÓRIOS. INSCRIÇÃO/MANUTENÇÃO EM CADASTRO DE INADIMPLENTES. DISPOSIÇÕES DE OFÍCIO.

(...)

ORIENTAÇÃO 2 - CONFIGURAÇÃO DA MORA

a) O reconhecimento da abusividade nos encargos exigidos no período da normalidade contratual (juros remuneratórios e capitalização) descaratteriza a mora;

b) Não descaracteriza a mora o ajuizamento isolado de ação revisional, nem mesmo quando o reconhecimento de abusividade incidir sobre os encargos inerentes ao período de inadimplência contratual.

(...)

Verificada a cobrança de encargo abusivo no período da normalidade contratual, resta descaracterizada a mora do devedor.

AFASTADA A MORA: I) É ILEGAL O ENVIO DE DADOS DO CONSUMIDOR PARA QUAISQUER CADASTROS DE INADIMPLÊNCIA; II) DEVE O CONSUMIDOR PERMANECER NA POSSE DO BEM ALIENADO FIDUCIARIAMENTE E III) NÃO SE ADMITE O PROTESTO DO TÍTULO REPRESENTATIVO DA DÍVIDA.

(...)

Recurso especial parcialmente conhecido e, nesta parte, provido, para declarar a legalidade da cobrança dos juros remuneratórios, como pactuados, e ainda decotar do julgamento as disposições de ofício. Ônus sucumbenciais redistribuídos.

(REsp 1061530/RS, Rel. Ministra NANCY ANDRIGHI, SEGUNDA SEÇÃO, DJe 10/03/2009)

6.- Por fim, a jurisprudência desta Corte é no sentido de ser possível a autorização para depósito judicial de valores que o autor entende devidos, na pendência de ação revisional de contrato bancário.

Confira-se, a respeito, o recente julgamento da Segunda Seção em recurso repetitivo sobre a matéria:

DIREITO PROCESSUAL CIVIL E BANCÁRIO. RECURSO ESPECIAL. AÇÃO REVISIONAL DE CLÁUSULAS DE CONTRATO BANCÁRIO. INCIDENTE DE PROCESSO REPETITIVO. JUROS REMUNERATÓRIOS. CONFIGURAÇÃO DA MORA. JUROS MORATÓRIOS. INSCRIÇÃO/MANUTENÇÃO EM CADASTRO DE INADIMPLENTES. DISPOSIÇÕES DE OFÍCIO.

(...).

NÃO HÁ QUALQUER VEDAÇÃO LEGAL À EFETIVAÇÃO DE DEPÓSITOS PARCIAIS, SEGUNDO O QUE A PARTE ENTENDE DEVIDO.

(...).

(REsp 1.061.530/RS, Rel. Ministra NANCY ANDRIGHI, SEGUNDA SEÇÃO, julgado em 22/10/2008, DJe 10/03/2009)

7.- Ante o exposto, com apoio no art. 544, § 4º, II, "c", do CPC, conhece-se do Agravo e dá-se parcial provimento ao Recurso Especial para permitir o depósito judicial de valores que o autor entende devidos.

Intimem-se.

Brasília (DF), 28 de setembro de 2011.

MINISTRO SIDNEI BENETI

Relator

(Ministro SIDNEI BENETI, 10/10/2011)";

• - RECURSO ESPECIAL Nº 1.253.068 - RS (2011/0107755-6)
RELATOR : MINISTRO SIDNEI BENETI
RECORRENTE : BANCO FINASA S/A
ADVOGADO : ROSÂNGELA DA ROSA CORRÊA E OUTRO(S)
RECORRIDO : LUIZ GILMAR GODINHO

ADVOGADO : AURO VARIANI

DECISÃO

1.- BANCO FINASA S/A interpõe Recurso Especial, com fundamento nas alíneas "a" e "c" do permissivo constitucional, contra Acórdão do Tribunal de Justiça do Estado do Rio Grande do Sul (Relatora Desembargadora LÚCIA DE CASTRO BOLLER), proferido em sede de Agravo

Regimental no Agravo de Instrumento, assim ementado (e-STJ fls. 120): AGRAVO INTERNO. DECISÃO MONOCRÁTICA. PARCIAL PROVIMENTO A AGRAVO DE INSTRUMENTO. AÇÃO REVISIONAL DE CONTRATO. AUSÊNCIA DOS REQUISITOS AUTORIZADORES DA ANTECIPAÇÃO DE TUTELA. INSCRIÇÃO DO NOME DO DEVEDOR EM ÓRGÃOS DE PROTEÇÃO AO CRÉDITO. MULTA PARA O CASO DE DESCUMPRIMENTO DA ORDEM JUDICIAL. POSSE DO BEM OBJETO DO CONTRATO. PREQUESTIONAMENTO.

Desde que preenchidos os requisitos do art. 273 do CPC, a antecipação de tutela pode ser concedida em qualquer momento do processo. Estando em discussão o contrato celebrado entre as partes, é incabível a inscrição do nome do devedor em órgãos de proteção ao crédito, eis que há incerteza a respeito da existência de débito e do seu quantum. A aplicação da multa, para o caso de descumprimento de ordem judicial, tem amparo no § 4º do art. 84 da Lei nº 8.078/90, que foi reforçado pela Lei nº 10.444, a qual entrou em vigor em 07-08-2002 e modificou a redação do § 3º do art. 273 do CPC, passando a prever a fixação de multa, quando da concessão de antecipação de tutela. Não sendo certa a mora, é cabível a manutenção do devedor na posse do bem objeto do contrato, durante o processo, sob compromisso como depositário judicial.

As antecipações de tutela ficam condicionadas ao depósito, mensal, dos valores que o agravado entende devidos, observados o valor principal (incluídas as parcelas vencidas e não pagas), juros de 12% ao ano e variação pelo IGP-M, dividido pelo número de parcelas faltantes.

Na linha decisória da decisão monocrática, não há falar na negativa de vigência a qualquer dispositivo legal. Agravo Interno desprovido.

2.- Insurge-se a instituição financeira recorrente contra: a) a manutenção do devedor na posse do bem; b) a vedação do registro do nome do recorrido nos órgão de restrição ao crédito, uma vez que não cumpridos os requisitos exigidos pela jurisprudência desta Corte; e

114

c) a cominação de multa.

3.- Sem contrarrazões (e-STJ fls. 184), o recurso foi admitido na origem (e-STJ fls. 200/202).

É o breve relatório.

4.- O tema já está pacificado pela jurisprudência firmada nesta Corte, de modo que o recurso deve ser julgado monocraticamente pelo Relator, segundo orientação firmada, com fundamento no art. 557 do CPC, desnecessário, portanto, o envio às sobrecarregadas pautas de julgamento deste Tribunal.

5.- Conforme entendimento assente nesta Corte, o simples ajuizamento de ação revisional, com a alegação da abusividade das cláusulas contratadas, não importa no reconhecimento do direito do contratante à antecipação da tutela, sendo necessário o preenchimento dos requisitos do art. 273 do Código de Processo Civil.

Assim, para que seja deferido o pedido de manutenção do devedor na posse do bem, é indispensável que este demonstre a verossimilhança das alegações de abusividade das cláusulas contratuais e dos encargos financeiros.

6.- No caso, o Tribunal de origem, entendeu como suficientes para o deferimento do pedido de antecipação de tutela o depósito das parcelas que o devedor entender devidas, observado o valor principal, juros de 12% ao ano e correção monetária pelo IGP-M (fls. e-STJ 126). Ocorre que é pacífico nesta Corte o entendimento segundo o qual o fato de as taxas de juros excederem o limite de 12% ao ano, por si, não implica abusividade; impondo-se sua redução, tão-somente, quando comprovado que discrepantes em relação à taxa de mercado após vencida a obrigação.

7.- Com essas considerações, verifica-se a necessidade de revogação da tutela que assegurou a manutenção do devedor na posse do bem, mediante a consignação dos valores incontroversos, pois, não restou demonstrada a verossimilhança da alegação de abusividade das cláusulas contratadas, principalmente, no que diz respeito aos juros remuneratórios.

8.- Para que seja deferido o pedido de cancelamento ou de abstenção da inscrição do nome do contratante nos cadastros de proteção ao crédito, é indispensável que este demonstre a existência de prova inequívoca do seu direito, com a presença concomitante de três elementos: a) ação proposta por ele contestando a existência integral ou parcial do débito; b) demonstração efetiva da cobrança indevida, amparada em jurisprudência consolidada do Supremo Tribunal Federal ou do Superior Tribunal de Justiça; c) sendo parcial a contestação, que haja o depósito da parte incontroversa ou a prestação de caução idônea, a critério do magistrado. Essa a orientação da Segunda Seção (REsp 527.618/RS, Rel. Min. CÉSAR ASFOR ROCHA, DJ 24.11.03).

Na espécie, não restaram satisfeitos todos os mencionados requisitos, razão pela qual deve ser afastada a proibição da inscrição do nome do devedor nos referidos cadastros, ficando, consequentemente, prejudicada a exigibilidade da multa diária imposta pelo descumprimento da decisão judicial.

9.- Ante o exposto dá-se provimento ao Recurso Especial, revogando a liminar de manutenção do devedor na posse do bem e possibilitando a inscrição do nome do devedor junto aos órgãos de restrição ao crédito.

Publique-se. Intimem-se.

Brasília (DF), 29 de setembro de 2011.

Ministro SIDNEI BENETI

Relator

(Ministro SIDNEI BENETI, 05/10/2011)";

- • - RECURSO ESPECIAL Nº 1.256.352 - RS (2011/0131205-6)
RELATOR : MINISTRO MASSAMI UYEDA
RECORRENTE : BANCO VOLKSWAGEN S/A
ADVOGADO : LUISI TRELLES RUSCHEL E OUTRO(S)
RECORRIDO : LISIANI SOUTO BARCELOS E OUTROS
ADVOGADO : EVERALDO TAPI RODRIGUES
RECURSO ESPECIAL - AÇÃO REVISIONAL DE CONTRATO BANCÁRIO – COMISSÃO DE PERMANÊNCIA - LICITUDE NA COBRANÇA, DESDE QUE NÃO CUMULADA COM JUROS REMUNERATÓRIOS, CORREÇÃO MONETÁRIA OU ENCARGOS DA MORA - CLÁUSULA-MANDATO - NULIDADE - INCIDÊNCIA DO ENUNCIADO N. 60 DA SÚMULA DO STJ - DESCARACTERIZAÇÃO DA MORA - SÚMULA 283/STF - REPETIÇÃO DO INDÉBITO - POSSIBILIDADE - PROVA DO ERRO - DESNECESSIDADE - RECURSO ESPECIAL A QUE SE NEGA SEGUIMENTO.
DECISÃO

Cuida-se de recurso especial interposto pelo BANCO VOLKSWAGEN S/A, com fundamento no art. 105, III, "a" e "c", da Constituição Federal de 1988.

O acórdão recorrido restou assim ementado:

"APELAÇÃO CÍVEL. REVISÃO CONTRATUAL. ALIENAÇÃO FIDUCIÁRIA. INCIDÊNCIA DO CDC. Indiscutível a incidência do Código de Defesa do Consumidor à espécie (Súmula 297 do E. Superior Tribunal de Justiça). CAPITALIZAÇÃO MENSAL PERMITIDA QUANDO EXPRESSAMENTE CONTRATADA. LEGALIDADE DA COMISSÃO DE PERMANÊNCIA. Impossibilidade de cumulação com outros encargos moratórios e correção monetária. Limitação à taxa de juros remuneratórios aplicável ao contrato. TAXAS E TARIFAS. Ilegalidade do repasse de tais custos ao financiado, pois atendem ao interesse exclusivo da Instituição Financeira. COMPENSAÇÃO E REPETIÇÃO DE INDÉBITO. No caso de existência de valores a serem repetidos, estes deverão ser atualizados pelo IGP-M desde a data do efetivo pagamento, incidindo juros de mora a contar da citação. NULIDADE DA NOTA PROMISSÓRIA. A previsão contratual que permite a emissão de nota promissória em favor da instituição bancária é abusiva, na medida em que afronta o princípio da boa-fé que deve reger as relações de consumo, impondo-se o reconhecimento da nulidade do título cambial.

DESCARACTERIZAÇÃO DA MORA. VEDAÇÃO DE INSCRIÇÃO EM CADASTROS DE INADIMPLENTES, PROTESTO DE TÍTULO E MANUTENÇÃO DE POSSE DO BEM EM MÃOS DO FINANCIADO. Necessidade de depósito das parcelas devidas. DERAM PARCIAL PROVIMENTO AO RECURSO."

No presente apelo nobre, busca o recorrente a reforma do v. acórdão, insurgindo-se, em síntese, contra: i) a proibição da comissão de permanência cumulada com outros encargos da mora; ii) a declaração de ilegalidade da cláusula mandato; iii) a descaracterização da mora e iv) a possibilidade de repetição do indébito.

É o relatório.

O recurso especial não merece provimento.

Com efeito.

Inicialmente, no concernente à comissão de permanência, o entendimento predominante neste Tribunal é no sentido de ser lícita a sua cobrança após o vencimento da dívida. A comissão deve observar a taxa média dos juros de mercado, apurada pelo Banco

Central do Brasil, limitada à taxa de juros contratada para o período da normalidade, não podendo, entretanto, ser cumulada com a correção monetária nem com os juros remuneratórios, nos termos das Súmulas 30, 294 e 296 do STJ.

De acordo com entendimento desta Seção, ainda, a cobrança da comissão de permanência não pode ser acrescida dos encargos decorrentes da mora, como os juros moratórios e a multa contratual (c.f. AgRg no REsp n° 712.801/RS, Rel. Ministro Carlos Alberto Menezes Direito, DJ 04.05.2005 e AgRg no REsp 791.172/RS, Rel. Ministro Hélio Quaglia Barbosa, DJ 22.08.2006).

Presente a incidência de quaisquer desses encargos após a caracterização da mora, devem ser afastados, mantendo-se tão-somente a comissão de permanência (ut AgRg no AgRg no REsp n.° 805.874/RS, relator Ministro Aldir Passarinho Júnior, DJ de 19.6.2006 e AgRg no REsp n.° 828.290/RS, Rel. Ministra Nancy Andrighi, DJ de 26.6.2006).

Dessa forma, resta prejudicada a análise das questões relativas a quaisquer destes encargos.

Em relação à cláusula-mandato, conforme preceitua o enunciado n° 60 da Súmula desta a. Corte, é nula, salvo nos contratos de cartão de crédito, a cláusula contratual que prevê a autorização para o credor sacar letras de câmbio representativas de obrigação, remanescendo, por isso, incólume o acórdão recorrido, no ponto. Nesse sentido, confiram-se o seguinte precedente:

"AGRAVO REGIMENTAL - AÇÃO REVISIONAL DE CONTRATO DE FINANCIAMENTO BANCÁRIO - CLÁUSULA-MANDATO - NULIDADE - INCIDÊNCIA DO ENUNCIADO N. 60 DA SÚMULA DO STJ - AGRAVO IMPROVIDO.

1. Salvo nos contratos relacionados a cartão de crédito, é nula a cláusula contratual que prevê a outorga de mandato para criação de título cambial.

2. Agravo regimental improvido." (AgRg no REsp 770506/RS, desta Relatoria, DJ 03/12/2007).

No tocante à mora, observa-se que o Tribunal *a quo* afastou sua caracterização com base na cobrança da tarifa de abertura de crédito.

In casu, verifica-se que tal fundamento permaneceu incólume, porquanto as razões do recurso especial não trouxeram qualquer argumento apto a impugnar o entendimento consignado no julgamento recorrido, o qual limitou-se a sustentar a legalidade dos juros remuneratórios bem como da capitalização destes. Assim,

118

incide o óbice previsto na Súmula n. 283/STF, aplicado analogicamente ao caso sob comento. Por fim, em relação à repetição do indébito, este eg. Tribunal já

decidiu pela sua admissão independentemente da prova de que o pagamento tenha sido realizado por erro, com o objetivo de vedar o enriquecimento ilícito do banco em detrimento do contratante, nos termos da Súmula n. 322, *in verbis*: "Para a repetição de indébito, nos contratos de abertura de crédito em conta-corrente, não se exige a prova do erro". Nega-se, portanto, seguimento ao recurso especial.

Publique-se. Intimem-se.

Brasília (DF), 19 de agosto de 2011.

MINISTRO MASSAMI UYEDA

Relator

(Ministro MASSAMI UYEDA, 29/08/2011)".

Portanto, o Superior Tribunal de Justiça considera totalmente possível a manutenção na posse do bem arrendado, considerando a Orientação n.º 8 do Julgamento em Recurso Repetitivo no REsp 1.061.530/RS:

> "**8. Manutenção na posse.**
>
> A questão relativa à manutenção na posse relaciona-se diretamente com aquilo que restou decidido quanto à configuração da mora. Como consolidado na Súmula 72/STJ, **"A COMPROVAÇÃO DA MORA É IMPRESCINDÍVEL À BUSCA E APREENSÃO DO BEM ALIENADO FIDUCIARIAMENTE".**
>
> Confira-se, ainda, nesse sentido: AgRg no REsp 400.227/RS, Rel. Min. Aldir Passarinho Junior, DJ de 28.02.2005; AgRg no REsp 1.005.202/RS, 3ª Turma, Rel. Min. Sidnei Beneti, DJe 07.05.2008".
>
> Logo, afastada a mora da recorrida, não há como ser acolhido o pleito da instituição financeira de afastar a recorrida da posse do bem alienado fiduciariamente.
>
> Assim, não merece provimento o recurso especial também nesse ponto.

3.1 – Depósito das parcelas devidas e/ou incontroversas

Uma questão ainda muito polêmica e controvertida é sobre o depósito das parcelas incontroversas ou consideradas devidas.

Se considerarmos apenas como parâmetro a jurisprudência do STJ em relação aos recursos repetitivos, as parcelas incontroversas são aquelas em que não há dúvida ou controvérsia.

Recomenda-se que se houver interesse da parte em cassar a liminar de busca e apreensão, purgando a mora, seja depositado o valor incontroverso, ou seja, o valor ajustado contratualmente, apesar de existirem magistrados que levam em consideração a jurisprudência dominante do STJ (Recurso Repetitivo REsp 1.061.530/RS), acatando o depósito das parcelas consideradas devidas, conforme já vimos alhures e repetimos agora através de trecho extraído do REsp 1.061.503/RS, item 10, págs. 41-42, do Acórdão:

> **"(...) cumpre ressaltar que não há qualquer vedação legal à efetivação de depósitos parciais, segundo aquilo que a parte entende devido. Isso, por si só, afasta a pretensão do recorrente.**
>
> **É bem verdade que a existência de depósito integral, ou não, pode ser relevante para a análise de uma série de questões legais. Como demonstrado, a vedação à inscrição do nome do devedor em cadastro de inadimplentes, em pedido de antecipação dos efeitos da tutela, exige, entre outros requisitos, o depósito apenas parcial.**
>
> **Veja-se, à guisa de exemplo, as seguintes situações em que esta Corte aceitou o depósito parcial: AgRg no REsp 827035/RS, 4a Turma, Rel. Min. Aldir Passarinho, DJ 19/06/2006; REsp 448.602/SC, 4a Turma, Rel. Min. Ruy Rosado de Aguiar DJ 17/02/2003".**

Portanto, em conformidade com a jurisprudência pacífica do STJ, através da sistemática de Julgamentos em Recursos Repetitivos, não há nenhuma proibição quanto aos depósitos parciais segundo o que a parte entende como devidos.

Há de se esclarecer, ainda, que quando o autor pretende depositar os valores **considerados devidos**, após estudo e/ou parecer técnico-contábil, entende-se que sua vontade se fundamenta certamente na cobrança de diversos encargos abusivos.

Sendo assim, por questões não só de razoabilidade e proporcionalidade, mas também de justiça, é perfeitamente cabível e possível o depósito incidental de parcelas consideradas devidas pelo requerente.

3.2 – Comissão de permanência – Cumulação com outros encargos moratórios ou remuneratórios – proibição com base na Jurisprudência do STJ

A matéria já fora pacificada através de **julgamento da questão idêntica que caracteriza a multiplicidade** - ART. 543-C, § 7º, DO CPC, através dos Recursos Especiais n.º 1.063.343/RS e 1.058.114/RS, cuja ementa[3] se extrai:

> "DIREITO COMERCIAL E BANCÁRIO. CONTRATOS BANCÁRIOS SUJEITOS AO CÓDIGO DE DEFESA DO CONSUMIDOR. PRINCÍPIO DA BOA-FÉ OBJETIVA. COMISSÃO DE PERMANÊNCIA. VALIDADE DA CLÁUSULA. VERBAS INTEGRANTES. DECOTE DOS EXCESSOS. PRINCÍPIO DA CONSERVAÇÃO DOS NEGÓCIOS JURÍDICOS. ARTIGOS 139 E 140 DO CÓDIGO CIVIL ALEMÃO. ARTIGO 170 DO CÓDIGO CIVIL BRASILEIRO.
>
> 1. O princípio da boa-fé objetiva se aplica a todos os partícipes da relação obrigacional, inclusive daquela originada de relação de consumo. No que diz respeito ao devedor, a expectativa é a de que cumpra, no vencimento, a sua prestação.
>
> 2. Nos contratos bancários sujeitos ao Código de Defesa do Consumidor, é válida a cláusula que institui comissão de permanência para viger após o vencimento da dívida.
>
> 3. **A importância cobrada a título de comissão de permanência não poderá ultrapassar a soma dos encargos remuneratórios e moratórios previstos no contrato, ou seja, a) juros remuneratórios à taxa média de mercado, não podendo ultrapassar o percentual contratado para o período de normalidade da operação; b) juros moratórios até o limite de 12% ao ano; e c) multa contratual limitada a 2% do valor da prestação, nos termos do art. 52, § 1º, do CDC.**
>
> 4. Constatada abusividade dos encargos pactuados na cláusula de comissão de permanência, deverá o juiz decotá-los, preservando, tanto quanto possível, a vontade das partes manifestada na celebração do contrato, em homenagem ao princípio da conservação dos negócios jurídicos consagrado nos artigos 139 e 140 do Código Civil alemão e reproduzido no artigo 170 do Código Civil brasileiro.
>
> 5. A decretação de nulidade de cláusula contratual é medida excepcional,
> somente adotada se impossível o seu aproveitamento.
>
> 6. Recurso especial conhecido e parcialmente provido".

---

[3] - As ementas são idênticas em ambos os recursos especiais: 1.063.343/RS e 1.058.114/RS.

Na prática, este novo posicionamento do STJ pacifica sua posição no sentido de considerar nula a cláusula de comissão de permanência nos contratos regidos pelo Código de Defesa do Consumidor, como, por exemplo, os contratos bancários, conforme se extrai de uma leitura atenta do REsp 1.063.343/RS, pág. 25 do Acórdão – Documento: 874641 - Inteiro Teor do Acórdão - Site certificado - DJe: 16/11/2010:

> **"Portanto, a 2ª Seção do STJ consolida o seguinte entendimento:**
> **É nula a cláusula contratual que, em contratos bancários submetidos à legislação consumerista, estipula a cobrança da comissão de permanência, facultada aos bancos-credores, para o período de inadimplência, a cobrança especificada dos seguintes encargos, numericamente individualizados: (i) juros remuneratórios, limitados à taxa pactuada para o período da normalidade ou calculados à taxa média de mercado; (ii) juros moratórios, de acordo com a lei aplicável; (iii) multa moratória de 2%, nos termos do art. 52, § 1º, do CDC; e (iv) correção monetária, se for a hipótese".**

Para uma análise indelével pelo leitor, colaciona-se parte do Acórdão que trata especificamente da comissão de permanência, **via julgamento da questão idêntica que caracteriza a multiplicidade** - ART. 543-C, § 7º, DO CPC, *in verbis*:

> "(...) COMISSÃO DE PERMANÊNCIA
> 1. Definição
> Definir a comissão de permanência talvez seja uma das tarefas mais árduas do Direito Bancário. Este encargo foi instituído pela Resolução 15/66 do Conselho Monetário Nacional (CMN) e regulado pelas Circulares 77/67 e 82/67, ambas do BACEN.
> Com efeito, há insegurança até quanto à sua definição, natureza jurídica e, principalmente, quanto aos componentes incorporados em seu cálculo.
> Com o advento da Lei 6.899/81, que concedeu o direito à correção monetária a partir do vencimento do débito e, algum tempo depois, com a edição da Resolução 1.129/86 do CMN, as instituições financeiras ficaram expressamente autorizadas a cobrar a comissão de permanência de seus devedores por dia de atraso, além dos juros de mora.
> No Parecer PGBC n.º 207/2008, acostado aos autos do REsp 1.061.530/RS, o BACEN, ao responder o convite para se manifestar

naquele incidente de processo repetitivo, afirmou, expressamente, desconhecer os encargos que compõem a comissão de permanência:

"Não é possível saber com antecedência os encargos que a instituição financeira deverá arcar para reequilibrar sua situação líquida após o atraso no pagamento, ante a existência de inúmeras variáveis (como a disponibilidade de crédito no mercado, os custos operacionais de cada instituição financeira, sua situação patrimonial, etc.), razão pela qual a permanência no inadimplemento gera diferentes encargos em cada contrato, a depender de suas especificidade e do momento em que o atraso no pagamento ocorre." (grifo no original)

Instado novamente a se pronunciar sobre o tema poucos dias após o julgamento do indigitado processo, o BACEN trouxe aos autos o Parecer PGBC n.º 254/2008, no qual realiza "uma reapreciação da matéria, com a finalidade de desenvolvê-la de forma mais analítica". Aqui, contrariando o que fora dito anteriormente, afirma categoricamente que a "comissão de permanência é a contraprestação devida pela indisponibilidade do dinheiro emprestado no período na inadimplência", todavia, mais uma vez a autarquia reconhece que:

"Não é possível afirmar de forma completamente padrão ou uniforme a quais custos estarão sujeitas as instituições financeiras para recompor a sua situação de liquidez em razão da inadimplência. O perfil diferenciado de cada instituição ensejará custos diferentes ". (grifei)

A FEBRABAN, por seu turno, trouxe aos autos novo parecer, coerente com o emitido no REsp 1.061.530/RS, no qual sustenta que os encargos

moratórios (juros de mora e multa contratual) devem ser cumulados com a comissão de permanência, pleiteando, assim, a modificação da orientação jurisprudencial do STJ.

Porém, tal como feito pelo BACEN, demonstra desconhecimento quanto às peculiaridades que envolvem a comissão de permanência. Inicialmente, aduz a FEBRABAN, de forma bastante imprecisa, que "denomina-se comissão de permanência encargo que o banco cobra do mutuário a partir do momento em que este se torna inadimplente".

Ora, é notório que este conceito genérico serviria para definir todo e qualquer encargo incidente no período da anormalidade, afinal, não seriam todos eles encargos que os bancos cobram dos mutuários a partir do momento em que eles se tornam inadimplentes?

Mais adiante, no parecer anexado, em aparente tentativa de esmiuçar o que integraria a comissão de permanência, a entidade representativa dos bancos destaca o seguinte:

"Se no vencimento do empréstimo que o banco concedeu não ocorre o seu pagamento (porque inadimplente o devedor), o banco se vê obrigado a buscar no mercado os recursos necessários para honrar as operações projetadas e já comprometidas, incorrendo, para tanto, nos custos correspondentes, incluindo os custos de captação às taxas então vigentes e os demais custos fiscais e administrativos decorrentes da intermediação financeira" (grifei)

Assim, considerando a imprecisão e obscuridade das informações colhidas, mostra-se inquestionável a dificuldade de se definir com rigor técnico e critérios claros como é, e o que integra, o conceito de comissão de permanência.

2. Da jurisprudência da 2ª Seção do STJ

Estão consolidados os seguintes entendimentos acerca da comissão de permanência:

(i) Impossibilidade de cumulação com a correção monetária, porque incorporada na própria comissão de permanência (Súmula 30/STJ);

(ii) Impossibilidade de cumulação com os juros remuneratórios, porque a Resolução 1.129/86 do CMN proibia a cobrança de **"quaisquer outras quantias compensatórias"**. Assim, foi reconhecido o caráter múltiplo da comissão de permanência, que se presta para atualizar, bem como para remunerar a moeda.

O *leading case* desse tema é o REsp 271.214/RS, julgado pela 2a Seção, Rel. Min. Carlos Alberto Menezes Direito;

(iii) O cálculo da comissão de permanência pela taxa média de mercado divulgada pelo Banco Central não caracteriza potestatividade, pois a taxa média não é calculada pela instituição financeira, mas pelo mercado, sendo que a taxa pactuada pelas partes limita o teto da cobrança (Súmulas 294 e 296/STJ); e

(iv) A incidência da comissão de permanência enseja a impossibilidade de cobrança de outros encargos, quer remuneratórios quer moratórios (AgRg no REsp 706.368/RS, também pela 2a Seção, de minha relatoria, ainda no mesmo sentido o AgRg no REsp 712.801/RS, 2a Seção, Rel. Min. Carlos Alberto Menezes Direito).

Da jurisprudência pacificada é possível afirmar que a natureza da cláusula de comissão de permanência é tríplice: índice de remuneração do capital (juros remuneratórios), atualização da moeda (correção monetária) e compensação pelo inadimplemento (encargos moratórios). Assim, o entendimento que impede a cobrança cumulativa da comissão com os demais encargos tem, como valor primordial, a proibição do bis in idem.

Diante disso, duas orientações surgiram:

(i) É possível a cobrança da comissão de permanência, desde que não cumulada com nenhum outro encargo moratório ou remuneratório. Prevista a cobrança da comissão de permanência cumulada com outro encargo, este deve ser afastado, mantendo-se somente aquela.

Orientação 1 – Manutenção isolada da comissão de permanência e afastamento de outros encargos.		
Ministro Relator	**Julgado**	**Órgão**
Fernando Gonçalves	AgRg no REsp 1.020.737/RS, j. em 24.06.2008	4ªTurma
Nancy Andrighi	AgRg no REsp 1.057.319/MS, j. em 19.08.2008	3ªTurma
João Otávio de Noronha	AgRg no Ag 961.275/SP, j. em 06.03.2008	4ªTurma
Massami Uyeda	AgRg no REsp 1.056.827/RS, j. em 07.08.2008	3ªTurma
Sidnei Beneti	EDcl no AgRg no REsp 1.014.434/MS, j. em 19.08.2008	3ªTurma
Carlos Mathias	-	-
Ari Pargendler	AgRg no REsp 1.016.657/RS, j. em 20.052008	3ªTurma
Carlos A. Menezes Direito	REsp 821.357/RS, j. em 23.08.2007	3ªTurma
Hélio Quaglia Barbosa	AgRg no REsp 986.179/RS, j. em 27.11.2007	4ªTurma
Humberto Gomes de Barros	AgRg no REsp 896.269/RS, j. em 06.12.2007	3ªTurma

(ii) Se o acórdão recorrido permitiu a cobrança de quaisquer outros encargos, afasta-se a cobrança da comissão de permanência, mantendo-se aqueles. Este entendimento é defendido pelos Ministros Aldir Passarinho Junior e Luis Felipe Salomão:

125

Orientação 2 – Afastamento da comissão de permanência e manutenção dos outros encargos.		
Ministro Relator	**Julgado**	**Órgão**
Aldir Passarinho Junior	AgRg no REsp 990.830/RS, j. em 24.06.2008	4ªTurma
Luis Felipe Salomão	AgRg no Resp 920.180/RS, j. em 26.08.2008	4ªTurma

3. Da ilegalidade na cobrança cumulada da comissão de permanência

A análise da jurisprudência da 2ª Seção, em perspectiva histórica, demonstra que sempre houve, em relação à comissão de permanência, uma exacerbada preocupação com as teses jurídicas relacionadas à possibilidade ou não de sua cumulação com outros encargos. Todavia, ficou relegada a um segundo plano outra questão igualmente imprescindível, qual seja a de se estabelecer, em um momento posterior, quando já constatada a ilicitude da cumulação, quais encargos deverão prevalecer.

Esse fato se reflete na constatação de que são duas as orientações que têm sido adotadas pelos Ministros que compõem esta 2ª Seção, conforme já explicitado anteriormente.

Assim, torna-se imprescindível que este colegiado, neste julgamento de Incidente de Recurso Repetitivo, estabeleça qual o procedimento que deve ser adotado em face da conduta ilegal do credor que cobra a comissão de permanência de maneira cumulada com outros encargos, ressaltando-se que, até o momento, neste voto, nada mais se fez do que reproduzir o que já se encontra pacificado no que diz respeito à natureza da comissão e às possibilidades de sua incidência.

Se a legalidade da cobrança da comissão de permanência, de acordo com a jurisprudência consolidada há anos neste Tribunal, somente se verifica quando realizada de maneira isolada, sem a incidência paralela de qualquer outro encargo, é inegável que esse paralelismo indevido não pode ter o efeito de afastar os demais encargos, cuja cobrança não está sujeita a quaisquer condicionantes.

Não se pode, diante da cobrança cumulada da comissão de permanência com juros remuneratórios, multa contratual e juros moratórios, afastar todos esses encargos, cuja cobrança independe

126

da existência dos demais e manter a comissão, esta sim afetada pelo vício decorrente da cumulação.

Os juros remuneratórios, os juros moratórios, a multa moratória e correção monetária não guardam nenhuma relação de incompatibilidade entre si. Se qualquer deles é ou não cobrado, os outros em nada são afetados. **A comissão de permanência sim, somente convive licitamente se isolada estiver. Associada a qualquer outro encargo, recai sobre ela a ilicitude e somente sobre a ilicitude cabe ao Judiciário intervir.**

Portanto, nesse primeiro momento, no qual não se discute qualquer alteração da jurisprudência do STJ, deve ser consolidado o entendimento de que, uma vez constatada a cobrança cumulativa da comissão de permanência com outros encargos, aquela deverá ser afastada, mantendo-se somente estes.

Dessa forma, para além de ser manter aquilo que já era pacífico na jurisprudência do STJ (impossibilidade de cumulação da comissão de permanência com outros encargos), avança-se para colocar termo às orientações divergentes nas Turmas para, uma vez constatada a cumulação, afastar a cobrança da comissão de permanência.

4. Nova perspectiva acerca da ilegalidade da cobrança da comissão de permanência

Creio, porém, que este Incidente de Recurso Especial Repetitivo não deve ser visto como mero procedimento formal de chancela de entendimentos já existentes. O julgamento de teses proporcionado por este instituto é a oportunidade de aprofundamento definitivo dos debates sobre questões jurídicas de grande repercussão. Em última análise, serão milhares de processos julgados em consequência deste, razão pela qual não podemos nos furtar de debater a questão que caracteriza a multiplicidade à exaustão, se quisermos cumprir nossa missão de realizar um julgamento realmente definitivo.

Muito embora **a jurisprudência atual da 2ª Seção esteja pacificada no sentido de admitir a cobrança da comissão de permanência, desde que não cumulada com nenhum outro encargo – moratório ou compensatório – e calculada à taxa média do mercado, limitada às taxas contratuais,** a resposta aos ofícios encaminhados à FEBRABAN no julgamento do REsp 1.061.530/RS revelou dados que devem ser considerados na elaboração deste voto.

Os bancos, naquela oportunidade, ao responderem às indagações da FEBRABAN acerca da composição da comissão de permanência, solicitaram, por questões comerciais e concorrenciais, que esta julgadora mantivesse sigilo de suas informações. Este pleito foi atendido, mas não impediu que alguns desses dados fossem utilizados, de forma impessoal e genérica, na elaboração do voto por mim prolatado naquele incidente de processo repetitivo.

As enormes variações constatadas nas respostas ao mencionado ofício, demonstraram que cada banco trata da cláusula de comissão de permanência de maneira particular e diferenciada, o que impossibilita o conhecimento pelo consumidor daquilo que está pagando, além de inviabilizar a comparação dos custos da inadimplência face aos outros bancos.

Vejam-se os seguintes dados colhidos e que constam na integralidade das razões de decidir daquele julgado:

"(i) Um dos bancos cobrou, para abertura de crédito, em setembro de 2007, acima de 16% ao mês nos dois primeiros meses, e em torno de 5,50% após, em ambos os casos acrescido de 1% ao mês a título de juros de mora;

(ii) Em outro banco, a tendência é que a comissão se aproxime muito das taxas de juros, encontrando-se ao redor de 0,5% ao dia;

(iii) Outro banco comunicou serem vários os componentes formadores do encargo, como os custos com a captação de recursos, os impostos, o risco de inadimplência e o chamado custo de administração, que envolve gastos com pessoal, operacional, de instalações e equipamentos. Para este banco, a comissão foi de 12% ao mês para as diversas modalidades de operação de crédito;

(iv) Outro banco informou que, nos últimos doze meses, a comissão de permanência variou entre, aproximadamente, 4,70% e 6,30% ao mês;

(v) Na resposta mais esclarecedora, um banco afirmou que compõem a sua comissão de permanência, entre outros, os seguintes itens: "custas com despesas jurídicas pela ação de cobrança" e "custo operacional pela ativação da cobrança (...) Escritórios de Cobrança e Escritórios de Advocacia". Aqui, a comissão variou entre 6,5% até quase 20% ao mês."

A FEBRABAN, entidade representativa dos bancos, textualmente, asseverou:

"Em outras palavras, **é impossível apontar critérios uniformes de cálculo da comissão de permanência** *para todas as instituições, dado que esse cálculo se baseia em diferentes peculiaridades."* (grifei)

Como se depreende de tais informações, a incidência da cláusula de comissão de permanência, tal como ocorre nos dias atuais, viola uma série de princípios e direitos previstos no CDC.

Numa listagem meramente exemplificativa, são afrontados o princípio da transparência (art. 4º, *caput*); o princípio da boa-fé e equilíbrio entre os contratantes (art. 4º, III); o direito à informação adequada e clara sobre os produtos e serviços (art. 6º, III); além das regras específicas para a outorga de crédito ou concessão de financiamento ao consumidor, previstas nos incisos do art. 52 do

128

CDC (informação prévia e adequada sobre o preço do produto, o montante dos juros e os acréscimos legais).

Assim, para o consumidor, está caracterizada a total indefinição sobre quais encargos que estão sendo cobrados a título de comissão de permanência, bem como a unilateralidade evidente na fixação dos percentuais de suas taxas, exsurgindo a ausência de informação transparente e precisa, do que sobressai o vício da potestatividade da cláusula de cobrança do referido encargo.

Forte em tais razões, considera-se nula de pleno direito a cláusula que prevê a cobrança da comissão de permanência, permitindo-se aos bancos-credores, para o período de inadimplência, a cobrança especificada dos seguintes encargos, numericamente individualizados: (i) juros remuneratórios, limitados à taxa pactuada para o período da normalidade ou calculados à taxa média de mercado; (ii) juros moratórios, de acordo com a lei aplicável; (iii) multa moratória de 2%, nos termos do art. 52, § 1º, do CDC; e (iv) correção monetária, se for a hipótese.

CONSOLIDAÇÃO DA JURISPRUDÊNCIA

Portanto, a 2ª Seção do STJ consolida o seguinte entendimento:

É nula a cláusula contratual que, em contratos bancários submetidos à legislação consumerista, estipula a cobrança da comissão de permanência, facultada aos bancos-credores, para o período de inadimplência, a cobrança especificada dos seguintes encargos, numericamente individualizados: (i) juros remuneratórios, limitados à taxa pactuada para o período da normalidade ou calculados à taxa média de mercado; (ii) juros moratórios, de acordo com a lei aplicável; (iii) multa moratória de 2%, nos termos do art. 52, § 1º, do CDC; e (iv) correção monetária, se for a hipótese".

Conforme se verificou, o STJ definiu a questão da vedação da comissão de permanência nos contratos regidos pela legislação consumerista, ou seja, se houver cláusula com comissão de permanência, a nulidade deve ser declarada, oportunizando ao banco credor quatro opções de cobrança no **período de inadimplência**:

> **"(...) a cobrança especificada dos seguintes encargos, numericamente individualizados: (i) juros remuneratórios, limitados à taxa pactuada para o período da normalidade ou calculados à taxa média de mercado; (ii) juros moratórios, de acordo com a lei aplicável; (iii) multa moratória de 2%, nos termos do art. 52, § 1º, do CDC; e (iv) correção monetária, se for a hipótese".[4]**

---

[4] - REsp 1.058.114/RS, pág. 24 do Acórdão ou REsp 1.063.343/RS, pág. 27 do Acórdão.

Conclui-se que a comissão de permanência não é ilegal após constatada a inadimplência, mas desde que cobrada de forma isolada, depreendendo-se da súmula 472 do STJ:

> A cobrança de comissão de permanência – cujo valor não pode ultrapassar a soma dos encargos remuneratórios e moratórios previstos no contrato – exclui a exigibilidade dos juros remuneratórios, moratórios e da multa contratual.

3.3 – Taxas de juros de financiamentos de veículos – comparação entre juros cobrados e média de juros de mercado – Tarifas ilegais cobradas – Repetição de Indébito – Cabimento

Antes de entrarmos no assunto propriamente dito, é bom ressaltar que o BACEN não apura taxas de juros de mercado, mas simplesmente as divulga.

Vamos apresentar as taxas médias de mercado divulgadas pelo Banco Central, considerando que, em média, as principais financiadoras, como BV Financeira, Omni, Banco Paulista, Itaú, Santander, etc, cobram taxas, algumas vezes, acima da média praticada por outras instituições financeiras, além de cobrarem diversas tarifas ilegais e/ou abusivas como serviços de terceiros, tarifa de abertura de crédito e de avaliação.

Para facilitar o trabalho do operador de Direito, vamos também demonstrar alguns modelos eficientes de ações judiciais mais adiante, além de laudos periciais judiciais e extrajudiciais.

A tabela abaixo evidencia as taxas médias de juros de mercado praticadas pelas diversas instituições financeiras desde Maio/2000, através dos códigos extraídos do Sistema Gerenciador de Séries Temporais do BACEN, cujos códigos são 20.728 (Pessoas jurídicas - Aquisição de veículos), 20.731 (Pessoas jurídicas - Arrendamento mercantil de veículos) e 20.749 (Pessoas físicas - Aquisição de veículo):

Data	20728- % a.a.	20731 - % a.a.	20749 - % a.a.
jun/00	-	-	35,54
jul/00	-	-	35,95
ago/00	-	-	34,79

Data	20728- % a.a.	20731 - % a.a.	20749 - % a.a.
set/00	-	-	35,22
out/00	-	-	34,24
nov/00	-	-	34,30
dez/00	-	-	35,05
jan/01	-	-	34,93
fev/01	-	-	34,45
mar/01	-	-	33,64
abr/01	-	-	36,17
mai/01	-	-	37,42
jun/01	-	-	38,61
jul/01	-	-	41,95
ago/01	-	-	44,32
set/01	-	-	44,32
out/01	-	-	45,69
nov/01	-	-	40,35
dez/01	-	-	38,24
jan/02	-	-	41,94
fev/02	-	-	41,94
mar/02	-	-	40,76
abr/02	-	-	37,10
mai/02	-	-	38,86
jun/02	-	-	42,71
jul/02	-	-	50,38
ago/02	-	-	50,02

Data	20728- % a.a.	20731 - % a.a.	20749 - % a.a.
set/02	-	-	47,37
out/02	-	-	52,98
nov/02	-	-	54,94
dez/02	-	-	55,53
jan/03	-	-	53,85
fev/03	-	-	53,19
mar/03	-	-	53,46
abr/03	-	-	50,31
mai/03	-	-	47,44
jun/03	-	-	45,09
jul/03	-	-	42,94
ago/03	-	-	41,36
set/03	-	-	38,78
out/03	-	-	37,30
nov/03	-	-	36,55
dez/03	-	-	36,85
jan/04	-	-	36,13
fev/04	-	-	35,66
mar/04	-	-	35,08
abr/04	-	-	34,96
mai/04	-	-	35,29
jun/04	-	-	36,32
jul/04	-	-	36,10
ago/04	-	-	36,34

Data	20728- % a.a.	20731 - % a.a.	20749 - % a.a.
set/04	-	-	35,73
out/04	-	-	35,55
nov/04	-	-	35,63
dez/04	-	-	35,63
jan/05	-	-	36,52
fev/05	-	-	36,18
mar/05	-	-	36,65
abr/05	-	-	36,95
mai/05	-	-	37,42
jun/05	-	-	36,91
jul/05	-	-	36,14
ago/05	-	-	35,66
set/05	-	-	35,88
out/05	-	-	35,59
nov/05	-	-	34,89
dez/05	-	-	34,80
jan/06	-	-	35,27
fev/06	-	-	35,18
mar/06	-	-	34,43
abr/06	-	-	34,09
mai/06	-	-	33,34
jun/06	-	-	33,25
jul/06	-	-	32,58
ago/06	-	-	32,90

Data	20728- % a.a.	20731 - % a.a.	20749 - % a.a.
set/06	-	-	32,99
out/06	-	-	32,98
nov/06	-	-	33,09
dez/06	-	-	32,32
jan/07	-	-	32,68
fev/07	-	-	32,00
mar/07	-	-	31,21
abr/07	-	-	30,48
mai/07	-	-	29,80
jun/07	-	-	29,43
jul/07	-	-	28,66
ago/07	-	-	28,68
set/07	-	-	28,63
out/07	-	-	28,44
nov/07	-	-	28,53
dez/07	-	-	28,76
jan/08	-	-	31,22
fev/08	-	-	31,24
mar/08	-	-	30,08
abr/08	-	-	29,81
mai/08	-	-	30,61
jun/08	-	-	31,09
jul/08	-	-	33,46
ago/08	-	-	33,34

Data	20728- % a.a.	20731 - % a.a.	20749 - % a.a.
set/08	-	-	33,05
out/08	-	-	34,15
nov/08	-	-	37,71
dez/08	-	-	36,51
jan/09	-	-	34,66
fev/09	-	-	31,75
mar/09	-	-	29,67
abr/09	-	-	29,88
mai/09	-	-	29,15
jun/09	-	-	26,85
jul/09	-	-	26,92
ago/09	-	-	26,21
set/09	-	-	24,94
out/09	-	-	25,56
nov/09	-	-	25,30
dez/09	-	-	25,37
jan/10	-	-	25,22
fev/10	-	-	24,12
mar/10	-	-	23,51
abr/10	-	-	23,53
mai/10	-	-	24,82
jun/10	-	-	23,61
jul/10	-	-	23,96
ago/10	-	-	23,44

Data	20728- % a.a.	20731 - % a.a.	20749 - % a.a.
set/10	-	-	23,33
out/10	-	-	23,54
nov/10	-	-	22,76
dez/10	-	-	25,19
jan/11	-	-	27,15
fev/11	-	-	27,34
mar/11	21,13	17,14	27,95
abr/11	21,41	17,37	28,44
mai/11	21,14	17,69	28,33
jun/11	20,82	18,20	28,05
jul/11	21,04	18,18	28,02
ago/11	20,70	17,67	27,36
set/11	20,17	17,27	26,23
out/11	20,35	17,25	26,20
nov/11	19,18	17,03	25,92
dez/11	17,92	16,64	25,26
jan/12	18,82	16,36	25,49
fev/12	19,15	16,37	25,58
mar/12	18,64	16,47	25,41
abr/12	18,67	16,14	24,75
mai/12	17,75	15,76	22,57
jun/12	16,70	14,91	20,23
jul/12	16,69	14,22	20,70
ago/12	16,76	14,53	20,31

Data	20728- % a.a.	20731 - % a.a.	20749 - % a.a.
set/12	16,11	13,87	21,09
out/12	16,39	12,99	20,51
nov/12	15,52	13,06	20,47
dez/12	15,67	13,50	19,75
jan/13	16,36	13,84	20,53
fev/13	16,46	14,40	20,71
mar/13	16,41	14,14	19,73
abr/13	16,30	13,66	19,92
mai/13	16,37	13,93	19,73
jun/13	16,72	14,30	19,47
jul/13	16,95	15,02	20,28
ago/13	17,82	15,10	21,24
set/13	18,11	15,64	21,60
out/13	18,07	15,52	20,83
nov/13	18,06	16,06	21,28
dez/13	18,43	16,21	21,29
jan/14	19,19	16,28	22,74
fev/14	19,76	16,91	23,85
mar/14	19,23	16,55	23,54
abr/14	19,38	17,33	22,62
mai/14	19,10	17,10	22,99
jun/14	19,15	16,39	23,02
jul/14	19,88	15,71	23,14
ago/14	19,31	16,06	23,23

Data	20728- % a.a.	20731 - % a.a.	20749 - % a.a.
set/14	19,74	15,34	22,78
out/14	19,35	15,84	23,04
nov/14	20,12	15,88	22,67
dez/14	19,56	15,85	22,34
jan/15	20,55	15,73	23,84
fev/15	21,03	17,25	24,76
mar/15	20,85	17,67	24,67
abr/15	21,01	17,77	24,55
mai/15	21,50	17,73	24,81
jun/15	20,79	18,74	24,71
jul/15	21,05	18,29	24,50
ago/15	21,24	17,86	24,79
set/15	21,34	19,11	25,57
out/15	21,83	19,51	25,89
nov/15	22,16	20,33	26,18
dez/15	21,94	20,02	26,01
jan/16	23,01	20,23	27,48
fev/16	22,91	20,76	27,56
mar/16	22,70	20,12	27,01
abr/16	22,57	19,61	26,77
mai/16	22,46	19,75	26,33
jun/16	22,35	18,74	25,97
jul/16	21,69	18,59	25,99
ago/16	21,53	18,11	26,17

Data	20728- % a.a.	20731 - % a.a.	20749 - % a.a.
set/16	21,60	17,63	26,13
out/16	21,82	17,46	25,75
nov/16	21,94	17,24	25,85
dez/16	20,88	17,80	25,70
jan/17	22,06	16,97	26,18
fev/17	21,26	16,00	25,71
mar/17	20,48	15,90	24,80
abr/17	19,72	14,66	24,39
mai/17	18,93	15,06	24,25
jun/17	19,11	15,20	24,03
jul/17	18,64	14,81	23,79
ago/17	18,05	14,59	23,22
set/17	17,72	14,01	22,96
out/17	17,11	13,27	22,51
nov/17	16,99	13,30	22,14
dez/17	16,64	12,75	22,23
jan/18	16,88	12,87	22,74
fev/18	16,00	12,66	22,47
mar/18	15,37	13,07	21,75
abr/18	15,00	12,94	21,53
mai/18	15,16	13,52	21,49
jun/18	15,82	13,75	21,96
jul/18	15,96	14,28	22,34
ago/18	15,85	13,65	22,17

Data	20728- % a.a.	20731 - % a.a.	20749 - % a.a.
set/18	15,92	14,55	22,17
out/18	15,80	14,17	22,36
nov/18	15,10	13,41	21,68
dez/18	14,79	13,57	21,68
jan/19	15,47	12,72	22,36
fev/19	14,97	13,88	22,01
mar/19	14,21	12,87	21,38
abr/19	13,82	12,64	21,26
mai/19	13,85	12,79	21,10
jun/19	13,59	12,93	20,80
jul/19	13,35	11,54	20,34
ago/19	12,89	11,35	20,10
set/19	12,55	11,22	19,79
out/19	12,35	10,57	19,66
nov/19	11,94	11,49	19,29
dez/19	11,94	10,85	19,16

- 20728 - Taxa média de juros das operações de crédito com recursos livres - Pessoas jurídicas - Aquisição de veículos - % a.a.

- 20731 - Taxa média de juros das operações de crédito com recursos livres - Pessoas jurídicas - Arrendamento mercantil de veículos - % a.a.

- 20749 - Taxa média de juros das operações de crédito com recursos livres - Pessoas físicas - Aquisição de veículos - % a.a.

Nos últimos cinco anos (Jan/2015 até Dez/2019), com base na tabela acima (fonte Banco Central), a taxa média ficou em 1,78% ao mês (23,58% ao ano) para aquisição de veículos por pessoas físicas, enquanto que muitas instituições financeiras chegaram a cobrar até 4,5% ao mês.

Já para as pessoas jurídicas, cujas taxas de juros começaram a ser divulgadas somente as partir de Mar/2011, com base na tabela acima (fonte Banco Central), a taxa média ficou em 18,27% ao ano ou 1,41% ao mês para aquisição de veículos por pessoas jurídicas, enquanto que muitas instituições financeiras chegaram a cobrar até 3,5% ao mês.

3.3.1 –Tarifas consideradas ilegais pelo STJ em recursos repetitivos: TAC, TEC, Tarifa de liquidação de contrato, Tarifas de avaliação de bem dado em garantia (considerada legal) e serviços de terceiros

Quanto à ilegalidade da cobrança de tarifas como taxa de abertura de crédito e de emissão de boleto ou carnê (TEB ou TEC), cujo tema já foi pacificado pelo STJ, o TJ/PR também possui diversos precedentes declarando a ilegalidade e/ou abusividade na cobrança da TAC e/ou TEB (emissão de boleto):

- - DIREITO PROCESSUAL CIVIL. AÇÃO DECLARATÓRIA DE NULIDADE DE CLÁUSULAS. ART. 557, DO CPC. "TAC" E "TEC". COMISSÃO DE PERMANÊNCIA. HONORÁRIOS DE ADVOGADO. MANUTENÇÃO. Havendo no caso concreto questão ainda controvertida a ser solvida recomenda-se seja submetida à apreciação do órgão colegiado, acarretando-se a rejeição da preliminar que busca julgamento unipessoal do relator. **A Tarifa de Abertura de Crédito (TAC) e a Tarifa de Emissão de Cobrança (TEC), porque são valores cobrados pela instituição financeira para cobrir despesas administrativas inerentes à sua própria atividade, não podem ser cobradas do consumidor, sob pena de violação dos princípios da transparência e da boa-fé do inciso XII, do art. 51, do Código de Defesa do Consumidor.** A cobrança de comissão de permanência é possível decotando-se o excesso decorrente da cumulação com juros de mora e multa. Se os honorários advocatícios foram fixados em valor razoável que atendeu o trabalho desenvolvido, assim como o zelo dos procuradores da parte vencedora, não se justifica sua majoração ou sua redução. APELAÇÃO CONHECIDA EM PARTE E NÃO PROVIDA. RECURSO

ADESIVO NÃO PROVIDO. (TJPR - 15ª C.Cível - AC 793722-4 - Ponta Grossa - Rel.: Hayton Lee Swain Filho - Unânime - J. 27.07.2011);

- - APELAÇÃO CÍVEL. AÇÃO DE PRESTAÇÃO DE CONTAS. SEGUNDA FASE. 1) VIOLAÇÃO DA COISA JULGADA. INEXISTÊNCIA. 2) TAXAS E TARIFAS BANCÁRIAS. AUSÊNCIA DE CONTRATAÇÃO. IMPOSSIBILIDADE DE COBRANÇA. 3) AUSÊNCIA DE CONTRATAÇÃO DOS JUROS REMUNERATÓRIOS. LIMITAÇÃO DEVIDA À TAXA MÉDIA DO MERCADO. 4) CAPITALIZAÇÃO MENSAL DE JUROS. OCORRÊNCIA. EXPURGO DEVIDO. 5) REPETIÇÃO DO INDÉBITO. DEVIDO NA FORMA SIMPLES. 6) ÔNUS SUCUMBENCIAL. READEQUAÇÃO. 1. "O acórdão que anula sentença, não sendo decisão de mérito, não faz coisa julgada material. Assim, nova sentença que supostamente violaria os fundamentos do anterior acórdão não pode ser consideração como violação a coisa julgada." (TJPR - ApCív 726859-7 - Rel. Jucimar Novochadlo - j. 19.01.2011 - DJ 01.02.2011). 2. Havendo cobrança de encargos indevidos, é cogente que estes sejam repetidos pelo réu, em observância ao art. 876 do Código Civil de 2002. 3. "Não constando dos autos cópia do contrato revisado, para que se possa aferir a taxa de juros contratada, os juros remuneratórios serão limitados à taxa média do mercado à época da contratação." (STJ - 3ª T - AgRg no Ag 91113/RS - Rel. Min. Sidnei Beneti - j. 19.06.2008 - DJU 01.07.2008) 4. "Nos contratos de abertura de crédito em conta corrente, a incorporação dos juros vencidos no período anterior ao saldo devedor do período seguinte importa em prática de anatocismo, (...)." (TJPR - 15ª CCív - ApCív 434859-6 - Rel. Des. Hayton Lee Swain Filho - j. 19.09.2007 - DJ 28.09.2007) 5. Em conseqüência lógica ao parcial provimento deste recurso, é cabível ao presente caso a repetição de indébito dos valores indevidamente cobrados pelo banco pela mera cobrança e pagamento de valores indevidos. 6. Com o parcial provimento do recurso, houve substancial alteração no grau de decaimento das partes, pelo que a distribuição do ônus sucumbencial deve ser readequada. APELAÇÃO PARCIALMENTE PROVIDA. (TJPR - 16ª C.Cível - AC 754961-3 - Toledo - Rel.: Shiroshi Yendo - Unânime - J. 11.05.2011).

- - APELAÇÃO CÍVEL - AÇÃO DE REVISÃO DE CONTRATO - POSSIBILIDADE DE REVISÃO DE CLÁUSULAS

CONTRATUAIS - APLICAÇÃO DO CÓDIGO DE DEFESA DO CONSUMIDOR - LIMITAÇÃO DE JUROS REMUNERATÓRIOS NÃO APLICÁVEL ÀS INSTITUIÇÕES FINANCEIRAS - COMISSÃO DE PERMANÊNCIA - IMPOSSIBILIDADE DE CUMULAÇÃO - ILEGALIDADE DA COBRANÇA DE TAC - PERMISSÃO DO DEPÓSITO DOS VALORES INCONTROVERSOS - REPETIÇÃO/CONSIGNAÇÃO DEVIDOS - POSSIBILIDADE - RECURSO PARCIALMENTE PROVIDO. 1. Havendo relação de consumo e em se tratando de consumidor vulnerável (CDC, art. 4º, I), são aplicáveis as normas do CDC, inclusive no que se refere à relativização da força obrigatória dos contratos, o "pacta sunt servanda", cabendo a revisão contratual (CDC, art. 6º, inc. V). 2. A limitação dos juros remuneratórios não se aplica às instituições financeiras por força da Súmula 596 do STJ. A alteração da taxa de juros pactuada depende da demonstração cabal de sua abusividade em relação à taxa média do mercado. 3. No período de inadimplência, é devida exclusivamente a comissão de permanência, sem cumulação com outros encargos como correção monetária, multa contratual, juros moratórios, ou juros remuneratórios e desde que limitada à taxa de juros estipulada no contrato. Súmulas 30, 294 e 296 do STJ. 4. **É abusiva a cobrança da TAC e TEC na medida em que transferem à parte hipossuficiente da relação contratual as despesas administrativas inerentes à própria atividade da instituição financeira.** (TJPR - 18ª C.Cível - AC 728233-1 - Londrina - Rel.: Ivanise Maria Tratz Martins - Unânime - J. 27.04.2011).

Portanto, em conformidade com o TJ/PR, **É ABUSIVA A COBRANÇA DA TAC E TEC NA MEDIDA EM QUE TRANSFEREM À PARTE HIPOSSUFICIENTE DA RELAÇÃO CONTRATUAL AS DESPESAS ADMINISTRATIVAS INERENTES À PRÓPRIA ATIVIDADE DA INSTITUIÇÃO FINANCEIRA.**

O STJ, através de Recurso Repetitivo, REsp 1.251.331/RS, julgou ilegal a cobrança de TAC e TEC 3.371/2007 a partir da Circular BACEN 3.371/2007 e atos normativos que a sucederam, não sendo mais permitidas a partir de 30/04/2008:

3. Ao tempo da Resolução CMN 2.303/1996, a orientação estatal quanto à cobrança de tarifas pelas instituições financeiras era essencialmente não intervencionista, vale dizer, "a regulamentação facultava às instituições financeiras a cobrança pela prestação de quaisquer tipos de serviços, com exceção daqueles que a norma definia como básicos, desde que fossem efetivamente contratados e prestados ao cliente, assim como respeitassem os procedimentos voltados a assegurar a transparência da política de preços adotada pela instituição."

4. Com o início da vigência da Resolução CMN 3.518/2007, em 30.4.2008, a cobrança por serviços bancários prioritários para pessoas físicas ficou limitada às hipóteses taxativamente previstas em norma padronizadora expedida pelo Banco Central do Brasil.

5. A Tarifa de Abertura de Crédito (TAC) e a Tarifa de Emissão de Carnê (TEC) não foram previstas na Tabela anexa à Circular BACEN 3.371/2007 e atos normativos que a sucederam, de forma que não mais é válida sua pactuação em contratos posteriores a 30.4.2008.

6. A cobrança de tais tarifas (TAC e TEC) é permitida, portanto, se baseada em contratos celebrados até 30.4.2008, ressalvado abuso devidamente comprovado caso a caso, por meio da invocação de parâmetros objetivos de mercado e circunstâncias do caso concreto, não bastando a mera remissão a conceitos jurídicos abstratos ou à convicção subjetiva do magistrado.

7. Permanece legítima a estipulação da Tarifa de Cadastro, a qual remunera o serviço de "realização de pesquisa em serviços de proteção ao crédito, base de dados e informações cadastrais, e tratamento de dados e informações necessários ao inicio de relacionamento decorrente da abertura de conta de depósito à vista ou de poupança ou contratação de operação de crédito ou de arrendamento mercantil, não podendo ser cobrada cumulativamente" (Tabela anexa à vigente Resolução CMN 3.919/2010, com a redação dada pela Resolução 4.021/2011).

Já o REsp 1.392.449/DF considerou ilegal a Tarifa de Liquidação Antecipada de contratos de operações de créditos e de arrendamento mercantil financeiro a partir da vigência da resolução BACEN 3.516 de 10/12/2007:

1. Não há falar em ausência de interesse de agir para o ajuizamento da demanda, pois, em que pese tenha sido vedada pela Resolução nº 3.516/07 do CMN/BACEN, de 6 de dezembro de 2007, a possibilidade de cobrança da tarifa de liquidação antecipada nos contratos de concessão de crédito e de arrendamento mercantil, fato é que a presente ação coletiva foi ajuizada em setembro de 2007 quando não havia notícia da referida vedação e o alcance temporal pretendido remonta aos ajustes contratuais firmados nos últimos cinco anos da data do ajuizamento da ação.

2. A jurisprudência desta Corte é no sentido de que a análise quanto à necessidade de produção de provas e impossibilidade de julgamento antecipado da lide esbarra no óbice da Súmula 7/STJ, porquanto seria necessário reexaminar as circunstâncias fáticas e o conjunto probatório constante dos autos para concluir se a produção da prova almejada pelo recorrente seria, ou não, imprescindível para o julgamento da demanda.

3. A modificação e elastecimento do intervalo de abrangência da condenação já na segunda instância ensejou julgamento além do pedido e efetiva violação ao artigo 294 do Código de Processo Civil/73, que estabelece ao autor somente poder aditar o pedido antes da citação e, em caso de modificação posterior, a parte ré necessariamente deverá concordar, o que definitivamente não é o caso.

4. Compete ao Conselho Monetário Nacional dispor sobre taxa de juros e sobre a remuneração dos serviços bancários, nos termos dos arts. 4º e 9º da Lei nº 4.595/64, recebida pela Constituição como lei complementar, entendimento esse, inclusive, sedimentado em sede de julgamento de recurso repetitivo no âmbito da Segunda Seção desta Corte Superior (Resp's. 1.255.573 e 1.251.331, julgados em 28/03/2013, relatora Ministra Maria Isabel Gallotti).

4.1 Ao tempo da Resolução nº 2.303/96 que disciplinava, genericamente, acerca da "cobrança de tarifas pela prestação de serviços por parte das instituições financeiras", a orientação estatal quanto à cobrança de tarifas pelas instituições financeiras era essencialmente não intervencionista, ou seja, a regulamentação facultava às instituições financeiras a cobrança pela prestação de quaisquer tipos de serviços, com exceção daqueles que a norma definia como básicos, desde que fossem efetivamente contratados e prestados ao cliente, assim como respeitassem os procedimentos voltados a assegurar a transparência da política de preços adotada pela instituição.

4.2 Durante a vigência da Resolução CMN nº 2.303/1996 era lícita a cobrança pela prestação de quaisquer tipos de serviços pelas instituições financeiras, entre eles o de liquidação antecipada de operação de crédito, desde que efetivamente contratados e prestados e, somente com o advento da Resolução CMN nº 3.516, de 10 de dezembro de 2007, é que foi expressamente vedada a cobrança de tarifa em decorrência de liquidação antecipada de contratos de concessão de crédito e de arrendamento mercantil financeiro.

4.3 Viabilidade da cobrança da tarifa de liquidação antecipada de contrato, desde que expressamente prevista nos contratos entabulados até a data da entrada em vigor da Resolução nº 3.501/2007, ou seja, para as operações de crédito e arrendamento mercantil contratadas antes de 10/12/2007 podem ser cobradas tarifas pela liquidação antecipada no momento em que for efetivada a liquidação, desde que a cobrança dessa tarifa esteja claramente identificada no extrato de conferência.

5. Conforme a jurisprudência consolidada no âmbito deste Superior Tribunal de Justiça, a repetição em dobro do indébito requer a demonstração de má-fé na cobrança, o que não foi comprovado na hipótese. Precedentes.

6. Não havendo comprovação da má-fé e, em virtude do princípio da simetria que deve salvaguardar a atuação das partes, não afigura viável em sede de demanda coletiva a condenação da financeira ao pagamento de honorários

advocatícios.

Quanto às tarifas de serviços de terceiros foi considerada abusiva a cobrança quando o serviço não é efetivamente prestado. Em relação à tarifa de avaliação de bem dado em garantia, foi considerada válida, conforme REsp 1.578.553/SP:

2. TESES FIXADAS PARA OS FINS DO ART. 1.040 DO CPC/2015:

2.1. Abusividade da cláusula que prevê a cobrança de ressarcimento de serviços prestados por terceiros, sem a especificação do serviço a ser efetivamente prestado;

2.2. Abusividade da cláusula que prevê o ressarcimento pelo consumidor da comissão do correspondente bancário, em contratos celebrados a partir de 25/02/2011, data de entrada em vigor da Res.-CMN 3.954/2011, sendo válida a cláusula no período anterior a essa resolução, ressalvado o controle da onerosidade excessiva;

2.3. Validade da tarifa de avaliação do bem dado em garantia, bem como da cláusula que prevê o ressarcimento de despesa com o registro do contrato, ressalvadas a:

2.3.1. abusividade da cobrança por serviço não efetivamente prestado; e a

2.3.2. possibilidade de controle da onerosidade excessiva, em cada caso concreto.

3. CASO CONCRETO.

3.1. Aplicação da tese 2.2, declarando-se abusiva, por onerosidade excessiva, a cláusula relativa aos serviços de terceiros ("serviços prestados pela revenda").

3.2. Aplicação da tese 2.3, mantendo-se hígidas a despesa de registro do contrato e a tarifa de avaliação do bem dado em garantia.

3.3.2 – Planilhas Demonstrativas de Indébito quando comparadas com as taxas de juros cobradas em relação às taxas médias de mercado – exemplos de demonstrativo de indébito para pessoas físicas e jurídicas

Suponhamos que determinado cliente pessoa física tenha financiado um veículo de R$ 50.000,00 pelo prazo de 60 meses em 10/08/2006, com taxas de juros na proporção de 3,5% ao mês, cuja parcela mensal cobrada era de R$ 2.004,43. Suponhamos que o contrato já fora quitado em agosto/2011, com pagamento sempre em dia. Foram cobrados ainda três tipos de tarifas: serviços de terceiros (R$ 2.500,00);

tarifa de abertura de crédito (R$ 500,00) e tarifa de avaliação (R$ 200,00), totalizando R$ 3.200,00. Numa análise preliminar, percebe-se que a taxa de juros de mercado para Julho de 2006, divulgada pelo BACEN, conforme Tabela XVII acima, era 2,40% ao mês. Elaborando uma planilha para fundamentar um parecer e/ou laudo pericial técnico-contábil extrajudicial, precisaríamos ainda excluir o anatocismo, elaborando um sistema de amortização linear, cujas parcelas devidas seriam de R$ 1.356,00 ou uma diferença inicial de R$ 648,43 a maior cobrada mensalmente durante cinco anos.

Recalculando-se as prestações nos ou sessenta meses. Neste caso, teríamos as seguintes ilegalidades:

a) – taxa de juros contratada acima da média de mercado;

b) – anatocismo;

c) – cobrança de tarifas ilegais no total de R$ 3.200,00.

Portanto recalculando as parcelas pagas, excluindo o anatocismo e tarifas ilegais, atualizando-se o indébito pela média do INPC mais IGP-DI, obteríamos um indébito de R$ 69.447,86, assim discriminado:

a) – total atualizado de tarifas ilegais = R$ 4.982,82;

b) – total das diferenças de prestações cobradas a maior (juros acima da média de mercado e anatocismo expurgado) = R$ 64.465,05 com anatocismo embutido;

c) – Total anatocismo embutido = R$ 20.579,75;

d) – INDÉBITO TOTAL = R$ 69.447,86.

VENCT	NP	DT PAGT O	PARCE LA PG	VLR DEVIDO	SLDEV - AMORT	TOT PAGO	TOT DEV	DIF	DIF ATUALIZ
10/09/0 6	1	10/09/ 06	2.004,43	1.356,00	R$ 49.444,26	2.004,43	1.356,00	(648,43)	R$ (1.604,20)
10/10/0 6	2	10/10/ 06	2.004,43	1.356,00	R$ 48.883,00	2.004,43	1.356,00	(648,43)	R$ (1.584,34)
10/11/0 6	3	10/11/ 06	2.004,43	1.356,00	R$ 48.316,11	2.004,43	1.356,00	(648,43)	R$ (1.560,22)
10/12/0 6	4	10/12/ 06	2.004,43	1.356,00	R$ 47.743,48	2.004,43	1.356,00	(648,43)	R$ (1.538,24)
10/01/0 7	5	10/01/ 07	2.004,43	1.356,00	R$ 47.164,98	2.004,43	1.356,00	(648,43)	R$ (1.518,82)
10/02/0 7	6	10/02/ 07	2.004,43	1.356,00	R$ 46.580,50	2.004,43	1.356,00	(648,43)	R$ (1.498,34)
10/03/0 7	7	10/03/ 07	2.004,43	1.356,00	R$ 45.989,91	2.004,43	1.356,00	(648,43)	R$ (1.479,54)
10/04/0 7	8	10/04/ 07	2.004,43	1.356,00	R$ 45.393,08	2.004,43	1.356,00	(648,43)	R$ (1.460,99)
10/05/0 7	9	10/05/ 07	2.004,43	1.356,00	R$ 44.789,87	2.004,43	1.356,00	(648,43)	R$ (1.443,20)

VENCT	NP	DT PAGTO	PARCELA PG	VLR DEVIDO	SLDEV - AMORT	TOT PAGO	TOT DEV	DIF	DIF ATUALIZ
10/06/07	10	10/06/07	2.004,43	1.356,00	R$ 44.180,16	2.004,43	1.356,00	(648,43)	R$ (1.425,42)
10/07/07	11	10/07/07	2.004,43	1.356,00	R$ 43.563,80	2.004,43	1.356,00	(648,43)	R$ (1.407,09)
10/08/07	12	10/08/07	2.004,43	1.356,00	R$ 42.940,64	2.004,43	1.356,00	(648,43)	R$ (1.388,18)
10/09/07	13	10/09/07	2.004,43	1.356,00	R$ 42.310,53	2.004,43	1.356,00	(648,43)	R$ (1.362,54)
10/10/07	14	10/10/07	2.004,43	1.356,00	R$ 41.673,31	2.004,43	1.356,00	(648,43)	R$ (1.338,79)
10/11/07	15	10/11/07	2.004,43	1.356,00	R$ 41.028,82	2.004,43	1.356,00	(648,43)	R$ (1.318,13)
10/12/07	16	10/12/07	2.004,43	1.356,00	R$ 40.376,90	2.004,43	1.356,00	(648,43)	R$ (1.295,79)
10/01/08	17	10/01/08	2.004,43	1.356,00	R$ 39.717,36	2.004,43	1.356,00	(648,43)	R$ (1.271,09)
10/02/08	18	10/02/08	2.004,43	1.356,00	R$ 39.050,04	2.004,43	1.356,00	(648,43)	R$ (1.249,79)
10/03/08	19	10/03/08	2.004,43	1.356,00	R$ 38.374,74	2.004,43	1.356,00	(648,43)	R$ (1.232,52)
10/04/08	20	10/04/08	2.004,43	1.356,00	R$ 37.691,28	2.004,43	1.356,00	(648,43)	R$ (1.213,49)
10/05/08	21	10/05/08	2.004,43	1.356,00	R$ 36.999,44	2.004,43	1.356,00	(648,43)	R$ (1.192,21)
10/06/08	22	10/06/08	2.004,43	1.356,00	R$ 36.299,03	2.004,43	1.356,00	(648,43)	R$ (1.166,83)
10/07/08	23	10/07/08	2.004,43	1.356,00	R$ 35.589,82	2.004,43	1.356,00	(648,43)	R$ (1.141,89)
10/08/08	24	10/08/08	2.004,43	1.356,00	R$ 34.871,60	2.004,43	1.356,00	(648,43)	R$ (1.121,69)
10/09/08	25	10/09/08	2.004,43	1.356,00	R$ 34.144,13	2.004,43	1.356,00	(648,43)	R$ (1.110,05)
10/10/08	26	10/10/08	2.004,43	1.356,00	R$ 33.407,18	2.004,43	1.356,00	(648,43)	R$ (1.094,44)
10/11/08	27	10/11/08	2.004,43	1.356,00	R$ 32.660,48	2.004,43	1.356,00	(648,43)	R$ (1.075,07)
10/12/08	28	10/12/08	2.004,43	1.356,00	R$ 31.903,79	2.004,43	1.356,00	(648,43)	R$ (1.061,35)
10/01/09	29	10/01/09	2.004,43	1.356,00	R$ 31.136,82	2.004,43	1.356,00	(648,43)	R$ (1.050,41)
10/02/09	30	10/02/09	2.004,43	1.356,00	R$ 30.359,29	2.004,43	1.356,00	(648,43)	R$ (1.037,18)
10/03/09	31	10/03/09	2.004,43	1.356,00	R$ 29.570,92	2.004,43	1.356,00	(648,43)	R$ (1.024,79)

VENCT	NP	DT PAGTO	PARCELA PG	VLR DEVIDO	SLDEV - AMORT	TOT PAGO	TOT DEV	DIF	DIF ATUALIZ
10/04/09	32	10/04/09	2.004,43	1.356,00	R$ 28.771,39	2.004,43	1.356,00	(648,43)	R$ (1.016,09)
10/05/09	33	10/05/09	2.004,43	1.356,00	R$ 27.960,39	2.004,43	1.356,00	(648,43)	R$ (1.002,97)
10/06/09	34	10/06/09	2.004,43	1.356,00	R$ 27.137,58	2.004,43	1.356,00	(648,43)	R$ (989,26)
10/07/09	35	10/07/09	2.004,43	1.356,00	R$ 26.302,60	2.004,43	1.356,00	(648,43)	R$ (978,13)
10/08/09	36	10/08/09	2.004,43	1.356,00	R$ 25.455,10	2.004,43	1.356,00	(648,43)	R$ (968,61)
10/09/09	37	10/09/09	2.004,43	1.356,00	R$ 24.594,69	2.004,43	1.356,00	(648,43)	R$ (955,65)
10/10/09	38	10/10/09	2.004,43	1.356,00	R$ 23.720,98	2.004,43	1.356,00	(648,43)	R$ (942,05)
10/11/09	39	10/11/09	2.004,43	1.356,00	R$ 22.833,55	2.004,43	1.356,00	(648,43)	R$ (929,91)
10/12/09	40	10/12/09	2.004,43	1.356,00	R$ 21.931,95	2.004,43	1.356,00	(648,43)	R$ (917,37)
10/01/10	41	10/01/10	2.004,43	1.356,00	R$ 21.015,74	2.004,43	1.356,00	(648,43)	R$ (905,74)
10/02/10	42	10/02/10	2.004,43	1.356,00	R$ 20.084,42	2.004,43	1.356,00	(648,43)	R$ (889,22)
10/03/10	43	10/03/10	2.004,43	1.356,00	R$ 19.137,49	2.004,43	1.356,00	(648,43)	R$ (872,60)
10/04/10	44	10/04/10	2.004,43	1.356,00	R$ 18.174,42	2.004,43	1.356,00	(648,43)	R$ (858,18)
10/05/10	45	10/05/10	2.004,43	1.356,00	R$ 17.194,66	2.004,43	1.356,00	(648,43)	R$ (846,78)
10/06/10	46	10/06/10	2.004,43	1.356,00	R$ 16.197,60	2.004,43	1.356,00	(648,43)	R$ (835,05)
10/07/10	47	10/07/10	2.004,43	1.356,00	R$ 15.182,63	2.004,43	1.356,00	(648,43)	R$ (822,29)
10/08/10	48	10/08/10	2.004,43	1.356,00	R$ 14.149,09	2.004,43	1.356,00	(648,43)	R$ (810,12)
10/09/10	49	10/09/10	2.004,43	1.356,00	R$ 13.096,30	2.004,43	1.356,00	(648,43)	R$ (794,61)
10/10/10	50	10/10/10	2.004,43	1.356,00	R$ 12.023,51	2.004,43	1.356,00	(648,43)	R$ (779,31)
10/11/10	51	10/11/10	2.004,43	1.356,00	R$ 10.929,96	2.004,43	1.356,00	(648,43)	R$ (764,49)
10/12/10	52	10/12/10	2.004,43	1.356,00	R$ 9.814,83	2.004,43	1.356,00	(648,43)	R$ (751,61)
10/01/11	53	10/01/11	2.004,43	1.356,00	R$ 8.677,25	2.004,43	1.356,00	(648,43)	R$ (739,58)

VENCT	NP	DT PAGTO	PARCELA PG	VLR DEVIDO	SLDEV - AMORT	TOT PAGO	TOT DEV	DIF	DIF ATUALIZ
10/02/11	54	10/02/11	2.004,43	1.356,00	R$ 7.516,29	2.004,43	1.356,00	(648,43)	R$ (725,52)
10/03/11	55	10/03/11	2.004,43	1.356,00	R$ 6.330,98	2.004,43	1.356,00	(648,43)	R$ (711,74)
10/04/11	56	10/04/11	2.004,43	1.356,00	R$ 5.120,26	2.004,43	1.356,00	(648,43)	R$ (699,43)
10/05/11	57	10/05/11	2.004,43	1.356,00	R$ 3.883,04	2.004,43	1.356,00	(648,43)	R$ (687,96)
10/06/11	58	10/06/11	2.004,43	1.356,00	R$ 2.618,11	2.004,43	1.356,00	(648,43)	R$ (677,95)
10/07/11	59	10/07/11	2.004,43	1.356,00	R$ 1.324,22	2.004,43	1.356,00	(648,43)	R$ (668,03)
10/08/11	60	10/08/11	2.004,43	1.356,00	R$ 0,00	2.004,43	1.356,00	(648,43)	R$ (658,19)
TOT INDÉBITO									
R$ (64.465,05)									

Se acaso você, advogado, tiver dúvidas sobre a ilegalidade/inconstitucionalidade do anatocismo, tendo em vista aos recursos repetitivos que suspenderam todas as ações que tratam desta matéria, então basta considerar idêntica metodologia da instituição financeira, ou seja, peça ao perito contábil, economista ou administrador recalcular as parcelas pagas com base na Tabela Price, mas com as taxas médias de mercado divulgadas pelo BACEN, excluindo ainda as tarifas ilegais. Neste caso, ainda haverá um indébito de R$ 47.077,93.

Agora vamos supor o mesmíssimo financiamento, só que para pessoa jurídica, com taxa de juros contratada de 2,8% ao mês. Neste caso, a parcela inicial seria de R$ 1.729,95.

Pela Tabela XI do BACEN, em Agosto/2006, a taxa média de mercado era tão-somente 1,91% ao mês. Sendo assim, teríamos as seguintes ilegalidades:

a) – taxa de juros contratada acima da média de mercado;

b) – anatocismo;

c) – cobrança de tarifas ilegais no total de R$ 3.200,00.

Recalculando-se as prestações pagas, excluindo o anatocismo e tarifas ilegais, atualizando-se o indébito pela média do INPC mais IGP-DI, obteríamos um indébito de R$ 51.801,60, assim discriminado:

d) – total atualizado de tarifas ilegais = R$ 4.982,82;

e) – total das diferenças de prestações cobradas a maior (juros acima da média de mercado e anatocismo expurgado) = R$ (46.818,78) com anatocismo embutido;

f) – Total anatocismo embutido = R$ 16.572,02;

g) – INDÉBITO TOTAL = R$ 51.801,60.

VENCTO	NP	DT PAGTO	PARCELA PG	VLR DEVIDO	SLDEV - AMORT	TOT PAGO	TOT DEV	DIF	DIF ATUALIZ
10/09/06	1	10/09/06	1.729,95	1.259,01	R$ 49.413,32	1.729,95	1.259,01	(470,93)	R$ (1.165,08)
10/10/06	2	10/10/06	1.729,95	1.259,01	R$ 48.821,37	1.729,95	1.259,01	(470,93)	R$ (1.150,65)
10/11/06	3	10/11/06	1.729,95	1.259,01	R$ 48.224,06	1.729,95	1.259,01	(470,93)	R$ (1.133,14)
10/12/06	4	10/12/06	1.729,95	1.259,01	R$ 47.621,29	1.729,95	1.259,01	(470,93)	R$ (1.117,17)
10/01/07	5	10/01/07	1.729,95	1.259,01	R$ 47.012,95	1.729,95	1.259,01	(470,93)	R$ (1.103,07)
10/02/07	6	10/02/07	1.729,95	1.259,01	R$ 46.398,94	1.729,95	1.259,01	(470,93)	R$ (1.088,19)
10/03/07	7	10/03/07	1.729,95	1.259,01	R$ 45.779,17	1.729,95	1.259,01	(470,93)	R$ (1.074,54)
10/04/07	8	10/04/07	1.729,95	1.259,01	R$ 45.153,51	1.729,95	1.259,01	(470,93)	R$ (1.061,07)
10/05/07	9	10/05/07	1.729,95	1.259,01	R$ 44.521,85	1.729,95	1.259,01	(470,93)	R$ (1.048,14)
10/06/07	10	10/06/07	1.729,95	1.259,01	R$ 43.884,09	1.729,95	1.259,01	(470,93)	R$ (1.035,23)
10/07/07	11	10/07/07	1.729,95	1.259,01	R$ 43.240,09	1.729,95	1.259,01	(470,93)	R$ (1.021,92)
10/08/07	12	10/08/07	1.729,95	1.259,01	R$ 42.589,74	1.729,95	1.259,01	(470,93)	R$ (1.008,19)
10/09/07	13	10/09/07	1.729,95	1.259,01	R$ 41.932,91	1.729,95	1.259,01	(470,93)	R$ (989,57)
10/10/07	14	10/10/07	1.729,95	1.259,01	R$ 41.269,46	1.729,95	1.259,01	(470,93)	R$ (972,32)
10/11/07	15	10/11/07	1.729,95	1.259,01	R$ 40.599,28	1.729,95	1.259,01	(470,93)	R$ (957,31)
10/12/07	16	10/12/07	1.729,95	1.259,01	R$ 39.922,20	1.729,95	1.259,01	(470,93)	R$ (941,09)
10/01/08	17	10/01/08	1.729,95	1.259,01	R$ 39.238,11	1.729,95	1.259,01	(470,93)	R$ (923,15)
10/02/08	18	10/02/08	1.729,95	1.259,01	R$ 38.546,83	1.729,95	1.259,01	(470,93)	R$ (907,68)
10/03/08	19	10/03/08	1.729,95	1.259,01	R$ 37.848,23	1.729,95	1.259,01	(470,93)	R$ (895,13)
10/04/08	20	10/04/08	1.729,95	1.259,01	R$ 37.142,15	1.729,95	1.259,01	(470,93)	R$ (881,32)
10/05/08	21	10/05/	1.729,95	1.259,01	R$	1.729,95	1.259,01	(470,93)	R$ (865,86)

VENCTO	NP	DT PAGTO	PARCELA PG	VLR DEVIDO	SLDEV - AMORT	TOT PAGO	TOT DEV	DIF	DIF ATUALIZ
		08			36.428,42				
10/06/08	22	10/06/08	1.729,95	1.259,01	R$ 35.706,88	1.729,95	1.259,01	(470,93)	R$ (847,43)
10/07/08	23	10/07/08	1.729,95	1.259,01	R$ 34.977,36	1.729,95	1.259,01	(470,93)	R$ (829,31)
10/08/08	24	10/08/08	1.729,95	1.259,01	R$ 34.239,67	1.729,95	1.259,01	(470,93)	R$ (814,65)
10/09/08	25	10/09/08	1.729,95	1.259,01	R$ 33.493,63	1.729,95	1.259,01	(470,93)	R$ (806,19)
10/10/08	26	10/10/08	1.729,95	1.259,01	R$ 32.739,05	1.729,95	1.259,01	(470,93)	R$ (794,85)
10/11/08	27	10/11/08	1.729,95	1.259,01	R$ 31.975,74	1.729,95	1.259,01	(470,93)	R$ (780,79)
10/12/08	28	10/12/08	1.729,95	1.259,01	R$ 31.203,48	1.729,95	1.259,01	(470,93)	R$ (770,82)
10/01/09	29	10/01/09	1.729,95	1.259,01	R$ 30.422,06	1.729,95	1.259,01	(470,93)	R$ (762,88)
10/02/09	30	10/02/09	1.729,95	1.259,01	R$ 29.631,27	1.729,95	1.259,01	(470,93)	R$ (753,27)
10/03/09	31	10/03/09	1.729,95	1.259,01	R$ 28.830,88	1.729,95	1.259,01	(470,93)	R$ (744,27)
10/04/09	32	10/04/09	1.729,95	1.259,01	R$ 28.020,65	1.729,95	1.259,01	(470,93)	R$ (737,95)
10/05/09	33	10/05/09	1.729,95	1.259,01	R$ 27.200,34	1.729,95	1.259,01	(470,93)	R$ (728,42)
10/06/09	34	10/06/09	1.729,95	1.259,01	R$ 26.369,69	1.729,95	1.259,01	(470,93)	R$ (718,47)
10/07/09	35	10/07/09	1.729,95	1.259,01	R$ 25.528,44	1.729,95	1.259,01	(470,93)	R$ (710,38)
10/08/09	36	10/08/09	1.729,95	1.259,01	R$ 24.676,32	1.729,95	1.259,01	(470,93)	R$ (703,47)
10/09/09	37	10/09/09	1.729,95	1.259,01	R$ 23.813,03	1.729,95	1.259,01	(470,93)	R$ (694,06)
10/10/09	38	10/10/09	1.729,95	1.259,01	R$ 22.938,29	1.729,95	1.259,01	(470,93)	R$ (684,18)
10/11/09	39	10/11/09	1.729,95	1.259,01	R$ 22.051,79	1.729,95	1.259,01	(470,93)	R$ (675,36)
10/12/09	40	10/12/09	1.729,95	1.259,01	R$ 21.153,19	1.729,95	1.259,01	(470,93)	R$ (666,25)
10/01/10	41	10/01/10	1.729,95	1.259,01	R$ 20.242,19	1.729,95	1.259,01	(470,93)	R$ (657,81)
10/02/10	42	10/02/10	1.729,95	1.259,01	R$ 19.318,41	1.729,95	1.259,01	(470,93)	R$ (645,81)
10/03/10	43	10/03/	1.729,95	1.259,01	R$	1.729,95	1.259,01	(470,93)	R$ (633,74)

VENCTO	NP	DT PAGTO	PARCELA PG	VLR DEVIDO	SLDEV - AMORT	TOT PAGO	TOT DEV	DIF	DIF ATUALIZ
		10			18.381,50				
10/04/10	44	10/04/10	1.729,95	1.259,01	R$ 17.431,09	1.729,95	1.259,01	(470,93)	R$ (623,27)
10/05/10	45	10/05/10	1.729,95	1.259,01	R$ 16.466,77	1.729,95	1.259,01	(470,93)	R$ (614,99)
10/06/10	46	10/06/10	1.729,95	1.259,01	R$ 15.488,13	1.729,95	1.259,01	(470,93)	R$ (606,47)
10/07/10	47	10/07/10	1.729,95	1.259,01	R$ 14.494,75	1.729,95	1.259,01	(470,93)	R$ (597,20)
10/08/10	48	10/08/10	1.729,95	1.259,01	R$ 13.486,17	1.729,95	1.259,01	(470,93)	R$ (588,36)
10/09/10	49	10/09/10	1.729,95	1.259,01	R$ 12.461,91	1.729,95	1.259,01	(470,93)	R$ (577,10)
10/10/10	50	10/10/10	1.729,95	1.259,01	R$ 11.421,49	1.729,95	1.259,01	(470,93)	R$ (565,99)
10/11/10	51	10/11/10	1.729,95	1.259,01	R$ 10.364,38	1.729,95	1.259,01	(470,93)	R$ (555,23)
10/12/10	52	10/12/10	1.729,95	1.259,01	R$ 9.290,04	1.729,95	1.259,01	(470,93)	R$ (545,87)
10/01/11	53	10/01/11	1.729,95	1.259,01	R$ 8.197,91	1.729,95	1.259,01	(470,93)	R$ (537,13)
10/02/11	54	10/02/11	1.729,95	1.259,01	R$ 7.087,37	1.729,95	1.259,01	(470,93)	R$ (526,92)
10/03/11	55	10/03/11	1.729,95	1.259,01	R$ 5.957,81	1.729,95	1.259,01	(470,93)	R$ (516,92)
10/04/11	56	10/04/11	1.729,95	1.259,01	R$ 4.808,54	1.729,95	1.259,01	(470,93)	R$ (507,98)
10/05/11	57	10/05/11	1.729,95	1.259,01	R$ 3.638,89	1.729,95	1.259,01	(470,93)	R$ (499,64)
10/06/11	58	10/06/11	1.729,95	1.259,01	R$ 2.448,11	1.729,95	1.259,01	(470,93)	R$ (492,37)
10/07/11	59	10/07/11	1.729,95	1.259,01	R$ 1.235,42	1.729,95	1.259,01	(470,93)	R$ (485,17)
10/08/11	60	10/08/11	1.729,95	1.259,01	R$ 0,00	1.729,95	1.259,01	(470,93)	R$ (478,02)
TOT INDÉBITO									
R$ (46.818,78)									

Portanto, percebe-se o quanto se paga a mais por empréstimos para aquisição de veículos quando as taxas de juros cobradas estão acima da média de mercado.

Contudo, deve-se ressaltar que a mera discrepância das taxas de juros remuneratórios contratadas em relação à média de mercado não é considerada

abusiva, mas somente se for a partir de 50% acima da média de mercado divulgada pelo BACEN.

3.4 – Modelos de laudos periciais extrajudiciais para fundamentar ações declaratórias de nulidade de contratos bancários cumulada com repetição de indébito – Casos concretos

Agora demonstraremos diversos modelos de laudos contábeis extrajudiciais que serviram para subsidiar e/ou fundamentar ações revisionais ou declaratória de nulidade de contratos bancários de arrendamento mercantil, CDC veículos ou cheque especial:

3.4.1 – Laudo Pericial Contábil Extrajudicial demonstrando indébito com depósito judicial das parcelas incontroversas até julgamento definitivo do mérito – Contrato de Arrendamento Mercantil

REQUERENTE: MARCOS xxxxxxxxxxxxxxxxxxxxx
REQUERIDO: BFB LEASING S/A ARRENDAMENTO MERCANTIL
Autos: xxxxxx/2010

LAUDO PERICIAL TÉCNICO-CONTÁBIL E FINANCEIRO

I – Preliminares

Este parecer TÉCNICO-CONTÁBIL extrajudicial foi elaborado seguindo os louvados princípios de imparcialidade, com fundamentação técnica e jurisprudencial.

II – Dos Procedimentos Adotados

O procedimento utilizado foi o de utilização de fatores de arrendamento mercantil dentro da média de mercado, **considerando que há juros remuneratórios embutidos na forma de taxa interna de retorno.**

O limitador para apuração do fator de arrendamento mercantil mais juros remuneratórios (taxa interna de retorno do leasing) foi a taxa média de mercado de juros para operações de crédito análogas, conforme Tabela XVII - Operações com juros prefixados - Aq. de bens PF veículos, **divulgada oficialmente pelo BANCO CENTRAL.**

A partir da inadimplência aplicaram-se juros moratórios na proporção de 1% (um por cento) ao mês, desconsiderando a cumulação da comissão de permanência com a correção monetária mais juros moratórios, remuneratórios ou multa contratual e encargos adicionais, por serem ilegais, violando os dispositivos insertos nas súmulas 30 e 296, do Colendo Superior Tribunal de Justiça, e artigos 122 e 404 do CCB, excluindo-se ainda o anatocismo vedado pela Súmula 121 do Pretório Excelso.

Salienta-se que para composição do Anexo A, parte integrante deste Parecer, foram considerados todos os lançamentos constantes do contrato e comprovantes de pagamentos.

III – Objeto

O objeto deste parecer é o contrato de leasing n.º 3833044-5 e seu termo Aditivo (Renegociação), junto ao banco requerido.

IV – Finalidade

A finalidade principal deste parecer é evidenciar com clareza palmar o crédito a favor ou não do requerente **(arrendatário)**, tendo em vista à aplicação de fatores de arrendamento mercantil mais próximos da média de mercado, praticados pelo mercado interbancário, com taxas das operações de crédito denominadas **AQUISIÇÃO DE BENS PF VEÍCULOS com taxas de juros prefixados (Tabela XVII ou Anexo B).**

V – Parecer Técnico com Fundamentação Jurisprudencial

Após apurado exame do contrato de leasing/arrendamento mercantil, verificou-se que houve cobrança abusiva de contraprestação pecuniária ou fator de locação (arrendamento mercantil), extrapolando a razoabilidade e boa-fé e Lei de Usura, e cumulação de comissão de permanência com correção monetária, juros moratórios ou remuneratórios e multa, conforme preceituam as súmulas 30 e 296, todas do STJ, além de evidenciada a prática de anatocismo mensal, banida pela Súmula 121 do STF.

Percebe-se, com clareza contábil e financeira, que há INDÉBITO a ser compensado no valor de R$ 7.934,78, suficiente para quitar quase VINTE E UMA parcelas (20,66), conforme se demonstra no Anexo A-1.

Recomenda-se como **DEPÓSITO DAS PARCELAS INCONTROVERSAS o valor** de R$ 303,84 a partir de 22/SET/2011, Anexo A-1.

V.I – Parcela Incontroversa – Jurisprudência – decisão do Tribunal de Justiça do Paraná balizada em parecer técnico contábil de perito paranaense

Recomenda-se por prudência, Princípio da Contabilidade, que seja depositado o valor da **PARCELA INCONTROVERSA** para que haja o deferimento de liminar e/ou tutela antecipada para permitir o depósito judicial.

A jurisprudência do STJ já está pacificada neste sentido, conforme ementas colacionadas:

> **"EDcl no AgRg no RECURSO ESPECIAL Nº 824.194 - RS (2006/0040503-6)**
>
> DOCUMENTO: 659001 - INTEIRO TEOR DO ACÓRDÃO - SITE CERTIFICADO - DJ: 27/11/2006
>
> **Relator(a): Ministro HUMBERTO GOMES DE BARROS**
>
> **Julgamento: 25/10/2006**
>
> **Órgão Julgador: T3 - TERCEIRA TURMA**
>
> **Publicação: DJ 27.11.2006 p. 286**
>
> **Ementa**
>
> EMBARGOS DE DECLARAÇÃO. INSCRIÇÃO NOS ÓRGÃOS DE PROTEÇÃO AO CRÉDITO. REQUISITOS. PREENCHIMENTO. DEPÓSITO DA PARTE INCONTROVERSA. OCORRÊNCIA.
>
> **- Para evitar sua inscrição nos cadastros restritivos de crédito o devedor deve provar os requisitos fixados pela jurisprudência (REsp 527.618/CÉSAR).**
>
> - No caso, todos os requisitos foram atendidos, inclusive com o depósito da parte incontroversa".

Ou seja: técnica e juridicamente, cabível o deferimento de tutela antecipada quando cumpridos os requisitos, dentre eles o depósito da **PARTE INCONTROVERSA,** cujo valor é de R$ 303,84.

Inclusive o TJ/PR já se pronunciou de forma favorável, assim asseverando:

> **"Na hipótese dos autos, há ação declaratória de nulidade e revisão contratual, discutindo o débito e eventual demonstração cobrança indevida (f. 20-62), instruída com documentos e extensa análise financeira efetuada por perito particular, Sr. Fabrício Moreno, o qual afirma que as taxas de juro de mercado são extremamente discrepantes (f. 80-111).**

Abaixo, íntegra da decisão, conforme dados colacionados:

> Processo: 649616-8 Agravo de Instrumento
>
> NPU: 0001342-79.2010.8.16.0000
>
> Comarca: Siqueira Campos
>
> Vara: Vara Única

Natureza: Cível
Órgão Julg.: 14ª Câmara Cível
Relator: Desembargador Laertes Ferreira Gomes
Volumes: 4
Número Páginas: 650
Ação Originária: 2009.00000399
Nº Protocolo: 2010.00011583

I -

Trata-se de agravo de instrumento, com pedido de efeito suspensivo, em face de decisão proferida nos autos nº 399/2009, de Revisão de Contrato, que deferiu a tutela antecipada para abstenção ou exclusão da inscrição dos nomes dos agravados dos cadastros de proteção ao crédito, sob pena de multa diária no valor de R$ 1.000,00 (um mil reais) (f. 644-645).

Alega o agravante, em síntese que: é lícita a inscrição dos nomes dos agravados inadimplentes, como meio de coagir os devedores ao adimplemento; não foram preenchidos os requisitos do art. 273 do CPC para a antecipação de tutela; os agravados não fizeram prova inequívoca de suas alegações apenas insurgem-se com base em argumentos totalmente genéricos e desprovidos de fundamentação legal;

II - O recurso merece pronunciamento imediato.

Em sede de pleito declaratório e revisional foi concedida a liminar para que o Banco réu se abstenha de incluir o nome dos agravados nos cadastros de proteção ao crédito, só quanto a este tópico, insurge-se o agravante.

Pois bem. O art. 273 do Código de Processo Civil exige como requisitos da antecipação a tutela, a existência de prova inequívoca, suficiente para convencer o juiz da verossimilhança da alegação, e o fundado receio de dano irreparável ou de difícil reparação.

Ora, risco de dano irreparável ou de difícil reparação existe sim, mas, milita em prol dos agravados, mantida a inscrição nos cadastros restritivos até a solução da demanda, ao inverso do agravante, que sendo pertinente, poderá inscrevê-los a qualquer momento.

A jurisprudência do Superior Tribunal de Justiça tem exigido como requisitos para a exclusão do nome de devedores dos cadastros de proteção ao crédito: ação proposta pelo devedor contestando a existência do débito; a efetiva demonstração de cobrança indevida fundada na aparência do bom direito e em jurisprudência dominante do STJ, e por fim, sendo a contestação apenas parcial, seja depositado o valor da parte incontroversa, ou a prestação de caução idônea.

A propósito, o STJ: "CIVIL. RECURSO ESPECIAL - AÇÃO REVISIONAL DE CONTRATO - NSCRIÇÃO EM CADASTRO DE INADIMPLENTES - ANTECIPAÇÃO DE TUTELA - IMPOSSIBILIDADE. 1 - Conforme orientação da Segunda Seção desta Corte, nas ações revisionais de cláusulas contratuais, não cabe a concessão de tutela antecipada para impedir o registro de inadimplentes nos cadastros de proteção ao crédito, salvo nos casos em que o devedor, demonstrando efetivamente que a contestação do débito se funda em bom direito, deposite o valor correspondente à parte reconhecida do débito, ou preste caução idônea, ao prudente arbítrio do magistrado. Precedentes: REsps. 527.618-RS, 557.148-SP, 541.851-SP, Rel. Min. CÉSAR ASFOR ROCHA; REsp. 610.063-PE, Rel. Min. FERNANDO GONÇALVES; REsp. 486.064-SP, Rel. Min. HUMBERTO GOMES DE BARROS). 2 - Recurso não conhecido." (STJ - 4ª Turma - REsp 744745 / SP - Relator: Ministro Jorge Scartezzini - Julg. 24/05/2005 - Pub. DJ 01.07.2005 p. 560).

Nesse sentido, esta Corte de Justiça:

"AGRAVO DE INSTRUMENTO - AÇÃO DE RESCISÃO CONTRATUAL C/C REINTEGRAÇÃO DE POSSE E PERDAS E DANOS - DEFERIMENTO DO PEDIDO DE TUTELA ANTECIPADA - INADMISSIBILIDADE - FATO PENDENTE DE DILAÇÃO PROBATÓRIA - AUSÊNCIA DOS REQUISITOS DO ARTIGO 273 DO CÓDIGO DE PROCESSO CIVIL À CONCESSÃO - DECISÃO MONOCRÁTICA MODIFICADA. Em ação de rescisão contratual c/c reintegração de posse, a antecipação da tutela em favor da vendedora para reintegrá-la na posse do imóvel, só é admissível quando presentes os requisitos constantes do artigo 273 do Código de Processo Civil, em razão da necessidade de se aquilatar a existência de prova inequívoca para o convencimento da verossimilhança das alegações e o fundado receio de dano irreparável, motivo pelo qual descabe a concessão da antecipação. RECURSO PROVIDO." (TJPR, 5ª Cam. Cível, 314.151-7, rel. Des. Idevan Lopes - DJ de 21.02.2006)

Na hipótese dos autos, há ação declaratória de nulidade e revisão contratual, discutindo o débito e eventual demonstração cobrança indevida (f. 20-62), instruída com documentos e extensa análise financeira efetuada por perito particular, Sr. Fabrício Moreno, o qual afirma que as taxas de juro de mercado são extremamente discrepantes (f. 80-111).

Por fim, quanto ao depósito de valores incontroversos ou prestação de caução, confira-se o que mencionam na inicial, os autores, ora agravados: "Relevante, ainda, o fato de existência de comprovado e considerável indébito a ser restituído pela empresa requerente, conforme apurado pelos inclusos Laudos periciais em anexo e demais documentações pertinentes, que comprovam técnica e contabilmente que, na verdade, o banco é que deve a requerente" (f. 53).

Com efeito, ao inverso do que alega o agravante, foram preenchidos os requisitos exigidos pela atual jurisprudência do STJ, para a concessão da tutela para o efeito do Banco agravante se abster de incluir o nome dos agravados dos cadastros de proteção ao crédito.

III - Assim, bem fundamentada a decisão agravada e, em compasso com a jurisprudência desta Corte, na esteira do entendimento do STJ, com fundamento no art. 557, caput do Código de Processo Civil, nego seguimento ao recurso,

IV - Intime-se (f. 16).

VI - Oportunamente, baixem os autos para apensamento à ação principal.

Curitiba, 19 de março de 2010.

DES. LAERTES FERREIRA GOMES Relator.

V.II – Parecer Técnico com fundamentação jurisprudencial – Ausência de mora do Devedor – Mora do Credor – Iliquidez e Incerteza do pretenso débito cobrado – contraprestação pecuniária abusiva de leasing

Depois de apurado exame do contrato e comprovantes de pagamentos supracitados, verificou-se que houve cobrança CONTRAPRESTAÇÃO PECUNIÁRIA ABUSIVA DE LEASING, extrapolando a razoabilidade e boa-fé, ESTANDO EMBUTIDOS JUROS REMUNERATÓRIOS, CUNHA FISCAL, TAXAS OPERACIONAISE RISCO DE CRÉDITO, com cumulação vedada da comissão de permanência com correção monetária, juros moratórios ou remuneratórios e multa, conforme preceituam as súmulas 30 e 296, todas do STJ.

A POSIÇÃO PACÍFICA E ESCORREITA DO STJ É DE QUE AS TAXAS DE JUROS NÃO DEVEM SER DISCREPANTES EM RELAÇÃO ÀS TAXAS DE MERCADO, tendo sido matéria já pacificada por esta egrégia Corte Superior, CONFORME EMENTAS ABAIXO COLACIONADAS:

CONTRATO DE ARRENDAMENTO MERCANTIL. VALOR RESIDUAL GARANTIDO. ANTECIPAÇÃO. CÓDIGO DE DEFESA DO CONSUMIDOR. INCIDÊNCIA. TAXA DE JUROS. LIMITAÇÃO. ABUSIVIDADE. NÃO OCORRÊNCIA. REPETIÇÃO DO INDÉBITO. PROVA DE ERRO NO PAGAMENTO. DESNECESSIDADE. I - O Código de Defesa do Consumidor incide sobre os contratos firmados com instituições financeiras. II - A antecipação do valor residual garantido não desnatura o contrato de leasing (Súmula 293/STJ). III - Embora incidente o diploma consumerista aos contratos bancários, os juros pactuados em limite superior a 12% ao ano não são considerados abusivos, exceto quando comprovado que discrepantes em relação à taxa de mercado, após vencida a obrigação. IV - Este Superior Tribunal já firmou entendimento de que não se faz necessária, para que se determine a repetição do indébito em contrato como o dos autos, a prova do erro no pagamento. Agravo de instrumento conhecido, para dar parcial provimento ao recurso especial. **(STJ - AI 472485 - RS (200201146820) - 3ª T. - Rel. Min. Castro Meira - DJU 15.12.2005);**

CONTRATO DE ARRENDAMENTO MERCANTIL. VALOR RESIDUAL GARANTIDO. ANTECIPAÇÃO. CÓDIGO DE DEFESA DO CONSUMIDOR. INCIDÊNCIA. TAXA DE JUROS. ABUSIVIDADE. LEI 4.595/64. LEGISLAÇÃO ESPECÍFICA. VARIAÇÃO CAMBIAL. PROVA DA CAPTAÇÃO DE RECURSOS NO EXTERIOR. MATÉRIA DE PROVA. I - A antecipação do valor residual garantido não desnatura o contrato de leasing (Súmula 293/STJ). II - Os juros pactuados em limite superior a 12% ao ano não afrontam a lei; somente são considerados abusivos quando comprovado que discrepantes em relação à taxa de mercado, após vencida a obrigação. Destarte, embora incidente o diploma consumerista aos contratos bancários, preponderam, no que se refere à taxa de juros, a Lei 4.595/64 e a Súmula 596/STF. III - Afirmado pelo acórdão recorrido que não ficou provada a captação de recursos em moeda estrangeira ou sua utilização na aquisição do bem arrendado, a pretensão de alterar a conclusão esbarra no óbice do enunciado 7 da Súmula desta Corte. Recurso especial provido em parte. (STJ - REsp 527093 - RS (2003/0034198-2) - 3ª T. - Rel. Min. Castro Filho - DJU 08.09.2005).

Desta forma, o que se pretende provar é que as taxas de locação ou contraprestação pecuniária do leasing são abusivas em às praticadas para as operações de leasing/arrendamento mercantil, considerando o próprio balizador caracterizado como formador das taxas de juros de mercado, ou seja, Certificados de Depósitos Interfinanceiros (CDIs), que já embute rentabilidade do banco, cunha fiscal e outros fatores.

Portanto, Excelência, técnico-contabilmente, albergando-se na escorreita e pacífica decisão jurisprudencial do STJ e do Art. 618, CPC, PODE-SE, PELO PRINCÍPIO LOUVADO DA PRUDÊNCIA, EM CONFORMIDADE COM AS NORMAS BRASILEIRAS DE CONTABILIDADE, AFIRMAR QUE HÁ INDÉBITO a ser compensado nas prestações vincendas, conforme Anexo A. Em consonância aos princípios da razoabilidade e proporcionalidade ou conforme posição dominante do STJ (taxas não-discrepantes), o montante geral do indébito **provisório** a ser compensado nas parcelas vincendas é de R$ 7.934,78.

A jurisprudência caminha no sentido de invalidar ou anular quaisquer títulos ilíquidos e incertos:

EXECUÇÃO POR TÍTULO EXTRAJUDICIAL – Instrumento de confissão e renegociação de operações de crédito originário de contrato de abertura de crédito em conta-corrente (cheque especial – Realmaster) – **CIRCUNSTÂNCIA QUE RETIRA A FORÇA EXECUTIVA DOS TÍTULOS EXEQÜENDOS – DEMONSTRATIVO DO DÉBITO JUNTADO AOS AUTOS DA EXECUÇÃO QUE NÃO FAZ REMISSÃO ÀS OPERAÇÕES ANTERIORES**, apesar de no documento executado constar expressamente a existência das mesmas – Singeleza do extrato – Possibilidade do conhecimento de tais questões de ofício pelo magistrado – Ofensa ao artigo 614, II c.c. Os artigos 598 e 267, I, todos do Código de Processo Civil – Anulação da execução – Recurso provido – Execução anulada. (1º TACSP – AP 0848472-6 – Piracicaba – 4ª C. – Rel. Juiz J. B. Franco de Godoi – J. 08.10.2003);

CONTRATO DE ABERTURA DE CRÉDITO EM CONTA CORRENTE (CHEQUE ESPECIAL) E ESCRITURA PÚBLICA DE CONFISSÃO DE DÍVIDA COM GARANTIA HIPOTECÁRIA – Ação de revisão contratual. Preliminares. 1. Inépcia da inicial. (...) Os negócios jurídicos bancários realizados merecem alteração judicial se inobservada a boa-fé objetiva que deflui do sistema jurídico, relativamente às cláusulas abusivas (inválidas) que estabeleceram as parcelas acessórias. Manifesta a ilegalidade parcial das cláusulas que fixaram parcelas acessórias abusivas, devem ser reconhecidas suas invalidades, das quais decorre a ineficácia do direito da entidade bancária/financeira. Reconhecimento de ofício. Tratando-se de nulidade de pleno direito, diante do que dispõem as normas do Código de Defesa do Consumidor, impõe-se o reconhecimento pelo juiz, independentemente de alegação das partes, como preceitua o parágrafo único do artigo 146 do Código Civil, afastando-se, de ofício, a abusividade da cláusula. Precedentes do STJ.

NULIDADE DA ESCRITURA PÚBLICA DE CONFISSÃO DE DÍVIDA COM GARANTIA HIPOTECÁRIA. RECONHECIDA A EXISTÊNCIA DE DISPOSIÇÕES NEGOCIAIS ABUSIVAS NO CONTRATO DE ABERTURA DE CRÉDITO EM CONTA CORRENTE (CHEQUE ESPECIAL) QUE ORIGINOU A ESCRITURA PÚBLICA DE CONFISSÃO DE DÍVIDA COM GARANTIA HIPOTECÁRIA, RESTA ILIQUIDIFICADO O CRÉDITO REPRESENTADO NESTE INSTRUMENTO CONTRATUAL, IMPONDO-SE, PORTANTO, A SUA NULIDADE, MERECENDO MANUTENÇÃO A DECISÃO SINGULAR NO PONTO. Juros remuneratórios. Reduzidos a 12% ao ano. Capitalização. Na espécie, permitida a capitalização anual no contrato de crédito rotativo na conta corrente, pela aplicação do artigo 4º do Decreto nº 22.626/33. Comissão de permanência. Descabimento. Disposição de ofício. Correção monetária. Adoção do IGP-M como índice de atualização monetária. Disposição de ofício. Mora. Pela cobrança de parcelas acessórias abusivas, descaracterizada a mora *solvendi*. Encargos moratórios. Descaracterizada a existência de mora, descabe a cobrança dos encargos dela decorrentes, como multa e juros moratórios. Quando houver mora, limita-se a multa contratual a 2% sobre as parcelas inadimplidas, pela aplicação do Código de Defesa do Consumidor (disposição de ofício). Efeito restitutório. Redefinidos os critérios de cálculo das parcelas acessórias, a restituição dos valores eventualmente pagos a maior é efeito decorrente da decisão. Compensação. Pela aplicação do princípio da restituição integral, cabe, na hipótese, a compensação, a ser efetivada entre as parcelas prestadas ineficazmente pelo consumidor e o eventual débito pendente em razão dos negócios jurídicos celebrados com o fornecedor. Compensação de verba honorária. Impossibilidade. Na hipótese em exame, inexiste identificação entre a figura dos credores e dos devedores. Ou seja, aqueles que detém os créditos (patronos) não possuem qualquer relação de débito com os devedores (partes), impossibilitada, portanto, a compensação. Afastadas as preliminares, apelo desprovido, com disposições de ofício. (TJRS – APC 70005343942 – 14ª C.Cív. – Rel. Des. João Armando Bezerra Campos – J. 27.11.2003).

VI – Fator de arrendamento mercantil pela média de mercado - contraprestação pecuniária - VRG - fundamentação técnica, doutrinária e jurisprudencial

Considerando a brilhante interferência doutrinária, Arnaldo Rizzardo assim define o fator de arrendamento mercantil ou contraprestação pecuniária: "**(...) os juros entram na composição das contraprestações, mercê do caráter complexo do contrato, porque tais parcelas remuneram não apenas o aspecto locação, inerente ao leasing, mas também servem à compensação da desvalorização do bem arrendado e o custo do capital investido, aí em seu aspecto de financiamento**". (RIZZARDO, Arnaldo. Leasing - Arrendamento Mercantil no Direito Brasileiro. 4ª ed. São Paulo: RT, p. 74).

Quanto ao VRG, o ilustre Mestre assim nos ensina na obra já citada, p. 70, 2.ª edição:

> "**Há uma distinção entre opção de compra e do valor residual de garantia, ou resíduo que sobra depois do pagamento de todas as prestações. A opção de compra é estabelecida em favor do arrendatário, não ocorrendo o mesmo quanto ao valor residual garantido, que é uma quantia mínima que deve receber o arrendador.**"

Continua o mestre, falando do tema:

> "**Ora, o valor residual garantido pouco representa, pelo menos na sistemática que leva a fixar as prestações, as quais compreendem o valor total do bem. O que existe no arrendamento é a possibilidade de não se exercer a opção de compra. Exigindo a complementação do valor, caso a alienação a terceiro ficar aquém do valor residual, indiretamente está-se impondo a aquisição do bem. Ademais,**

admitindo que o valor residual expresse alguma parcela do produto arrendado, mostra-se evidente que a permanência do mesmo deverá cobrir a parcela do valor residual, o qual, aliás, é fixado pela própria empresa que arrenda. Por último, ficando ao seu arbítrio a fixação do preço, afiguram-se possíveis engenhos dirigidos a falsear a realidade do preço efetivamente conseguido."

Conclui-se, tecnicamente, que os contratos de leasing/arrendamento mercantil, quando inadimplidos, o arrendador só pode cobrar, **no máximo,** as prestações inadimplidas, e não as prestações vincendas, justamente porque as taxas de arrendamento ou contraprestação já servem **como pagamento antecipado da maior parte do preço,** conforme **JURISPRUDÊNCIA PACIFICADA PELO STJ, tendo em vista aos precedentes ora colacionados:**

1) RESP 0146544 UF:RS ANO:97 RIP:00061376
"LEASING". RESOLUÇÃO. PRESTAÇÕES VINCENDAS. A RESOLUÇÃO DO CONTRATO DE "LEASING", SEJA OPERACIONAL OU FINANCEIRO, NÃO PERMITE QUE A ARRENDANTE EXIJA AS PRESTAÇÕES VINCENDAS A TITULO DE INDENIZAÇÃO. PRECEDENTES DO STJ. SÚMULA 83. RECURSO NÃO CONHECIDO.
ORIGEM: TRIBUNAL: STJ ACÓRDÃO - JULGADOR: QUARTA TURMA
DECISÃO: 05-03-1998 - FONTE: DJ DATA: 08/06/1998 PG:00121
RELATOR: MINISTRO RUY ROSADO DE AGUIAR

2) RESP 0016824 UF:SP ANO:91 RIP:00024057
ARRENDAMENTO MERCANTIL. LEASING. RESOLUÇÃO DO CONTRATO POR INADIMPLEMENTO DO ARRENDATARIO. CONSEQÜÊNCIAS. NÃO EXIGIBILIDADE DAS PRESTAÇÕES 'VINCENDAS'. O INADIMPLEMENTO DO ARRENDATARIO, PELO NÃO PAGAMENTO PONTUAL DAS PRESTAÇÕES AUTORIZA O ARRENDADOR A RESOLUÇÃO DO CONTRATO E A EXIGIR AS PRESTAÇÕES VENCIDAS ATÉ O MOMENTO DA RETOMADA DE POSSE DOS BENS OBJETO DO 'LEASING', E CLÁUSULAS PENAIS CONTRATUALMENTE PREVISTAS, ALÉM DO RESSARCIMENTO DE EVENTUAIS DANOS CAUSADOS POR USO NORMAL DOS MESMOS BENS.
O 'LEASING' E CONTRATO COMPLEXO, CONSISTINDO FUNDAMENTALMENTE NUM ARRENDAMENTO MERCANTIL COM PROMESSA DE VENDA DO BEM APÓS O TERMINO DO

PRAZO CONTRATUAL, SERVINDO 'ENTÃO' AS PRESTAÇÕES COMO PAGAMENTO ANTECIPADO DA MAIOR PARTE DO PREÇO. NO CASO DE RESOLUÇÃO, A EXIGÊNCIA DE PAGAMENTO DAS PRESTAÇÕES 'POSTERIORES' A RETOMADA DO BEM, SEM A CORRESPONDENTE POSSIBILIDADE DE O COMPRADOR ADQUIRI-LO, APRESENTA-SE COMO CLÁUSULA LEONINA E INJURÍDICA. RECURSO ESPECIAL CONHECIDO PELO DISSIDIO, E PROVIDO.

ORIGEM: TRIBUNAL: STJ ACÓRDÃO - JULGADOR: QUARTA TURMA

DECISÃO: 23-03-1993 - FONTE: DJ DATA: 28/06/1993 PG:12895

RSTJ VOL.: 00050 PG:00216 - RELATOR: MINISTRO ATHOS CARNEIRO

3) RESP 0066688 UF:RS ANO:95 RIP:00025465

ARRENDAMENTO MERCANTIL (LEASING). INADIMPLEMENTO DO ARRENDATARIO. RESOLUÇÃO DO CONTRATO. EM TAL CASO, O ARRENDANTE TEM O DIREITO DE EXIGIR O PAGAMENTO APENAS DAS PRESTAÇÕES VENCIDAS ATE O MOMENTO DA RETOMADA DA POSSE DO BEM. PRECEDENTES DO STJ: RESP 16.824. RECURSO CONHECIDO PELO DISSIDIO, MAS IMPROVIDO.

ORIGEM: TRIBUNAL: STJ ACÓRDÃO - JULGADOR: TERCEIRA TURMA

DECISÃO: 10-03-1997 - FONTE: DJ DATA: 12/05/1997 PG:18796

RELATOR: MINISTRO NILSON NAVES

4) RESP 0132960 UF:SC ANO:97 RIP:00035547

LEASING. EXTINÇÃO DO CONTRATO. PRESTAÇÕES VINCENDAS. RESOLVIDO O CONTRATO DE ARRENDAMENTO MERCANTIL E RETOMADO O BEM, DESCABE A EXIGÊNCIA DO PAGAMENTO DAS PRESTAÇÕES VINCENDAS. PRECEDENTES. RECURSO NÃO CONHECIDO.

ORIGEM: TRIBUNAL: STJ ACÓRDÃO - JULGADOR: QUARTA TURMA

DECISÃO: 14-10-1997 - FONTE: DJ DATA: 24/11/1997 PG: 61228

RELATOR: MINISTRO RUY ROSADO DE AGUIAR

5) LEASING - RESP 54989/RS ; RECURSO ESPECIAL (94/0030080-8)
Fonte: DJ DATA:23/06/1997 PG:29134 - Relator: Ministro SÁLVIO

DE FIGUEIREDO TEIXEIRA (1088) Ementa DIREITOS COMERCIAL E ECONÔMICO. ARRENDAMENTO MERCANTIL (LEASING). PRESTAÇÕES. REAJUSTE. CLAUSULA POTESTATIVA. RECURSO DESACOLHIDO. I - E VEDADA A ESTIPULAÇÃO ARBITRARIA, PELO CREDOR, DE ÍNDICE NÃO PACTUADO PELOS CONTRATANTES. II - CONFIGURA-SE A POTESTATIVIDADE DE CLAUSULA QUANDO SE RELEGA AO EXCLUSIVO ARBÍTRIO DE UMA DAS PARTES TODO O EFEITO DA MANIFESTAÇÃO DA VONTADE, NÃO POSSIBILITANDO A OUTRA PARTE A INTERFERÊNCIA VOLITIVA NESSA FORMAÇÃO. Data da Decisão 13/05/1997 Órgão Julgador T4 - QUARTA TURMA Decisão: POR UNANIMIDADE, NÃO CONHECER DO RECURSO.

6) LEASING - RESP - 66592/SC ; RECURSO ESPECIAL - (95/0025281-3) Fonte : DJ DATA:05/10/1998 PG:00090 - Relator Ministro BUENO DE SOUZA (205) Ementa DIREITO COMERCIAL. LEASING. ÍNDICE DE CORREÇÃO MONETÁRIA. 1 – A orientação que veio a prevalecer nesta Corte repudia, com veemência, possa o credor, a seu talante, estipular unilateralmente o índice de correção das prestações. 2 - Recurso especial conhecido, mas desprovido. Data da Decisão 10/03/1998 Órgão Julgador T4 - QUARTA TURMA Decisão Por unanimidade, conhecer do recurso, mas lhe negar provimento. Indexação: IMPOSSIBILIDADE, UNILATERALIDADE, CREDOR, ESCOLHA, ÍNDICE, CORREÇÃO MONETÁRIA, PRESTAÇÃO, ARRENDAMENTO MERCANTIL, CARACTERIZAÇÃO, CLAUSULA POTESTATIVA.

7) LEASING - RESP 146544/RS ; RECURSO ESPECIAL - (97/0061376-3) - Fonte -DJ DATA:08/06/1998 PG:00121 - Relator -Ministro RUY ROSADO DE AGUIAR (1102) - Ementa -"LEASING". RESOLUÇÃO. PRESTAÇÕES VINCENDAS. A RESOLUÇÃO DO CONTRATO DE "LEASING", SEJA OPERACIONAL OU FINANCEIRO, NÃO PERMITE QUE A ARRENDANTE EXIJA AS PRESTAÇÕES VINCENDAS A TITULO DE INDENIZAÇÃO. PRECEDENTES DO STJ. SUMULA 83. RECURSO NÃO CONHECIDO. Data da Decisão -05/03/1998 - Órgão Julgador -T4 - QUARTA TURMA Decisão - POR UNANIMIDADE, NÃO CONHECER DO RECURSO.

8) LEASING - RESP 149301/RS ; RECURSO ESPECIAL- (97/0066697-2) Fonte: DJ DATA:21/09/1998 PG:00184 - Relator Ministro BARROS MONTEIRO (1089) Ementa "LEASING". NOTIFICAÇÃO. VALOR DO DÉBITO. Constitui requisito para a propositura da ação reintegratória a notificação prévia da arrendatária, mencionando-se o montante do débito atualizado até a data do ajuizamento e fornecendo-se desde logo os elementos necessários para a sua determinação final. Recurso especial não conhecido. Data da Decisão 24/06/1998 Órgão Julgador T4 - QUARTA TURMA Decisão: Por unanimidade, não conhecer do recurso. Indexação: NECESSIDADE, NOTIFICAÇÃO PREVIA, ARRENDATARIO, VALOR, DEBITO, OBJETIVO, AJUIZAMENTO, AÇÃO DE REINTEGRAÇÃO DE POSSE, DECORRÊNCIA, MORA, ARRENDAMENTO MERCANTIL, CARACTERIZAÇÃO, REQUISITO ESSENCIAL.

9) LEASING - RESP 150099/MG ; RECURSO ESPECIAL(97/0069692-8) Fonte: DJ DATA:08/06/1998 PG:00123 - Relator Ministro RUY ROSADO DE AGUIAR (1102) Ementa: LEASING". AÇÃO DE REINTEGRAÇÃO DE POSSE. ÂMBITO DA DEFESA DO RÉU. A AÇÃO DE REINTEGRAÇÃO DE POSSE E A VIA PROCESSUAL QUE A LEI CONCEDE AO CREDOR PARA O DESFAZIMENTO DO CONTRATO DE "LEASING" PELO DESCUMPRIMENTO DO DEVEDOR. A PROCEDÊNCIA DA AÇÃO DEPENDE DA EXISTÊNCIA DA MORA E DA SUA GRAVIDADE A PONTO DE JUSTIFICAR A EXTINÇÃO DO CONTRATO. TENDO O DEVEDOR ALEGADO QUE AS PRESTAÇÕES MENSAIS ESTÃO SENDO CALCULADAS ABUSIVAMENTE, DEVE O JUIZ EXAMINAR ESSA DEFESA. POIS A REINTEGRATORIA E A VIA PRÓPRIA PARA ISSO. RECURSO CONHECIDO E PROVIDO EM PARTE. Data da Decisão 05/03/1998 Órgão Julgador T4 - QUARTA TURMA -Decisão: POR UNANIMIDADE, CONHECER DO RECURSO E DAR-LHE PROVIMENTO.

10) LEASING - RESP 165570/SP ; RECURSO ESPECIAL - (98/0014018-2) - Fonte -DJ DATA:29/06/1998 PG:00221 - Relator - Ministro RUY ROSADO DE AGUIAR (1102) - Ementa - "LEASING". PLANO VERÃO. CORREÇÃO MONETÁRIA. AS OBRIGAÇÕES ASSUMIDAS EM CONTRATO DE "LEASING" SÃO CORRIGIDAS, APÓS A EDIÇÃO DO PLANO VERÃO, PELO DISPOSTO NA LEI NUM. 7.730/89, E NÃO PELO ÍNDICE

QUE A ARRENDADORA ESCOLHER. RECURSO CONHECIDO E PROVIDO. Data da Decisão -19/05/1998 - Órgão Julgador -T4 - QUARTA TURMA - Decisão -POR UNANIMIDADE, CONHECER DO RECURSO E DAR-LHE PROVIMENTO.

11) LEASING - RESP 45792/GO ; RECURSO ESPECIAL - (94/0008146-4) Fonte: DJ DATA:22/06/1998 PG:00080 - Relator Ministro BARROS MONTEIRO (1089) Ementa FALÊNCIA. EMISSÃO DE DUPLICATAS COM BASE EM CONTRATO DE "LEASING". INIDONEIDADE. AS DUPLICATAS REPRESENTATIVAS DE PRESTAÇÕES DO CONTRATO DE "LEASING", AINDA QUE COM EXPRESSA PREVISÃO NA AVENÇA, NÃO CONSTITUEM TÍTULOS IDÔNEOS A EMBASAR PEDIDO DE FALÊNCIA, POR NÃO CORRESPONDEREM A VENDA DE BENS, NEM TAMPOUCO A UMA EFETIVA PRESTAÇÃO DE SERVIÇOS. RECURSO ESPECIAL CONHECIDO, EM PARTE, E PROVIDO. Data da Decisão: 03/03/1998 Órgão Julgador: T4 - QUARTA TURMA Decisão: POR UNANIMIDADE, CONHECER EM PARTE DO RECURSO E, NESSA PARTE, DAR-LHE PROVIMENTO.

12) LEASING - RESP 82262/RJ ; RECURSO ESPECIAL - (95/0065677-9) Fonte: DJ DATA:14/10/1996 PG:39005 Relator: Ministro WALDEMAR ZVEITER (1085) Ementa: COMERCIAL E PROCESSUAL - ARRENDAMENTO MERCANTIL (LEASING), GARANTIDO POR CAMBIAL, ILIQUIDEZ DO TITULO EXTRAJUDICIAL - INVALIDADE DE CAMBIAL EMITIDA POR GRUPO FINANCEIRO A QUE PERTENCE A INSTITUIÇÃO FINANCEIRA - SUMULA 083/STJ. I - OS REQUISITOS DE CERTEZA, LIQUIDEZ E EXIGIBILIDADE DEVEM ESTAR INSITOS NO TITULO. A APURAÇÃO DOS FATOS, A ATRIBUIÇÃO DE RESPONSABILIDADE OU A EXEGESE DE CLAUSULAS CONTRATUAIS TORNAM NECESSÁRIO O PROCESSO DE CONHECIMENTO E DESCARACTERIZAM O DOCUMENTO OU O TITULO EXECUTIVO, QUALQUER QUE SEJA. II - O PRINCIPIO, ASSIM CONSUBSTANCIADO NO VERBETE 60/STJ E REVIGORADO PELO LEGISLADOR QUE, COM A VIGÊNCIA DO CÓDIGO DO CONSUMIDOR, PASSOU A COIBIR CLAUSULAS, CUJA PACTUAÇÃO IMPORTE NO CERCEIO DA LIVRE MANIFESTAÇÃO DA VONTADE DO CONSUMIDOR." III - INVIAVEL E O ESPECIAL QUANDO OS

FUNDAMENTOS EM QUE SE APOIA O DECISORIO RECORRIDO RECOLHE TESES PACIFICADAS NO STJ (SUMULA 083/STJ). IV - RECURSO NÃO CONHECIDO. Data da Decisão 09/09/1996 Órgão Julgador T3 - TERCEIRA TURMA Decisão: POR UNANIMIDADE, NÃO CONHECER DO RECURSO ESPECIAL.

VI.I – Da inadmissibilidade da cumulação de comissão de permanência com correção monetária, juros moratórios, remuneratórios e multa – súmulas 30 e 296 do STJ

Ora, a comissão de permanência não pode ser cumulada com a correção monetária, uma vez que a taxa de juros, para um País com inflação abaixo de um dígito, é, no mínimo, aviltante. A súmula 30 do STJ assim sentencia: **"A comissão de permanência e a correção monetária são inacumuláveis".**

Além da decisão inquestionável do STJ, a PORTARIA SDE Nº 4, DE 13 DE MARÇO DE 1998 ao aditar o Art. 51 da Lei 8.080/90 (CDC), estabeleceu critérios claros e rigorosos a este respeito:

> **"São nulas de pleno direito, entre outras, as cláusulas contratuais relativas ao fornecimento de produtos e serviços que: (...)**
> **7 - estabeleçam cumulativamente a cobrança de comissão de permanência e correção monetária; (...)".**

Desta forma, o Banco, utilizando taxas "de juros de mercado", embute a correção monetária e comissão de permanência para compô-lo, até atingir patamares nada razoáveis.

Em recente decisão do STJ, julgamento em 27/04/2005, publicado no DJ em 04/05/2005, o Min. Relator CARLOS ALBERTO MENEZES DIREITO, AgRg Resp 712.801/RS (2004/0183802-4), assim se pronunciou em seu voto:

> "Tal como relatado, a irresignação do banco agravante reside na parte da decisão que proibiu a cobrança da comissão de permanência cumulada com os encargos moratórios - juros de mora e multa contratual.
>
> Sem razão, contudo.
>
> (...)
>
> Portanto, sem dúvida, a comissão de permanência, conforme vem sendo pactuada nos contratos bancários, conserva nítido caráter de cláusula penal, amoldada às disposições dos artigos 916 e seguintes do Código Civil: só é devida quando ocorrer atraso no pagamento do débito; tem função coercitiva para que o devedor pague até a data do

vencimento; estabelece indenização decorrente do inadimplemento do contrato, objetivando ressarcir o credor pelo atraso.

(...)

Portanto, diante de tais considerações, forçoso é admitir que estando pactuada a comissão de permanência nos contratos com instituições financeiras, incidente após o vencimento da dívida, indevida é a multa pelo inadimplemento do devedor. Tal se dá porque a multa, como cláusula penal que é, também tem a mesma função da comissão de permanência, qual seja, a de proporcionar ao credor o ressarcimento pelos prejuízos decorrentes do atraso, revestindo-se num bis in idem intolerável.

Além do mais, conforme prevê o item II, da Resolução n.º 1.129, do Banco Central do Brasil, além dos juros de mora e da comissão de permanência não é permitida às instituições financeiras a cobrança de quaisquer outras quantias compensatórias pelo atraso no pagamento dos débitos vencidos. E a multa, como cláusula penal que é, dispõe da função compensatória, objetivando indenizar o prejuízo causado pelo atraso no pagamento da obrigação.

Concluindo, muito embora a estipulação da multa, como cláusula penal, seja possível nos contratos com as instituições financeiras, ex vi dos artigos 916 e seguintes do Código Civil, não poderá ela ser cobrada se o pacto estabelecer, também, a incidência de comissão de permanência na hipótese de não pagamento do débito na data do vencimento, ante a impossibilidade de coexistência de duas verbas com o mesmo objetivo - proporcionar ao credor um ressarcimento pelo prejuízo acarretado pelo atraso -, bem como tendo em conta a vedação imposta pelo item II, da Resolução n.º 1.129, a qual, se tem validade para permitir a cobrança da comissão de permanência, deve dispor de força suficiente para prevalecer naquilo que restringe aos contratos bancários.'(LOYOLA, Carlos Vitor Maranhão de, Inadmissibilidade de cumulação da comissão de permanência com multa contratual. In: Anais do simpósio sobre as condições gerais dos contratos bancários e a ordem pública econômica, promovido pelo Tribunal de Alçada do Paraná em agosto de 1988. Curitiba, Ed. Juruá, 1988, pp. 88-90)".

Portanto, pelas razões acima expostas, permanecem íntegros os fundamentos da decisão agravada para coibir a cobrança cumulada da comissão de permanência com os encargos moratórios.

Nego provimento ao agravo regimental".

Resumidamente, o Min. Relator reafirmou a jurisprudência dominante do STJ, citando outros precedentes:

"(...) Simultaneamente a esta discussão, já havia precedentes, consolidando a orientação no sentido de que não seria possível a cobrança cumulativa da comissão de permanência, também, em relação à multa e aos juros de mora (Terceira Turma: AgRgEDclREsp n° 292.984/RS, Relatora a Ministra Nancy Andrighi, DJ de 18/6/01; REsp n° 280.302/RS, de minha relatoria, DJ de 15/10/01; AgRgAg n° 357.585/SP, Relator o Ministro Castro Filho, DJ de 5/11/01; AgRgAg n° 252.688/SP, Relator o Ministro Antônio de Pádua Ribeiro, DJ de 18/12/2000; Quarta Turma: REsp n° 248.093/RS, Relator o Ministro Cesar Asfor Rocha, DJ de 14/8/2000; REsp n° 329.000/RS, Relator o Ministro Aldir Passarinho Junior, DJ de 4/2/02; AgRgAg n° 251.101/SP, Relator o Ministro Barros Monteiro, DJ de 28/10/02; REsp n° 357.049/RS, Relator o Ministro Aldir Passarinho Junior, DJ de 18/3/02). (...)"[5]

VII – Conclusão

Este parecer técnico demonstrou, através de procedimentos meramente matemáticos e técnico-contábeis **e disposições normativas do Conselho Monetário Nacional, com supervisão pelo Banco Central**, fundamentados na Legislação pertinente e decisões de egrégios tribunais, que o autor possui, técnica, matemática ou financeiramente, INDÉBITO a ser compensado no valor de R$ 7.934,78, já embutido o anatocismo, **suficiente para amortizar** quase vinte e uma parcelas (20,66).

Permanecendo o autor pagando as parcelas da renegociação como estão, irá ainda desembolsar o montante de R$ 6.773,22.

Como o contrato ainda não está integralmente quitado, **recomenda-se, pelo princípio da Prudência, o DEPÓSITO DA PARCELA INCONTROVERSA de R$ 303,84 a partir de 22/SET/2011, conforme evidencia o Anexo A-1.**

Apurou-se ainda que houve cumulação indevida de comissão de permanência com outros encargos em todas as parcelas.

O contrato originário foi ajustado com taxa de juros acima da média de mercado (2,8342%), enquanto que a média de mercado divulgada pelo BACEN assinalava taxa máxima de 2,48% (Anexo B – conforme se visualiza em Out/2008[6]).

---

[5] - AgRg Resp 712.801/RS (2004/0183802-4).

[6] - Considerou-se o mês anterior à assinatura do contrato por uma questão de lógica, uma vez que na época certamente a taxa média ainda não havia sido divulgada, pois só ocorre com o fechamento do mês.

Já o termo aditivo contratual de renegociação, assinado em 22/04/2010 (Anexo A-1) previu taxa de juros de 2,1204%, enquanto que a média de mercado era 1,78% (Anexo B, conforme se visualiza em Mar/2010).

É o parecer!

Sto. Ant.º da Platina/PR, 23 de agosto de 2011.

RONILDO DA CONCEIÇÃO MANOEL
CRC/PR 050.461/O-7

3.4.2 – Laudo Pericial Contábil Extrajudicial demonstrando indébito a ser restituído ao arrendatário em virtude de devolução do bem ao arrendador

REQUERENTE: XXXXXXXXXXX XXXXXXXXX
REQUERIDO: BFB LEASING S/A ARRENDAMENTO MERCANTIL
Autos: xxxxxxx/2011

LAUDO PERICIAL TÉCNICO-CONTÁBIL E FINANCEIRO

I – Preliminares

Este parecer TÉCNICO-CONTÁBIL extrajudicial foi elaborado seguindo os louvados princípios de imparcialidade, com fundamentação técnica e jurisprudencial.

II – Dos procedimentos adotados

O procedimento utilizado foi o de utilização de fatores de arrendamento mercantil dentro da média de mercado, **considerando que há juros remuneratórios embutidos na forma de taxa interna de retorno.**

O limitador para apuração do fator de arrendamento mercantil mais juros remuneratórios (taxa interna de retorno do leasing) foi a taxa média de mercado de juros para operações de crédito análogas, **divulgada oficialmente pelo BANCO CENTRAL.**

A partir da inadimplência aplicaram-se juros moratórios na proporção de 1% (um por cento) ao mês, desconsiderando a cumulação da comissão de permanência com a correção monetária mais juros moratórios, remuneratórios ou multa contratual e encargos adicionais, por serem ilegais, violando os dispositivos insertos nas súmulas 30 e 296, do Colendo Superior Tribunal de Justiça, e artigos 122 e 404 do CCB, excluindo-se ainda o anatocismo vedado pela Súmula 121 do Pretório Excelso.

Salienta-se que para composição do Anexo A, parte integrante deste Laudo Pericial Contábil, foram considerados todos os lançamentos constantes do contrato e comprovantes de pagamentos.

III – Objeto
O objeto deste parecer é o contrato de leasing n.º 4048199-6, junto ao banco requerido.

IV – Finalidade
A finalidade principal deste parecer é evidenciar com clareza palmar o crédito a favor do requerente **(arrendatário)**, tendo em vista à aplicação de fatores de arrendamento mercantil mais próximos da média de mercado, praticados pelo mercado interbancário, COM EXCLUSÃO do anatocismo e devolução do VRG pago diluído nas parcelas, tendo em vista à devolução do bem arrendado.

V – Parecer técnico com fundamentação jurisprudencial
Após apurado exame do contrato de leasing/arrendamento mercantil, verificou-se que houve cobrança abusiva de contraprestação pecuniária ou fator de locação (arrendamento mercantil), extrapolando a razoabilidade e boa-fé e Lei de Usura, e cumulação de comissão de permanência com correção monetária, juros moratórios ou remuneratórios e multa, conforme preceituam as súmulas 30 e 296, todas do STJ, além de evidenciada a prática de anatocismo mensal, banida pela Súmula 121 do STF.

Percebe-se, com clareza contábil e financeira, que há INDÉBITO a ser restituído no valor de R$ 7.269,68.

V.I – Devolução do VRG pago nas parcelas – cabimento
Considerando que o bem arrendado está sendo devolvido judicialmente, tecnicamente é cabível a restituição de parte das parcelas pagas mensalmente, ou seja, é cabível a devolução do VRG diluído nas parcelas, sob pena de enriquecimento ilícito do requerido.

É esta a jurisprudência pacífica do Superior Tribunal de Justiça:

> "O Valor Residual Garantido (VRG) consiste na fixação de um valor pelo qual o arrendador de um contrato de leasing estabelece para aquisição definitiva do bem por parte do arrendatário. Pode acontecer que o contrato de arrendamento mercantil firmado determinar a cobrança antecipada ou diluída nas prestações mensais. Porém, o contrato de leasing (ou arrendamento mercantil) permite

que o arrendatário (aquele que adquire o bem a título precário) devolva o bem, prorrogue o vínculo locatício ou obtenha a propriedade definitiva do objeto do contrato. Logo, não sendo de seu interesse a compra deste bem, poderá requerer a devolução integral do valor de VRG que tiver pago até então". (JurisWay – www.jurisway.org.br/ /v2/dropsjornal.asp?pagina=&idarea=&iddrops=411) **Resumo elaborado pelo JurisWay com base no** REsp 373.674/PR, Rel. Ministro Castro Filho, Terceira Turma, data de julgamento 16.11.2004 - Documento: 453312 - Inteiro Teor do Acórdão - Site certificado - DJ: 16/11/2004.

Portanto, é cabível a devolução do VRG diluído nas parcelas, tendo em vista à faculdade de devolução do bem preconizada pelo Art. 5.º da Lei 6.099/74.

O Ministro relator do REsp 373.674 assim entendeu, páginas 5 e 7 do Acórdão (com destaques não incluídos no original):

"Quanto ao ponto, portanto, aplica-se o enunciado 83 da Súmula desta Corte. Todavia, conquanto se admita a cobrança do valor residual garantido, em recente julgamento, esta Terceira Turma, em 04/09/2003, ao julgar o REsp 445.954/SP, relator Ministro Antônio de Pádua Ribeiro, entendeu que, diante da **RESOLUÇÃO DO CONTRATO DE ARRENDAMENTO MERCANTIL POR INADIMPLEMENTO DO ARRENDATÁRIO, É DEVIDA A DEVOLUÇÃO DO VRG,** à conta de ser uma conseqüência da reintegração do bem na posse da arrendante, razão pela qual a providência nem depende de requerimento expresso. (...) **O FATO DE O VALOR RESIDUAL PODER SER DILUÍDO PELO PRAZO DO CONTRATO SIGNIFICA QUE EXISTE A POSSIBILIDADE DA COMPRA DO BEM, DESDE QUE A OPÇÃO INTERESSE AO ARRENDATÁRIO.** Nessa linha de raciocínio, respeita-se o *pacta sunt servanda*, que também autoriza a arrendadora, por meio da cláusula resolutiva, a considerar antecipadamente vencido o contrato e exigível o pagamento da dívida no caso de o arrendatário não cumprir suas obrigações.

Retomada a posse direta do bem pela arrendante, por meio da ação de reintegração de posse, extinguiu-se a possibilidade de o arrendatário adquirir o bem.

Por conseguinte, deve ser devolvido o valor residual pago antecipadamente. Se esta devolução pode ser feita nos autos da ação de reintegração de posse, consoante o precedente desta Turma, deve ser admitida a compensação, evitando-se delongas desnecessárias e a propositura de outras ações para que o arrendatário possa reaver o valor despendido a esse título".

V.II – Parecer técnico com fundamentação jurisprudencial – ausência de mora do devedor – mora do credor – iliquidez e incerteza do pretenso débito cobrado – contraprestação pecuniária abusiva de leasing

Depois de apurado exame do contrato e comprovantes de pagamentos supracitados, verificou-se que houve cobrança CONTRAPRESTAÇÃO PECUNIÁRIA ABUSIVA DE LEASING, extrapolando a razoabilidade e boa-fé, ESTANDO EMBUTIDOS JUROS REMUNERATÓRIOS, CUNHA FISCAL, TAXAS OPERACIONAIS E RISCO DE CRÉDITO, com cumulação vedada da comissão de permanência com correção monetária, juros moratórios ou remuneratórios e multa, conforme preceituam as súmulas 30 e 296, todas do STJ.

A POSIÇÃO PACÍFICA E ESCORREITA DO STJ É DE QUE AS TAXAS DE JUROS NÃO DEVEM SER DISCREPANTES EM RELAÇÃO ÀS TAXAS DE MERCADO, tendo sido matéria já pacificada por esta egrégia Corte Superior, CONFORME EMENTAS ABAIXO COLACIONADAS:

> CONTRATO DE ARRENDAMENTO MERCANTIL. VALOR RESIDUAL GARANTIDO. ANTECIPAÇÃO. CÓDIGO DE DEFESA DO CONSUMIDOR. INCIDÊNCIA. TAXA DE JUROS. LIMITAÇÃO. ABUSIVIDADE. NÃO OCORRÊNCIA. REPETIÇÃO DO INDÉBITO. PROVA DE ERRO NO PAGAMENTO. DESNECESSIDADE. I - O Código de Defesa do Consumidor incide sobre os contratos firmados com instituições financeiras. II - A antecipação do valor residual garantido não desnatura o contrato de leasing (Súmula 293/STJ). III - Embora incidente o diploma consumerista aos contratos bancários, os

juros pactuados em limite superior a 12% ao ano não são considerados abusivos, exceto quando comprovado que discrepantes em relação à taxa de mercado, após vencida a obrigação. IV - Este Superior Tribunal já firmou entendimento de que não se faz necessária, para que se determine a repetição do indébito em contrato como o dos autos, a prova do erro no pagamento. Agravo de instrumento conhecido, para dar parcial provimento ao recurso especial. **(STJ - AI 472485 - RS (200201146820) - 3ª T. - Rel. Min. Castro Meira - DJU 15.12.2005);**

CONTRATO DE ARRENDAMENTO MERCANTIL. VALOR RESIDUAL GARANTIDO. ANTECIPAÇÃO. CÓDIGO DE DEFESA DO CONSUMIDOR. INCIDÊNCIA. TAXA DE JUROS. ABUSIVIDADE. LEI 4.595/64. LEGISLAÇÃO ESPECÍFICA. VARIAÇÃO CAMBIAL. PROVA DA CAPTAÇÃO DE RECURSOS NO EXTERIOR. MATÉRIA DE PROVA. I - A antecipação do valor residual garantido não desnatura o contrato de leasing (Súmula 293/STJ). II - Os juros pactuados em limite superior a 12% ao ano não afrontam a lei; somente são considerados abusivos quando comprovado que discrepantes em relação à taxa de mercado, após vencida a obrigação. Destarte, embora incidente o diploma consumerista aos contratos bancários, preponderam, no que se refere à taxa de juros, a Lei 4.595/64 e a Súmula 596/STF. III - Afirmado pelo acórdão recorrido que não ficou provada a captação de recursos em moeda estrangeira ou sua utilização na aquisição do bem arrendado, a pretensão de alterar a conclusão esbarra no óbice do enunciado 7 da Súmula desta Corte. Recurso especial provido em parte. **(STJ - REsp 527093 - RS (2003/0034198-2) - 3ª T. - Rel. Min. Castro Filho - DJU 08.09.2005).**

Desta forma, o que se pretende provar é que as taxas de locação ou contraprestação pecuniária do leasing são abusivas em relação às praticadas nas operações de leasing/arrendamento mercantil, considerando o próprio balizador caracterizado como formador das taxas de juros de mercado, ou seja, Certificados de Depósitos Interfinanceiros (CDIs), que já embute rentabilidade do banco, cunha fiscal e outros fatores.

Portanto, Excelência, técnico-contabilmente, albergando-se na escorreita e pacífica decisão jurisprudencial do STJ e do Art. 618, CPC, PODE-SE, PELO PRINCÍPIO LOUVADO DA PRUDÊNCIA, EM CONFORMIDADE COM AS NORMAS BRASILEIRAS DE CONTABILIDADE, AFIRMAR QUE HÁ INDÉBITO a ser restituído ao autor, tendo em vista que este não mais tem interesse em ficar com o veículo arrendado e albergando-se em uma prerrogativa legal prevista na Lei 6.099/74, Art. 5.º, conforme Anexo A. Em consonância aos princípios da razoabilidade e proporcionalidade ou conforme posição dominante do STJ (taxas não-discrepantes), o montante geral do indébito a ser restituído é de R$ 7.269,68, **já deduzidas as parcelas inadimplidas, conforme demonstra o Anexo A.**

A jurisprudência caminha no sentido de invalidar ou anular quaisquer títulos ilíquidos e incertos:

> EXECUÇÃO POR TÍTULO EXTRAJUDICIAL – Instrumento de confissão e renegociação de operações de crédito originário de contrato de abertura de crédito em conta-corrente (cheque especial – Realmaster) – **CIRCUNSTÂNCIA QUE RETIRA A FORÇA EXECUTIVA DOS TÍTULOS EXEQÜENDOS – DEMONSTRATIVO DO DÉBITO JUNTADO AOS AUTOS DA EXECUÇÃO QUE NÃO FAZ REMISSÃO ÀS OPERAÇÕES ANTERIORES,** apesar de no documento executado constar expressamente a existência das mesmas – Singeleza do extrato – Possibilidade do conhecimento de tais questões de ofício pelo magistrado – Ofensa ao artigo 614, II c.c. Os artigos 598 e 267, I, todos do Código de Processo Civil – Anulação da execução – Recurso provido – Execução anulada. (1º TACSP – AP 0848472-6 – Piracicaba – 4ª C. – Rel. Juiz J. B. Franco de Godoi – J. 08.10.2003);

> CONTRATO DE ABERTURA DE CRÉDITO EM CONTA CORRENTE (CHEQUE ESPECIAL) E ESCRITURA PÚBLICA DE CONFISSÃO DE DÍVIDA COM GARANTIA HIPOTECÁRIA – Ação de revisão contratual. Preliminares. 1. Inépcia da inicial. (...) Os negócios jurídicos bancários realizados merecem alteração judicial se inobservada a boa-fé objetiva que deflui do sistema jurídico, relativamente às cláusulas abusivas (inválidas) que estabeleceram as parcelas acessórias. Manifesta a ilegalidade parcial das cláusulas que fixaram parcelas acessórias abusivas, devem ser reconhecidas suas invalidades, das quais decorre a ineficácia do direito da entidade bancária/financeira. Reconhecimento de ofício. Tratando-se de nulidade de pleno direito, diante do que dispõem as normas do Código de Defesa do Consumidor, impõe-se o reconhecimento pelo juiz, independentemente de alegação das partes, como preceitua o parágrafo único do artigo 146 do Código Civil, afastando-se, de ofício, a abusividade da cláusula. Precedentes do STJ.

NULIDADE DA ESCRITURA PÚBLICA DE CONFISSÃO DE DÍVIDA COM GARANTIA HIPOTECÁRIA. RECONHECIDA A EXISTÊNCIA DE DISPOSIÇÕES NEGOCIAIS ABUSIVAS NO CONTRATO DE ABERTURA DE CRÉDITO EM CONTA CORRENTE (CHEQUE ESPECIAL) QUE ORIGINOU A ESCRITURA PÚBLICA DE CONFISSÃO DE DÍVIDA COM GARANTIA HIPOTECÁRIA, RESTA ILIQUIDIFICADO O CRÉDITO REPRESENTADO NESTE INSTRUMENTO CONTRATUAL, IMPONDO-SE, PORTANTO, A SUA NULIDADE, MERECENDO MANUTENÇÃO A DECISÃO SINGULAR NO PONTO. Juros remuneratórios. Reduzidos a 12% ao ano. Capitalização. Na espécie, permitida a capitalização anual no contrato de crédito rotativo na conta corrente, pela aplicação do artigo 4º do Decreto nº 22.626/33. Comissão de permanência. Descabimento. Disposição de ofício. Correção monetária. Adoção do IGP-M como índice de atualização monetária. Disposição de ofício. Mora. Pela cobrança de parcelas acessórias abusivas, descaracterizada a mora *solvendi*. Encargos moratórios. Descaracterizada a existência de mora, descabe a cobrança dos encargos dela decorrentes, como multa e juros moratórios. Quando houver mora, limita-se a multa contratual a 2% sobre as parcelas inadimplidas, pela aplicação do Código de Defesa do Consumidor (disposição de ofício). Efeito restitutório. Redefinidos os critérios de cálculo das parcelas acessórias, a restituição dos valores eventualmente pagos a maior é efeito decorrente da decisão. Compensação. Pela aplicação do princípio da restituição integral, cabe, na hipótese, a compensação, a ser efetivada entre as parcelas prestadas ineficazmente pelo consumidor e o eventual débito pendente em razão dos negócios jurídicos celebrados com o fornecedor. Compensação de verba honorária. Impossibilidade. Na hipótese em exame, inexiste identificação entre a figura dos credores e dos devedores. Ou seja, aqueles que detém os créditos (patronos) não possuem qualquer relação de débito com os devedores (partes), impossibilitada, portanto, a compensação. Afastadas as preliminares, apelo desprovido, com disposições de ofício. (TJRS – APC 70005343942 – 14ª C.Cív. – Rel. Des. João Armando Bezerra Campos – J. 27.11.2003).

VI – Fator de arrendamento mercantil pela média de mercado - contraprestação pecuniária - VRG - fundamentação técnica, doutrinária e jurisprudencial

Considerando a brilhante interferência doutrinária, Arnaldo Rizzardo assim define o fator de arrendamento mercantil ou contraprestação pecuniária: **"(...) os juros entram na composição das contraprestações, mercê do caráter complexo do contrato, porque tais parcelas remuneram não apenas o aspecto locação, inerente ao leasing, mas também servem à compensação da desvalorização do bem arrendado e o custo do capital investido, aí em seu aspecto de financiamento".** (RIZZARDO, Arnaldo. Leasing - Arrendamento Mercantil no Direito Brasileiro. 4ª ed. São Paulo: RT, p. 74).

Quanto ao VRG, o ilustre Mestre assim nos ensina na obra já citada, p. 70, 2.ª edição:

> **"Há uma distinção entre opção de compra e do valor residual de garantia, ou resíduo que sobra depois do pagamento de todas as prestações. A opção de compra é estabelecida em favor do arrendatário, não ocorrendo o mesmo quanto ao valor residual garantido, que é uma quantia mínima que deve receber o arrendador."**

Continua o mestre, falando do tema:

> **"Ora, o valor residual garantido pouco representa, pelo menos na sistemática que leva a fixar as prestações, as quais compreendem o valor total do bem. O que existe no arrendamento é a possibilidade de não se exercer a opção de compra. Exigindo a complementação do valor, caso a alienação a terceiro ficar aquém do valor residual, indiretamente está-se impondo a aquisição do bem. Ademais, admitindo que o valor residual expresse alguma parcela do produto arrendado, mostra-se evidente que a permanência do mesmo deverá cobrir a parcela do valor residual, o qual, aliás, é fixado pela própria empresa que arrenda. Por último, ficando ao seu arbítrio a fixação do preço, afiguram-se possíveis engenhos dirigidos a falsear a realidade do preço efetivamente conseguido."**

Conclui-se, tecnicamente, que os contratos de leasing/arrendamento mercantil, quando inadimplidos, o arrendador só pode cobrar, **no máximo,** as prestações inadimplidas, e não as prestações vincendas, justamente porque as taxas de arrendamento ou contraprestação **como pagamento antecipado da maior parte do preço,** conforme **JURISPRUDÊNCIA PACIFICADA PELO STJ,** tendo em vista aos **doze precedentes ora colacionados:**

1) RESP 0146544 UF:RS ANO:97 RIP:00061376

"LEASING". RESOLUÇÃO. PRESTAÇÕES VINCENDAS. A RESOLUÇÃO DO CONTRATO DE "LEASING", SEJA OPERACIONAL OU FINANCEIRO, NÃO PERMITE QUE A ARRENDANTE EXIJA AS PRESTAÇÕES VINCENDAS A TITULO DE INDENIZAÇÃO. PRECEDENTES DO STJ. SÚMULA 83. RECURSO NÃO CONHECIDO.

ORIGEM: TRIBUNAL:STJ ACÓRDÃO - JULGADOR: QUARTA TURMA

DECISÃO:05-03-1998 - FONTE: DJ DATA:08/06/1998 PG:00121

RELATOR: MINISTRO RUY ROSADO DE AGUIAR

2) RESP 0016824 UF:SP ANO:91 RIP:00024057

ARRENDAMENTO MERCANTIL. LEASING. RESOLUÇÃO DO CONTRATO POR INADIMPLEMENTO DO ARRENDATARIO. CONSEQÜÊNCIAS. NÃO EXIGIBILIDADE DAS PRESTAÇÕES 'VINCENDAS'. O INADIMPLEMENTO DO ARRENDATARIO, PELO NÃO PAGAMENTO PONTUAL DAS PRESTAÇÕES AUTORIZA O ARRENDADOR A RESOLUÇÃO DO CONTRATO E A EXIGIR AS PRESTAÇÕES VENCIDAS ATÉ O MOMENTO DA RETOMADA DE POSSE DOS BENS OBJETO DO 'LEASING', E CLÁUSULAS PENAIS CONTRATUALMENTE PREVISTAS, ALÉM DO RESSARCIMENTO DE EVENTUAIS DANOS CAUSADOS POR USO NORMAL DOS MESMOS BENS.

O 'LEASING' E CONTRATO COMPLEXO, CONSISTINDO FUNDAMENTALMENTE NUM ARRENDAMENTO MERCANTIL COM PROMESSA DE VENDA DO BEM APÓS O TERMINO DO PRAZO CONTRATUAL, SERVINDO 'ENTÃO' AS PRESTAÇÕES COMO PAGAMENTO ANTECIPADO DA MAIOR PARTE DO PREÇO. NO CASO DE RESOLUÇÃO, A EXIGÊNCIA DE PAGAMENTO DAS PRESTAÇÕES 'POSTERIORES' A RETOMADA DO BEM, SEM A CORRESPONDENTE POSSIBILIDADE DE O COMPRADOR ADQUIRI-LO, APRESENTA-SE COMO CLÁUSULA LEONINA E INJURÍDICA. RECURSO ESPECIAL CONHECIDO PELO DISSIDIO, E PROVIDO.

ORIGEM: TRIBUNAL: STJ ACÓRDÃO - JULGADOR: QUARTA TURMA

DECISÃO: 23-03-1993 - FONTE: DJ DATA: 28/06/1993 PG: 12895

RSTJ VOL.: 00050 PG: 00216 - RELATOR: MINISTRO ATHOS CARNEIRO

3) RESP 0066688 UF:RS ANO:95 RIP:00025465
ARRENDAMENTO MERCANTIL (LEASING). INADIMPLEMENTO DO ARRENDATARIO. RESOLUÇÃO DO CONTRATO. EM TAL CASO, O ARRENDANTE TEM O DIREITO DE EXIGIR O PAGAMENTO APENAS DAS PRESTAÇÕES VENCIDAS ATE O MOMENTO DA RETOMADA DA POSSE DO BEM. PRECEDENTES DO STJ: RESP 16.824. RECURSO CONHECIDO PELO DISSIDIO, MAS IMPROVIDO.
ORIGEM: TRIBUNAL: STJ ACÓRDÃO - JULGADOR: TERCEIRA TURMA
DECISÃO: 10-03-1997 - FONTE: DJ DATA: 12/05/1997 PG:18796
RELATOR: MINISTRO NILSON NAVES

4) RESP 0132960 UF:SC ANO:97 RIP:00035547
LEASING. EXTINÇÃO DO CONTRATO. PRESTAÇÕES VINCENDAS. RESOLVIDO O CONTRATO DE ARRENDAMENTO MERCANTIL E RETOMADO O BEM, DESCABE A EXIGÊNCIA DO PAGAMENTO DAS PRESTAÇÕES VINCENDAS. PRECEDENTES. RECURSO NÃO CONHECIDO.
ORIGEM: TRIBUNAL: STJ ACÓRDÃO - JULGADOR: QUARTA TURMA
DECISÃO: 14-10-1997 - FONTE: DJ DATA:24/11/1997 PG:61228
RELATOR: MINISTRO RUY ROSADO DE AGUIAR

5) LEASING - RESP 54989/RS ; RECURSO ESPECIAL (94/0030080-8)
Fonte: DJ DATA:23/06/1997 PG:29134 - Relator: Ministro SÁLVIO DE FIGUEIREDO TEIXEIRA (1088) Ementa DIREITOS COMERCIAL E ECONÔMICO. ARRENDAMENTO MERCANTIL (LEASING). PRESTAÇÕES. REAJUSTE. CLAUSULA POTESTATIVA. RECURSO DESACOLHIDO. I - E VEDADA A ESTIPULAÇÃO ARBITRARIA, PELO CREDOR, DE ÍNDICE NÃO PACTUADO PELOS CONTRATANTES. II - CONFIGURA-SE A POTESTATIVIDADE DE CLAUSULA QUANDO SE RELEGA AO EXCLUSIVO ARBÍTRIO DE UMA DAS PARTES TODO O EFEITO DA MANIFESTAÇÃO DA VONTADE, NÃO POSSIBILITANDO A OUTRA PARTE A INTERFERÊNCIA VOLITIVA NESSA FORMAÇÃO. Data da Decisão 13/05/1997

Órgão Julgador T4 - QUARTA TURMA Decisão: POR UNANIMIDADE, NÃO CONHECER DO RECURSO.

6) LEASING - RESP - 66592/SC ; RECURSO ESPECIAL - **(95/0025281-3) Fonte : DJ DATA:05/10/1998 PG:00090 - Relator Ministro BUENO DE SOUZA (205) Ementa DIREITO COMERCIAL. LEASING. ÍNDICE DE CORREÇÃO MONETÁRIA. 1 - A orientação que veio a prevalecer nesta Corte repudia, com veemência, possa o credor, a seu talante, estipular unilateralmente o índice de correção das prestações. 2 - Recurso especial conhecido, mas desprovido. Data da Decisão 10/03/1998 Órgão Julgador T4 - QUARTA TURMA Decisão Por unanimidade, conhecer do recurso, mas lhe negar provimento. Indexação : IMPOSSIBILIDADE, UNILATERALIDADE, CREDOR, ESCOLHA, ÍNDICE, CORREÇÃO MONETÁRIA, PRESTAÇÃO, ARRENDAMENTO MERCANTIL,CARACTERIZAÇÃO, CLAUSULA POTESTATIVA.**

7) LEASING - RESP 146544/RS ; RECURSO ESPECIAL - **(97/0061376-3) - Fonte -DJ DATA:08/06/1998 PG:00121 - Relator -Ministro RUY ROSADO DE AGUIAR (1102) - Ementa -"LEASING". RESOLUÇÃO. PRESTAÇÕES VINCENDAS. A RESOLUÇÃO DO CONTRATO DE "LEASING", SEJA OPERACIONAL OU FINANCEIRO, NÃO PERMITE QUE A ARRENDANTE EXIJA AS PRESTAÇÕES VINCENDAS A TITULO DE INDENIZAÇÃO. PRECEDENTES DO STJ. SUMULA 83. RECURSO NÃO CONHECIDO. Data da Decisão -05/03/1998 - Órgão Julgador -T4 - QUARTA TURMA Decisão -POR UNANIMIDADE, NÃO CONHECER DO RECURSO.**

8) LEASING - RESP 149301/RS ; RECURSO ESPECIAL- **(97/0066697-2) Fonte: DJ DATA:21/09/1998 PG:00184 - Relator Ministro BARROS MONTEIRO (1089) Ementa "LEASING". NOTIFICAÇÃO. VALOR DO DÉBITO. Constitui requisito para a propositura da ação reintegratória a notificação prévia da arrendatária, mencionando-se o montante do débito atualizado até a data do ajuizamento e fornecendo-se desde logo os elementos necessários para a sua determinação final. Recurso especial não conhecido. Data da Decisão 24/06/1998 Órgão Julgador T4 - QUARTA TURMA Decisão: Por unanimidade, não conhecer do recurso. Indexação: NECESSIDADE, NOTIFICAÇÃO PREVIA, ARRENDATARIO, VALOR, DEBITO, OBJETIVO,**

AJUIZAMENTO, AÇÃO DE REINTEGRAÇÃO DE POSSE, DECORRÊNCIA, MORA, ARRENDAMENTO MERCANTIL, CARACTERIZAÇÃO, REQUISITO ESSENCIAL.

9) LEASING - RESP 150099/MG ; RECURSO ESPECIAL(97/0069692-8) Fonte: DJ DATA:08/06/1998 PG:00123 - Relator Ministro RUY ROSADO DE AGUIAR (1102) Ementa: LEASING". AÇÃO DE REINTEGRAÇÃO DE POSSE. ÂMBITO DA DEFESA DO RÉU. A AÇÃO DE REINTEGRAÇÃO DE POSSE E A VIA PROCESSUAL QUE A LEI CONCEDE AO CREDOR PARA O DESFAZIMENTO DO CONTRATO DE "LEASING" PELO DESCUMPRIMENTO DO DEVEDOR. A PROCEDÊNCIA DA AÇÃO DEPENDE DA EXISTÊNCIA DA MORA E DA SUA GRAVIDADE A PONTO DE JUSTIFICAR A EXTINÇÃO DO CONTRATO. TENDO O DEVEDOR ALEGADO QUE AS PRESTAÇÕES MENSAIS ESTÃO SENDO CALCULADAS ABUSIVAMENTE, DEVE O JUIZ EXAMINAR ESSA DEFESA. POIS A REINTEGRATORIA E A VIA PRÓPRIA PARA ISSO. RECURSO CONHECIDO E PROVIDO EM PARTE. Data da Decisão 05/03/1998 Órgão Julgador T4 - QUARTA TURMA -Decisão: POR UNANIMIDADE, CONHECER DO RECURSO E DAR-LHE PROVIMENTO.

10) LEASING - RESP 165570/SP ; RECURSO ESPECIAL - (98/0014018-2) - Fonte -DJ DATA:29/06/1998 PG:00221 - Relator - Ministro RUY ROSADO DE AGUIAR (1102) - Ementa - "LEASING". PLANO VERÃO. CORREÇÃO MONETÁRIA. AS OBRIGAÇÕES ASSUMIDAS EM CONTRATO DE "LEASING" SÃO CORRIGIDAS, APÓS A EDIÇÃO DO PLANO VERÃO, PELO DISPOSTO NA LEI NUM. 7.730/89, E NÃO PELO ÍNDICE QUE A ARRENDADORA ESCOLHER. RECURSO CONHECIDO E PROVIDO. Data da Decisão -19/05/1998 - Órgão Julgador -T4 - QUARTA TURMA - Decisão -POR UNANIMIDADE, CONHECER DO RECURSO E DAR-LHE PROVIMENTO.

11) LEASING - RESP 45792/GO ; RECURSO ESPECIAL - (94/0008146-4) Fonte: DJ DATA:22/06/1998 PG:00080 - Relator Ministro BARROS MONTEIRO (1089) Ementa FALÊNCIA. EMISSÃO DE DUPLICATAS COM BASE EM CONTRATO DE "LEASING". INIDONEIDADE. AS DUPLICATAS REPRESENTATIVAS DE PRESTAÇÕES DO CONTRATO DE "LEASING", AINDA QUE COM EXPRESSA PREVISÃO NA

AVENÇA, NÃO CONSTITUEM TÍTULOS IDÔNEOS A EMBASAR PEDIDO DE FALÊNCIA, POR NÃO CORRESPONDEREM A VENDA DE BENS, NEM TAMPOUCO A UMA EFETIVA PRESTAÇÃO DE SERVIÇOS. RECURSO ESPECIAL CONHECIDO, EM PARTE, E PROVIDO. Data da Decisão: 03/03/1998 Órgão Julgador: T4 - QUARTA TURMA Decisão: POR UNANIMIDADE, CONHECER EM PARTE DO RECURSO E, NESSA PARTE, DAR-LHE PROVIMENTO.

12) LEASING - RESP 82262/RJ ; RECURSO ESPECIAL - (95/0065677-9) Fonte: DJ DATA:14/10/1996 PG:39005 Relator: Ministro WALDEMAR ZVEITER (1085) Ementa: COMERCIAL E PROCESSUAL - ARRENDAMENTO MERCANTIL (LEASING), GARANTIDO POR CAMBIAL, ILIQUIDEZ DO TITULO EXTRAJUDICIAL - INVALIDADE DE CAMBIAL EMITIDA POR GRUPO FINANCEIRO A QUE PERTENCE A INSTITUIÇÃO FINANCEIRA - SUMULA 083/STJ. I - OS REQUISITOS DE CERTEZA, LIQUIDEZ E EXIGIBILIDADE DEVEM ESTAR INSITOS NO TITULO. A APURAÇÃO DOS FATOS, A ATRIBUIÇÃO DE RESPONSABILIDADE OU A EXEGESE DE CLAUSULAS CONTRATUAIS TORNAM NECESSÁRIO O PROCESSO DE CONHECIMENTO E DESCARACTERIZAM O DOCUMENTO OU O TITULO EXECUTIVO, QUALQUER QUE SEJA. II - O PRINCIPIO, ASSIM CONSUBSTANCIADO NO VERBETE 60/STJ E REVIGORADO PELO LEGISLADOR QUE, COM A VIGÊNCIA DO CÓDIGO DO CONSUMIDOR, PASSOU A COIBIR CLAUSULAS, CUJA PACTUAÇÃO IMPORTE NO CERCEIO DA LIVRE MANIFESTAÇÃO DA VONTADE DO CONSUMIDOR." III - INVIAVEL E O ESPECIAL QUANDO OS FUNDAMENTOS EM QUE SE APOIA O DECISORIO RECORRIDO RECOLHE TESES PACIFICADAS NO STJ (SUMULA 083/STJ). IV - RECURSO NÃO CONHECIDO. Data da Decisão 09/09/1996 Órgão Julgador T3 - TERCEIRA TURMA Decisão: POR UNANIMIDADE, NÃO CONHECER DO RECURSO ESPECIAL.

VI.I – Da inadmissibilidade da cumulação de comissão de permanência com correção monetária, juros moratórios, remuneratórios e multa – súmulas 30 e 296 do STJ

Ora, a comissão de permanência não pode ser cumulada com a correção monetária, uma vez que a taxa de juros, para um País com inflação abaixo de um dígito, é, no mínimo, aviltante. A súmula 30 do STJ assim sentencia: **"A comissão de permanência e a correção monetária são inacumuláveis".**

Além da decisão inquestionável do STJ, a PORTARIA SDE Nº 4, DE 13 DE MARÇO DE 1998 ao aditar o Art. 51 da Lei 8.080/90 (CDC), estabeleceu critérios claros e rigorosos a este respeito:

> **"São nulas de pleno direito, entre outras, as cláusulas contratuais relativas ao fornecimento de produtos e serviços que: (...)**
> **7 - estabeleçam cumulativamente a cobrança de comissão de permanência e correção monetária; (...)".**

Desta forma, o Banco, utilizando taxas "de juros de mercado", embute a correção monetária e comissão de permanência para compô-lo, até atingir patamares nada razoáveis.

Em recente decisão do STJ, julgamento em 27/04/2005, publicado no DJ em 04/05/2005, o Min. Relator CARLOS ALBERTO MENEZES DIREITO, AgRg Resp 712.801/RS (2004/0183802-4), assim se pronunciou em seu voto:

> "Tal como relatado, a irresignação do banco agravante reside na parte da decisão que proibiu a cobrança da comissão de permanência cumulada com os encargos moratórios - juros de mora e multa contratual.
>
> Sem razão, contudo.
>
> (...)
>
> Portanto, sem dúvida, a comissão de permanência, conforme vem sendo pactuada nos contratos bancários, conserva nítido caráter de cláusula penal, amoldada às disposições dos artigos 916 e seguintes do Código Civil: só é devida quando ocorrer atraso no pagamento do débito; tem função coercitiva para que o devedor pague até a data do vencimento; estabelece indenização decorrente do inadimplemento do contrato, objetivando ressarcir o credor pelo atraso.
>
> (...)
>
> Portanto, diante de tais considerações, forçoso é admitir que estando pactuada a comissão de permanência nos contratos com instituições financeiras, incidente após o vencimento da dívida, indevida é a multa pelo inadimplemento do devedor. Tal se dá porque a multa, como cláusula penal que é, também tem a mesma função da comissão de permanência, qual seja, a de proporcionar ao credor o ressarcimento pelos prejuízos decorrentes do atraso, revestindo-se num bis in idem intolerável.
>
> Além do mais, conforme prevê o item II, da Resolução n.º 1.129, do Banco Central do Brasil, além dos juros de mora e da comissão de

permanência não é permitida às instituições financeiras a cobrança de quaisquer outras quantias compensatórias pelo atraso no pagamento dos débitos vencidos. E a multa, como cláusula penal que é, dispõe da função compensatória, objetivando indenizar o prejuízo causado pelo atraso no pagamento da obrigação.

Concluindo, muito embora a estipulação da multa, como cláusula penal, seja possível nos contratos com as instituições financeiras, ex vi dos artigos 916 e seguintes do Código Civil, não poderá ela ser cobrada se o pacto estabelecer, também, a incidência de comissão de permanência na hipótese de não pagamento do débito na data do vencimento, ante a impossibilidade de coexistência de duas verbas com o mesmo objetivo - proporcionar ao credor um ressarcimento pelo prejuízo acarretado pelo atraso -, bem como tendo em conta a vedação imposta pelo item II, da Resolução n.º 1.129, a qual, se tem validade para permitir a cobrança da comissão de permanência, deve dispor de força suficiente para prevalecer naquilo que restringe aos contratos bancários.'(LOYOLA, Carlos Vitor Maranhão de, Inadmissibilidade de cumulação da comissão de permanência com multa contratual. In: Anais do simpósio sobre as condições gerais dos contratos bancários e a ordem pública econômica, promovido pelo Tribunal de Alçada do Paraná em agosto de 1988. Curitiba, Ed. Juruá, 1988, pp. 88-90)".

Portanto, pelas razões acima expostas, permanecem íntegros os fundamentos da decisão agravada para coibir a cobrança cumulada da comissão de permanência com os encargos moratórios.
Nego provimento ao agravo regimental".

Resumidamente, o Min. Relator reafirmou a jurisprudência dominante do STJ, citando outros precedentes:

"(...) Simultaneamente a esta discussão, já havia precedentes, consolidando a orientação no sentido de que não seria possível a cobrança cumulativa da comissão de permanência, também, em relação à multa e aos juros de mora (Terceira Turma: AgRgEDclREsp nº 292.984/RS, Relatora a Ministra Nancy Andrighi, DJ de 18/6/01; REsp nº 280.302/RS, de minha relatoria, DJ de 15/10/01; AgRgAg nº 357.585/SP, Relator o Ministro Castro Filho, DJ de 5/11/01; AgRgAg nº 252.688/SP, Relator o Ministro Antônio de Pádua Ribeiro, DJ de 18/12/2000; Quarta Turma: REsp nº 248.093/RS, Relator o Ministro Cesar Asfor Rocha, DJ de 14/8/2000; REsp nº 329.000/RS, Relator o

Ministro Aldir Passarinho Junior, DJ de 4/2/02; AgRgAg nº 251.101/SP, Relator o Ministro Barros Monteiro, DJ de 28/10/02; REsp nº 357.049/RS, Relator o Ministro Aldir Passarinho Junior, DJ de 18/3/02). (...)"[7]

VII – Conclusão

Este parecer técnico demonstrou, através de procedimentos meramente matemáticos e técnico-contábeis **e disposições normativas do Conselho Monetário Nacional, com supervisão pelo Banco Central**, fundamentados na Legislação pertinente e decisões de egrégios tribunais, que o autor possui, técnica, matemática ou financeiramente, INDÉBITO a ser restituído no valor de R$ 7.269,68, já deduzidas as parcelas inadimplidas.

Apurou-se ainda que houve cumulação indevida de comissão de permanência com outros encargos em todas as parcelas.

Considerando tecnicamente as disposições legais previstas na Lei 6.099/74, Art. 5.º, com respaldo pela jurisprudência do STJ (REsp 373.674/PR), uma vez que o autor não pretende mais ficar com o veículo arrendado, este laudo pericial contábil demonstrou que o indébito de R$ 7.269,68 é líquido, pois já foram deduzidas as parcelas que estavam inadimplentes desde 28/08/2010 a 28/08/2011.

Portanto, não há mora **do devedor, mas apenas indébito a ser restituído, considerando o pagamento comprovado do Valor Residual Garantido (VRG).**

É o parecer!

Sto. Ant.º da Platina/PR, 21 de setembro de 2011.

RONILDO DA CONCEIÇÃO MANOEL
CRC/PR 050.461/O-7

3.4.3 – Laudo Pericial Contábil Extrajudicial - Parecer técnico-contábil e financeiro demonstrando indébito a ser compensado com redução de parcelas a serem consignadas no valor mensal de R$ 732,32

Requerente: PAULO xxxxxxxxxxxxxxxxxxxx
Requerido: BANCO SANTANDER
Comarca: Curitiba/PR

PARECER TÉCNICO-CONTÁBIL e FINANCEIRO

---

[7] - AgRg Resp 712.801/RS (2004/0183802-4).

I – Preliminares

Este parecer extrajudicial foi elaborado seguindo os louvados princípios de imparcialidade, com fundamentação técnica e jurisprudencial.

II – Dos procedimentos adotados

O procedimento utilizado foi o de recálculo dos saldos devedores, atualizando-os com os DIs (Depósitos Interfinanceiros) a partir da inadimplência mais juros moratórios na proporção de 1% (um por cento) ao mês, desconsiderando a cumulação da comissão de permanência com a correção monetária mais juros moratórios, remuneratórios ou multa contratual e encargos adicionais, por serem ilegais, violando os dispositivos insertos nas súmulas 30, 296 e 382, do Colendo Superior Tribunal de Justiça, e artigos 122 e 404 do CCB, excluindo-se ainda o anatocismo vedado pela Súmula 121 do Pretório Excelso.

Salienta-se que para composição dos Anexos A, B, C e D, partes integrantes deste Parecer, foram considerados todos os lançamentos constantes dos contratos (Anexos A-1 e B-1) ora apensos e extratos de empréstimos, Anexos B-2, C-1 e D-1.

III – Objetos

Os objetos deste parecer são: CRÉDITO PESSOAL ELETRÔNICO N.º - C/C 00332133000010000329; CRÉDITO PESSOAL C/PROTEÇÃO N.º 00338033200800380021 - C/C 00332133000010000329; CRÉDITO AUTOMÁTICO N.º 00015207 - C/C 00332133000010000329 e CÉDULA DE CRÉDITO COMERCIAL N.º 00332133320000035150 - C/C 00332133000010000329 e extratos bancários do período, além dos contratos (cópias), Anexos A-1 e B-1, B-2, C-1 e D-1.

IV – Finalidade

A finalidade principal deste parecer é evidenciar com clareza palmar o crédito a ser compensado a favor do requerente, tendo em vista à aplicação de taxas de juros não-discrepantes e de acordo com o mercado, dentro de uma prática razoável, em conformidade com o mercado interbancário (apuração das taxas pelos DIs – Depósitos Interfinanceiros) e jurisprudência dominante do STJ.

V – Parecer técnico com fundamentação jurisprudencial

Após apurado exame dos contratos de empréstimos e renegociação, verificou-se que houve cobrança de juros abusivos, extrapolando a razoabilidade e boa-fé e Lei de Usura, além da capitalização de juros sobre juros, e cumulação de comissão de permanência com correção monetária, juros moratórios ou remuneratórios e multa, conforme preceituam as súmulas 30, 296 e 382, todas do STJ, além de evidenciada a prática de anatocismo mensal, banida pela Súmula 121 do STF.

O requerente, antes de renegociar e confessar sua dívida, pagou parcialmente três outros empréstimos, conforme se visualiza nos anexos B, C e D, respectivamente de R$ 19.000,00, R$ 30.000,00 e R$ 12.000,00.

Percebe-se, com clareza contábil e financeira, que há considerável redução do saldo devedor quando da efetivação da renegociação, cédula de crédito comercial n.º 00332133320000035150 (Anexos A e A-1). **A nova dívida reduziu-se para R$ 39.084,50** (era anteriormente confessada de forma equivocada no montante de R$ 88.896,42, anexo A-1), **com parcelas a serem depositadas em juízo no valor mensal de R$ 732,32, pelo sistema de amortização linear (juros simples), desconsiderando a capitalização composta de juros, banida pela Súmula 121 do STF.**

V.I – Parecer técnico com fundamentação jurisprudencial – ausência de mora do devedor – mora do credor – iliquidez e incerteza do pretenso débito cobrado

Depois de apurado exame dos contratos de empréstimos supracitados e comprovantes de pagamentos, verificou-se que houve cobrança de juros abusivos, extrapolando a razoabilidade e boa-fé e Lei de Usura, além da capitalização de juros sobre juros, e cumulação vedada da comissão de permanência com correção monetária, juros moratórios ou remuneratórios e multa, conforme preceituam as súmulas 30, 296 e 382, todas do STJ, além de evidenciada a prática de anatocismo mensal, banida pela Súmula 121 do STF.

Demonstrar-se-á que o pretenso débito, originário de três operações de créditos denominadas empréstimos (crédito pessoal, Anexo B; crédito automático, Anexo C; e Crédito Pessoal Eletrônico, Anexo D), não é contabilmente líquido, certo ou exigível, pois a redução da dívida confessada foi na proporção aproximada de 50%, tendo em vista que o **Anexo A-1** (cópia do contrato de Cédula de Crédito Comercial _ renegociação dos outros três empréstimos evidenciados através dos anexos B, C e D) demonstra um valor confessado (financiado) de forma **totalmente equivocada** no montante de R$ 88.896,42, campo 11.5, enquanto que o valor devido seria de R$ 39.084,50 (Anexo A), cujo valor foi apurado aplicando-se a taxa de juros de mercado para esta operação de crédito, conforme indexador evidenciado nos Anexos A, B, C e D (DIs – Depósitos Interfinanceiros).

Mutatis mutantis, ressalta-se que a POSIÇÃO PACÍFICA E ESCORREITA DO STJ (considerando *in casu* a analogia) É DE QUE MESMO OS EXTRATOS[8] DE CONTA CORRENTE E CONTRATO DE ABERTURA DE CONTA CORRENTE NÃO SÃO SUFICIENTES PARA TORNAREM O DÉBITO LÍQUIDO, CERTO E

---

[8] - Está ausente a grande maioria deles.

EXIGÍVEL, tendo sido matéria já sumulada por esta egrégia Corte Superior, CONFORME EMENTAS ABAIXO COLACIONADAS, *VERBIS*:

> PROCESSUAL CIVIL - EMBARGOS À EXECUÇÃO - CONTRATO DE ABERTURA DE CRÉDITO - TÍTULO EXECUTIVO - INEXISTÊNCIA - ART. 585, II, CPC - I. O CONTRATO DE ABERTURA DE CRÉDITO EM CONTA CORRENTE, AINDA QUE ACOMPANHADO DE EXTRATOS DE MOVIMENTAÇÃO FINANCEIRA, NÃO CONSTITUI TÍTULO HÁBIL PARA A PROMOÇÃO DE AÇÃO EXECUTIVA. II. Precedentes da 2ª Seção. III. Recurso conhecido e desprovido. (STJ - REsp 190410-RS - 4ª T. - Rel. Min. Aldir Passarinho Junior - DJU 22.11.1999);

> Agravo regimental. Recurso especial não admitido. Nota promissória. Conta-corrente. Iliquidez do título. - O contrato de abertura de crédito em conta- corrente, ainda que acompanhado de extratos de movimentação financeira, não constitui título hábil à promoção de ação executiva (Súm. 233/STJ). – A nota promissória, vinculada ao contrato de abertura de crédito, perde sua executividade (Súm. 258/STJ). (STJ - ADRESP 482033 - PROC 200201487803 MG - 3ª T. - Rel. Min. Humberto Gomes de Barros - DJU 10.05.2004, p.274).

Portanto, Excelência, técnico-contabilmente, albergando-se na escorreita e pacífica decisão jurisprudencial do STJ e do Art. 618, CPC, não há como emitir parecer sobre a real dívida do autor, por enquanto. PODE-SE, APENAS, PELO PRINCÍPIO LOUVADO DA PRUDÊNCIA, EM CONFORMIDADE COM AS NORMAS BRASILEIRAS DE CONTABILIDADE, AFIRMAR QUE HÁ DÉBITO EM RELAÇÃO À CONTA CORRENTE acima referida, conforme Anexo A. Somando-se os débitos da conta corrente (referente à cobrança de juros a maior em relação às taxas de mercado[9], em consonância aos princípios da razoabilidade e proporcionalidade) ou conforme posição dominante do STJ (taxas não-discrepantes), o montante geral do débito **provisório** é de R$ 39.084,50, pois poderá tornar-se **INDÉBITO,** após a conclusão do laudo pericial, tão logo haja a exibição do restante dos extratos, desde a data de abertura da conta corrente.

A jurisprudência caminha no sentido de invalidar ou anular quaisquer títulos ilíquidos e incertos:

---

[9] - Utilizou-se 2,61% em média como taxa de juros de mercado razoável (não-discrepante).

EXECUÇÃO POR TÍTULO EXTRAJUDICIAL – Instrumento de confissão e renegociação de operações de crédito originário de contrato de abertura de crédito em conta-corrente (cheque especial – Realmaster) – **CIRCUNSTÂNCIA QUE RETIRA A FORÇA EXECUTIVA DOS TÍTULOS EXEQÜENDOS – DEMONSTRATIVO DO DÉBITO JUNTADO AOS AUTOS DA EXECUÇÃO QUE NÃO FAZ REMISSÃO ÀS OPERAÇÕES ANTERIORES**, apesar de no documento executado constar expressamente a existência das mesmas – Singeleza do extrato – Possibilidade do conhecimento de tais questões de ofício pelo magistrado – Ofensa ao artigo 614, II c.c. Os artigos 598 e 267, I, todos do Código de Processo Civil – Anulação da execução – Recurso provido – Execução anulada. (1º TACSP – AP 0848472-6 – Piracicaba – 4ª C. – Rel. Juiz J. B. Franco de Godoi – J. 08.10.2003) JCPC.614 JCPC.614.II JCPC.598 JCPC.267 JCPC.267.I;

CONTRATO DE ABERTURA DE CRÉDITO EM CONTA CORRENTE (CHEQUE ESPECIAL) E ESCRITURA PÚBLICA DE CONFISSÃO DE DÍVIDA COM GARANTIA HIPOTECÁRIA – Ação de revisão contratual. Preliminares. 1. Inépcia da inicial. (...) Os negócios jurídicos bancários realizados merecem alteração judicial se inobservada a boa-fé objetiva que deflui do sistema jurídico, relativamente às cláusulas abusivas (inválidas) que estabeleceram as parcelas acessórias. Manifesta a ilegalidade parcial das cláusulas que fixaram parcelas acessórias abusivas, devem ser reconhecidas suas invalidades, das quais decorre a ineficácia do direito da entidade bancária/financeira. Reconhecimento de ofício. Tratando-se de nulidade de pleno direito, diante do que dispõem as normas do Código de Defesa do Consumidor, impõe-se o reconhecimento pelo juiz, independentemente de alegação das partes, como preceitua o parágrafo único do artigo 146 do Código Civil, afastando-se, de ofício, a abusividade da cláusula. Precedentes do STJ.

NULIDADE DA ESCRITURA PÚBLICA DE CONFISSÃO DE DÍVIDA COM GARANTIA HIPOTECÁRIA. RECONHECIDA A EXISTÊNCIA DE DISPOSIÇÕES NEGOCIAIS ABUSIVAS NO CONTRATO DE ABERTURA DE CRÉDITO EM CONTA CORRENTE (CHEQUE ESPECIAL) QUE ORIGINOU A ESCRITURA PÚBLICA DE CONFISSÃO DE DÍVIDA COM GARANTIA HIPOTECÁRIA, RESTA ILIQUIDIFICADO O

CRÉDITO REPRESENTADO NESTE INSTRUMENTO CONTRATUAL, IMPONDO-SE, PORTANTO, A SUA NULIDADE, MERECENDO MANUTENÇÃO A DECISÃO SINGULAR NO PONTO. Juros remuneratórios. Reduzidos a 12% ao ano. Capitalização. Na espécie, permitida a capitalização anual no contrato de crédito rotativo na conta corrente, pela aplicação do artigo 4º do Decreto nº 22.626/33. Comissão de permanência. Descabimento. Disposição de ofício. Correção monetária. Adoção do IGP-M como índice de atualização monetária. Disposição de ofício. Mora. Pela cobrança de parcelas acessórias abusivas, descaracterizada a mora *solvendi*. Encargos moratórios. Descaracterizada a existência de mora, descabe a cobrança dos encargos dela decorrentes, como multa e juros moratórios. Quando houver mora, limita-se a multa contratual a 2% sobre as parcelas inadimplidas, pela aplicação do Código de Defesa do Consumidor (disposição de ofício). Efeito restitutório. Redefinidos os critérios de cálculo das parcelas acessórias, a restituição dos valores eventualmente pagos a maior é efeito decorrente da decisão. Compensação. Pela aplicação do princípio da restituição integral, cabe, na hipótese, a compensação, a ser efetivada entre as parcelas prestadas ineficazmente pelo consumidor e o eventual débito pendente em razão dos negócios jurídicos celebrados com o fornecedor. Compensação de verba honorária. Impossibilidade. Na hipótese em exame, inexiste identificação entre a figura dos credores e dos devedores. Ou seja, aqueles que detêm os créditos (patronos) não possuem qualquer relação de débito com os devedores (partes), impossibilitada, portanto, a compensação. Afastadas as preliminares, apelo desprovido, com disposições de ofício. (TJRS – APC 70005343942 – 14ª C.Cív. – Rel. Des. João Armando Bezerra Campos – J. 27.11.2003).

VI – Dados da economia brasileira segundo o Banco Central – prova eficaz da abusividade das taxas de juros nas operações de crédito (cheque especial, crédito pessoal, etc)

Renomados economistas são uníssonos na questão da abusividade das taxas de juros cobradas pelas instituições financeiras.

Mais recentemente o economista e deputado federal, em seminário sobre *Spread* **Bancário**, sediado pela FIEC (Federação das Indústrias do Estado do Ceará), Dr. Gonzaga Mota, assim se pronunciou, *verbis*:

"(...) o spread é resultante da junção da cunha fiscal – que são os impostos que incidem sobre as operações financeiras –, das despesas administrativas das instituições financeiras, do índice de inadimplência dos tomadores e da margem de lucro dos bancos. (...) não se justifica que, apesar da estabilidade da cunha fiscal, da redução de 35% para 17% do índice de inadimplência e da queda nas despesas administrativas, os lucros dos bancos tenham aumentado mais que o dobro nos últimos anos".

Para o presidente da FIEC, Jorge Parente Frota Júnior, além das taxas de juros impraticáveis que vigoram no país hoje, outro grave problema que afeta o setor produtivo são as exigências dos bancos, que "insistem em operar com taxa de risco zero", afirmou. Parente lembrou que a questão regional também tem sido esquecida: "Não há um tratamento diferenciado que atenda as regiões menos favorecidas", argumentou, referindo-se à necessidade de políticas de investimento para as pequenas e médias empresas dessas regiões e de compulsórios diferenciados para as regiões mais pobres.

Abaixo, dados do BACEN que demonstram que os bancos não têm mais nenhuma justificativa **palpável** para a cobrança de taxas de juros colossais:

Componentes do spread	1999 %	2002 %
Despesas administrativas	22	14
Cunha fiscal	25	29
Índice de inadimplência	35	17
Lucros dos bancos	18	40

Questiona-se: qual a justificativa para taxas em patamares próximos dos 9% ao mês, nos últimos dez anos, enquanto que a taxa média de mercado razoável, apurada pelos DIs, **apontam para taxas máximas de 2,5% a 3% ao mês nas operações de cheque especial?**

Para o caso ora em lide, as taxas de juros apontam para uma média inferior a 1,05%, considerando apenas os DIs, que já contempla em seu bojo a cunha fiscal, taxa operacional e rentabilidade do Banco.

VII – Média da taxa de mercado, segundo as normas do banco central – jurisprudência dominante do STJ

Tecnicamente, as taxas de mercado, em conformidade com as normas do BACEN, são praticadas pela apuração das taxas de DIs (Depósitos Interfinanceiros ou Interbancários), QUANDO há comissão de permanência e pela SELIC, quando os juros são remuneratórios.

Mas o que são DIs e como se formam?

Os DIs são Certificados de Depósito Interbancário ou Interfinanceiro, negociados entre bancos, apurados através de Taxa porcentual da média diária das operações no mercado interfinanceiro.

A taxa DI se forma a partir da taxa SELIC projetada para o dia D + 1.

A TAXA SELIC, segundo dados da BOVESPA, CONSISTE:

1) Taxa básica de juros da economia brasileira, fixada periodicamente pelo COPOM - Comitê de Política Monetária do Banco Central.

2) taxa apurada no SELIC, obtida mediante o cálculo da taxa média ponderada e ajustada das operações de financiamento por um dia, lastreadas em títulos públicos federais e cursadas no referido Sistema na forma de operações compromissadas.

Neste caso, as operações compromissadas são operações de venda de títulos com compromisso de recompra assumido pelo vendedor, conjugadamente com compromisso de revenda assumido pelo comprador, para liquidação no dia útil seguinte.

Estão aptas a realizar operações compromissadas, por um dia útil, fundamentalmente as instituições financeiras habilitadas, como os bancos comerciais, bancos de investimento, corretoras e distribuidoras de valores.

Segundo o Banco Central,

> **"(...) as taxas de juros relativas às operações em questão refletem, basicamente, as condições instantâneas de liquidez no mercado monetário (oferta versus demanda de recursos).**
>
> **Estas taxas de juros não sofrem influência do risco do tomador de recursos financeiros nas operações compromissadas, uma vez que o lastro oferecido é homogêneo.**
>
> **Como todas as taxas de juros nominais, por outro lado, a Taxa SELIC pode ser decomposta *ex-post*, em duas parcelas: taxa de juros reais e taxa de inflação no período considerado.**
>
> **A Taxa SELIC, acumulada para determinados períodos de tempo, correlaciona-se positivamente com a taxa de inflação apurada ex post".**

É IMPORTANTE SALIENTAR, em termos de economia brasileira, que a taxa de juros de mercado deveria estar limitada a no máximo o dobro da taxa de juros de equilíbrio ou como limite a própria taxa SELIC[10], que de acordo com a BOVESPA, a taxa de juros de equilíbrio é:

---

[10] - Na prática, o dobro da taxa de juros de equilíbrio, atualmente, está abaixo da taxa anual SELIC, ou seja, entre 20,5% ao ano, considerando-se que para Maio/2009, foi fixada em 10,25% ao ano, pelo COPOM.

a) – Taxa de juros, descontada a inflação, que manteria o nível de preços constante e a economia a pleno emprego. Taxas inferiores causariam inflação e taxas mais altas, deflação.

O economista inglês J. M. Keynes definiu a taxa de equilíbrio como aquela associada ao nível de emprego de equilíbrio, que poderia não ser compatível com o pleno emprego.

Teoricamente a taxa de equilíbrio, em outros países, situa-se próximo de 1% a 2 % ao ano.

No Brasil, situa-se entre 8,5% e 9,5% ao ano, o que singulariza a economia brasileira.

Entre as causas possíveis, economistas realçam que o problema possa estar, de alguma forma, ligado à estrutura da formação da taxa de poupança no Brasil, muito dependente de poupança compulsória, ou falta de confiança no padrão monetário.

Para o economista Pérsio Arida, não existe conjunto pronto e acabado para lidar com a questão, mas ele alinha algumas áreas de pesquisa:

a) incentivos à poupança através de investimentos coletivos compulsórios, em lugar dos voluntários;

b) mal-estar em relação à estabilidade do padrão monetário e ao cumprimento de regras e obrigações contratuais;

c) arbitragens com taxas de juros externas em, regime de conversibilidade restrita;

d) série histórica de juros altos, onde taxas monetárias acabam por moldar a taxa de juros real.

O economista entende que tais hipóteses não são excludentes umas das outras.

Sendo assim, infere-se que a taxa de mercado, calculada pelos DIs (comissão de permanência) e SELIC (taxas de juros de mercado), ficou na proporção média de 0,9615%:

Tabela 01 – DIs:

Mês/Ano	DIs
mar/08	0,8382%
abr/08	0,8979%
mai/08	0,8704%
jun/08	0,9480%
jul/08	1,0640%
ago/08	1,0125%

Mês/Ano	DIs
set/08	1,0982%
out/08	1,1734%
nov/08	0,9959%
dez/08	1,0597%
jan/09	1,0424%
fev/09	0,8524%
mar/09	0,9664%
abr/09	0,8354%
mai/09	0,7662%
MÉDIA	
0,9615%	

Os anexos A, B, C e D demonstram que ao aplicarem-se taxas de mercado, conforme orientação do Superior Tribunal de Justiça, na proporção de 0,9615% ao mês, os autores teriam um débito no montante provisório de R$ 39.084,50, considerando-se apenas a DEDUÇÃO do anatocismo na forma singular e redução das taxas de juros, cobradas na média de 4,8% ao mês, para 0,9615% ao mês, conforme o estudo técnico ora apresentado.

Porém, para apurar os débitos restantes, mister se faz o apensamento de todos os outros extratos da conta corrente desde a data de implantação dos empréstimos, constando todas as renegociações e empréstimos, até a presente data.

Desta forma, mister se faz o apensamento dos extratos para real apuração das taxas de juros abusivas. Somente assim, poder-se-á demonstrar o débito total e não provisório, com os valores a serem compensados, tendo em vista aos juros abusivos praticados, acima das taxas de mercado.

O colendo Superior Tribunal de Justiça já assentou sua posição jurisprudencial neste sentido, *verbis*:

Agravo regimental. Recurso especial não admitido. Contrato de abertura de conta corrente. Nota promissória. Liquidez. 1. Não contém liquidez o contrato de abertura de crédito em conta corrente acompanhado de extratos bancários que não representam demonstrativo contábil adequado do débito. 2. A promissória emitida para conferir liquidez ao contrato de conta corrente, está vinculada ao mesmo, sendo necessário que também esteja acompanhada dos extratos bancários que demonstrem de forma satisfativa a real evolução do débito. Precedentes. 3. Tratando-se de condição da ação, pode a questão ser apreciada até mesmo de ofício no Tribunal de origem. 4. Agravo regimental improvido. Decisão. Por unanimidade, negar provimento ao agravo regimental. (STJ - AGA 197642 - Proc. 1998.00.53892-5 - RS - TERCEIRA TURMA - Rel. CARLOS ALBERTO MENEZES DIREITO - DJ DATA: 29.03.1999, p.176).

Conforme observar-se-á mais adiante, o STJ já concluiu que os financiamentos bancários, especialmente crédito rotativo (cheque especial), não podem estar cumulados com comissão de permanência com correção monetária, juros moratórios ou remuneratórios, mas deve seguir as taxas de mercado, conforme disposições do Banco Central. Sendo assim, conforme observou-se acima, **as taxas de mercado estão em média na proporção de 0,9615% ao mês para estas operações de crédito específicas.**

Se fosse ainda aplicado o *spread* **médio, as taxas não superariam 1,05% ao mês.**

VII.I – Disposições técnico-contábeis e financeiras nos contratos de cheque especial – disposições regulamentadas pelo Banco Central – violação às normas técnicas pelas instituições financeiras – Código de Defesa do Consumidor bancário

O renomado Mestre Newton Freitas[11] (Administrador de Carteira de Valores Mobiliários), assim se pronunciou sobre o que deve dispor os contratos de concessão de crédito, em conformidade com a Lei e normativos do Banco Central, *verbis*:

> **"O artigo 591 da Lei nº 10.406, de 10.01.2002, novo Código Civil, permitirá, expressamente, a partir de sua vigência em 11.01.2003, a capitalização anual dos juros.**
> **Prescreve o referido artigo: "Art. 591 - Destinando-se o mútuo a fins econômicos, presumem-se devidos juros, os quais, sob pena de redução, não poderão exceder a taxa a que se refere o art. 406, permitida a capitalização anual."**
> **(...)**
> **O credor pode estabelecer o pagamento mensal dos juros; a lei proíbe a capitalização, mas não proíbe a estipulação do pagamento mensal dos juros pelo devedor. No entanto o efeito do pagamento mensal dos juros é o mesmo da capitalização mensal, ou da incorporação mensal ou do débito mensal.**

---

[11] - Bacharel em Ciências Contábeis pela Universidade Federal do Ceará (1975); Curso de Aprendizagem Bancária, patrocinado pelo Banco do Nordeste S.A. (1966 a 1968); Curso de Mercado de Capitais, "New York University" (1979); Curso de Graduação em Poupança e Empréstimo, Northwestern University, Evanston, Illinois (1981/1982); Administrador de Carteira de Valores Mobiliários, autorizado pelo Ato Declaratório CVM nº 6024, de 04 jul. 2000, expedido pela Comissão de Valores Mobiliários (CVM), na forma da Instrução CVM nº 306, de 05 maio 1999.

Assim, acertadamente, o Banco Central do Brasil impõe às instituições financeiras, por meio da Circular n° 2.905/99, alterada pela Circular n° 2.936/99, que, para a devida transparência do custo para o consumidor, "os contratos de concessão de crédito devem conter informações a respeito de todos os encargos e despesas incidentes no curso normal da operação", discriminando, entre outros dados, a taxa efetiva anual dos juros.

O artigo 1°, inciso III, da Resolução n° 2.878, de 26.07.2001, do Conselho Monetário Nacional, conhecida como o Código de Defesa do Consumidor Bancário, estabelece que as instituições financeiras devem assegurar "clareza e formato que permitam fácil leitura dos contratos celebrados com clientes, contendo identificação de prazos, valores negociados, taxas de juros, de mora e de administração, comissão de permanência, encargos moratórios, multas por inadimplemento e demais condições".

Como se percebe, dentro do escopo meramente técnico, as instituições financeiras pecam por ludibriar os seus clientes, em especial nas operações denominadas de **limite de cheque especial, cujos contratos não possuem taxas de juros estipuladas, e quando o fazem, extrapolam a média mínima razoável do mercado financeiro.** Devemos ter em mente que as taxas de juros de mercado do cheque especial são formadas a partir das Dis (comissão de permanência) e pela SELIC, definida pelo COPOM (COMITÊ DE POLÍTICA MONETÁRIA – instituído em 20/06/1996), cujo objetivo é o de estabelecer as diretrizes da política monetária. Desta forma, este Comitê define a taxa de juros média dos financiamentos diários, com lastro em títulos federais, apurados no SISTEMA ESPECIAL DE LIQUIDAÇÃO E CUSTÓDIA – SELIC.

A criação do COPOM buscou proporcionar maior transparência e um ritual adequado ao processo decisório da autoridade monetária. Seguiu-se o exemplo do que já era adotado pelo FEDERAL OPEN MARKET COMMITTEE – FOMC –, do FEDERAL RESERVE, nos Estados Unidos, e pelo CENTRAL BANK COUNCIL, do BUNDESBANK, na Alemanha. Tal procedimento também foi adotado, em 06/1998, pelo BANK OF ENGLAND, com a criação do seu MONETARY POLICY COMMITTEE – MPC –, assim como pelo BANCO CENTRAL EUROPEU desde a criação do EURO, em 01/1999. A TAXA BÁSICA DE JUROS, estabelecida pelo BACEN através do COPOM, é o referencial da TAXA DE JUROS que o governo utiliza para se financiar, junto ao mercado, através da emissão de títulos públicos. Ela serve de base para outras TAXAS DE JUROS praticadas no país. Assim sendo, as TAXAS DE JUROS de mercado são determinadas a partir da TAXA BÁSICA DE JUROS da economia, estabelecida pelo COPOM, adicionada de um *SPREAD* BANCÁRIO.

Desta forma, considerando as taxas flutuantes médias (mínimas) pelas instituições financeiras, conclui-se que 0,9615% ao mês deveria ser a taxa **média** mínima de mercado para as operações de cheque especial. Sabendo-se inclusive que as taxas **médias** mínimas são suficientes para os bancos auferirem lucro e pagarem suas taxas administrativas, operacionais e tributárias, conforme banco de dados à disposição pelo BACEN.

VII.II – Dos juros abusivos – contratos bancários – cheque especial – crédito rotativo

Percebe-se nos Anexos A, B, C e D, B-2, C-1 e D-1, que foram cobradas taxas de juros abusivas. Na verdade, tecnicamente os juros cobrados estão revestidos de comissão de permanência e correção monetária, expressamente banida pela Súmula 30 do Superior Tribunal de Justiça, *in verbis*:

> **"A comissão de permanência e a correção monetária são inacumuláveis".** (Referências: Resp 02.369-SP (3ª T. 05.06.1990 - DJU 06.08.1990); Resp 04.443-SP (3ªT. 9.10.1990 - DJU 29.10.1990); REsp 10.493-SP (4ª T. 25.06.1991 - DJU 23.09.1991); EREsp 04.909-MG (2ª S. 12.06.1991 - DJU 09.09.1991); EREsp 08.706-SP (2ªS. 14.08.1991 - DJU 07.10.1991).

Se ainda não bastasse, percebe-se, tecnicamente, que a comissão de permanência está sendo cumulada também com juros moratórios ou remuneratórios mais multa, atingindo patamares gigantescos, em especial quando forem juntados os extratos de conta corrente (cheque especial), onde demonstrar-se-á que as taxas aplicadas aos empréstimos superaram os 4,0% ao mês (média de 4,8% a.m, desde Mar/2008 a Maio/2009, **conforme pode-se visualizar na tabela 01 acima, item VII.**

A ementa abaixo transcrita reafirma as decisões jurisprudenciais do colendo Superior Tribunal de Justiça, através do relator Min. CARLOS ALBERTO MENEZES DIREITO, AgRg Resp 712.801/RS (2004/0183802-4), 2.ª Seção, DJ 04/05/2005, **SOBRE A VEDAÇÃO DA CUMULAÇÃO DE COMISSÃO DE PERMANÊNCIA COM ENCARGOS ABUSIVOS**, *in verbis*:

> **Agravo regimental. Recurso especial. Ação de cobrança. Contrato de abertura de crédito em conta-corrente. Cumulação da comissão de permanência com juros** moratórios **e multa** contratual. **Precedentes da Corte.**
>
> 1. Confirma-se a jurisprudência da Corte que veda a cobrança da comissão de permanência com os juros moratórios e com a multa contratual, ademais de vedada a sua cumulação com a correção monetária e com os juros remuneratórios, a teor das Súmulas nº 30, nº 294 e nº 296 da Corte.
>
> 2. Agravo regimental desprovido.

Portanto, as taxas de mercado são, geralmente, estratosféricas porque estão acumuladas com CDI, SELIC, TR, correção monetária, juros moratórios e remuneratórios, dentre outros consectários.

VII.III – Aplicação da taxa de juros de mercado ao cheque especial de acordo com jurisprudência pacífica do STJ – mas qual o percentual razoável da taxa de mercado?

A questão adentra no campo econômico-financeiro, sem sombras de dúvidas.

Mas considerando o Ordenamento Jurídico ditado pelo STJ, limitando a cobrança das taxas de juros aplicadas ao cheque especial praticada pelo mercado, desde que as taxas não sejam discrepantes em relação às outras instituições financeiras, **considerando os princípios da razoabilidade e proporcionalidade,** deve-se primeiramente entender o que é este Mercado?

O Dicionário de Finanças da Bolsa de Valores de São Paulo (BOVESPA) define bem o vocábulo financeiro:
"1) Conjunto de atividades de compra e venda de determinado ativo financeiro, com fluxo expressivo e continuado de operações.
2) conjunto de atividades relacionadas às operações com ativos de características semelhantes - mercado de renda variável, mercado de renda fixa pública, mercado de renda fixa privada e outros".

O termo genérico mercado está intimamente relacionado ao mercado aberto:

> **"Mercado de compra e venda de títulos públicos orientado e fiscalizado pelo Banco Central.**
> **Instrumento de política monetária para expandir ou contrair as disponibilidades em dinheiro no mercado financeiro, e otimizar a liquidez da economia".**

Agora, como já se sabe a definição de mercado e mercado aberto, mister se faz relembrar que as taxas de juros praticadas pelo mercado são determinadas pelos DIs (Depósitos Interfinanceiros), os quais são formados pelas DIs, já definidas anteriormente.

Segundo o Banco Central, "as taxas de juros relativas às operações em questão refletem, basicamente, as condições instantâneas de liquidez no mercado monetário (oferta versus demanda de recursos)".

Estas taxas de juros não sofrem influência do risco do tomador de recursos financeiros nas operações compromissadas, uma vez que o lastro oferecido é homogêneo.

Como todas as taxas de juros nominais, por outro lado, a Taxa SELIC pode ser decomposta *ex-post*, em duas parcelas: taxa de juros reais e taxa de inflação no período considerado.

A Taxa SELIC, acumulada para determinados períodos de tempo, correlaciona-se positivamente com a taxa de inflação apurada ex post".

Considerando que a taxa DI também compõe os DIs, mensurando as taxas de mercado interbancário, praticadas pelas diversas instituições financeiras, deve-se agora apurar uma taxa de mercado razoável, permitindo a continuidade da empresa "banco" ou "instituição financeira" com margem de lucro suficiente para quitar suas obrigações trabalhistas, fiscais, comerciais e tributárias. Além de prover o lucro líquido para seus sócios.

Desta forma, levando-se em conta ainda a tabela extraída do Banco Central, evidenciando a média praticada pelas 43 principais instituições financeiras, infere-se que é totalmente possível aplicar-se como taxa de juros ao cheque especial um percentual em torno de 3,06% ao mês Ranking das Taxas de Operações de Crédito - Classificadas por ordem crescente de taxa – Pessoa Física :

Tabela 03

Posição	Instituição	Taxa de Juros (sem encargos)			Encargos		Taxa Total (4) = (1)+(2)+(3)
		Mínima	Máxima	Média (1)	Operac. (2)	Fiscais (3)	
1	BCO DAYCOVAL S A	1,80	7,50	1,90	0,00	0,12	2,02
2	BCO PROSPER S A	2,40	4,50	2,40	0,00	0,13	2,53
3	BCO RIBEIRAO PRETO S A	1,80	4,06	2,70	0,00	0,12	2,82
4	BCO MATONE S A	1,91	3,00	2,90	0,00	0,12	3,02
5	BCO CRUZEIRO DO SUL S A	1,70	5,00	3,08	0,00	0,13	3,21
6	BANCOOB	3,39	3,70	3,55	0,00	0,00	3,56
7	BANCO BONSUCESSO S A	1,74	10,90	3,46	0,00	0,12	3,59
8	BCO ALFA S A	2,17	5,47	3,58	0,00	0,13	3,71
9	BCO INDUSVAL S A	3,99	9,27	4,36	0,00	0,12	4,48
10	BCO INDUSTRIAL E COMERCIAL S A	4,23	8,19	4,71	0,00	0,13	4,84
11	BCO SAFRA S A	1,95	9,29	5,00	0,00	0,12	5,13
12	BCO INTERCAP S A	5,46	5,46	5,46	0,00	0,09	5,55
13	BCO DO NORDESTE DO BRASIL S A	3,07	5,74	5,51	0,00	0,12	5,64
14	BCO CAPITAL S A	5,70	5,72	5,71	0,00	0,12	5,83
15	BCO DO EST DO PI S A	2,12	7,13	6,02	0,00	0,11	6,14
16	BCO PAULISTA S A	5,90	7,50	6,07	0,00	0,12	6,19
17	BCO DA AMAZONIA S A	5,19	6,38	6,18	0,00	0,13	6,31
18	CAIXA ECONOMICA FEDERAL	2,25	7,20	6,54	0,00	0,12	6,66
19	BCO PANAMERICANO S A	1,71	8,00	7,00	0,00	0,09	7,09
20	BANKBOSTON BCO MULTIPLO S A	1,24	8,70	6,97	0,00	0,12	7,09
21	BCO DO EST DO RS S A	3,46	7,90	7,06	0,00	0,13	7,18

Posição	Instituição	Taxa de Juros (sem encargos)			Encargos		Taxa Total (4) = (1)+(2)+(3)
		Mínima	Máxima	Média (1)	Operac. (2)	Fiscais (3)	
22	BCO NOSSA CAIXA S A	2,00	8,10	7,17	0,00	0,13	7,30
23	BRB BCO DE BRASILIA S A	1,69	9,20	7,36	0,00	0,12	7,48
24	BCO DO BRASIL S A	2,21	7,81	7,36	0,00	0,12	7,48
25	BCO CITIBANK S A	3,32	9,30	7,41	0,00	0,09	7,50
26	BCO SUDAMERIS BRASIL S A	3,35	8,40	7,47	0,00	0,12	7,59
27	BCO ABN AMRO REAL S A	3,35	8,40	7,50	0,00	0,12	7,62
28	BCO DO EST DE SC S A	7,80	7,80	7,80	0,00	0,00	7,80
29	BCO BRADESCO S A	4,50	8,09	7,68	0,00	0,12	7,81
30	UNIBANCO UNIAO BCOS BRAS S A	3,90	8,39	7,83	0,00	0,12	7,95
31	BCO ITAU S A	3,16	8,50	7,86	0,00	0,12	7,98
32	BCO LUSO BRASILEIRO S A	6,66	10,38	7,95	0,00	0,13	8,07
33	BCO LA NACION ARGENTINA	8,20	8,20	8,20	0,00	0,08	8,28
34	BCO BANESTES S A	2,34	8,19	8,17	0,00	0,12	8,30
35	ITAÚ BANK BRASIL SA BCO MULTIP	1,50	8,47	8,20	0,00	0,12	8,32
36	BCO DO EST DE SE S A	2,10	8,40	8,28	0,00	0,12	8,40
37	BCO SANTANDER BRASIL S A	2,00	8,40	8,30	0,00	0,12	8,42
38	BCO.SANTANDER BANESPA	1,40	8,40	8,30	0,00	0,12	8,42
39	BCO EST SAO PAULO S A BANESPA	1,36	8,40	8,30	0,00	0,12	8,42
40	BCO MERCANTIL DO BRASIL S A	3,50	10,90	8,70	0,00	0,13	8,83
41	BCO DO EST DO PA S A	6,50	8,80	8,80	0,00	0,09	8,88
42	BCO SOFISA S A	1,40	10,00	10,00	0,00	0,12	10,12
43	BCO SCHAHIN S A	10,00	10,00	10,00	0,00	0,13	10,13

Primando-se pelos **princípios da Justiça, Razoabilidade, Moralidade, Proporcionalidade e Boa-fé,** a taxa de mercado razoável para a realidade brasileira não deveria ultrapassar os 3,06% ao mês. Em última análise, considerando a média do mercado das taxas de juros mínimas aplicadas pelas 43 instituições em foco, a taxa média (mínima razoável) seria 3,34% ao mês e não em torno de 9% cobrados atualmente pelos bancos.

Portanto, considerando que a Jurisprudência do Superior Tribunal de Justiça, após edição da EC 40/2003, tem pacificado a matéria quanto aos limites das taxas de juros para as instituições financeiras (cheque especial e cartão de crédito), determinando a aplicação das taxas de mercado conforme orientação do Banco Central, então a taxa razoável a ser aplicada para 2006 é 3,04% ou no máximo 3,34% ao mês.

MAS PARA TODO O PERÍODO, ora em foco, ou seja, a partir de Mar/2008 a Maio/2009, a taxa média a ser aplicada, considerando os mesmos princípios matemáticos e das Ciências Econômicas e Contábeis, seria de no máximo 0,9615% ao mês.

A plausibilidade, razoabilidade e proporcionalidade, na utilização da indigitada taxa de juros, ainda se justificam pela baixa taxa de equilíbrio no mercado brasileiro, oscilando entre 8,5% a 9,5% ao ano, para o cheque especial e entre 4,5% a 6,5% para empréstimos pessoais, acima das taxas de mercado apuradas pelos DIs.

VII.IV – Da inadmissibilidade da cumulação de comissão de permanência com correção monetária, juros moratórios, remuneratórios e multa – súmulas 30 e 296 do STJ

Ora, a comissão de permanência não pode ser cumulada com a correção monetária, uma vez que a taxa de juros, para um País com inflação abaixo de um dígito, é, no mínimo, aviltante. A súmula 30 do STJ assim sentencia: **"A comissão de permanência e a correção monetária são inacumuláveis"**.

Além da decisão inquestionável do STJ, a PORTARIA SDE Nº 4, DE 13 DE MARÇO DE 1998 ao aditar o Art. 51 da Lei 8.080/90 (CDC), estabeleceu critérios claros e rigorosos a este respeito, *in verbis*:

> **"São nulas de pleno direito, entre outras, as cláusulas contratuais relativas ao fornecimento de produtos e serviços que: (...)**
> **7 - estabeleçam cumulativamente a cobrança de comissão de permanência e correção monetária; (...)".**

Desta forma, o Banco, utilizando taxas "de juros de mercado", embute a correção monetária e comissão de permanência para compô-lo, até atingir patamares nada razoáveis.

Em recente decisão do STJ, julgamento em 27/04/2005, publicado no DJ em 04/05/2005, o Min. Relator CARLOS ALBERTO MENEZES DIREITO, AgRg Resp 712.801/RS (2004/0183802-4), assim se pronunciou em seu voto, *in verbis*:

> "Tal como relatado, a irresignação do banco agravante reside na parte da decisão que proibiu a cobrança da comissão de permanência cumulada com os encargos moratórios - juros de mora e multa contratual.
> Sem razão, contudo.
> (...)
> Portanto, sem dúvida, a comissão de permanência, conforme vem sendo pactuada nos contratos bancários, conserva nítido caráter de cláusula penal, amoldada às disposições dos artigos 916 e seguintes

do Código Civil: só é devida quando ocorrer atraso no pagamento do débito; tem função coercitiva para que o devedor pague até a data do vencimento; estabelece indenização decorrente do inadimplemento do contrato, objetivando ressarcir o credor pelo atraso.

(...)

Portanto, diante de tais considerações, forçoso é admitir que estando pactuada a comissão de permanência nos contratos com instituições financeiras, incidente após o vencimento da dívida, indevida é a multa pelo inadimplemento do devedor. Tal se dá porque a multa, como cláusula penal que é, também tem a mesma função da comissão de permanência, qual seja, a de proporcionar ao credor o ressarcimento pelos prejuízos decorrentes do atraso, revestindo-se num bis in idem intolerável.

Além do mais, conforme prevê o item II, da Resolução n.º 1.129, do Banco Central do Brasil, além dos juros de mora e da comissão de permanência não é permitida às instituições financeiras a cobrança de quaisquer outras quantias compensatórias pelo atraso no pagamento dos débitos vencidos. E a multa, como cláusula penal que é, dispõe da função compensatória, objetivando indenizar o prejuízo causado pelo atraso no pagamento da obrigação.

Concluindo, muito embora a estipulação da multa, como cláusula penal, seja possível nos contratos com as instituições financeiras, ex vi dos artigos 916 e seguintes do Código Civil, não poderá ela ser cobrada se o pacto estabelecer, também, a incidência de comissão de permanência na hipótese de não pagamento do débito na data do vencimento, ante a impossibilidade de coexistência de duas verbas com o mesmo objetivo - proporcionar ao credor um ressarcimento pelo prejuízo acarretado pelo atraso -, bem como tendo em conta a vedação imposta pelo item II, da Resolução n.º 1.129, a qual, se tem validade para permitir a cobrança da comissão de permanência, deve dispor de força suficiente para prevalecer naquilo que restringe aos contratos bancários.'(LOYOLA, Carlos Vitor Maranhão de, Inadmissibilidade de cumulação da comissão de permanência com multa contratual. In: Anais do simpósio sobre as condições gerais dos contratos bancários e a ordem pública econômica, promovido pelo Tribunal de Alçada do Paraná em agosto de 1988. Curitiba, Ed. Juruá, 1988, pp. 88-90)".

Portanto, pelas razões acima expostas, permanecem íntegros os fundamentos da decisão agravada para coibir a cobrança cumulada da comissão de permanência com os encargos moratórios.

Nego provimento ao agravo regimental".

Resumidamente, o Min. Relator reafirmou a jurisprudência dominante do STJ, citando outros precedentes, *in verbis*:

"(...) Simultaneamente a esta discussão, já havia precedentes, consolidando a orientação no sentido de que não seria possível a cobrança cumulativa da comissão de permanência, também, em relação à multa e aos juros de mora (Terceira Turma: AgRgEDclREsp n° 292.984/RS, Relatora a Ministra Nancy Andrighi, DJ de 18/6/01; REsp n° 280.302/RS, de minha relatoria, DJ de 15/10/01; AgRgAg n° 357.585/SP, Relator o Ministro Castro Filho, DJ de 5/11/01; AgRgAg n° 252.688/SP, Relator o Ministro Antônio de Pádua Ribeiro, DJ de 18/12/2000; Quarta Turma: REsp n° 248.093/RS, Relator o Ministro Cesar Asfor Rocha, DJ de 14/8/2000; REsp n° 329.000/RS, Relator o Ministro Aldir Passarinho Junior, DJ de 4/2/02; AgRgAg n° 251.101/SP, Relator o Ministro Barros Monteiro, DJ de 28/10/02; REsp n° 357.049/RS, Relator o Ministro Aldir Passarinho Junior, DJ de 18/3/02). (...)"[12]

VII.V – Da ilegalidade do anatocismo – Súmula 121 do Supremo Tribunal Federal

A capitalização de juros ou Anatocismo é banida pelos egrégios tribunais e legislações pertinentes, conforme súmula 121 do STF.

Excluindo o anatocismo embutidos nas operações com juros compostos, verificamos que a dívida confessada reduziu-se para R$ 39.084,50 (Anexo A).

VIII – Conclusão

Este parecer técnico demonstrou, através de procedimentos meramente matemáticos e técnico-contábeis **e disposições normativas do Banco Central**, fundamentados na Legislação pertinente e decisões de egrégios tribunais, que o autor possui, técnica, matemática ou financeiramente, um **débito provisório ou temporário de R$ 39.084,50**. Após a juntada de todos os extratos de conta corrente e empréstimos vinculados, então poder-se-á demonstrar SE REALMENTE há débito ou indébito.

Desta forma, como houve renegociação do pretenso débito exagerado de R$ 88.896,42 (Anexo A-1), então as parcelas devidas, **para o débito provisório,** é de R$ 732,32 mensais, a partir deste mês e não parcelas exageradas de R$ 3.304,93 (Anexo A-1).

---

[12] - AgRg Resp 712.801/RS (2004/0183802-4).

Considerando as parcelas impagas dos meses de Maio e Junho/2009, o montante a ser consignado atual é de R$ 1.491,10, passando a partir de 27/07/2009 a ser no valor de R$ 732,32.

Salienta-se: para que não haja prejuízo ao autor, mister se faz a exibição dos extratos de conta corrente e contrato de abertura do cheque especial desde o início da contratação, bem como exibição de todos os contratos de empréstimos vinculados às contas correntes.

É o parecer!

Londrina/PR, 06 de julho de 2009.

RONILDO DA C. MANOEL

CRC/PR 050.461/O-1

3.4.4 – Laudo pericial contábil extrajudicial de extratos de conta corrente de cheque especial demonstrando indébito

Requerente: Axxxxxxxxxxx
Requerido: BANCO DO BRASIL S/A
Autos: XXXXX/2009 – Vara Cível de Sto. Ant.º da Platina/PR

LAUDO PERICIAL EXTRAJUDICIAL – PARECER TÉCNICO-CONTÁBIL e FINANCEIRO

I – Preliminares

Este parecer extrajudicial foi elaborado seguindo os louvados princípios de imparcialidade, com fundamentação técnica e jurisprudencial, e nos Princípios Fundamentais e Normas Brasileiras de Contabilidade - Auditoria e Perícia, com ênfase para a Norma Técnica n.º 13 do Conselho Federal de Contabilidade (CFC).

II – Dos procedimentos adotados

O procedimento utilizado foi o de recálculo dos saldos devedores pelas taxas de juros de mercado (média), referenciadas pelos CDIs (Certificados de Certificados de Depósitos Interfinanceiros), atualizando-os a partir da inadimplência pela média do INPC mais IGP-DI, além dos juros moratórios na proporção de 1% (um por cento) ao mês quando o contrato foi posterior à vigência do Novo Código Civil (11/01/2003), quando então o percentual de mora é 0,5% (meio por cento) ao mês, desconsiderando a cumulação da comissão de permanência com a correção monetária mais juros moratórios, remuneratórios ou multa contratual e encargos adicionais, por serem ilegais, violando os dispositivos insertos nas súmulas 30, 294 e 296, do Colendo Superior Tribunal de Justiça, e artigos 122 e 404 do CCB, excluindo-se ainda o anatocismo vedado pela Súmula 121 do STF.

Salienta-se que para composição do Anexo A, parte integrante deste Parecer, foram considerados todos os lançamentos constantes dos extratos bancários (Anexo B, cópia dos autos de cautelar exibitória) da c/c XXXXXX-X.

III – Objetos

O objeto deste parecer: 1)- extratos de conta corrente (Cheque Especial Cheque Ouro), c/c AG 0426-X - C/C XXXXXX-X (Nov/1990 a Nov/1998), envolvendo **SOMENTE** os juros/encargos (Juros Saldo Devedor, código 123 no extrato bancário).

IV – Finalidade

A finalidade principal deste parecer é evidenciar com clareza palmar o crédito (indébito) a favor ou não do requerente, tendo em vista à aplicação de taxas de juros não-discrepantes e de acordo com a média do mercado demonstrada pelo Banco Central, **considerando a JURISPRUDÊNCIA DOMINANTE DO SUPERIOR TRIBUNAL DE JUSTIÇA**, dentro de uma prática razoável, em conformidade com o mercado interbancário (apuração das taxas pelos CDIs – Certificados de Depósitos Interfinanceiros).

Perceber-se-á que os bancos, em especial o Banco do Brasil, **extrapolam** a média de mercado desde 2002, considerando tão-somente os dados do **Relatório de Economia Bancária e Crédito do Banco Central**, ou seja, mesmo considerando a cunha fiscal (impostos direitos e indiretos), taxas operacionais, taxa de risco de crédito (inadimplência) e *spread* o Banco do Brasil surpreende pela **DISCREPÂNCIA** na cobrança das taxas de juros de mercado, violando as normas do Conselho Monetário Nacional, BACEN e jurisprudência do STJ.

V – Parecer técnico-contábil, de natureza financeira, com fundamentação jurisprudencial

Após apurado exame dos contratos de Cheque Especial (Cheque Ouro) e dos extratos de conta corrente, verificou-se que houve cobrança de **juros abusivos** e **DISCREPANTES em relação à média pratica no mercado interfinanceiro**, extrapolando a razoabilidade e boa-fé e Lei de Usura, além da capitalização de juros sobre juros, e cumulação de comissão de permanência com correção monetária, juros moratórios ou remuneratórios e multa, conforme preceituam as súmulas 30 e 296, todas do STJ, além de evidenciada a prática de anatocismo mensal, banida pela Súmula 121 do STF.

Percebe-se, com clareza contábil e financeira, que há apenas um INDÉBITO (provisório, pois ainda restam alguns extratos de conta corrente a serem juntados, ou seja, a partir de DEZ/1998 até a data da citação pelo juízo) **a ser restituído na proporção de R$ 135.930,50.**

V.I – Parecer técnico com fundamentação jurisprudencial – ausência de mora do devedor – mora do credor – repetição de indébito pela cobrança de juros acima da média de mercado

Depois de apurado exame dos extratos de conta corrente e de empréstimos supracitados e comprovantes de pagamentos, verificou-se que houve cobrança de juros abusivos, **COM DISCREPÂNCIA EM COMPARAÇÃO COM A MESMA OPERAÇÃO DE CRÉDITO DE OUTRAS INSTITUIÇÕES FINANCEIRAS.**

Demonstrar-se-á que o **INDÉBITO** é originário da cobrança abusiva dos juros relativos à utilização do Cheque Especial (Cheque Ouro).

Técnico-contabilmente, albergando-se na escorreita e pacífica decisão jurisprudencial do STJ e do Art. 618, CPC, há como emitir parecer sobre um indébito provisório a favor do autor, considerando o PRINCÍPIO LOUVADO DA PRUDÊNCIA, EM CONFORMIDADE COM AS NORMAS BRASILEIRAS DE CONTABILIDADE – Auditoria e Perícia do CFC, no montante de R$ 135.930,50.

VI – Dados da economia brasileira segundo o Banco Central – prova eficaz da abusividade das taxas de juros nas operações de crédito (cheque especial - cheque ouro, crédito pessoal, etc)

Renomados economistas são uníssonos na questão da abusividade das taxas de juros cobradas pelas instituições financeiras.

Mais recentemente o economista e deputado federal, em seminário sobre *Spread* **Bancário**, sediado pela FIEC (Federação das Indústrias do Estado do Ceará), Dr. Gonzaga Mota, assim se pronunciou:

> **"(...) o spread é resultante da junção da cunha fiscal – que são os impostos que incidem sobre as operações financeiras –, das despesas administrativas das instituições financeiras, do índice de inadimplência dos tomadores e da margem de lucro dos bancos. (...) não se justifica que, apesar da estabilidade da cunha fiscal, da redução de 35% para 17% do índice de inadimplência e da queda nas despesas administrativas, os lucros dos bancos tenham aumentado mais que o dobro nos últimos anos".**

Para o presidente da FIEC, Jorge Parente Frota Júnior, além das taxas de juros impraticáveis que vigoram no país hoje, outro grave problema que afeta o setor produtivo são as exigências dos bancos, que "insistem em operar com taxa de risco zero", afirmou. Parente lembrou que a questão regional também tem sido esquecida: "Não há um tratamento diferenciado que atenda as regiões menos favorecidas", argumentou, referindo-se à necessidade de políticas de investimento para as pequenas e médias empresas dessas regiões e de compulsórios diferenciados para as regiões mais pobres.

Abaixo, dados do BACEN que demonstram que os bancos não têm mais nenhuma justificativa **palpável** para a cobrança de taxas de juros colossais:

Componentes do spread	1999 %	2002 %
Despesas administrativas	22	14
Cunha fiscal	25	29
Índice de inadimplência	35	17
Lucros dos bancos	18	40

Questiona-se: qual a justificativa para taxas em patamares ABSURDOS próximos dos 22% ao mês (21,60% a.m), entre NOV/1990 A NOV/1998, enquanto que a taxa flutuante média de mercado razoável, referenciada pelos CDIs, **apontam para taxas médias entre 14,40% ao mês?**

Destaca-se que esta taxa ainda está elevada, mas foi a média praticada pelo mercado interbancário no período entre NOV/1990 A NOV/1998.

VII – Média da taxa de mercado, segundo as normas do Banco Central – jurisprudência dominante do STJ – recursos repetitivos

Tecnicamente, as taxas de mercado, em conformidade com as normas do BACEN, são praticadas pela apuração das taxas de CDIs (Certificados de Depósitos Interfinanceiros ou Interbancários), QUANDO há comissão de permanência e pela SELIC, quando os juros são remuneratórios.

Mas o que são CDIs e como se formam?

Os CDIs são Certificados de Depósito Interbancário ou Interfinanceiro, negociados entre bancos, apurados através de Taxa porcentual da média diária das operações no mercado interfinanceiro.

A taxa DI se forma a partir da taxa SELIC projetada para o dia D + 1.

A TAXA SELIC, segundo dados da BOVESPA, CONSISTE:

1) Taxa básica de juros da economia brasileira, fixada periodicamente pelo COPOM - Comitê de Política Monetária do Banco Central.

2) taxa apurada no SELIC, obtida mediante o cálculo da taxa média ponderada e ajustada das operações de financiamento por um dia, lastreadas em títulos públicos federais e cursadas no referido Sistema na forma de operações compromissadas.

Neste caso, as operações compromissadas são operações de venda de títulos com compromisso de recompra assumido pelo vendedor, conjugadamente com compromisso de revenda assumido pelo comprador, para liquidação no dia útil seguinte.

Estão aptas a realizar operações compromissadas, por um dia útil, fundamentalmente as instituições financeiras habilitadas, como os bancos comerciais, bancos de investimento, corretoras e distribuidoras de valores.

Segundo o Banco Central,

> "(...) as taxas de juros relativas às operações em questão refletem, basicamente, as condições instantâneas de liquidez no mercado monetário (oferta versus demanda de recursos).
>
> Estas taxas de juros não sofrem influência do risco do tomador de recursos financeiros nas operações compromissadas, uma vez que o lastro oferecido é homogêneo.
>
> Como todas as taxas de juros nominais, por outro lado, a Taxa SELIC pode ser decomposta *ex-post*, em duas parcelas: taxa de juros reais e taxa de inflação no período considerado.
>
> A Taxa SELIC, acumulada para determinados períodos de tempo, correlaciona-se positivamente com a taxa de inflação apurada ex post".

É IMPORTANTE SALIENTAR, em termos de economia brasileira, que a taxa de juros de mercado deveria estar limitada a no máximo o dobro da taxa de juros de equilíbrio ou como limite a própria taxa SELIC, que de acordo com a BOVESPA, a taxa de juros de equilíbrio é:

a) - Taxa de juros, descontada a inflação, que manteria o nível de preços constante e a economia a pleno emprego. Taxas mais baixas causariam inflação e taxas mais altas, deflação.

O economista inglês J. M. Keynes definiu a taxa de equilíbrio como aquela associada ao nível de emprego de equilíbrio, que poderia não ser compatível com o pleno emprego.

Teoricamente a taxa de equilíbrio, em outros países, situa-se próximo de 1% a 2 % ao ano.

No Brasil, situa-se entre 8,5% e 9,5% ao ano, o que singulariza a economia brasileira.

Entre as causas possíveis, economistas realçam que o problema possa estar, de alguma forma, ligado à estrutura da formação da taxa de poupança no Brasil, muito dependente de poupança compulsória, ou falta de confiança no padrão monetário.

Para o economista Pérsio Arida, não existe conjunto pronto e acabado para lidar com a questão, mas ele alinha algumas áreas de pesquisa:

a) incentivos à poupança através de investimentos coletivos compulsórios, em lugar dos voluntários;

b) mal-estar em relação à estabilidade do padrão monetário e ao cumprimento de regras e obrigações contratuais;

c) arbitragens com taxas de juros externas em, regime de conversibilidade restrita;

d) série histórica de juros altos, onde taxas monetárias acabam por moldar a taxa de juros real.

O economista entende que tais hipóteses não são excludentes umas das outras.

Sendo assim, infere-se que a taxa de mercado, referenciada pelos CDIs (taxas de juros de mercado para o Cheque Especial - Cheque Ouro), ficou na proporção média de 14,40% ao mês respectivamente, a partir de NOV/1990 A NOV/1998, já incluído o *spread*:

Tabela 01 – CDIs:

MÊS/ANO	CDIs
nov-90	23,05%
dez-90	27,78%
jan-91	23,46%
fev-91	8,72%
mar-91	10,01%
abr-91	12,49%
mai-91	12,64%
jun-91	10,66%
jul-91	13,26%
ago-91	15,97%
set-91	20,01%
out-91	26,10%

MÊS/ANO	CDIs
nov-91	31,98%
dez-91	30,46%
jan-92	29,07%
fev-92	30,32%
mar-92	25,20%
abr-92	23,75%
mai-92	22,94%
jun-92	24,24%
jul-92	26,31%
ago-92	25,73%
set-92	27,65%
out-92	28,19%
nov-92	26,09%
dez-92	26,06%
jan-93	28,78%
fev-93	28,56%
mar-93	28,54%
abr-93	30,39%
mai-93	30,93%
jun-93	31,80%
jul-93	32,79%
ago-93	34,80%
set-93	37,43%
out-93	38,39%
nov-93	38,07%
dez-93	40,64%
jan-94	43,25%

MÊS/ANO	CDIs
fev-94	41,46%
mar-94	46,98%
abr-94	45,97%
mai-94	48,12%
jun-94	48,43%
jul-94	6,68%
ago-94	4,16%
set-94	3,85%
out-94	3,65%
nov-94	4,11%
dez-94	3,84%
jan-95	3,47%
fev-95	3,24%
mar-95	4,41%
abr-95	4,22%
mai-95	4,27%
jun-95	4,05%
jul-95	4,01%
ago-95	3,81%
set-95	3,25%
out-95	3,06%
nov-95	2,84%
dez-95	2,73%
jan-96	2,56%
fev-96	2,31%
mar-96	2,20%
abr-96	2,03%

MÊS/ANO	CDIs
mai-96	2,00%
jun-96	1,94%
jul-96	1,91%
ago-96	1,95%
set-96	1,88%
out-96	1,86%
nov-96	1,79%
dez-96	1,79%
jan-97	1,74%
fev-97	1,66%
mar-97	1,63%
abr-97	1,66%
mai-97	1,58%
jun-97	1,59%
jul-97	1,61%
ago-97	1,58%
set-97	1,58%
out-97	1,68%
nov-97	2,98%
dez-97	2,91%
jan-98	2,67%
fev-98	2,11%
mar-98	2,18%
abr-98	1,69%
mai-98	1,63%
jun-98	1,60%
jul-98	1,69%

MÊS/ANO	CDIs
ago-98	1,47%
set-98	2,49%
out-98	2,93%
nov-98	2,58%
MÉDIA	
14,40%	

O anexo A demonstra que ao aplicarem-se taxas de mercado, conforme orientação do Superior Tribunal de Justiça, na proporção de 14,40% ao mês, o autor teria um INDÉBITO PROVISÓRIO no montante de R$ 135.930,50, considerando-se apenas a DEDUÇÃO do anatocismo na forma singular e redução das taxas de juros, cobradas na média de 21,60% ao mês, para 14,40% ao mês, conforme o estudo técnico ora apresentado e Anexo A.

Porém, para apurar os débitos restantes, INDISPENSÁVEL se faz o apensamento dos outros extratos da conta corrente a partir de DEZ/1998 até o momento do deferimento pelo juízo, constando todas as renegociações (se houver) e empréstimos.

O colendo Superior Tribunal de Justiça já assentou sua posição jurisprudencial neste sentido:

> Agravo regimental. Recurso especial não admitido. Contrato de abertura de conta corrente. Nota promissória. Liquidez. 1. Não contém liquidez o contrato de abertura de crédito em conta corrente acompanhado de extratos bancários que não representam demonstrativo contábil adequado do INDÉBITO PROVISÓRIO. 2. A promissória emitida para conferir liquidez ao contrato de conta corrente, está vinculada ao mesmo, sendo necessário que também esteja acompanhada dos extratos bancários que demonstrem de forma satisfativa a real evolução do DÉBITO PROVISÓRIO. Precedentes. 3. Tratando-se de condição da ação, pode a questão ser apreciada até mesmo de ofício no Tribunal de origem. 4. Agravo regimental improvido. Decisão. Por unanimidade, negar provimento ao agravo regimental. **(STJ - AGA 197642 - Proc. 1998.00.53892-5 - RS - TERCEIRA TURMA - Rel. CARLOS ALBERTO MENEZES DIREITO – DJ DATA: 29.03.1999, p.176).**

Conforme observar-se-á mais adiante, o STJ já concluiu que os financiamentos bancários, especialmente crédito rotativo (Cheque Especial -Cheque Ouro), não podem ser cumulados com comissão de permanência com correção monetária, juros moratórios ou remuneratórios, mas deve seguir as taxas de mercado, conforme disposições do Banco Central. Sendo assim, conforme se observou acima, **as taxas de mercado**, referenciadas pelos CDIs, **estão em média na proporção de 14,40% ao mês, SALIENTANDO,** para o período de NOV/1990 A NOV/1998, cujos extratos bancários estão acostados, Anexo B.

Agora, com a vigência da Lei de Recursos Repetitivos, a orientação no REsp n.º 1.112.879–PR é no sentido de que: **"Nos contratos de mútuo em que a disponibilização do capital é imediata, o montante dos juros remuneratórios praticados deve ser consignado no respectivo instrumento. Ausente a fixação da taxa no contrato, o juiz deve limitar os juros à média de mercado nas operações da espécie, divulgada pelo Bacen, salvo se a taxa cobrada for mais vantajosa para o cliente".**

VII.I – Disposições técnico-contábeis e financeiras nos contratos de cheque especial (cheque ouro) – disposições regulamentadas pelo Banco Central – relatório de economia bancária e crédito de 2002 a 2008 – juros e spread bancário – dados do BACEN – Código de Defesa do Consumidor bancário

O renomado Mestre Newton Freitas[13] (Administrador de Carteira de Valores Mobiliários), assim se pronunciou sobre o que deve dispor os contratos de concessão de crédito, em conformidade com a Lei e normativos do Banco Central, *verbis*:

> "O artigo 591 da Lei nº 10.406, de 10.01.2002, novo Código Civil, permitirá, expressamente, a partir de sua vigência em 11.01.2003, a capitalização anual dos juros.
> Prescreve o referido artigo: "Art. 591 - Destinando-se o mútuo a fins econômicos, presumem-se devidos juros, os quais, sob pena de redução, não poderão exceder a taxa a que se refere o art. 406, permitida a capitalização anual."
> (...)
> O credor pode estabelecer o pagamento mensal dos juros; a lei proíbe a capitalização, mas não proíbe a estipulação do pagamento mensal dos juros pelo devedor. No entanto o efeito do pagamento mensal dos juros é

---

[13] - Bacharel em Ciências Contábeis pela Universidade Federal do Ceará (1975); Curso de Aprendizagem Bancária, patrocionado pelo Banco do Nordeste S.A. (1966 a 1968); Curso de Mercado de Capitais, "New York University" (1979); Curso de Graduação em Poupança e Empréstimo, Northwestern University, Evanston, Illinois (1981/1982); Administrador de Carteira de Valores Mobiliários, autorizado pelo Ato Declaratório CVM nº 6024, de 04 jul. 2000, expedido pela Comissão de Valores Mobiliários (CVM), na forma da Instrução CVM nº 306, de 05 maio 1999.

o mesmo da capitalização mensal, ou da incorporação mensal ou do INDÉBITO PROVISÓRIO mensal.

Assim, acertadamente, o Banco Central do Brasil impõe às instituições financeiras, por meio da Circular n° 2.905/99, alterada pela Circular n° 2.936/99, que, para a devida transparência do custo para o consumidor, "os contratos de concessão de crédito devem conter informações a respeito de todos os encargos e despesas incidentes no curso normal da operação", discriminando, entre outros dados, a taxa efetiva anual dos juros.

O artigo 1°, inciso III, da Resolução n° 2.878, de 26.07.2001, do Conselho Monetário Nacional, conhecida como o Código de Defesa do Consumidor Bancário, estabelece que as instituições financeiras devem assegurar "clareza e formato que permitam fácil leitura dos contratos celebrados com clientes, contendo identificação de prazos, valores negociados, taxas de juros, de mora e de administração, comissão de permanência, encargos moratórios, multas por inadimplemento e demais condições".

Como se percebe, dentro do escopo meramente técnico, as instituições financeiras pecam por ludibriar os seus clientes, em especial nas operações denominadas de **limite de Cheque Especial (Cheque Ouro), cujos contratos não possuem taxas de juros estipuladas, e quando o fazem, extrapolam a média mínima razoável do mercado financeiro.** Devemos ter em mente que as taxas de juros de mercado do Cheque Especial (Cheque Ouro) são formadas a partir dos CDIs (comissão de permanência) e pela SELIC, definida pelo COPOM (COMITÊ DE POLÍTICA MONETÁRIA – instituído em 20/06/1996), cujo objetivo é o de estabelecer as diretrizes da política monetária. Desta forma, este Comitê define a taxa de juros média dos financiamentos diários, com lastro em títulos federais, apurados no SISTEMA ESPECIAL DE LIQUIDAÇÃO E CUSTÓDIA – SELIC.

A criação do COPOM buscou proporcionar maior transparência e um ritual adequado ao processo decisório da autoridade monetária. Seguiu-se o exemplo do que já era adotado pelo FEDERAL OPEN MARKET COMMITTEE – FOMC –, do FEDERAL RESERVE, nos Estados Unidos, e pelo CENTRAL BANK COUNCIL, do BUNDESBANK, na Alemanha. Tal procedimento também foi adotado, em 06/1998, pelo BANK OF ENGLAND, com a criação do seu MONETARY POLICY COMMITTEE – MPC –, assim como pelo BANCO CENTRAL EUROPEU desde a criação do EURO, em 01/1999. A TAXA BÁSICA DE JUROS, estabelecida pelo BACEN através do COPOM, é o referencial da TAXA DE JUROS que o governo utiliza para se financiar, junto ao mercado, através da emissão de títulos públicos. Ela serve de base para outras TAXAS DE JUROS praticadas no país. Assim sendo, as TAXAS DE JUROS de mercado são determinadas a partir da TAXA BÁSICA DE JUROS da economia, estabelecida pelo COPOM, adicionada de um *SPREAD* BANCÁRIO.

Desta forma, considerando as taxas flutuantes médias (mínimas) pelas instituições financeiras, conclui-se que 14,40% ao mês deveria ser a taxa **média** mínima de mercado para as operações de Cheque Especial (Cheque Ouro). Sabendo-se inclusive que as taxas **médias** mínimas são suficientes para os bancos auferirem lucro e pagarem suas taxas administrativas, operacionais e tributárias, conforme banco de dados à disposição pelo BACEN.

Se considerarmos como base a taxa básica de juros da economia (SELIC), então a média seria um **pouquinho** maior: 14,40%.

Conforme estudos técnicos aprofundados do Banco Central, considerando o Relatório de Economia Bancária e Crédito de 1999 a Abril/2010, que faz parte do **excelente projeto do BACEN** intitulado Juros e Spread Bancário, a média da taxa de juros bancária em 8,09% ao mês, conforme Anexo D, tabela XV do BACEN, tendo em vista que o Banco Central somente a partir de 1999 começou a divulgar estas taxas médias de juros.

VII.I.I – Projeto juros e *spread* bancário de autoria do Banco Central – avaliação das taxas de juros média de mercado entre 2002 a 2009

Demonstraremos que com base nos dados da economia brasileira, com foco nas instituições financeiras, tendo como fonte o Banco Central, as taxas de juros médias do mercado interbancário foram sempre **DISCREPANTES**, violando entendimento pacificado no Superior Tribunal de Justiça.

Conforme o relatório "Economia Bancária e Crédito – Avaliação de 3 anos do Projeto Juros e *Spread* Bancário", em 2002 pelo BACEN, infere-se que as taxas consolidadas fecharam em 70,1% ao ano (a.a) e as prefixadas em 83,5% a.a ou 5,19% ao mês (a.m). O *spread* foi de 31,4% a.a ou 2,3% ao mês.

Em 2003: Relatório do BACEN "Economia Bancária e Crédito – Avaliação de 4 anos do Projeto Juros e *Spread* Bancário": taxas consolidadas em 50,9% a.a; prefixadas, 66,6% a.a.

2004: Relatório "Economia Bancária e Crédito – Avaliação de 5 anos do Projeto Juros e *Spread* Bancário": consolidadas, 45,7% a.a; prefixadas, 60,5% a.a.

2005: Relatório de "Economia Bancária e Crédito – Avaliação de 4 anos do Projeto Juros e *Spread* Bancário: 45,9% a.a, taxa consolidada; 59,3% a.a, prefixadas e assim sucessivamente.

VII.II – Dos juros abusivos – contratos bancários – cheque especial (cheque ouro) – crédito rotativo

Percebe-se, no Anexo A, que foram cobradas taxas de juros abusivas. Na verdade, tecnicamente os juros cobrados estão revestidos de comissão de permanência e correção monetária, expressamente banida pela Súmula 30 do Superior Tribunal de Justiça:

"A comissão de permanência e a correção monetária são inacumuláveis". (Referências: Resp 02.369-SP (3ª T. 05.06.1990 - DJU 06.08.1990); Resp 04.443-SP (3ªT. 9.10.1990 - DJU 29.10.1990); REsp 10.493-SP (4ª T. 25.06.1991 - DJU 23.09.1991); EREsp 04.909-MG (2ª S. 12.06.1991 - DJU 09.09.1991); EREsp 08.706-SP (2ªS. 14.08.1991 - DJU 07.10.1991).

Se ainda não bastasse, percebe-se, tecnicamente, que a comissão de permanência está sendo cumulada também com juros moratórios ou remuneratórios mais multa, atingindo patamares gigantescos, em especial quando forem juntados os extratos de conta corrente (Cheque Especial (Cheque Ouro)), onde demonstrar-se-á que as taxas aplicadas ao Cheque Especial (Cheque Ouro) (BANCO DO BRASIL) atingiram os 22% ao mês, **conforme se pode visualizar através do anexo B.**

A ementa abaixo transcrita reafirma as decisões jurisprudenciais do colendo Superior Tribunal de Justiça, através do relator Min. CARLOS ALBERTO MENEZES DIREITO, AgRg Resp 712.801/RS (2004/0183802-4), 2.ª Seção, DJ 04/05/2005, **SOBRE A VEDAÇÃO DA CUMULAÇÃO DE COMISSÃO DE PERMANÊNCIA COM ENCARGOS ABUSIVOS**:

> **Agravo regimental. Recurso especial. Ação de cobrança. Contrato de abertura de crédito em conta-corrente. Cumulação da comissão de permanência com juros moratórios e multa contratual. Precedentes da Corte.**
> 1. Confirma-se a jurisprudência da Corte que veda a cobrança da comissão de permanência com os juros moratórios e com a multa contratual, ademais de vedada a sua cumulação com a correção monetária e com os juros remuneratórios, a teor das Súmulas n° 30, n° 294 e n° 296 da Corte.
> 2. Agravo regimental desprovido.

Portanto, as taxas de mercado são, geralmente, estratosféricas porque estão acumuladas com CDI, SELIC, TR, cunha fiscal, *spread* em dobro, taxa de risco de crédito, taxas operacionais, correção monetária, juros moratórios e remuneratórios, dentre outros consectários.

VII.III – Aplicação da taxa de juros de mercado ao cheque especial (cheque ouro) de acordo com jurisprudência pacífica do STJ – mas qual o percentual razoável da taxa de mercado? – taxas de juros discrepantes

A questão adentra no campo econômico-financeiro, sem sombras de dúvidas.

Mas considerando o Ordenamento Jurídico ditado pelo STJ, limitando a cobrança das taxas de juros aplicadas ao Cheque Especial (Cheque Ouro) praticada pelo mercado, desde que as taxas não sejam discrepantes em relação às outras instituições financeiras, **considerando os princípios da razoabilidade e proporcionalidade,** deve-se primeiramente entender o que é este Mercado?

O Dicionário de Finanças da Bolsa de Valores de São Paulo (BOVESPA) define bem o vocábulo financeiro:

"1) Conjunto de atividades de compra e venda de determinado ativo financeiro, com fluxo expressivo e continuado de operações.

2) conjunto de atividades relacionadas às operações com ativos de características semelhantes - mercado de renda variável, mercado de renda fixa pública, mercado de renda fixa privada e outros".

O termo genérico mercado está intimamente relacionado ao mercado aberto:

> **"Mercado de compra e venda de títulos públicos orientado e fiscalizado pelo Banco Central.**
> **Instrumento de política monetária para expandir ou contrair as disponibilidades em dinheiro no mercado financeiro, e otimizar a liquidez da economia".**

Agora, como já se sabe a definição de mercado e mercado aberto, mister se faz relembrar que as taxas de juros praticadas pelo mercado são determinadas pelos CDIs (Certificados de Depósitos Interfinanceiros).

Segundo o Banco Central, "as taxas de juros relativas às operações em questão refletem, basicamente, as condições instantâneas de liquidez no mercado monetário (oferta versus demanda de recursos)".

Estas taxas de juros não sofrem influência do risco do tomador de recursos financeiros nas operações compromissadas, uma vez que o lastro oferecido é homogêneo.

Como todas as taxas de juros nominais, por outro lado, a Taxa SELIC pode ser decomposta *ex-post*, em duas parcelas: taxa de juros reais e taxa de inflação no período considerado.

A Taxa SELIC, acumulada para determinados períodos de tempo, correlaciona-se positivamente com a taxa de inflação apurada ex post".

Considerando que a taxa DI também compõe os CDIs, mensurando as taxas de mercado interbancário, praticadas pelas diversas instituições financeiras, deve-se agora apurar uma taxa de mercado razoável, permitindo a continuidade da empresa "banco" ou "instituição financeira" com margem de lucro suficiente para quitar suas obrigações trabalhistas, fiscais, comerciais e tributárias. Além de prover o lucro líquido para seus sócios.

Conclui-se que os primeiros dez bancos supervisionados pelo BACEN utilizam taxas bem próximas dos CDIs num percentual médio de 2,82%, com *spread* abaixo de 2% o mês.

Primando-se pelos **princípios da Justiça, Razoabilidade, Moralidade, Proporcionalidade e Boa-fé,** a taxa de mercado razoável para a realidade brasileira não deveria ultrapassar os 14,40% ao mês, **deixando bem claro se o período-base estiver compreendido entre NOV/1990 A NOV/1998, pois se for considerado um período a partir de NOV/1995 até agora, a média ficará abaixo de 3,5% ao mês.** Em última análise, considerando a média do mercado das taxas de juros mínimas aplicadas pelas 43 instituições em foco, a taxa média (mínima razoável) seria 3,38% ao mês e não em torno de 22% cobrados atualmente pelos bancos. Tudo depende do período de tempo que englobam as taxas de juros utilizadas.

Portanto, considerando que a Jurisprudência do Superior Tribunal de Justiça, após edição da EC 40/2003, tem pacificado a matéria quanto aos limites das taxas de juros para as instituições financeiras (Cheque Especial (Cheque Ouro) e cartão de crédito), determinando a aplicação das taxas de mercado conforme orientação do Banco Central, então a taxa razoável a ser aplicada para 2006 é 3,08% ou no máximo 3,38% ao mês.

MAS PARA TODO O PERÍODO, ora em foco, ou seja, a partir de NOV/1990 A NOV/1998 (últimos dez anos), a taxa média a ser aplicada, considerando os mesmos princípios matemáticos e das Ciências Econômicas e Contábeis, seria de no máximo 14,40% ao mês.

Após a exibição dos extratos bancários, ou seja, a partir de DEZ/1998 até Maio/2010, então a média ficará em torno de 3,29% ao mês, referenciadas pelos CDIs, salvo se houver redução ou aumento do *spread* bancário, cunha fiscal, taxa operacional e taxa de risco de crédito.

A plausibilidade, razoabilidade e proporcionalidade, na utilização da indigitada taxa de juros, ainda se justificam pela baixa taxa de equilíbrio no mercado brasileiro, oscilando entre 8,5% a 9,5% ao ano.

A tabela abaixo, extraída do site oficial do BACEN, demonstra as taxas médias mínimas, máximas e médias. Desta forma, conclui-se que o Banco do Brasil realmente cobrou taxas de juros **DISCREPANTES** em relação às taxas de juros cobradas por outras instituições financeiras. Sendo que a taxa mínima do Banco do Brasil foi de 1,86% ao mês e 7,17% a taxa média, enquanto que a taxa média mínima de todas as outras instituições financeiras ficou em 2,88% ao mês e a taxa média geral em 5,97%. **Infere-se que de qualquer forma houve cobrança abusiva de taxas de juros, pois extrapolaram a média de mercado, devidamente comprovada pelas tabelas demonstrativas do próprio Banco Central.**

Modalidade: **PESSOA FÍSICA - CHEQUE ESPECIAL (CHEQUE OURO)**   Tipo:
Prefixado   Período: de 14/01/2008 a 18/01/2008
Taxas efetivas ao mês (%)

Tabela 02

Posição	Instituição	Taxa de Juros (sem encargos)			Encargos		Taxa Total (4) = (1)+(2)+(3)
		Mínima	Máxima	Média (1)	Operac. (2)	Fiscais (3)	
1	BCO VOTORANTIM S A	1,50	5,00	1,50	0,00	0,25	1,75
2	BCO PROSPER S A	1,80	4,00	1,92	0,00	0,25	2,17
3	BCO FATOR S A	1,00	5,00	1,99	0,00	0,25	2,24
4	BCO RIBEIRAO PRETO S A	1,40	5,00	2,50	0,00	0,25	2,75
5	BANCO BONSUCESSO S A	0,86	5,44	2,80	0,00	0,13	2,93
6	BCO CRUZEIRO DO SUL S A	1,20	3,00	2,73	0,00	0,25	2,98
7	BCO DAYCOVAL S.A	1,30	7,50	2,91	0,00	0,25	3,16
8	BANCOOB	3,32	3,69	3,49	0,00	0,01	3,50
9	BCO ALFA S A	2,16	5,44	3,28	0,00	0,23	3,51
10	BCO INDUSTRIAL E COMERCIAL S A	1,73	8,15	3,75	0,00	0,13	3,87
11	BCO INDUSVAL S A	3,75	10,85	4,36	0,00	0,25	4,61
12	BCO SAFRA S A	1,95	9,29	4,77	0,00	0,25	5,02
13	BCO INTERCAP S A	5,00	5,00	5,00	0,00	0,08	5,08
14	BCO PAULISTA S A	5,00	6,50	5,12	0,00	0,24	5,36
15	BCO DO NORDESTE DO BRASIL S A	2,82	5,47	5,26	0,00	0,25	5,51
16	BCO DO EST DO PA S A	5,79	5,80	5,80	0,00	0,16	5,96
17	BCO DO EST DO PI S A	1,55	7,13	5,98	0,00	0,22	6,20
18	BCO CAPITAL S A	6,00	6,00	6,00	0,00	0,25	6,25
19	BCO DA AMAZONIA S A	5,22	6,41	6,24	0,00	0,25	6,49
20	BCO DO EST DE SC S A	5,90	7,80	6,76	0,00	0,00	6,76

Posição	Instituição	Taxa de Juros (sem encargos)			Encargos		Taxa Total (4) = (1)+(2)+(3)
		Mínima	Máxima	Média (1)	Operac. (2)	Fiscais (3)	
21	CAIXA ECONOMICA FEDERAL	1,47	7,20	6,63	0,00	0,25	6,88
22	BCO PANAMERICANO S A	1,63	7,61	6,89	0,00	0,08	6,97
23	BRB BCO DE BRASILIA S A	1,50	8,25	6,83	0,00	0,22	7,05
24	BCO CITIBANK S A	1,30	17,78	7,08	0,00	0,16	7,24
25	BCO DO EST DO RS S A	3,46	7,90	7,17	0,00	0,25	7,42
26	**BCO DO BRASIL S A**	**1,86**	**7,56**	**7,17**	**0,00**	**0,25**	**7,42**
27	BCO MERCANTIL DO BRASIL S A	3,50	10,90	7,37	0,00	0,12	7,49
28	BCO ITAU S A	3,16	8,45	7,44	0,00	0,15	7,58
29	BCO NOSSA CAIXA S A	2,00	8,10	7,37	0,00	0,25	7,62
30	BCO LA NACION ARGENTINA	7,60	7,60	7,60	0,00	0,08	7,68
31	BCO BRADESCO S A	4,38	7,89	7,51	0,00	0,25	7,75
32	UNIBANCO UNIAO BCOS BRAS S A	3,90	8,39	7,64	0,00	0,12	7,76
33	BCO ABN AMRO REAL S A	3,35	8,40	7,68	0,00	0,25	7,93
34	BCO LUSO BRASILEIRO S A	7,00	10,90	7,79	0,00	0,25	8,04
35	BANCO SANTANDER S.A.	1,36	8,38	8,06	0,00	0,25	8,31
36	BCO SCHAHIN S A	0,00	10,00	8,11	0,00	0,24	8,35
37	HSBC BANK BRASIL SA BCO MULTIP	1,46	8,43	8,18	0,00	0,25	8,42
38	BCO DO EST DE SE S A	2,07	8,30	8,18	0,00	0,25	8,43
39	BCO BANESTES S A	2,07	8,75	8,33	0	0,22	8,54

Posição	Instituição	Taxa de Juros (sem encargos)			Encargos		Taxa Total (4) = (1)+(2)+(3)
		Míni ma	Máxim a	Média (1)	Operac. (2)	Fiscai s (3)	
		MÉDI A	MÉDI A	MÉDIA	MÉDIA	MÉD IA	MÉDIA
Fonte: Instituições financeiras – Informativo do BACEN		2,88	7,52	5,77	0,00	0,20	5,97

Modalidade: **PESSOA FÍSICA - CHEQUE ESPECIAL (CHEQUE OURO)**   Tipo:
Prefixado   Período: de **28/04/2010** a **04/05/2010**
Taxas efetivas ao mês (%)

Tabela 03

Posição	Instituição	Taxa de Juros (sem encargos)			Encargos		Taxa Total (4) = (1)+(2)+(3)
		Míni ma	Máxi ma	Média (1)	Opera c. (2)	Fiscais (3)	
1	BCO CRUZEIRO DO SUL S A	1,40	1,85	1,42	0,00	0,13	1,55
2	BCO INTERCAP S A	1,00	5,00	1,23	0,00	0,51	1,74
3	BCO ALFA S A	0,62	6,07	1,29	0,00	0,51	1,80
4	BCO CEDULA S A	1,27	6,50	1,36	0,00	0,51	1,87
5	BCO VOTORANTIM S A	1,50	5,00	1,50	0,00	0,51	2,01
6	BCO FATOR S A	1,00	5,00	2,09	0,00	0,52	2,60
7	BCO PROSPER S A	0,94	4,00	2,23	0,00	0,52	2,75
8	BANCOOB	2,86	8,00	2,98	0,00	0,00	2,98
9	BANCO BONSUCESSO S.A.	1,05	5,51	3,05	0,00	0,52	3,56
10	BCO RIBEIRAO PRETO S A	0,95	5,30	3,30	0,00	0,52	3,82
11	BCO DAYCOVAL S.A	1,30	7,50	3,44	0,00	0,52	3,96

Posição	Instituição	Taxa de Juros (sem encargos)			Encargos		Taxa Total (4) = (1)+(2)+(3)
		Mínima	Máxima	Média (1)	Operac. (2)	Fiscais (3)	
12	BCO INDUSTRIAL E COMERCIAL S A	2,10	9,94	4,33	0,00	0,16	4,49
13	BCO INDUSVAL S A	0,00	8,81	4,36	0,00	0,59	4,95
14	BCO LUSO BRASILEIRO S A	4,00	10,90	5,47	0,00	0,53	6,00
15	BCO SAFRA S A	1,50	12,30	5,60	0,00	0,50	6,10
16	CAIXA ECONOMICA FEDERAL	1,15	7,15	6,31	0,00	0,16	6,47
17	BCO CAPITAL S A	6,00	6,00	6,00	0,00	0,52	6,52
18	BCO DO EST DO PA S A	6,10	6,10	6,10	0,00	0,53	6,63
19	BCO DO NORDESTE DO BRASIL S A	3,43	6,57	6,22	0,00	0,53	6,75
20	BCO DA AMAZONIA S A	5,60	7,45	7,17	0,00	0,13	7,30
21	BCO MERCANTIL DO BRASIL S A	3,34	9,99	7,23	0,00	0,12	7,35
22	**BCO DO BRASIL S A**	**1,21**	**7,65**	**7,27**	**0,00**	**0,54**	**7,80**
23	BCO LA NACION ARGENTINA	7,60	7,60	7,60	0,00	0,26	7,86
24	BCO PANAMERICANO S A	0,00	8,40	7,99	0,00	0,09	8,09
25	BCO SCHAHIN S A	0,00	8,00	7,61	0,00	0,55	8,15
26	BANCO DO BRASIL UNIBANCO	3,16	8,59	7,72	0,00	0,51	8,23
27	BCO BRADESCO S A	4,54	8,24	7,79	0,00	0,50	8,29
28	BCO DO EST DE SE S A	1,98	7,96	7,91	0,00	0,55	8,46
29	JBS BCO S/A	4,00	8,00	8,00	0,00	0,54	8,54
30	BCO DO EST DO RS S A	4,60	8,67	8,22	0,00	0,51	8,72
31	HSBC BANK BRASIL	1,37	9,27	8,20	0,00	0,54	8,74

Posição	Instituição	Taxa de Juros (sem encargos)			Encargos		Taxa Total (4) = (1)+(2)+(3)
		Mínima	Máxima	Média (1)	Operac. (2)	Fiscais (3)	
	SA BCO MULTIP						
32	BRB BCO DE BRASILIA S A	1,95	9,00	8,31	0,00	0,50	8,81
33	BCO RENDIMENTO S A	1,00	9,00	8,27	0,00	0,55	8,82
34	BCO SANTANDER (BRASIL) S.A.	1,80	9,38	8,40	0,00	0,50	8,90
35	BCO BANESTES S A	1,20	8,65	8,43	0,00	0,56	8,99
36	BCO CITIBANK S A	4,04	10,49	8,91	0	0,5	9,41
		MÉDIA	MÉDIA	MÉDIA	MÉDIA	MÉDIA	MÉDIA
Fonte: Instituições financeiras – Informativo do BACEN		2,38	7,61	5,65	0,00	0,44	6,08

VII.IV – Da inadmissibilidade da cumulação de comissão de permanência com correção monetária, juros moratórios, remuneratórios e multa – Súmulas 30 e 296 do STJ

Ora, a comissão de permanência não pode ser cumulada com a correção monetária, uma vez que a taxa de juros, para um País com inflação abaixo de um dígito, é, no mínimo, aviltante. A súmula 30 do STJ assim sentencia: **"A comissão de permanência e a correção monetária são inacumuláveis"**.

Além da decisão inquestionável do STJ, a PORTARIA SDE Nº 4, DE 13 DE MARÇO DE 1998 ao aditar o Art. 51 da Lei 8.080/90 (CDC), estabeleceu critérios claros e rigorosos a este respeito:

> **"São nulas de pleno direito, entre outras, as cláusulas contratuais relativas ao fornecimento de produtos e serviços que: (...)**
> **7 - estabeleçam cumulativamente a cobrança de comissão de permanência e correção monetária; (...)"**.

Desta forma, o Banco, utilizando taxas "de juros de mercado", embute a correção monetária e comissão de permanência para compô-lo, até atingir patamares nada razoáveis.

Em recente decisão do STJ, julgamento em 27/04/2005, publicado no DJ em 04/05/2005, o Min. Relator CARLOS ALBERTO MENEZES DIREITO, AgRg Resp 712.801/RS (2004/0183802-4), assim se pronunciou em seu voto, :

"Tal como relatado, a irresignação do banco agravante reside na parte da decisão que proibiu a cobrança da comissão de permanência cumulada com os encargos moratórios - juros de mora e multa contratual.

Sem razão, contudo.

(...)

Portanto, sem dúvida, a comissão de permanência, conforme vem sendo pactuada nos contratos bancários, conserva nítido caráter de cláusula penal, amoldada às disposições dos artigos 916 e seguintes do Código Civil: só é devida quando ocorrer atraso no pagamento do INDÉBITO PROVISÓRIO; tem função coercitiva para que o devedor pague até a data do vencimento; estabelece indenização decorrente do inadimplemento do contrato, objetivando ressarcir o credor pelo atraso.

(...)

Portanto, diante de tais considerações, forçoso é admitir que estando pactuada a comissão de permanência nos contratos com instituições financeiras, incidente após o vencimento da dívida, indevida é a multa pelo inadimplemento do devedor. Tal se dá porque a multa, como cláusula penal que é, também tem a mesma função da comissão de permanência, qual seja, a de proporcionar ao credor o ressarcimento pelos prejuízos decorrentes do atraso, revestindo-se num bis in idem intolerável.

Além do mais, conforme prevê o item II, da Resolução n.º 1.129, do Banco Central do Brasil, além dos juros de mora e da comissão de permanência não é permitida às instituições financeiras a cobrança de quaisquer outras quantias compensatórias pelo atraso no pagamento dos débitos vencidos. E a multa, como cláusula penal que é, dispõe da função compensatória, objetivando indenizar o prejuízo causado pelo atraso no pagamento da obrigação.

Concluindo, muito embora a estipulação da multa, como cláusula penal, seja possível nos contratos com as instituições financeiras, ex vi dos artigos 916 e seguintes do Código Civil, não poderá ela ser cobrada se o pacto estabelecer, também, a incidência de comissão de permanência na hipótese de não pagamento do INDÉBITO PROVISÓRIO na data do vencimento, ante a impossibilidade de coexistência de duas verbas com o mesmo objetivo - proporcionar ao credor um ressarcimento pelo prejuízo acarretado pelo atraso -, bem como tendo em conta a vedação imposta pelo item II, da Resolução n.º 1.129, a qual, se tem validade para permitir a cobrança da comissão de permanência, deve dispor de força suficiente para prevalecer naquilo que restringe aos contratos bancários.'(LOYOLA, Carlos Vitor Maranhão de, Inadmissibilidade de cumulação da comissão de permanência com multa contratual. In: Anais do simpósio sobre as condições gerais dos contratos bancários e a ordem pública econômica, promovido pelo Tribunal de Alçada do Paraná em agosto de 1988. Curitiba, Ed. Juruá, 1988, pp. 88-90)".

Portanto, pelas razões acima expostas, permanecem íntegros os fundamentos da decisão agravada para coibir a cobrança cumulada da comissão de permanência com os encargos moratórios.

Nego provimento ao agravo regimental".

Resumidamente, o Min. Relator reafirmou a jurisprudência dominante do STJ, citando outros precedentes:

"(...) Simultaneamente a esta discussão, já havia precedentes, consolidando a orientação no sentido de que não seria possível a cobrança cumulativa da comissão de permanência, também, em relação à multa e aos juros de mora (Terceira Turma: AgRgEDclREsp nº 292.984/RS, Relatora a Ministra Nancy Andrighi, DJ de 18/6/01; REsp nº 280.302/RS, de minha relatoria, DJ de 15/10/01; AgRgAg nº 357.585/SP, Relator o Ministro Castro Filho, DJ de 5/11/01; AgRgAg nº 252.688/SP, Relator o Ministro Antônio de Pádua Ribeiro, DJ de 18/12/2000; Quarta Turma: REsp nº 248.093/RS, Relator o Ministro Cesar Asfor Rocha, DJ de 14/8/2000; REsp nº 329.000/RS, Relator o Ministro Aldir Passarinho Junior, DJ de 4/2/02; AgRgAg nº 251.101/SP, Relator o Ministro Barros Monteiro, DJ de 28/10/02; REsp nº 357.049/RS, Relator o Ministro Aldir Passarinho Junior, DJ de 18/3/02). (...)"[14]

VII.V – Da ilegalidade do anatocismo – Súmula 121 do Supremo Tribunal Federal

A capitalização de juros ou Anatocismo é banida pelos egrégios tribunais e legislações pertinentes, conforme súmula 121 do STF.

O Anexo A demonstra um montante de R$ 17.535,03 de juros compostos (anatocismo) embutido na cobrança dos juros sobre o Cheque Especial (Cheque Ouro).

---

[14] - AgRg Resp 712.801/RS (2004/0183802-4).

VIII – Conclusão

Este parecer técnico demonstrou, através de procedimentos meramente matemáticos e técnico-contábeis **e disposições normativas do Banco Central**, fundamentados na Legislação pertinente e decisões de egrégios tribunais, que o autor possui, técnica, matemática, contábil ou financeiramente, um **INDÉBITO PROVISÓRIO de R$ 135.930,50, estando embutido o anatocismo vedado pela Súmula 121 do STF de R$ 17.535,03**. Após a juntada de todos os extratos de conta corrente e empréstimos vinculados, então poder-se-á demonstrar qual o **indébito** total.

A TAXA ABUSIVA DE JUROS COBRADA pelo Banco do Brasil S.A foi em média de 21,60% (próxima dos 22%) ao mês equivalente a **945,21% ao ano,** enquanto que a taxa média devida contemplando *spread*, encargos operacionais e fiscais, conforme relatório divulgado pelo Banco Central, deveria ser de 14,40% ao mês ou 402,47% ao ano, SALIENTANDO QUE ESTA TAXA MÉDIA DE MERCADO É TÃO-SOMENTE PARA O PERÍODO DE NOV/1990 A NOV/1998.

SALIENTA-SE QUE ESTE LAUDO PERICIAL EXTRAJUDICIAL FOI ELABORADO SEGUINDO AS ORIENTAÇÕES CONTIDAS NOS RECURSOS REPETITIVOS DO STJ, mais precisamente o REsp n.º 1.112.879–PR, dentre outros que seguem a mesma senda.

Infere-se ainda que no período de utilização do limite de Cheque Especial (Cheque Ouro), o banco cobrou o montante atualizado de R$ 231.701,58, enquanto que o valor devido deveria ser de R$ 95.771,08, conforme Tabela 04:

Tabela 04

DATA	J COB	J COB ATUALIZ	J DEVIDOS	J DEV ATUALIZ
nov-90	81,90	R$ 12,09	67,92	R$ 10,03
dez-90	1.290,54	R$ 167,28	1.289,50	R$ 167,14
jan-91	4.088,55	R$ 453,47	3.093,94	R$ 343,16
fev-91	3.434,40	R$ 318,44	1.760,88	R$ 163,27
mar-91	844,32	R$ 65,00	512,13	R$ 39,43
abr-91	13.126,99	R$ 827,63	9.935,94	R$ 626,44
mai-91	16.887,09	R$ 950,57	12.937,46	R$ 728,25
jun-91	12.928,35	R$ 691,68	6.890,03	R$ 368,62
jul-91	9.245,38	R$ 462,77	5.109,50	R$ 255,75
ago-91	12.125,89	R$ 546,58	8.069,98	R$ 363,75
set-91	8.668,11	R$ 347,74	6.000,76	R$ 240,73

DATA	J COB	J COB ATUALIZ	J DEVIDOS	J DEV ATUALIZ
out-91	1.934,91	R$ 67,01	1.406,47	R$ 48,71
nov-91		R$ -	-	R$ -
dez-91		R$ -	-	R$ -
jan-92		R$ -	-	R$ -
fev-92		R$ -	-	R$ -
mar-92		R$ -	-	R$ -
abr-92		R$ -	-	R$ -
mai-92		R$ -	-	R$ -
jun-92	16.600,90	R$ 111,76	13.925,34	R$ 93,74
jul-92	13.089,63	R$ 70,64	11.517,39	R$ 62,15
ago-92		R$ -	-	R$ -
set-92		R$ -	-	R$ -
out-92		R$ -	-	R$ -
nov-92		R$ -	-	R$ -
dez-92		R$ -	-	R$ -
jan-93	1.404.901,38	R$ 2.160,06	1.271.294,38	R$ 1.954,64
fev-93	1.109.241,74	R$ 1.355,35	996.252,56	R$ 1.217,29
mar-93	3.176.434,08	R$ 3.007,99	2.553.450,35	R$ 2.418,04
abr-93	2.232.732,46	R$ 1.690,89	1.943.897,49	R$ 1.472,15
mai-93	5.222.721,38	R$ 3.093,96	4.628.064,42	R$ 2.741,68
jun-93	4.871.644,89	R$ 2.243,62	4.376.319,71	R$ 2.015,50
jul-93	2.108.611,75	R$ 764,43	1.952.937,83	R$ 707,99
ago-93	4.506,98	R$ 1.250,73	4.159,95	R$ 1.154,43
set-93	7.500,07	R$ 1.585,45	7.216,86	R$ 1.525,59
out-93	18.428,80	R$ 2.915,66	16.645,02	R$ 2.633,44
nov-93	24.809,59	R$ 2.888,11	22.220,64	R$ 2.586,73
dez-93	45.506,38	R$ 3.941,68	40.207,66	R$ 3.482,72

DATA	J COB	J COB ATUALIZ	J DEVIDOS	J DEV ATUALIZ
jan-94	86.364,36	R$ 5.489,23	71.557,50	R$ 4.548,12
fev-94	99.509,87	R$ 4.582,68	83.682,15	R$ 3.853,77
mar-94	90.812,35	R$ 2.953,23	82.840,26	R$ 2.693,98
abr-94	245.543,07	R$ 5.668,77	207.103,64	R$ 4.781,33
mai-94	400.468,07	R$ 6.448,36	340.450,93	R$ 5.481,96
jun-94	90.814,15	R$ 1.021,46	74.798,73	R$ 841,32
jul-94	54,16	R$ 1.171,28	25,83	R$ 558,62
ago-94	123,46	R$ 1.797,36	51,92	R$ 755,89
set-94	117,47	R$ 1.608,77	47,56	R$ 651,33
out-94	331,89	R$ 4.300,95	89,19	R$ 1.155,75
nov-94	552,51	R$ 7.038,65	178,80	R$ 2.277,81
dez-94	816,58	R$ 10.191,31	232,05	R$ 2.896,07
jan-95	1.319,58	R$ 15.913,91	339,65	R$ 4.096,12
fev-95	1.805,73	R$ 21.265,12	453,15	R$ 5.336,56
mar-95	1.720,13	R$ 19.882,16	533,97	R$ 6.171,87
abr-95	508,95	R$ 5.812,69	151,24	R$ 1.727,31
mai-95	638,84	R$ 7.179,43	192,11	R$ 2.158,93
jun-95	896,25	R$ 9.861,47	290,36	R$ 3.194,80
jul-95	1.304,74	R$ 13.966,53	418,42	R$ 4.479,01
ago-95	1.740,62	R$ 18.260,21	66,92	R$ 702,08
set-95	594,08	R$ 6.148,21	195,19	R$ 2.020,03
out-95	133,02	R$ 1.374,15	43,72	R$ 451,61
nov-95	243,53	R$ 2.494,84	76,80	R$ 786,73
dez-95	367,24	R$ 3.710,56	111,22	R$ 1.123,81
jan-96	314,44	R$ 3.149,95	92,52	R$ 926,84
fev-96	399,76	R$ 3.940,72	108,48	R$ 1.069,37
mar-96	427,89	R$ 4.171,99	111,95	R$ 1.091,57

DATA	J COB	J COB ATUALIZ	J DEVIDOS	J DEV ATUALIZ
abr-96	460,93	R$ 4.457,11	112,94	R$ 1.092,15
mai-96	507,96	R$ 4.859,64	124,17	R$ 1.187,89
jun-96	0,10	R$ 0,94	0,02	R$ 0,23
jul-96	0,35	R$ 3,25	0,08	R$ 0,78
ago-96		R$ -	-	R$ -
set-96	0,17	R$ 1,55	0,04	R$ 0,36
out-96		R$ -	-	R$ -
nov-96	17,66	R$ 158,34	4,56	R$ 40,88
dez-96	0,15	R$ 1,33	0,04	R$ 0,34
jan-97	0,10	R$ 0,88	0,03	R$ 0,22
fev-97	0,10	R$ 0,87	0,02	R$ 0,21
mar-97	0,82	R$ 7,03	0,17	R$ 1,44
abr-97		R$ -	-	R$ -
mai-97		R$ -	-	R$ -
jun-97	7,04	R$ 58,47	1,41	R$ 11,71
jul-97		R$ -	-	R$ -
ago-97	8,90	R$ 72,57	1,77	R$ 14,43
set-97	3,77	R$ 30,52	0,75	R$ 6,07
out-97		R$ -	-	R$ -
nov-97	7,05	R$ 56,00	2,31	R$ 18,37
dez-97	0,10	R$ 0,79	0,03	R$ 0,25
jan-98	3,58	R$ 27,81	1,05	R$ 8,15
fev-98	14,16	R$ 108,73	3,28	R$ 25,18
mar-98	6,33	R$ 48,25	1,52	R$ 11,56
abr-98	10,83	R$ 81,85	2,02	R$ 15,24
mai-98	20,81	R$ 156,23	3,72	R$ 27,94
jun-98	0,20	R$ 1,49	0,04	R$ 0,26

DATA	J COB	J COB ATUALIZ	J DEVIDOS	J DEV ATUALIZ
jul-98		R$ -	-	R$ -
ago-98		R$ -	-	R$ -
set-98	0,15	R$ 1,09	0,04	R$ 0,29
out-98	22,13	R$ 160,23	6,89	R$ 49,86
nov-98	1,67	R$ 12,01	0,46	R$ 3,29
		TOTAL	INDÉBITO	TOTAL
		R$ 231.701,58	R$ 135.930,50	R$ 95.771,08

Salienta-se: para que não haja prejuízo ao autor, mister se faz a exibição dos extratos restantes de conta corrente, desde DEZEMBRO/1998 até a presente data.

É o parecer!

Santo Ant.º da Platina/PR, 09 de junho de 2010.

RONILDO DA C MANOEL
CRC/PR 050.461/O-1

3.5 – Modelos de laudos periciais judiciais: cheque especial, CDC veículos e arrendamento mercantil
3.5.1 – Modelo de laudo pericial judicial – Arrendamento Mercantil – Liquidação de sentença

Excelentíssimo Dr. Juiz de Direito da Vara Cível de Wenceslau Braz – Estado do Paraná

Autos: 202/2001 (Ação Principal – Revisional – 04 volumes); 180/2001 (Ação Consignatória) e 137/2005 (Cautelar Inominada)
REQUERENTE: xxxxxxxxxxxxxxxxxxxxxxxxxxxxxxxxxx
REQUERIDO: FIBRA LEASING S/A ARRENDAMENTO MERCANTIL

LAUDO PERICIAL JUDICIAL

I – PRELIMINARES

O presente laudo pericial fundamenta-se nos princípios normativos das operações de Arrendamento Mercantil, com esteio no comando sentencial de primeiro grau, fls. 397-417 e 429-431, parcialmente reformado pelo Acórdão do TJ/PR, fls. 492-500, autos 202/2001 (Principal – Revisional).

II – NATUREZA DA PERÍCIA

A natureza desta perícia é meramente técnico-contábil e financeira.

III – OBJETO DA PERÍCIA

Liquidação de sentença monocrática, fls. 397-417 e 429-431, parcialmente reformada pelo Tribunal de Justiça do Paraná, fls. 492-500, considerando despacho do douto juiz, fl. 566.

IV – FINALIDADE DA PERÍCIA

Apurar os valores devidos ao autor ou réu, conforme comando sentencial alhures demonstrado.

V – RESUMO DA SENTENÇA – CÁLCULO DE LIQUIDAÇÃO DE SENTENCIA

A sentença monocrática assim determinou, resumidamente, fls. 397-417, como parcialmente retificada pelo juízo monocrático, fls. 416 e 431, *verbis*:

> **"(...) DA AÇÃO ORDINÁRIA REVISIONAL DE CONTRATO DE LEASING**
>
> **(...) hei por bem, julgar parcialmente procedente a presente ação ordinária revisional (...) para:**
>
> **a) declarar nula a cláusula de n.º 3, que estabelece a cobrança de contraprestação pela variação verificada entre o valor da taxa de compra do dólar norte-americano, determinando que os cálculos sejam elaborados tendo como fator de correção a variação do INPC, desde cada pagamento, acrescidos de juros moratórios e multa por atraso, de conformidade com o estabelecido no Quadro VIII;**
>
> **b) – determinar que após a elaboração dos cálculos, na forma retro, em caso de restar crédito à parte requerida, seja o valor**

depositado no prazo de 5(cinco) dias, para que seja declarado cumprido o contrato, podendo-se liberar em definitivo o veículo à requerente;

c) – determinar que a atualização dos valores pagos seja feita tendo como fator de correção a variação do INPC, desde cada pagamento que foi feito, desde o 1.º pagamento, em razão da nulidade declarada, em relação à cláusula de n.º 3".

O Tribunal de Alçada, atual Tribunal de Justiça do Paraná, à fl. conheceu em parte o apelo do requerido (Fibra Leasing), dando provimento parcial "(...) para determinar que as despesas processuais sejam partilhadas, com compensação da verba honorária".

Quanto à Ação de Consignação de Pagamento (autos 180/2001), a sucumbência foi integral ao requerente, tendo em vista que não houve nenhum provimento quanto à consignatória, fl. 417, *verbis*:

> **"DA AÇÃO DE CONSIGNAÇÃO EM PAGAMENTO**
> **(...) hei por bem, julgar improcedente a ação, movida por Rosângela Leonel dos Reis, contra Fibra Leasing S/A (...).**
> **Condeno a requerente no pagamento das custas processuais e honorários advocatícios, estes fixados em 10% (dez por cento) sobre o valor atribuído à causa, (...)".**

Considerando que o valor dado à causa foi de R$ 334,79 (fl. 04), na data de interposição da Consignatória, em 15/08/2001, fl. 02, então a sucumbência devida pela requerente (Rosângela Leonel dos Reis) ao requerido (Fibra Leasing S/A Arrendamento Mercantil) é de R$ 33,48 (trinta e três reais e quarenta e oito centavos).

Todavia, aplicando-se o *decisum* em todos os seus termos, a requerida deverá repetir o indébito no montante de R$ 2.480,18 (dois mil, quatrocentos e oitenta reais e dezoito centavos) a favor da requerente, quanto à ação ordinária revisional de contrato de leasing (autos 202/2001).

Compensando os honorários sucumbenciais na ação consignatória, devidos pela autora à requerida, então ainda há indébito no montante de R$ 2.446,70 a ser repetido pela ré a favor da autora.

Os honorários de sucumbência recíproca, compensando-se proporcionalmente, são de R$ 372,03.

As custas judiciais partilhadas entre as partes são na proporção de R$ 848,02 (sem inclusão dos honorários periciais).

Para melhor eficácia, como há compensação de valores já pagos por ambas as partes, conforme demonstrativo, Anexo C, então os pagamentos das custas ao cartório cível deverão ser compartilhas e pagas na proporção abaixo:

a)   – pela requerida, deduzindo R$ 183,47 já pagos, deverá ser efetuado o pagamento de R$ 664,55;

b)   – pela autora, deduzindo R$ 434,76 já pagos, deverá ser efetuado o pagamento de R$ 413,25. Desta forma, haverá a quitação das custas remanescentes ao fórum cível no montante de R$ 1.077,80, conforme demonstra o Anexo C.

Quanto aos honorários periciais, ainda resta o pagamento de R$ 475,00 (última parcela) sob responsabilidade da autora, devendo a requerida ressarcir a metade deste valor, ou seja, R$ 237,50.

VI – CONCLUSÃO

Portanto, considerando os cálculos de liquidação de sentença, devidamente fundamentados pelo próprio comando sentencial, a requerida ainda deve à autora o valor de R$ 2.684,20 {(R$ 2.480,18 [Anexo A – indébito] – R$ 33,48 [10% sucumbência consignatória] + 237,50 [honorários periciais] = R$ 2.684,20)}, referente ao indébito periciado por este expert quando da liquidação de sentença, tendo em vista que a requerida evoluiu as contraprestações e VRG com atualização monetária pela variação cambial entre o valor da taxa de compra e venda do dólar norte-americano, enquanto a sentença determinou mera correção monetária pelo INPC, conforme item 5, acima demonstrado.

Quanto às custas judiciais compartilhadas, a autora deverá ressarcir ao cartório cível o montante de R$ 413,25 (Anexo C) e a ré, o montante de R$ 664,55, perfazendo o total remanescente de R$ 1.077,80 a ser quitado pelas partes.

A autora deverá depositar a última parcela dos honorários periciais no valor de R$ 475,00; a requerida deverá ressarcir a metade deste valor, aplicando-se o comando sentencial.

VII – ANEXOS

São partes integrantes deste laudo: a) Anexo A (Resumo Geral – crédito a favor da autora); b) – Anexo B (Planilha de evolução do Leasing - Demonstrativo de Indébito - liquidação de sentença); c) – Anexo C (Demonstrativo de custas judiciais).

W Braz, 08 de dezembro de 2007.

Nestes Termos, Pede Deferimento.

3.5.2 – Modelo de laudo pericial judicial – Arrendamento Mercantil – Demonstra redução da dívida

Excelentíssima Dra. Juíza de Direito da Vara Cível de Jaguariaíva – Estado do Paraná

Autos: XXX/2009
Requerente: BANCO CNH CAPITAL S/A
Requerido: XXXXXXXXXXXXXXX ME

LAUDO PERICIAL

I – PRELIMINARES

O presente laudo pericial espelha-se na natureza intrínseca da própria perícia judicial, considerando-se os Princípios Contábeis e Normas Brasileiras de Contabilidade, com foco especial à lei n.º 10.931/2004, que deu nova redação a diversos dispositivos insertos no Decreto-lei 911/69 e mais especificamente à Lei 6.099/74 e Resolução BACEN n.º 2.309/1996, cujo normativo disciplina e consolida as normas relativas às operações de arrendamento mercantil.

De acordo com a resolução do BACEN supracitada, não há previsão de juros nos contratos de arrendamento mercantil, mas percebe-se que foram cobrados juros remuneratórios na proporção de 1,3195% ao mês.

II – NATUREZA DA PERÍCIA

A natureza desta perícia é meramente financeira e técnico-contábil, considerando-se o envolvimento de recursos monetários lançados contabilmente e disponibilizados através do Contrato de Arrendamento Mercantil (CAM) n.º xxxxxxxxxxxxxx, para arrendamento de uma ESCAVADEIRA HIDRÁULICA E175B.

III – OBJETO DA PERÍCIA

Contrato de Arrendamento Mercantil (CAM) n.º xxxxxxxxxxxxx, para arrendamento de uma ESCAVADEIRA HIDRÁULICA E175B.

IV - FINALIDADE DA PERÍCIA

1) - Esclarecer os pontos controvertidos fixados pela louvada juíza, fl. 128, item 3:

" (...) a solução da controvérsia está a depender: a) da análise da aplicação dos juros expressamente contratados; b) apuração da comissão de permanência; c) apuração dos encargos moratórios ante a responsabilidade da parte ré pela mora".

2) - Não houve quesitos elaborados pelas partes.

V - DILIGÊNCIAS

A ciência do início e reinício dos trabalhos periciais foi através de email, conforme DOC 1, ora em apenso.

VI - LAUDO PERICIAL
VI.I - ESCLARECIMENTOS AOS PONTOS CONTROVERTIDOS FIXADOS PELA DOUTA JUÍZA (fl. 128)

Considerando os quesitos formulados e os pontos controvertidos fixados pela douta juíza, infere-se:

QUANTO AOS PONTOS CONTROVERTIDOS FIXADOS PELA DOUTA JUÍZA:

"(...) a solução da controvérsia está a depender: a) da análise da aplicação dos juros expressamente contratados; b) apuração da comissão de permanência; c) apuração dos encargos moratórios ante a responsabilidade da parte ré pela mora".

a) - analisando os juros expressamente contratados, infere-se que foram na proporção de 1,26% ao mês, mas efetivamente cobrada na proporção de 1,3195% ao mês, considerando que houve taxa de arrendamento mercantil de 2,22% ao mês.

b) - apuração da comissão de permanência - conforme cláusula 14, fl. 21, foi apurada considerando a taxa de mercado praticada pelo arrendante no dia do efetivo pagamento;

c) - apuração dos encargos moratórios ante a responsabilidade da parte ré pela mora - os encargos moratórios foram apurados seguindo a mesma disposição expressa no item "b" acima.

Infere-se que, considerando as disposições contratuais, sem exclusão do anatocismo, o valor do débito será de R$ 513.840,48, considerando-se também as parcelas vincendas até 28/03/2012 ou R$ 321.960,96 considerando apenas a dívida vencida até NOV/2010.

Ao considerarem-se apenas as parcelas vencidas mais o saldo devedor até NOV/2010, o débito total perfaz o montante de R$ 465.960,96, Anexo A.

Santo Antonio da Platina/PR, 18 de novembro de 2010.

Nestes Termos, pede deferimento.

RONILDO DA CONCEIÇÃO MANOEL
Perito judicial

3.5.3 – Modelo de laudo pericial judicial – Diversos contratos: arrendamento mercantil, CDC e FINAME

EXCELENTÍSSIMA DRA. JUÍZA DE DIREITO DA VARA CÍVEL DE JAGUARIAÍVA – ESTADO DO PARANÁ

Autos: xxxx/2009 (xxxx/2009)
Requerente: xxxxxxxxxxxxxxxx LTDA
Requerido: BANCO VOLKSWAGEN S/A

LAUDO PERICIAL JUDICIAL

I – Preliminares

O presente laudo pericial espelha-se na natureza intrínseca da própria perícia judicial, considerando-se os Princípios Contábeis e Normas Brasileiras de Contabilidade.

II – Natureza da perícia

A natureza desta perícia é meramente financeira e técnico-contábil, considerando-se o envolvimento de recursos monetários lançados contabilmente e **disponibilizados**, através de **arrendamento mercantil, CDC e FINAME ao consumidor final.**

III – Objeto da perícia

Quatro contratos de empréstimos e arrendamento mercantil:
a) - Contrato n.º xxxxx - contrato não fora juntado nos autos. Portanto os quesitos restaram prejudicados para este contrato.
b) - Contrato n.º xxxxxx;

c) - Contrato n.º xxxxxxxx **(OBJETO TAMBÉM DA PERÍCIA JUDICIAL - autos xxx/2009);**
c) - Contrato n.º xxxxxx/001.

IV – Finalidade da perícia

1) - Esclarecer os pontos controvertidos fixados pela louvada juíza, fl. 463, item IV:

> **"A controvérsia cingi-se em perquirir sobre eventuais abusos e irregularidades na cobrança dos encargos decorrentes dos contratos firmados entre as partes, (...)".**

2) - Esclarecer os quesitos propostos pelo autor, fls. 465-466 e pelo réu, fls. 467-468.

V – Diligências

A ciência do início dos trabalhos periciais foi através de email, conforme DOC 1, pág. 2) ora em apenso.

Foram ainda solicitados neste mesmo email (DOC 1, pág. 1) diversos documentos como comprovantes de pagamentos, não atendido pelo autor.

VI – Laudo pericial
VI.I – Quesitos apresentados pelo requerente (Fls. 465-466)

O requerente assim formulou os seus quesitos:
1. Houve cobrança de juros? Qual a taxa de juros contratada? E sua espécie: moratórios, compensatórios e remuneratórios? Como foi aplicada? A taxa contratada esta dentro dos parâmetros autorizados pelo BACEN? A taxa de juros condiz com a realidade do mercado e período sem inflação que vivenciamos?
RESPOSTA DO PERITO JUDICIAL: Resposta segmentada por contrato:
a) - Contrato de arrendamento mercantil n.º xxxxxxxxxx, fls. 123-128 - Sim, houve cobrança de juros à taxa contratada de 1,4422% (fator de arrendamento) ao mês. **Juros moratórios:** conforme cláusula 15, inciso II, na proporção de 1% (um por cento) ao mês, fls. 126; **Compensatórios:** não foram cobrados - **Remuneratórios:** embutidos no fator de arrendamento mercantil a título de TIR (Taxa Interna de Retorno do arrendamento mercantil). Não houve especificação percentual em contrato.
A taxa contratada esta dentro dos parâmetros autorizados pelo BACEN? Os contratos de arrendamento mercantil não possuem taxa de juros explícita, embora pelo percentual de juros remuneratórios embutidos no fator de arrendamento mercantil (1,4422%), pode-se inferir sem sombras de dúvidas que a taxa de juros embutida estava abaixo da média de mercado divulgada pelo BACEN, condizendo desta forma **"com a realidade do mercado e período sem inflação que vivenciamos".**

b) - Contrato de Financiamento ao Consumidor Final Garantido por Alienação Fiduciária - CDC n.º xxxxxxxxxxx (OBJETO TAMBÉM DA PERÍCIA JUDICIAL - autos xxx/2009, fls. 221-223) - Sim, houve cobrança de **juros remuneratórios** na proporção de 1,53% (juros contratados), mas a taxa efetivamente cobrada foi de 1,5309% (mero arredondamento) - **Juros moratórios:** conforme cláusula 6, inciso II, na proporção de 12% (doze por cento) ao ano, fls. 222 - **Compensatórios:** não foram cobrados. **A taxa contratada esta dentro dos parâmetros autorizados pelo BACEN?** Apesar de ser contrato de CDC, com supervisão do BACEN, pode-se inferir sem sombras de dúvidas que a taxa de juros remuneratórios estava abaixo da média de mercado divulgada pelo BACEN, condizendo assim **"com a realidade do mercado e período sem inflação que vivenciamos"**.

c) - Contrato de Abertura de Crédito Fixo com garantia de Alienação Fiduciária n.º xxxxxx-4/001, fls. 293-295. Houve ajuste de Contrato de Adiantamento de Valores - FINAME n.º xxxx/07, fls. 296-297.

A taxa de juros contratada foi de 6,5% ao ano (custo de captação pela TJLP), **fls. 293,** mais *spread* básico de 1% ao ano e *spread* de risco de 3,93% a.a, fls. 293. Estes percentuais equivalem às taxas de **juros remuneratórios**.

Neste caso, salienta-se que a taxa de juros não condiz com a realidade de mercado, considerando que as operações de financiamentos de FINAME são subsidiadas pelo BNDES, nascendo com taxas de juros baixíssimas, sendo oneradas apenas pela intervenção do agente financeiro que cobra *spread* **e taxa de rentabilidade embutida, onerando o emitente/devedor da cédula.**

Compensatórios: não foram cobrados.

A taxa contratada esta dentro dos parâmetros autorizados pelo BACEN? Os contratos de FINAME não são regulados e/ou supervisionados pelo BACEN, mas pelo BNDES. Salienta-se, todavia, que houve outro contrato denominado de "adiantamento" com taxas contratadas na proporção de 2,49% ao mês, totalmente discrepantes em relação às operações de crédito do FINAME, que raramente ultrapassam 1,5% ao mês, **seguindo as disposições da Circular n.º 195, de 28 de julho de 2006 (normas reguladoras do FINAME), não condizendo "com a realidade do mercado e período sem inflação que vivenciamos",** especificamente para este contrato denominado FINAME.

2.Houve capitalização de juros? Qual o período da capitalização? Houve contratação expressa da capitalização e quais o período da contratação?
RESPOSTA DO PERITO JUDICIAL: **Sim, houve capitalização mensal das taxas de juros remuneratórios para todos os três contratos ora periciados:**

3.Houve cobrança de comissão de permanência cumulada com multa e juros moratórios?
RESPOSTA DO PERITO JUDICIAL: **Tecnicamente, sim, conforme descrição por contrato:**

a) - contrato de leasing - n.º xxxxxx, previsão de comissão de permanência na cláusula 15, inciso I, fl. 126;

b) - CDC n.º xxxxxxxxx - previsão de comissão de permanência na cláusula 6, inciso I, fl. 222;

c) - contrato de crédito fixo n.º xxxxx4/001, fls. 293-295, vinculado ao contrato de adiantamento (FINAME) n.º xxxx/07, fls. 296-297 - previsão de comissão de permanência na cláusula 4, fl. 295 e cláusula 7.2, fl. 296.

Conforme pode-se inferir da leitura atenta destas cláusulas, houve previsão de cobrança da comissão de permanência com juros moratórios e multa moratória.

4. Qual a taxa de juros moratórios cobrados? Esta taxa foi expressamente contratada?

RESPOSTA DO PERITO JUDICIAL: A taxa de juros de mora **cobrada foi de 1% ao mês, conforme já demonstrada no quesito 1.**

5. Houve cobrança de tarifas não contratadas de forma expressa? Qual o valor destas?

RESPOSTA DO PERITO JUDICIAL: Compulsando os autos, percebe-se que foi cobrada R$ 600,00 de tarifa de cadastro, fl. 123, contrato n.º xxxxxxx; R$ 410,00 - (taxa abertura de crédito), fl. 221 e contrato de crédito fixo n.º xxxxx-4/001, fls. 293-295, vinculado ao contrato de adiantamento (FINAME) n.º xxxxx/07, fls. 296-297, R$ 600,00 (TAC), fl. 293.

6. Houve correção? Quais os índices de correção utilizado? Houve contratação expressa?

RESPOSTA DO PERITO JUDICIAL: A princípio não houve aplicação de correção monetária.

7. Queira o Sr. Perito elaborar planilha demonstrativa de indébitos e/ou valores a compensar, demonstrando com clareza as taxas de juros utilizadas e a fonte de captação de recursos para liberação dos financiamentos junto ao BNDES-FINAME ou similares?

RESPOSTA DO PERITO JUDICIAL: Vide Anexos A, B e C, que demonstram respectivamente os valores do saldo remanescente contra o autor: R$ 159.982,22, R$ 32.670,33 e R$ 230.386,88, totalizando R$ 423.039,43. Percebe-se que não foram juntados aos autos diversos comprovantes de pagamentos, em especial, do contrato xxxxx-4 (Anexo C). Sendo assim, o laudo pericial judicial foi elaborado com base nos documentos acostados.

8. O Banco seguiu tecnicamente as instruções do BNDES e BACEN quanto a Custo Financeiro + Remuneração do BNDES + Remuneração da Instituição Financeira Credenciada?

RESPOSTA DO PERITO JUDICIAL: Conforme respostas aos quesitos anteriores, verificou-se que não foram cumpridas à risca as disposições da Circular 195/2006 do BNDES para o contrato xxxxx-4 (Anexo C - Contrato fixo e FINAME), uma vez que

as taxas de juros cobradas foram efetivamente **1,8843%, enquanto que a taxa contratada inicialmente era de 11,43% ao ano, fls. 293** (*spread* básico de 1% + *spread* de risco 3,93% + Custo de captação [TJLP] 6,5% = 11,43% ao ano).

9. O Banco seguiu rigorosamente as disposições da Circular BNDES n.º 195, de 28/07/2006 (vigente até a época da contratação), que define os critérios, condições e procedimentos operacionais a serem observados nos financiamentos concedidos?
RESPOSTA DO PERITO JUDICIAL: Conforme já respondido, não.

10. Após estas inferências técnico-contábeis, quais as taxas reais a serem aplicadas na espécie de empréstimo em questão, demonstrando os valores de indébito a serem compensados?
RESPOSTA DO PERITO JUDICIAL: Como houve violação apenas das taxas de juros do contrato xxxxxx-4, o Anexo C demonstra que o débito técnico-contábil até o momento é de R$ 230.386,88, sem considerar eventuais pagamentos que não constem na planilha, tendo em vista que o autor não juntou os comprovantes, mesmo após requerimento deste perito via e-mail (DOC-1, pág.1).

11. Considerando tecnicamente o que o STJ já decidiu em relação à mora do devedor, esclarecendo que não há mora se os encargos são abusivos ou ilegais, esclareça o douto Perito Judicial se os encargos utilizados pelo banco podem ser considerados abusivos ou ilegais, considerando apenas o escopo técnico-contábil.
RESPOSTA DO PERITO JUDICIAL: Tecnicamente, em conformidade à proposição do quesito, os encargos utilizados pelo Banco podem ser considerados acima do efetivamente contratado (abusivos) para o contrato xxxxxx-4, **uma vez que o Banco não utilizou a taxa evidenciada no contrato, fl. 293** (11,43% ao ano ou 0,9525% a.m), **mas sim 1,8843% ao mês. Além disso, em todos os contratos não foram expurgados o anatocismo, além da cumulação de comissão de permanência com juros** moratórios e **multa** moratória.

12. Há indébito a favor do réu ou valores a serem compensados? Qual o montante tecnicamente correto a ser depositado em juízo para que haja a total adimplência contratual, considerando que se há encargos abusivos não existe mora do devedor?
RESPOSTA DO PERITO JUDICIAL: Considerando que não houve quitação do contrato, ainda há DÉBITO do autor para com o réu no montante geral de R$ 423.039,43, conforme resposta ao quesito 7.

13. Tomando como ponto de partida da taxa DI que contém cunho fiscal e a rentabilidade da instituição podemos afirmar que o juro cobrado está em discrepância e/ou ocorre no contrato um lucro exorbitante por parte da instituição?
RESPOSTA DO PERITO JUDICIAL: As taxas DIs somente se aplicam a financiamentos propriamente ditos e não a contratos de arrendamento mercantil e FINAME, considerado que os Depósitos Interfinanceiros já contemplam cunha

fiscal, *spread* e rentabilidade do banco, faltando apenas o banco aplicar a taxa de risco operacional, quando então chegará à taxa de juros final cobrada nas operações de crédito.

VI.II – Quesitos apresentados pelo requerido (Fls. 467-468)

1) Observando-se o contrato de fls., quais as condições deste, tais como, principal, taxas, juros, comissão de permanência, juros moratórios, multa, firmado entre as partes quando da assinatura?

RESPOSTA DO PERITO JUDICIAL: A resposta ao quesito 1, do requerente, contempla integralmente o proposto neste quesito.

2) Há parcelas em aberto? Quais?

RESPOSTA DO PERITO JUDICIAL: Considerando tão-somente os comprovantes de pagamentos juntados aos autos, ainda há saldo remanescente total de R$ 423.039,43, conforme Anexos A, B e C.

3) Em havendo parcelas em aberto, qual o valor devido, atualizado.

RESPOSTA DO PERITO JUDICIAL: Vide resposta anterior.

4) Pelos documentos acostados aos autos pode-se afirmar que a ré liquidou todas as prestações e obrigações assumidas no pacto? Se negativo o que resta devido?

RESPOSTA DO PERITO JUDICIAL: Não, pois ainda há ainda débito remanescente.

5) Queira o Sr. Perito prestar outros esclarecimentos, a fim de elucidar e esclarecer outros pontos de relevo não mencionados nos quesitos e importantes para o deslinde da controvérsia.

RESPOSTA DO PERITO JUDICIAL: Vide conclusão.

VII – Conclusão do laudo pericial

Considerando os quesitos formulados e os pontos controvertidos fixados pela douta juíza, infere-se:

QUANTO AOS PONTOS CONTROVERTIDOS FIXADOS PELA DOUTA JUÍZA, fl. 463, item IV:

> **"A controvérsia cingi-se em perquirir sobre eventuais abusos e irregularidades na cobrança dos encargos decorrentes dos contratos firmados entre as partes, (...)".**

CONCLUI-SE:

a) - houve cobrança de tarifas em todos os contratos ora periciados;

b) - analisando os juros expressamente contratados, verificou-se que houve cobrança de juros compostos (anatocismo), o que resultou em redução DAS PARCELAS mensais, conforme demonstradas nos Anexos A, B e C.

c) - ENCARGOS - apuração da comissão de permanência - conforme contratada e detalhada na resposta ao quesito 1, autor.

d) - A dívida total de acordo com os pontos controvertidos, expurgando juros compostos (anatocismo), encargos abusivos (tarifas); utilizando taxas de juros contratadas para o contrato xxxxx-4, fl. 293, de 11,43% ao ano e não a taxa efetivamente cobrada no cálculo da prestação inicial de 1,8843%, fl. 432, desconsiderando cumulação de comissão de permanência, é de **R$ 423.039,43, conforme Anexos A, B e C.**

e) - volta-se a esclarecer que foram solicitados comprovantes de pagamentos ao autor via email (DOC-1, pág 1), todavia não houve atendimento, o que poderia ter ocorrido via email, com digitalização destes comprovantes. Sendo assim, a dívida remanescente poderá ser menor, acaso haja juntada dos comprovantes de pagamentos, se porventura houve os respectivos pagamentos.

Santo Antonio da Platina/PR, 02 de junho de 2011.

Nestes Termos, pede deferimento.

RONILDO DA CONCEIÇÃO MANOEL
Perito judicial

3.5.4 – Modelo de laudo pericial judicial – Cheque Especial

Excelentíssimo Dr. Juiz de Direito da Vara Cível de Wenceslau Braz – Estado do Paraná

Autos: 0xxx/2003
AUTOR: xxxxxxxxxxxxxxxxx LTDA.
REQUERIDO: BANCO DO BRASIL S/A

LAUDO PERICIAL

I – Preliminares

O presente laudo pericial espelha-se na natureza intrínseca da própria perícia, buscando **aclarar** os pontos controvertidos fixados pelo douto juiz e evidenciados pelas partes.

II – Natureza da perícia

A natureza desta perícia é meramente financeira e técnico-contábil, considerando-se o envolvimento de recursos monetários lançados contabilmente em conta bancária de cheque especial, empréstimos e financiamentos à pessoa jurídica e cobrança de juros pela média do mercado interfinanceiro.

III – Objeto da perícia

Os extratos de conta corrente xxxxx-4, Ag. xxxxx-x, fls. 156-402 e fls. 560 a 650, além do Anexo C (notificação de débito em atraso enviada pelo banco-réu; comprovantes de depósitos e relação de operações de créditos vinculadas à conta corrente objeto desta perícia judicial), **ausentes os contratos de empréstimos n.º Xx/xxxxx-2; xx/xxxxx-8 e XX/Xxxxxx-8.**

IV – Finalidade da perícia

Esclarecer se há *quantum debeatur* a favor do réu ou indébito a favor da autora, em conformidade com os extratos e contratos juntados nos autos.

V – Diligências

A ciência do início e reinício dos trabalhos periciais foi através de telefone e email, conforme Doc 1, ora em apenso.

Considerando as diligências realizadas junto às partes, além de diversas petições protocolizadas em juízo, restaram ausentes os contratos **de empréstimos n.º 97/00626-2; 97/00525-8 e 97/00556-8,** necessários ao deslinde e conclusão do laudo pericial, o que poderá ocorrer antes da fase de liquidação de sentença.

VI – Laudo pericial
VI.I – Quesitos apresentados pelo réu (Fls. 521-523)

O requerido assim formulou os seus quesitos, *verbis:*

1).- Os valores negativos/devedores da conta corrente em questão, de titularidade dos Requeridos, sofreram a incidência de encargos financeiros que se acumulavam ao capital? Em caso positivo, qual a periodicidade e época da acumulação?

RESPOSTA DO PERITO: Sim, houve a capitalização mensal, sempre que não havia pagamento integral das parcelas de juros cobradas pelo Banco. Na prática, como se percebe, desde Fev/91 a Jan/98 (período de utilização do cheque especial – Cheque Ouro, Anexo A.

2).- Que tipo de encargo financeiro incidiu sobre os saldos devedores?

RESPOSTA DO PERITO: Conforme se demonstra no Anexo A, os encargos que incidiram sobre o saldo devedor foram os DIs (depósitos Interfinanceiros, que apuram os juros de mercado interbancário) mais *spread,* **mais encargos operacionais, cunha fiscal e taxa de risco por inadimplência, totalizando um encargo médio mensal (cobrado pelo BB) de 21,82% ao mês, a partir de Fev/91 até Jan/98, enquanto a taxa média de mercado devida seria de 15,50% ao mês. Se considerarmos a média desde Fev/91 até Jun/2008, então as taxas cobradas ficaram na média de 13,65% ao mês, enquanto que a taxa de mercado devida e razoável seria em torno de 7,09% (considerando apenas os DIs).**

3).- Que tipo de encargo financeiro foi ajustado no contrato? Quando é previsto o débito? Foi avençada multa e em qual percentual?

RESPOSTA DO PERITO: Prejudicado, pois não fora juntado contrato de abertura de crédito em conta corrente nem contratos de empréstimos/financiamentos. Todavia, os bancos utilizam como praxe os juros de mercado, acumulado com outros encargos demonstrados no quesito anterior, extrapolando a média de mercado, quando comparada com algumas instituições financeiras. A título de exemplo, o Anexo D (Operações de crédito referenciais para taxa de juros – ao ano) **demonstra relação das taxas de juros praticadas pelas instituições financeiras, através dos DIs ou CDIs (Certificados de Depósitos Interfinanceiros), conforme fonte do Banco Central.**

O Anexo D demonstra que a menor taxa de juros anual foi de 43,9% a.a em Dez/2007; enquanto que a maior foi de 52,3% a.a em Jan/2007.

Anexo E, cuja planilha demonstra que o custo médio de captação das Instituições Financeiras (IFs) variou entre -4,01% a.a (Dez/2002) a 16,42% a.a (Dez/2005), respectivamente a menor e maior taxa de custo de captação de recursos financeiros que formarão o *funding* **para as operações de créditos bancários.**

O Anexo F demonstra as taxas de juros efetivas que compõem as taxas de juros do mercado INTERBANCÁRIO, dentre elas as das operações de cheque especial. O que se verifica neste anexo é que as taxas de juros, cujos percentuais são evidenciados pelos DIs ("Taxa porcentual da média diária das operações no mercado interfinanceiro. A taxa DI se forma a partir da taxa SELIC projetada para o dia D + 1, acrescida de: a) custo dos impostos incidentes na operação; b) custos operacionais da instituição; c) lucro da instituição", **conforme Dicionário de Finanças da BOVESPA.**

Devemos ter em mente que os DIs (taxas de juros de mercado) são compostos pelo custo dos impostos incidentes na operação (cunha fiscal), custos operacionais da

instituição (custos de captação, compulsório, etc) e lucro da instituição (rentabilidade e *spread*).

OU SEJA: em termos técnico-contábeis, as taxas de juros de mercado praticadas pelas instituições financeiras são **totalmente abusivas,** os bancos cobraram em média 8,5% ao mês, nos últimos dez anos, enquanto que as taxas de juros do mercado interbancário, apuradas pelos DIs, não **atingiram** 2,8% ao mês (com *spread* de 1% ao mês).

4).- Os encargos financeiros cobrados estão de acordo com o estipulado no contrato de abertura de crédito em conta corrente – cheque ouro? ou Outros instrumentos contratuais? Justifique.
RESPOSTA DO PERITO: **Prejudicado, vide quesito anterior.**

5).- Quais os índices das taxas cobradas? Relacione.
RESPOSTA DO PERITO: **Os índices das taxas cobradas foram as do mercado adicionadas de rentabilidade e taxas operacionais do BB, extrapolando as médias de mercado aferidas pelos DIs. A tabela abaixo reproduz as taxas utilizadas pelo Banco, extraída do Anexo A:**

Tabela 01

DATA	J COBRADOS	JUROS BCO	DIs (Juros devidos)
fev-91	8.024,57	17,00%	8,72%
mar-91	611,36	16,50%	10,01%
abr-91	83.734,58	16,50%	12,49%
mai-91	74.718,21	16,50%	12,64%
jun-91	25.263,04	20,00%	10,66%
jul-91	17.520,50	24,00%	13,26%
ago-91	68.675,10	24,00%	15,97%
set-91	224.257,37	28,90%	20,01%
out-91	248.150,18	35,90%	26,10%
nov-91	184.184,64	35,90%	31,98%
dez-91	3.536,61	35,90%	30,46%
jan-92		37,40%	29,07%
fev-92	275,51	33,00%	30,32%
mar-92	106.827,44	31,50%	25,20%

DATA	J COBRADOS	JUROS BCO	DIs (Juros devidos)
abr-92		29,70%	23,75%
mai-92	5.571,11	28,50%	22,94%
jun-92	114.330,39	28,90%	24,24%
jul-92		29,90%	26,31%
ago-92	435.413,47	29,00%	25,73%
set-92	493.480,71	31,00%	27,65%
out-92	80.523,25	31,80%	28,19%
nov-92	1.159.745,12	31,80%	26,09%
dez-92	2.102.189,47	31,50%	26,06%
jan-93	37.780,54	31,80%	28,78%
fev-93	1.130.760,87	31,80%	28,56%
mar-93	11.065.517,08	35,50%	28,54%
abr-93	1.735.713,82	34,90%	30,39%
mai-93	214.061,09	34,90%	30,93%
jun-93	8.609.902,36	35,40%	31,80%
jul-93	813.674,93	35,40%	32,79%
ago-93	5.046,24	37,70%	34,80%
set-93	2.466,03	38,90%	37,43%
out-93	14.407,67	42,50%	38,39%
nov-93	19.661,27	42,50%	38,07%
dez-93	82.460,24	46,00%	40,64%
jan-94	281.544,24	52,20%	43,25%
fev-94	276.294,42	49,30%	41,46%
mar-94	99.495,95	51,50%	46,98%
abr-94	207.073,35	54,50%	45,97%
mai-94		56,60%	48,12%
jun-94	27.315,15	58,80%	48,43%

DATA	J COBRADOS	JUROS BCO	DIs (Juros devidos)
jul-94	61,43	14,00%	6,68%
ago-94		9,90%	4,16%
set-94	25,24	9,50%	3,85%
out-94	225,13	13,60%	3,65%
nov-94	739,18	12,70%	4,11%
dez-94	878,31	13,50%	3,84%
jan-95	480,42	13,50%	3,48%
fev-95	645,27	12,90%	3,24%
mar-95	733,34	14,20%	4,41%
abr-95	467,57	14,20%	4,22%
mai-95	128,68	14,20%	4,27%
jun-95	343,71	12,50%	4,05%
jul-95	510,78	12,50%	4,01%
ago-95	364,54	12,50%	3,81%
set-95	60,25	9,90%	3,25%
out-95	326,76	9,30%	3,06%
nov-95	474,95	9,00%	2,84%
dez-95	151,86	9,00%	2,73%
jan-96	158,14	8,70%	2,56%
fev-96	506,69	8,50%	2,31%
mar-96	692,53	8,40%	2,20%
abr-96	625,47	8,30%	2,03%
mai-96	535,51	8,20%	2,00%
jun-96	668,29	8,10%	1,94%
jul-96	389,95	8,00%	1,91%
ago-96	558,76	8,00%	1,95%
set-96	286,40	8,00%	1,88%

DATA	J COBRADOS	JUROS BCO	DIs (Juros devidos)
out-96	442,38	7,80%	1,86%
nov-96	677,76	6,95%	1,79%
dez-96	355,97	6,95%	1,79%
jan-97	184,40	6,95%	1,74%
fev-97	611,07	6,95%	1,66%
mar-97	622,36	7,95%	1,62%
abr-97	794,17	7,95%	1,66%
mai-97	358,12	7,95%	1,58%
jun-97	444,02	7,95%	1,59%
jul-97	733,19	7,95%	1,61%
ago-97	734,40	7,95%	1,58%
set-97	816,98	7,95%	1,58%
out-97	913,99	7,95%	1,68%
nov-97	515,41	9,10%	2,98%
dez-97	154,77	9,10%	2,91%
jan-98	50,66	9,10%	2,67%
fev-98		9,10%	2,11%
mar-98		9,10%	2,18%
abr-98		9,10%	1,69%
mai-98		9,10%	1,63%
jun-98		9,10%	1,60%
jul-98		7,90%	1,69%
ago-98		7,90%	1,47%
set-98		9,40%	2,49%
out-98		9,40%	2,93%
nov-98		9,40%	2,58%
dez-98		9,40%	2,38%

DATA	J COBRADOS	JUROS BCO	DIs (Juros devidos)
jan-99		9,40%	2,17%
fev-99		9,40%	2,35%
mar-99		9,40%	3,29%
abr-99		9,40%	2,28%
mai-99		9,40%	1,96%
jun-99		9,40%	1,63%
jul-99		9,40%	1,62%
ago-99		9,40%	1,55%
set-99		8,90%	1,47%
out-99		8,10%	1,37%
nov-99		8,10%	1,37%
dez-99		8,50%	1,58%
jan-00		8,50%	1,44%
fev-00		8,50%	1,44%
mar-00		8,50%	1,44%
abr-00		8,50%	1,28%
mai-00		8,50%	1,49%
jun-00		7,79%	1,39%
jul-00		7,79%	1,30%
ago-00		7,79%	1,40%
set-00		7,79%	1,22%
out-00		7,79%	1,28%
nov-00		7,79%	1,22%
dez-00		7,74%	1,19%
jan-01		7,74%	1,26%
fev-01		7,74%	1,01%
mar-01		7,74%	1,25%

DATA	J COBRADOS	JUROS BCO	DIs (Juros devidos)
abr-01		7,74%	1,18%
mai-01		7,74%	1,33%
jun-01		7,74%	1,27%
jul-01		8,30%	1,50%
ago-01		8,30%	1,60%
set-01		8,30%	1,32%
out-01		8,30%	1,53%
nov-01		8,30%	1,39%
dez-01		8,30%	1,39%
jan-02		8,30%	1,53%
fev-02		8,30%	1,25%
mar-02		8,30%	1,37%
abr-02		8,30%	1,48%
mai-02		8,30%	1,40%
jun-02		8,30%	1,31%
jul-02		8,30%	1,53%
ago-02		8,30%	1,45%
set-02		8,30%	1,38%
out-02		8,50%	1,64%
nov-02		8,50%	1,53%
dez-02		9,00%	1,73%
jan-03		9,00%	1,87%
fev-03		9,00%	1,97%
mar-03		9,00%	1,77%
abr-03		9,00%	1,87%
mai-03		9,00%	1,96%
jun-03		9,00%	1,85%

DATA	J COBRADOS	JUROS BCO	DIs (Juros devidos)
jul-03		8,80%	2,08%
ago-03		7,75%	1,76%
set-03		7,75%	1,67%
out-03		7,61%	1,63%
nov-03		7,57%	1,34%
dez-03		7,49%	1,37%
jan-04		7,49%	1,26%
fev-04		7,49%	1,08%
mar-04		7,33%	1,37%
abr-04		7,33%	1,17%
mai-04		7,33%	1,22%
jun-04		7,33%	1,22%
jul-04		7,33%	1,28%
ago-04		7,33%	1,29%
set-04		7,33%	1,24%
out-04		7,33%	1,21%
nov-04		7,33%	1,25%
dez-04		7,73%	1,48%
jan-05		7,73%	1,38%
fev-05		7,89%	1,22%
mar-05		7,89%	1,52%
abr-05		7,89%	1,41%
mai-05		7,99%	1,50%
jun-05		7,99%	1,58%
jul-05		7,99%	1,51%
ago-05		8,03%	1,65%
set-05		8,03%	1,50%

DATA	J COBRADOS	JUROS BCO	DIs (Juros devidos)
out-05		8,03%	1,40%
nov-05		8,03%	1,38%
dez-05		8,03%	1,47%
jan-06		7,99%	1,43%
fev-06		7,99%	1,14%
mar-06		7,95%	1,42%
abr-06		7,90%	1,08%
mai-06		7,90%	1,28%
jun-06		7,85%	1,18%
jul-06		7,81%	1,17%
ago-06		7,81%	1,25%
set-06		7,77%	1,05%
out-06		7,73%	1,09%
nov-06		7,73%	1,02%
dez-06		7,70%	0,93%
jan-07		7,70%	1,08%
fev-07		7,70%	0,87%
mar-07		7,70%	1,05%
abr-07		7,70%	0,94%
mai-07		7,70%	1,02%
jun-07		7,70%	0,90%
jul-07		7,70%	0,97%
ago-07		7,70%	0,99%
set-07		7,70%	0,80%
out-07		7,70%	0,92%
nov-07		7,70%	0,85%
dez-07		7,70%	0,84%

DATA	J COBRADOS	JUROS BCO	DIs (Juros devidos)
jan-08		7,70%	0,92%
fev-08		7,70%	0,79%
mar-08		7,70%	0,84%
abr-08		7,70%	0,90%
mai-08		7,70%	0,87%
jun-08		7,70%	0,90%

6).- Se os encargos fossem pagos no vencimento, eles seriam agregados ao capital?
RESPOSTA DO PERITO: Tecnicamente, não.

7).- Foi ajustada no contrato a incidência de TR/TBF e se tais encargos forem aplicados sobre os saldos devedores de empréstimo?
RESPOSTA DO PERITO: O quesito resta prejudicado, por ser impertinente ao objeto da perícia, tendo em vista que a TR não se aplica aos contratos de cheque especial e a TBF não é índice de correção tecnicamente válido, inclusive com óbice pela Súmula 287 do STJ.

8).- Quais códigos, constantes nos extratos, se referem à cobrança de encargos financeiros?
RESPOSTA DO PERITO: Todos os códigos 123 (juros) e 118 (IOF).

9).- Os encargos financeiros cobrados pelo Requerido estão compatíveis com os encargos financeiros de mercado para a modalidade de cheque especial bancário e ou contratos bancários?
RESPOSTA DO PERITO: Tecnicamente, não. Pois considerando a conjuntura econômico-financeira desde Fev/1991 (início do período de utilização do limite de cheque especial disponibilizado à autora) **até a presente data, os encargos financeiros de mercado cobrados pelo Banco do Brasil não estiveram compatíveis com os encargos para a modalidade de cheque especial, comparando-se com outras instituições financeiras, fonte do Banco Central, tendo em vista que a média praticada pelo banco autor foi de 21,82% ao mês** (Fev/91 até Jan/98, Anexo A). **Vide ainda "Conclusão – Esclarecimentos Técnicos Finais". Considerando-se a média a partir de Fev/91 a Jun/2008, os juros cobrados ficaram na proporção média de 13,65% ao mês. VIDE ESCLARECIMENTOS TÉCNICOS FINAIS – CONCLUSÃO.**

10).- De acordo com o Código Civil, como deve ser a ordem de imputação do pagamento em relação ao capital e juros?

RESPOSTA DO PERITO: Em conformidade com o Art. 354 do Novo CCB, esta será a ordem de imputação do pagamento em relação ao capital e juros, *verbis*:

> "Havendo capital e juros, o **pagamento imputar-se-á primeiro nos juros vencidos, e depois no capital,** salvo estipulação em contrário, ou se o credor passar a quitação por conta do capital".

11).- Elabore planilha de cálculo de acordo com os encargos financeiros pactuados no contrato, imputando os pagamentos parciais na forma da Lei. Qual o valor atualizado apurado?

RESPOSTA DO PERITO: Em conformidade com o quesito, considerando a média das taxas de mercado, entre o período de Fev/91 a Jan/98 (Anexo A), de 15,50% ao mês (taxa média devida utilizada pelo perito judicial apenas no período entre Fev/91 a Jan/98), **haverá indébito (PROVISÓRIO) ao autor no montante de R$ 126.952,85 (cento e vinte e seis mil novecentos e cinquenta e dois reais e oitenta e cinco centavos). Neste valor não está incluído EVENTUAL INDÉBITO ou DÉBITO a ser apurado quando da juntada dos contratos de empréstimos, conforme evidenciado no extrato bancário, fl. 381 e demonstrado no item III, OBJETO DA PERÍCIA, pág. 3 deste laudo pericial judicial.**

12). – Demais considerações que o Sr. Perito achar necessário.

RESPOSTA DO PERITO: Vide ESCLARECIMENTOS TÉCNICOS FINAIS – CONCLUSÃO.

VI.II – Quesitos do requerente (Fls. 525-527)

1) Esclareça o Sr. Perito qual o valor originário da operação de crédito, bem assim qual a sequência das renegociações.

RESPOSTA DO PERITO: Compulsando os autos, não há valor originário da operação de crédito, a não ser referente à pessoa jurídica, que se distingue técnica e contabilmente da pessoa física, conforme autos n.º 224/98 (execução promovida pelo réu).

2) Queira o Sr. Perito descrever as características de todos os contratos firmados entre o Autor e o Banco Réu desde o início de suas relações financeiras e comerciais (valores, taxas, indexadores, juros, encargos de mora, garantias, etc)

RESPOSTA DO PERITO: Prejudicado, vide quesito anterior.

3) Queira o Sr. Perito em cada contrato firmado entre as partes descrever os juros pactuados e se houve prática de anatocismo quanto aos mesmos.

RESPOSTA DO PERITO: Vide quesito anterior.

4) Qual é o sistema de cálculo aplicado no contrato? Este sistema possibilita a prática de anatocismo?

RESPOSTA DO PERITO: Apesar de não existir contrato acostado nos autos, conforme respostas anteriores, inclusive em relação aos quesitos formulados pelo réu, este perito demonstrou que na operação de crédito denominada cheque especial há anatocismo quando o cliente não quita os juros cobrados pelo banco, sobrando saldo remanescente de juros a serem utilizados como base de cálculo para próxima cobrança de juros.

5) Houve cobrança de juros acima do legal?

RESPOSTA DO PERITO: Quesito prejudicado por ater-se ao mérito da causa, tendo em vista que não há que se falar em juros legais, mas taxas de juros de mercado, que conforme já se demonstrou, o Banco-réu descumpriu, cobrando taxas superiores ao mercado interbancário, quando se utilizam os DIs (Depósitos Interfinanceiros) como parâmetro para apuração dos juros de mercado, em conformidade com as Ciências Econômicas e realidade do mercado.

5) Os juros debitados ao saldo devedor incorporam-se ao mesmo gerando base de cálculo do saldo devedor para os meses subsequentes?

RESPOSTA DO PERITO: Quando não há liquidação total dos juros cobrados pelo Banco, o saldo remanescente de juros servirá como base de cálculo para a próxima cobrança dos juros, caracterizando-se assim juros sobre juros ou anatocismo.

6) Queira o Sr. Perito informar qual foi o indexador utilizado para correção monetária nos contratos e com tal finalidade?

RESPOSTA DO PERITO: Como não há contrato acostado aos autos, prejudicado parcialmente o quesito. Mas considerando que houve cobrança de juros no cheque especial, o Anexo A demonstra as taxas de juros cobradas e as devidas (coluna "DIs").

7) Calculado esse valor originário, com correção monetária tão só pelos índices inflacionários, seja TR, INPC, etc – sempre o menor, eis que impera em relação ao devedor o que for menos oneroso – pelos critérios legais de juros de 1% ao mês ou 12% ao ano, sem cumulação, há saldo devedor ou credor em favor do Autor em relação aos contratos analisados?

RESPOSTA DO PERITO: Para o cheque especial, não existe lei de regência sobre determinação de "juros legais". O que existe é tão-somente as questões técnico-contábeis e econômico-financeiras que se balizam nas taxas de juros de mercado, apuradas pelos DIs (Depósitos Interfinanceiros). Portanto, considerando que os

juros de mercado deveriam ser cobrados com base nos DIs, na média de 15,50% ao mês entre Fev/91 a Jan/98, então ainda assim há INDÉBITO a favor do autor no montante de R$ 84.835,60 (oitenta e quatro mil, oitocentos e trinta e cinco reais e sessenta centavos).

8) Quais os valores pagos ao Banco Réu? Pelos mesmos critérios proceda o *expert* as deduções dos valores pagos ou creditados ao Réu, dizendo à luz de tais quitações, qual o efetivo saldo credor ou devedor a quem de direito das partes.

RESPOSTA DO PERITO: Vide resposta ao quesito anterior.

9) Como se deram as chamadas repactuações?

RESPOSTA DO PERITO: Prejudicado, pois não há contratos ou confissões de dívidas juntadas aos autos.

10) Houve cumulação de juros, ou seja, a prática do anatocismo nessa evolução dos contratos – juros sobre juros?

RESPOSTA DO PERITO: Vide resposta anterior.

11) Houve cumulação de correção, ou seja, a prática do anatocismo nessa evolução dos contratos, fazendo incidir correção + correção, e correção + comissão de permanência?

RESPOSTA DO PERITO: Vide respostas anteriores.

12) Há reajustes retroativos nos contratos?

RESPOSTA DO PERITO: Vide respostas anteriores.

13) Quais os percentuais de multas incidentes. Sobre elas calculou-se os juros e correção?

RESPOSTA DO PERITO: Vide respostas anteriores.

14) Esclareça o Sr. Perito, mediante contratos e extratos que devem ser fornecidos pelo Banco Réu, relativos a toda movimentação financeira da mesma, as razões e motivos dos débitos lançados. Há causa contratual para os mesmos?

RESPOSTA DO PERITO: Vide respostas anteriores.

15) Tais débitos refletiram ou não as repactuações?

RESPOSTA DO PERITO: Vide resposta ao quesito 10.

16) Com base no Código de Defesa do Consumidor, que dispõe expressamente que a multa moratória não pode ultrapassar o percentual de 2% (dois por cento) do saldo devedor, informe o Sr. Perito se houve cobrança de multa superior a esse patamar. Se positivo, qual o percentual?

RESPOSTA DO PERITO: Como não há juntada de contratos de repactuações de dívidas, não há como deduzir se o banco cobrou ou não percentual superior aos 2% de multa contratual.

17) À luz da inicial proceda o Sr. Perito os esclarecimentos que entender necessários, no objetivo de estabelecer a realidade do débito ou crédito discutido neste processo.

RESPOSTA DO PERITO: Vide ESCLARECIMENTOS TÉCNICOS FINAIS – CONCLUSÃO.

VI.II.I – Quesitos suplementares do requerente (Fls. 538-539)

1) – Elabore o Sr. Perito Planilha Demonstrativa de crédito a favor ou não d requerente de acordo com os seguintes critérios:

1.1) – Tendo em vista que a EC 40/2003 revogou a limitação da taxa de juros a 12% ao ano, o STJ tem pacificado o entendimento de que as taxas de juros não podem ser discrepantes, considerando ainda o teor da Súmula deste Tribunal.

Portanto, indique o Sr. Perito quais as taxas de juros rasuáveis (*sic*) ou não discrepantes que deverão ser cobradas desde a data de abertura da conta corrente.

RESPOSTA DO PERITO: Considerando os dados e fontes do Banco Central, em conformidade ainda com o escopo técnico-contábil e econômico-financeiro, somados à praxe bancária que apura as taxas de juros de mercados pelos DIs ou, dependendo da operação de crédito, pela SELIC, este perito elaborou o Anexo B, cuja planilha demonstra um indébito no montante de R$ 376.227,75. Se a correção monetária for pela média do INPC mais IGP-DI, o montante do indébito provisório (pois o réu ainda não juntou os contratos requeridos por este perito, conforme descrito no item III deste laudo pericial) **será de R$ 126.952,85.**

Os anexos A e B demonstram que as taxas razoáveis e não-discrepantes paras as operações de cheque especial, que deveriam ser cobradas pelo banco-réu, oscilaram no máximo até 15,50% ao mês, considerando apenas o período entre Fev/91 a Jan/98 ou de 7,09%, se nos estendermos até Jun/2008.

1.2) Com base no quesito anterior, há indébito? Qual o montante devidamente corrigidos, pelos CDIS e juros de mora, deduzindo eventual débito devido ao banco.

RESPOSTA DO PERITO: Vide resposta anterior.

VII – Esclarecimentos técnicos finais – Conclusão

Conforme se demonstrou, a taxa de mercado é apurada pelos DIs. Sendo assim, este perito apurou a média do mercado interbancário através deste indexador de juros.

Desta forma, evidenciou-se que este perito apenas seguiu as normas do Banco Central e da Economia de Mercado para apurar a média das taxas de juros adequadas ou razoáveis desde a contratação do cheque Ouro Empresarial até Jan/1998, quando se findou a relação comercial entre as partes litigantes, Anexos A e A-1, além dos **extratos bancários juntados aos autos, fls. 156 a 402 e 560-650.**

Deve-se levar em consideração que limitando a cobrança das taxas de juros aplicadas ao cheque especial praticada pelo mercado, deve-se primeiramente entender o que é "Mercado"?

O Dicionário de Finanças da Bolsa de Valores de São Paulo (BOVESPA) define bem o vocábulo financeiro:

"1) Conjunto de atividades de compra e venda de determinado ativo financeiro, com fluxo expressivo e continuado de operações.

2) conjunto de atividades relacionadas às operações com ativos de características semelhantes - mercado de renda variável, mercado de renda fixa pública, mercado de renda fixa privada e outros".

O termo genérico mercado está intimamente relacionado ao mercado aberto (Conforme Dicionário de Finanças da BOVESPA):

"Mercado de compra e venda de títulos públicos orientado e fiscalizado pelo Banco Central.

Instrumento de política monetária para expandir ou contrair as disponibilidades em dinheiro no mercado financeiro, e otimizar a liquidez da economia".

Agora, como já se sabe a definição de mercado e mercado aberto, mister se faz relembrar que as taxas de juros praticadas pelo mercado são determinadas pelos CDIs (Certificados de Depósitos Interfinanceiros), os quais são formados pelos DIs, definidos como:

"Taxa porcentual da média diária das operações no mercado interfinanceiro.

A taxa DI se forma a partir da taxa SELIC projetada para o dia D + 1, acrescida de:

a) custo dos impostos incidentes na operação

b) custos operacionais da instituição

c) lucro da instituição".

A taxa SELIC define-se:

"1) Taxa básica de juros da economia brasileira, fixada periodicamente pelo COPOM - Comitê de Política Monetária do Banco Central.

2) taxa apurada no SELIC, obtida mediante o cálculo da taxa média ponderada e ajustada das operações de financiamento por um dia, lastreadas em títulos públicos federais e cursadas no referido Sistema na forma de operações compromissadas.

EnFin. Neste caso, as operações compromissadas são operações de venda de títulos com compromisso de recompra assumido pelo vendedor, conjugadamente com compromisso de revenda assumido pelo comprador, para liquidação no dia útil seguinte.

Estão aptas a realizar operações compromissadas, por um dia útil, fundamentalmente as instituições financeiras habilitadas, como os bancos comerciais, bancos de investimento, corretoras e distribuidoras de valores.

Segundo o Banco Central, "as taxas de juros relativas às operações em questão refletem, basicamente, as condições instantâneas de liquidez no mercado monetário (oferta versus demanda de recursos).

Estas taxas de juros não sofrem influência do risco do tomador de recursos financeiros nas operações compromissadas, uma vez que o lastro oferecido é homogêneo.

Como todas as taxas de juros nominais, por outro lado, a Taxa SELIC pode ser decomposta *ex-post*, em duas parcelas: taxa de juros reais e taxa de inflação no período considerado.

A Taxa SELIC, acumulada para determinados períodos de tempo, correlaciona-se positivamente com a taxa de inflação apurada *ex post*".

Considerando que a taxa DI também compõe os CDIs, mensurando as taxas de mercado interbancário, praticadas pelas diversas instituições financeiras, deve-se agora apurar uma taxa de mercado razoável, permitindo a continuidade da empresa "banco" ou "instituição financeira" com margem de lucro suficiente para quitar suas obrigações trabalhistas, fiscais, comerciais e tributárias, além de prover o lucro líquido para seus sócios.

De acordo com o Banco Central, para o mês de Mar/2008, as taxas flutuantes ficaram em média 2,76% ao mês, ou seja, praticamente a média adequada para o período entre Jul/94 a Abr/99 (apuradas pelos DIs):

Posição	Instituição	Taxa de Juros (sem encargos)			Encargos		Taxa Total (4) = (1)+(2)+(3)
		Mínima	Máxima	Média (1)	Operac. (2)	Fiscais (3)	
3	BCO BRADESCO S A	1,13	1,59	1,58	0,00	0,63	2,21

| Posição | Instituição | Taxa de Juros (sem encargos) | | | Encargos | | Taxa Total (4) = (1)+(2)+(3) |
		Mínima	Máxima	Média (1)	Operac. (2)	Fiscais (3)	
4	BCO DAYCOVAL S.A	0,91	6,10	1,77	0,00	0,64	2,41
5	BCO INDUSVAL S A	1,00	5,92	1,98	0,00	0,64	2,61
1	BCO PROSPER S A	0,84	5,00	1,07	0,00	0,63	1,70
2	BCO RIBEIRAO PRETO S A	0,50	2,50	1,38	0,00	0,63	2,02
6	BCO RURAL S A	4,00	11,29	5,49	0,00	0,12	5,61

Já as taxas de mercado prefixadas ficaram na média de 6,5249% ao mês, também superior às taxas cobradas pelo Banco do Brasil:

| Posição | Instituição | Taxa de Juros (sem encargos) | | | Encargos | | Taxa Total (4) = (1)+(2)+(3) |
		Mínima	Máxima	Média (1)	Operac. (2)	Fiscais (3)	
6	BANCO BONSUCESSO S A	1,00	6,31	2,78	0,00	0,27	3,04
32	BANCO SANTANDER S.A.	1,36	8,38	7,78	0,00	0,63	8,41
1	BANCOOB	0,75	3,68	1,56	0,00	0,01	1,57
26	BCO ABN AMRO REAL S A	3,35	8,40	7,47	0,00	0,25	7,72
7	BCO ALFA S A	2,50	6,31	2,93	0,00	0,26	3,19

Posição	Instituição	Taxa de Juros (sem encargos)			Encargos		Taxa Total (4) = (1)+(2)+(3)
		Mínima	Máxima	Média (1)	Operac. (2)	Fiscais (3)	
35	BCO BANESTES S A	2,62	8,75	8,59	0,00	0,71	9,30
31	BCO BRADESCO S A	4,56	8,19	7,70	0,00	0,63	8,33
13	BCO CAPITAL S A	6,00	6,00	6,00	0,00	0,52	6,52
37	BCO CITIBANK S A	2,00	14,63	14,41	0,00	0,17	14,58
18	BCO DA AMAZONIA S A	5,70	7,09	6,77	0,00	0,25	7,02
2	BCO DAYCOVAL S.A	1,30	7,50	1,30	0,00	0,64	1,94
29	BCO DO BRASIL S A	1,86	7,56	7,21	0,00	0,67	7,87
17	BCO DO EST DE SC S A	5,90	7,80	6,85	0,00	0,00	6,85
33	BCO DO EST DE SE S A	2,07	8,30	8,08	0,00	0,68	8,75
15	BCO DO EST DO PA S A	6,10	6,10	6,10	0,00	0,66	6,76
12	BCO DO EST DO PI S A	1,55	7,13	5,64	0,00	0,65	6,29
25	BCO DO EST DO RS S A	3,46	7,90	7,08	0,00	0,63	7,71
19	BCO DO NORDESTE DO BRASIL S A	3,56	6,63	6,38	0,00	0,67	7,05
4	BCO FATOR S A	1,00	5,00	1,86	0,00	0,64	2,49
9	BCO INDUSTRIAL E COMERCIAL S A	2,00	9,47	3,85	0,00	0,16	4,00
11	BCO INDUSVAL S A	4,36	8,81	4,49	0,00	0,67	5,16
10	BCO INTERCAP S A	5,00	5,00	5,00	0,00	0,09	5,09
23	BCO ITAU S A	3,16	8,45	7,38	0,00	0,25	7,63
28	BCO LA NACION ARGENTINA	7,60	7,60	7,60	0,00	0,26	7,86
20	BCO LUSO BRASILEIRO S A	4,70	10,90	6,60	0,00	0,67	7,27
22	BCO MERCANTIL DO BRASIL S A	3,50	10,90	7,27	0,00	0,13	7,39

Posição	Instituição	Taxa de Juros (sem encargos)			Encargos		Taxa Total (4) = (1)+(2)+(3)
		Mínima	Máxima	Média (1)	Operac. (2)	Fiscais (3)	
24	BCO NOSSA CAIXA S A	2,00	8,10	7,40	0,00	0,25	7,65
21	BCO PANAMERICANO S A	1,71	8,00	7,26	0,00	0,08	7,34
5	BCO PROSPER S A	1,80	1,90	1,90	0,00	0,65	2,55
8	BCO RIBEIRAO PRETO S A	1,20	5,00	2,68	0,00	0,65	3,33
14	BCO SAFRA S A	1,50	11,79	5,99	0,00	0,63	6,62
36	BCO SCHAHIN S A	0,00	10,00	9,98	0,00	0,23	10,21
3	BCO VOTORANTIM S A	1,50	5,00	1,50	0,00	0,64	2,14
30	BRB BCO DE BRASILIA S A	1,50	8,35	7,59	0,00	0,63	8,22
16	CAIXA ECONOMICA FEDERAL	1,47	7,20	6,53	0,00	0,29	6,82
34	HSBC BANK BRASIL SA BCO MULTIP	1,46	8,43	8,29	0,00	0,68	8,97
27	UNIBANCO UNIAO BCOS BRAS S A	3,90	8,39	7,66	0,00	0,12	7,78

IMPORTANTE DESTACAR: SE A TAXA DE JUROS DE MERCADO BÁSICA TEM COMO PARÂMETRO O DI (DEPÓSITO INTERFINANCEIRO); SE O DI É UMA TAXA PORCENTUAL DA MÉDIA DIÁRIA DAS OPERAÇÕES NO MERCADO INTERFINANCEIRO ACRESCIDA DE CUSTO DOS IMPOSTOS INCIDENTES NA OPERAÇÃO, CUSTOS OPERACIONAIS DA INSTITUIÇÃO E LUCRO DA INSTITUIÇÃO, NÃO SE JUSTIFICAM AS TAXAS DE JUROS COBRADAS PELO BANCO-RÉU, EXTRAPOLANDO A MÉDIA DO MERCADO INTERBANCÁRIO DE ALGUMAS INSTITUIÇÕES FINANCEIRAS, CONFORME TABELAS ACIMA.

Portanto, Excelência, infere-se que o autor possui indébito provisório no montante de R$ 126.952,85, quando atualizado pela média do INPC mais IGP-DI ou de

R$ 376.227,75 (conforme tese do autor, ou seja, atualização pelos DIs, que refletem melhor a correção ou atualização monetária).

Salienta-se ainda que o banco-réu deverá juntar os contratos de empréstimos alhures requeridos no item III, deste laudo judicial, a fim de concluir este laudo pericial, deduzindo possíveis **débitos** do autor ou acrescendo o indébito, se já houve pagamento integral ou parcial do *quantum debeatur* (se houver).

VIII – Anexos

São partes integrantes do presente laudo da perícia judicial:

- Anexo A – Demonstrativo de Repetição de Indébito – BB – Cheque Especial – correção monetária pela média dos IGP-DIs mais INPC;
- Anexo B – Demonstrativo de indébito com atualização pelos DIs;
- Anexo C (notificação de débito em atraso enviada pelo banco-réu; comprovantes de depósitos e relação de operações de créditos vinculadas à conta corrente objeto desta perícia judicial);
- Anexos D, E e F – relação de taxas de juros de mercado e custo de captação – Fonte BACEN.

W Braz, 11 de agosto de 2008.
Nestes Termos, pede deferimento.

RONILDO DA CONCEIÇÃO MANOEL
Perito judicial

3.5.5 – Modelo de laudo pericial judicial – Cheque Especial

Excelentíssimo Dr. Juiz de Direito da Vara Cível de Wenceslau Braz – Estado do Paraná

Autos: xxxx/2002
Autor: xxxxxxxxxxxxxxxxxxxxxxxxxxxxxxxxxx LTDA
Requerido: BANCO DO BRASIL S/A

LAUDO PERICIAL

I – Preliminares

O presente laudo pericial espelha-se na natureza intrínseca da própria perícia, buscando **aclarar** os pontos controvertidos levantados pelo douto juiz e pelas partes, considerando a aplicabilidade **técnico-legal** da Lei 6.840/80, Art. 5.º e Decreto-Lei 413/69, em especial também o Art. 5.º.

II – Natureza da perícia

A natureza desta perícia é meramente financeira e técnico-contábil, considerando-se o envolvimento de recursos monetários lançados contabilmente em conta bancária de cheque especial e cobrança de juros pela média do mercado interfinanceiro, não só nas operações de crédito rotativo (cheque especial), mas também em cédulas de créditos comerciais e/ou créditos especiais.

III – Objeto da perícia

Os extratos de conta corrente, Ag. *xxxx-x*, c/c xxxxx-x, contratos de cédulas de créditos comerciais (dois contratos n.º xx/xxxxxx-7, fls. 507-509 e n.º xx/xxxxx-6, fls. 516-520[15]) e dois contratos de crédito a fornecedores (com cláusulas especiais, sendo o segundo com "crédito fixo", fls. 512-515), n.º xx/xxxxx-7 e n.º xx/xxxxx-x, respectivamente fls. 510-515, além de contrato de confissão de dívida através de escritura pública, fls. 343-347, **e nova juntada de documentos, inclusive contrato de cheque ouro empresarial, fls. 1.030 a 1.069.**

IV – Finalidade da perícia

Os quesitos formulados por ambas as partes e os pontos controvertidos fixados pelo douto juiz, fls. 469-470, buscam esclarecer, em síntese se há ou não indébito a favor da requerente.

Os pontos controvertidos foram assim fixados, *verbis*:

"(...) (a) – **nulidade de alguns lançamentos em conta corrente no período de 01/12/1994 a 31/12/1998; b) a nulidade parcial do Contrato de Abertura de Crédito em conta corrente – Cheque Ouro Empresarial; da Escritura de Confissão de Dívida e das Cédulas de Crédito Comercial; c) o valor pago de forma indevida com a repetição de indébito; d) a taxa de juros cobrada e sua legalidade; e) a capitalização dos juros e a inaplicabilidade da cobrança de comissão de permanência".**

Portanto, a essência desta perícia é elucidar os pontos controvertidos, fixados pelo juízo **(demonstrando se há indébito ou não a favor da requerente)**, estando inclusive evidenciados nos quesitos das partes requerente e requerida.

---

[15] - Numeração errada nos autos.

APESAR DE SE TRATAR DE CONCLUSÃO DO LAUDO PERICIAL JÁ APENSADO ÀS FLS. 963 A 1.013, ESTE PERITO REPRODUZ O LAUDO PERICIAL COM TODOS OS QUESITOS E RESPOSTAS JÁ EFETUADAS, COM OS ACRÉSCIMOS PERTINENTES PARA TORNAR O LAUDO CONCLUSIVO.

Após conclusão deste laudo pericial judicial, este perito demonstrou sob o aspecto **técnico-contábil** e **financeiro** que a requerente possui indébito de R$ 93.912,82 (quando atualizado pela média do INPC mais IGP-DI) ou de R$ 519.332,55 (quando atualizado pelos DIs).

V – Diligências

A ciência do reinício dos trabalhos periciais foi através de email, conforme Docs 1 a 2, ora em apensos.

VI – Laudo pericial
VI.I – Quesitos apresentados pela autora (Fls. 478 a 482)

A requerente assim formulou os seus quesitos, *verbis*:

"Requerimento dividido em duas etapas, a primeira de ordem técnica e a segunda de ordem contábil-financeira sendo importante frisar que o Sr. Perito deve elaborar respostas esclarecedoras e fundamentadas, vez que destina-se à prova de fatos que dependem de conhecimento técnico e científico".

QUESITOS DE ORDEM TÉCNICA:

CONTRATO DE ABERTURA DE CRÉDITO EM CONTA CORRENTE

A) Qual o critério de metodologia eleito pelo banco para os lançamentos dos valores que efetivou em contrato de abertura de crédito em conta corrente – conta nº 22.376-x, conforme extratos anexados aos autos?

RESPOSTA DO PERITO: A metodologia eleita foi pela utilização do saldo devedor através do Método Hamburguês (metodologia de capitalização simples). Quando não há saldo suficiente para quitar os juros cobrados pelo banco, os juros não-pagos incrementarão o novo saldo devedor do mês seguinte, caracterizando assim juros sobre juros ou capitalização composta (anatocismo), conforme se infere dos contratos juntados às fls. 1.034 a 1.038.

A aplicação das taxas de juros contratuais deveriam ser entre 7,4% ao mês, fl. 1.034 e 8,9%, fl. 1.037, todavia percebe-se, conforme Anexo A, que a média de juros praticada foi de 14,48% ao mês, enquanto que a média praticada pelo mercado (juros apurados pelos DIs) foi de 8,14% ao mês (out/93 a mar/2003, considerando apenas os períodos de utilização do cheque especial).

B) O banco aplicou juros capitalizados mensalmente na referida conta corrente? Quais as taxas aplicadas no período dos extratos encartados?

RESPOSTA DO PERITO: Sim, o Banco aplicou juros capitalizados mensalmente, conforme esclarecido no quesito anterior. As taxas de juros estão evidenciadas no Anexo A.

D)O banco praticou anatocismo no contrato de abertura de crédito em conta corrente?

RESPOSTA DO PERITO: Sim, vide esclarecimentos anteriores.

E)O banco apresentou contrato de abertura de crédito em conta corrente, conta de depósito à vista, ficha proposta ou renovações do cheque especial, observando-se dos extratos que o banco implantou diversos limites, a exemplo de R$ 3.500,00 – venc. 01/95(fls. 26); R$ 20.000,00 –08/95(fls.38); R$ 50.000,00 –12/96(fls.108); R$ 2.000,00 – 02/98(fls.175)?

RESPOSTA DO PERITO: O Banco apresentou o contrato de abertura de crédito referente ao limite de R$ 50.000,00, fl. 1034; limite de R$ 2.000,00, fl. 1037; quanto aos outros limites, não há apresentação de contratos.

F)Deve ficar bem caracterizado os valores referentes aos juros, os encargos cobrados e o indexador, no contrato de abertura de crédito em conta corrente? E nos demais mútuos movimentados na mesma conta corrente?

RESPOSTA DO PERITO: O réu, após diligências, juntou os contratos requeridos pelo Perito Judicial. Sendo assim, tecnicamente de acordo com a resolução n.º 2.878/ 2001 (conhecida como Código de Defesa do Consumidor Bancário), Art. 1.º, inciso III, do Conselho Monetário Nacional, deve haver previsão clara dos juros e outros encargos, assegurando, *verbis***:**

> *"clareza e formato que permitam fácil leitura dos contratos celebrados com clientes, contendo identificação de prazos, valores negociados, taxas de juros, de* mora *e de administração, comissão de permanência, encargos* moratórios, *multas por inadimplemento e demais condições;".*

Considerando os contratos de abertura de limite de cheque especial, fls. 1034 a 1038, então houve previsão de taxa de juros entre 7,4% e 8,9%, **apesar de o Banco ter cobrado acima destes limites, conforme Anexo A.**

As cédulas comerciais, 98/0xxxx-x, fl. 1030; 97/00xxx-6; (subcréditos A e B, 1% e 2,8% a.m), fls. 1044-1047; 98/0xxxx-7 (subcréditos A e B, 1% e 2,8% a.m), fls. 1052 a 1055.

Como não houve nenhuma autorização expressa para cobrança de taxas de juros acima de 12% ao ano, **para os casos de cédulas comerciais,** aplicam-se **tecnicamente** o disposto no Decreto-Lei 413/69, conforme previsão do Art. 5.º, Lei 6.840/80.

Quanto às taxas de juros nas operações de cheque especial, este perito tem demonstrado TECNICAMENTE em diversas perícias que as taxas de mercado são apuradas pela SELIC ou CDIs, que é composta pelos DIs (Depósitos Interfinanceiros). Ao compararem-se as taxas SELIC ou DIs com as taxas médias dos juros de cheque especial, percebe-se uma grande discrepância, o que será demonstrado mais adiante e pode-se visualizar no Anexo A.

G)O réu apresentou nos autos autorização expressa do Conselho Monetário Nacional para o banco cobrar da autora juros acima de 12% ao ano e de forma capitalizada mensalmente?

RESPOSTA DO PERITO: Tecnicamente, para as cédulas de crédito comercial juntadas às fls. 507-509, 516-519, 1030, 1044-1047 e fls. 1052 a 1055, não.

H)Dos lançamentos constantes do levantamento apresentado pela parte autora, ou seja, juros/encargos, taxas, tarifas, etc., não previstos contratualmente, queira o Sr. Perito judicial identificar e discriminar os débitos indevidamente lançados, atualizando-os.

RESPOSTA DO PERITO: Vide Anexo A e Conclusão.

CONFISSÃO DE DÍVIDA – GARANTIA HIPOTECÁRIA

A)Pela confissão de dívida – garantia hipotecária (fls. 343/347) pode-se afirmar que a mesma se refere a saldo devedor de contrato de abertura de crédito em conta corrente, cuja estipulação no instrumento de confissão consta que o saldo devedor total se refere, de forma global, ao principal e encargos do débito de cheque especial?

RESPOSTA DO PERITO: Tecnicamente, sim, pois se refere ao saldo devedor do contrato de cheque Ouro Empresarial. Todavia, conforme se demonstra nos Anexos A, A-1, A-2 e B, há INDÉBITO e não débito. Ou seja: o autor teria direito a ressarcimento pelos valores de juros cobrados de forma discrepante e acima da média de mercado, tendo em vista que os DIs ou SELIC, que compõem as taxas de mercado, ficaram em média na proporção de 9,95% ao mês (de Out/93 a Dez/97, considerando que a confissão de dívida ocorreu em 02/01/98, fl. 343, e o contrato de cheque ouro foi assinado em 12/09/96), **enquanto que as taxas de juros efetivamente cobradas neste período ficaram em média 16,14% ao mês (Anexo A-1), SUPERIOR, INCLUSIVE ÀS TAXAS DE JUROS CONTRATADA.**

B)Pela confissão de dívida a instituição financeira utiliza como indexador a taxa básica financeira (TBF)?

RESPOSTA DO PERITO: Sim, conforme se percebe à fl. 343, parte final.

C)Acompanhando o raciocínio dos quesitos supra relativos ao cheque especial, solicita-se que seja efetivada uma comparação entre o saldo real calculado e o saldo calculado pelo banco, para confecção da confissão de dívida – garantia hipotecária, concluindo e informando o Sr. Perito se existiu lastro ou legitimidade para compor o valor do saldo devedor de R$ 63.000,00.

RESPOSTA DO PERITO: Considerando que a confissão da dívida no montante de R$ 63.600,00 (e não R$ 63.000,00) **ocorreu em 02/01/98, fl. 343, tecnicamente na época, não havia saldo devedor, mas credor, tendo em vista que o Banco utilizou taxas de juros discrepantes acima da média mínima do mercado. Considerando que a taxa de juros de mercado é formada pelos DIs (Depósitos Interfinanceiros), a média do período de apuração da dívida, desde 26/03/93 até 31/12/97 (composição da confissão de dívida) ficou em torno de 9,95% ao mês, enquanto que a taxa de juros**

271

efetivamente praticada pelo Banco-réu ficou na proporção de 16,14% (Anexo A-1). Salienta-se que de acordo com o Dicionário de Finanças da Bolsa de Valores de São Paulo, DI define-se como:

> "Taxa porcentual da média diária das operações no mercado interfinanceiro.
>
> A taxa DI se forma a partir da taxa SELIC projetada para o dia D + 1, acrescida de:
>
> a) custo dos impostos incidentes na operação
>
> b) custos operacionais da instituição
>
> c) lucro da instituição".

Portanto, Excelência, a taxa DI reflete melhor a taxa de juros de mercado, nos âmbitos técnico-contábeis e econômico-financeiros.

Portanto, considerando a taxa de juros média de mercado, apurada pelas DIs, haveria saldo credor a favor da autora no montante de R$ 47.341,25 (Anexo A-1, atualizado até a data de confissão de dívida), **considerando como média de juros de mercado devida na proporção de 9,95% ao mês (do período de Out/93 até Dez/97, conforme Anexo A-1), contra uma taxa de juros média, efetivamente utilizada pelo Banco do Brasil, em torno de 16,14% ao mês (considerando o período de apuração entre Out/93 a Dez/97. PORTANTO, O VALOR CONFESSADO DE R$ 63.600,00 É TÉCNICO-CONTABILMENTE INEXISTENTE.**

Salienta-se que se houver a correção deste indébito pelos DIs até a data do laudo, Out/2008, o total do indébito seria de R$ 519.332,55, considerando um período maior (Out/93 até Mar/2003, Anexo B), com uma média de juros devida na proporção de 8,14% ao mês CONTRA UMA TAXA DE JUROS média de mercado utilizada na proporção de 14,48% ao mês (Anexo B).

NESTE VALOR JÁ ESTÁ CONSIDERADO O ANATOCISMO.

Por se tratar de débitos bancários, referentes à utilização de juros no cheque especial, utilizaram-se como correção monetária os mesmo índices dos CDIs mais juros moratórios de meio por cento ao mês até a vigência do novo CCB. A partir daí (12/01/2003), aplicaram-se juros moratórios de 1% ao mês, sempre na forma de capitalização simples.

Sendo corrigido o indébito pela média do INPC mais IGP-DI (decreto 1.544/95 e Lei 6.899/81), então o montante do indébito para Jan/98 (quando da confissão de dívida) seria R$ 47.341,25 (Anexo A-1). Atualizando-se até OUT/2008, o indébito seria de R$ 93.912,82 (Anexo A), já considerando as compensações evidenciadas nos anexos A-3.1, A-3.2.1, A-4.1, A-4.2 e A-5.

VIDE AINDA A CONCLUSÃO, ITEM VII, CUJOS ESCLARECIMENTOS DEMONSTRAM PORMENORIZADAMENTE O INDÉBITO REAL, APÓS AS DEVIDAS COMPENSAÇÕES, TENDO EM VISTA QUE O REQUERENTE TAMBÉM POSSUI DÉBITOS EM RELAÇÃO ÀS CÉDULAS COMERCIAIS, CONSIDERANDO AS PROVAS JÁ ACOSTADAS AOS PRESENTES AUTOS.

D)Ainda com respeito à confissão de dívida tomando-se como base o demonstrativo do banco (fls. 349/353), queira o Sr. Perito apresentar planilhas com os respectivos valores efetivados pela autora a título de amortização, devidamente atualizados.

RESPOSTA DO PERITO: Considerando o demonstrativo das fls. 349-353 e tendo em vista à resposta anterior, não havia, na época, saldo devedor a ser confessado, mas indébito de R$ 47.341,25 (Anexo A-1) ou R$ 93.912,82, atualizado até OUT/2008 (Anexo A, JÁ CONSIDERANDO A DEDUÇÃO DOS DÉBITOS PROVENIENTES DAS CÉDULAS COMERCIAIS). Sendo assim, verificando que nesta época, a requerente ainda pagou o montante de R$ 719,98 (correção monetária recebida) e R$ 7.000,00 de capital amortizado, perfazendo um montante de R$ 7.719,98 em 30/12/98, fl. 353, atualizando este total, obter-se-á o valor corrigido de R$ 44.454,76. Considerando o indébito total (Anexo A), ACRESCENDO-SE este valor pago indevidamente, o montante geral é de R$ 93.912,82.

VIDE TAMBÉM A CONCLUSÃO, ITEM VII, CUJOS ESCLARECIMENTOS DEMONSTRAM PORMENORIZADAMENTE O INDÉBITO REAL, CONSIDERANDO AS PROVAS JÁ ACOSTADAS AOS PRESENTES AUTOS.

CRÉDITO COMERCIAL

A)Qual o critério de metodologia de cálculo eleita pelo banco para operacionalizar a relação de crédito especial (cada uma das operações de cédula de crédito comercial – 97/xxxxx-6 e 98/xxxxx-7)?

RESPOSTA DO PERITO: A metodologia utilizada foi pelo método Hamburguês que considera a taxa de juros diária aplicada sobre os saldos devedores, aplicando taxa de juros de 2,8% ao mês mais TR para o subcrédito B (R$ 87.000,00) e 1% ao mês mais TR sobre o subcrédito A de R$ 58.000,00 (fls. 516-518, cédula n.º 97/xxxxx-6). Aplica-se a mesma metodologia para a cédula n.º 98/xxxxx-7, alterando-se apenas os valores: subcrédito A, R$ 16.000,00 e subcrédito B, R$ 28.000,00, fls. 507-509.

B)Os extratos de contas gráficas de fls. 360/365 e 371/378 demonstram que o réu cobra em juízo, em créditos comerciais, juros de 2,80% ao mês (encargos normalidade) e após altera a cobrança (inadimplência) aplicando comissão de permanência, acrescidos de 1% de mora ao mês capitalizados mensalmente e 10% de multa?

RESPOSTA DO PERITO: Tecnicamente, SIM.

C)Se ficou configurada a cobrança de taxas exorbitantes de juros com lucros ao banco ou proveito econômico excedente ao ditado pela lei especial – DL 413/69 e específica para o crédito comercial?

RESPOSTA DO PERITO: Considerando o disposto no Art. 5.º da Lei 6.840/1980, as normas do Decreto-lei (DL) 413/69 aplicam-se às cédulas de crédito comercial.

Apesar de este DL não fixar nenhuma taxa de juros, cabe ao Conselho Monetário Nacional, através do Banco Central, fixar as taxas de juros. No entanto, se houver omissão, tecnicamente aplicam-se os dispositivos da Lei de Usura, ou seja, 12% ao ano.

Infere-se que para as cédulas ora em lide, o requerido não comprovou autorização do BACEN para cobrar taxa de juros acima de 12% ao ano.

D)Deve ficar bem caracterizado os valores referentes aos juros reais, os encargos cobrados e o indexador.

RESPOSTA DO PERITO: Tecnicamente, nas cédulas comerciais juntadas pelo réu ficaram bem caracterizados os valores referentes aos juros reais, os encargos cobrados e o indexador, apesar de estarem dissonantes em relação ao mercado interbancário, quando se considera que as taxas de juros básica da economia são formadas pela SELIC e pelos DIs (Depósitos Interfinanceiros).

E)O réu apresentou nos autos autorização expressa do conselho monetário nacional para cobrar da autora juros e encargos fora do estatuído pelo DL 413/69 e acima de 12% ao ano?

RESPOSTA DO PERITO: Tecnicamente, não. Historicamente, este perito desconhece qualquer autorização do BACEN ou CMN para que as instituições financeiras taxas de juros acima de 12% ao ano para as cédulas comerciais, industriais e rurais.

F)Nos instrumentos de crédito especial existe cláusula que possibilita ao banco aumentar a taxa de juros, pela mora, em mais de 1% ao ano?

RESPOSTA DO PERITO: Quando o crédito especial relaciona-se à cédula comercial, fls. 355-358 e 367-369, só existe cláusula (Inadimplemento) que prevê juros de mora na proporção de 1% ao ano.

G)Qual a metodologia aplicada nos demonstrativos de fls. 360/365 e 371/378 emitidos pelo banco e se o mesmo pretendeu mais que seu direito, lembrando que ditas operações são submetidas a um regramento específico previsto na lei de regência (DL 413/69)?

RESPOSTA DO PERITO: A metodologia aplicada pelo réu no cálculo dos demonstrativos juntados às fls. 360-365 e 371-378, baseou-se no Método Hamburguês (capitalização simples) com aplicação de taxa de juros de 1% e 2,8% ao mês, conforme resposta ao quesito "A".

METODOLOGIA DE CÁLCULO

A)Feito os primeiros cálculos e demonstrados em planilhas *PARA O CHEQUE ESPECIAL*: substituir as taxas lançadas a critério unilateral do banco, a saber: juros acima de 12% ao ano, encargos cobrados a título de inadimplência, capitalização automática mensal e os indexadores referentes à correção monetária aplicada sobre juros capitalizados de forma exponencial – comissão de permanência, **pelo índice de 1% ao mês sobre eventual saldo devedor** mormente à mingua de autorização expressa nos autos pelo Conselho Monetário Nacional, incidindo a limitação de 12% ao ano, aplicada de forma linear e **PARA OS TÍTULOS ESPECIAIS** (cédulas de crédito

274

comercial), **substituir** as taxas lançadas a critério unilateral do banco (que forem acima do – DL 413/69) a saber: **quaisquer juros e encargos a título de inadimplência, capitalização automática mensal e os indexadores referentes a correção monetária aplicada sobre juros capitalizados de forma exponencial – comissão de permanência, e mora superior a 1% ao ano, por índices e taxas legais** mormente tratando-se de título especial regido pelo DL 413/69 e à mingua de autorização expressa nos autos pelo Conselho Monetário Nacional, incidindo a limitação de 12% ao ano, de **forma linear**, somente aplicando a capitalização semestral desde que expressamente pactuada.

RESPOSTA DO PERITO: Conforme Anexos A, A-1, A-2, B há indébito total, a favor da requerente, no montante de R$ 519.332,55 (Anexo B, atualizado pelos DIs, COM COMPENSAÇÃO DOS DÉBITOS A SEREM PAGOS PELA AUTORA) ou R$ 93.912,82 (Anexo A, se atualizado pela média do INPC mais IGP-DI, sendo, portanto, indébito **TECNICAMENTE** incontroverso).

Vide também o item VII, Conclusão.

B)Na sequência deve ser efetivada uma **comparação** entre o saldo real calculado e o saldo calculado/lançado/cobrado pelo banco nos extratos de lançamento da conta corrente, reconstituindo a conta em sua normalidade apurando-se o verdadeiro saldo, atualizando-se em planilha em separado dos indébitos.

RESPOSTA DO PERITO: Vide resposta ao quesito anterior.

C)Quais os valores dos indébitos atualizados até a entrega do laudo aplicando-se as mesmas taxas cobradas pelo banco no cheque especial?

RESPOSTA DO PERITO: Vide item VII, Conclusão.

E)Deve ser considerado pelo Sr. Perito, que houve diversos pagamentos e amortizações das cédulas comerciais, confissão de dívida e demais mútuos e que os lançamentos foram debitados na conta corrente da autora, determinando o Sr. Perito cada valor dos créditos recebidos pelo banco referentes às operações em questão, concluindo os valores totais para a respectiva restituição.

RESPOSTA DO PERITO: Vide resposta ao quesito anterior.

<u>**QUEIRA O SR. PERITO FUNDAMENTAR AS RESPOSTAS JUSTIFICANDO-AS.**</u>

<u>**QUESITOS DE ORDEM FINANCEIRA**</u>

A)Existiu excesso cometido pelo banco (cobrança de juros superiores a 1% ao mês e de forma exponencial) e quais seriam os valores, em reais, lançados na conta corrente tomando-se como base os extratos do próprio banco? Queira o Sr. Perito apresentar planilha detalhada com datas e valores de cada lançamento para cálculo dos valores a restituir.

RESPOSTA DO PERITO: Tecnicamente, houve excesso na cobrança de juros acima da média de mercado, considerando os DIs para apuração das taxas de juros, conforme fontes do Banco Central. Vide Anexo A e resposta ao quesito "C" (págs. 9-

12 deste laudo pericial), item <u>CONFISSÃO DE DÍVIDA – GARANTIA</u> <u>HIPOTECÁRIA e item VII, Conclusão.</u>

B)Os valores dos financiamentos de crédito comercial chegaram a ser consumidos pelos juros do cheque especial ou serviram para cobrir saldo devedor da conta corrente?

RESPOSTA DO PERITO: Serviram para ambos: tanto para cobrir os juros do cheque especial quanto para cobrir saldo devedor em conta.

C) Foram efetivadas operações denominadas no meio bancário como "mata-mata"?

RESPOSTA DO PERITO: Aparentemente, sim. Vide conclusão.

D)Houve operações encadeadas, ou seja, um contrato foi feito para pagamento de outro e renovado sucessivamente?

RESPOSTA DO PERITO: Tecnicamente, o contrato juntado às fls. 367-369 (cédula 98/xxxxx-7) foi encadeado ou realizado para amortizar o contrato de cédula comercial n.º 97/xxxxx-6, fls. 355-358. Não há, porém, prova nos autos de que estes contratos foram renovados sucessivamente, MAS APENAS UMA VEZ.

E)Quais os valores dos indébitos atualizados até a entrega do laudo, observando-se que para a operação de cheque especial deve-se aplicar as mesmas taxas cobradas pelo banco? Queira o Sr. Perito apresentar planilhas de cálculo".

RESPOSTA DO PERITO: Vide conclusão.

"Diante do que acima foi aduzido, requer sejam esclarecidos todos os aspectos de ordem técnica e financeira e aplicando a metodologia correta e dentro das normas legais para que se possa chegar ao real valor dos débitos ou créditos discriminados da autora".

VI.II – Quesitos do requerido (Fls.485-486)

1- Se foi aplicado nos cálculos apresentados pelo banco, juros e correção monetária de acordo com a cláusula "encargos financeiros" do título em cobrança?

RESPOSTA DO PERITO: A cláusula "encargos financeiros", fls. 355-356 e fl. 367, prevê a cobrança de TR para o subcrédito A (cédula comercial), mais juros de 12% ao ano (encargos adicionais); para o subcrédito B (cédula comercial), houve incidência de TR mais juros de 2,8% ao mês. Para o cheque especial, a taxa de juros foi variável, conforme se percebe no Anexo A, com aplicação de taxa de comissão de permanência, com base na taxa de juros de mercado.

O contrato de Crédito fixo foi ajustado com taxa de 4,3% ao mês.

2- Se, após o vencimento, houve a substituição dos encargos de normalidade pelos índices previstos na cláusula "inadimplemento", dos contratos sob discussão?

RESPOSTA DO PERITO: Conforme demonstrado nas planilhas do Banco, fls. 360-365 e 371-378, houve efetiva cobrança cumulada da comissão de permanência com correção monetária, juros moratórios e multa contratual, conforme previsão da cláusula inadimplemento, fls. 508, 514 e 517.

3- Se há previsão expressa nas cláusulas "encargos financeiros" e "inadimplemento" do título em cobrança, de que os encargos seriam debitados mensalmente?

RESPOSTA DO PERITO: Conforme se depreende da leitura dos contratos, houve previsão de cobrança mensal, conforme fl. 367, parte final.

4- Que seja informado o montante da dívida, se calculada de acordo com as cláusulas "encargos financeiros", até o vencimento, e, "inadimplemento", após o vencimento, até a data do ajuizamento das ações executivas?

RESPOSTA DO PERITO: Conforme já demonstrou este perito, não há dívida a ser cobrada, mas INDÉBITO a ser restituído à requerente, conforme esclarecido na "Conclusão" deste laudo pericial, item VII.

5- O banco credor respeitou as cláusulas contratadas entre ele e o devedor? estão sendo cobrados encargos não contratados?

RESPOSTA DO PERITO: Tecnicamente, no cheque especial, apesar de existirem as taxas de juros contratadas, o Banco não respeitou a média de mercado, a qual é aferida pelos DIs ou SELIC. Quanto às cédulas comerciais, o Banco respeitou o contratado, apesar de também ter cobrado acima da média de mercado e além dos 12% ao ano, uma vez que não há autorização expressa do CMN para cobrar taxas de juros acima de 12% ao ano.

6- Para o caso dos contratos de contas correntes: se o débito de juros, feito no último dia de cada mês é expressão fiel do que foi contratado através das respectivas cláusulas gerais?

RESPOSTA DO PERITO: Tecnicamente, não, pois conforme já comprovado, quando da confissão de dívida, havia indébito, conforme esclarecido no item VII, Conclusão. Ademais, o banco só respeitou o ajustado contratualmente a partir de Set/96 até Jun/98, considerando os contratos juntados às fls. 1034 a 1038 (7,4% e 8,9% ao mês, comparando-se com o Anexo A).

7- Se nos extratos de conta corrente obtidos pelos correntistas do banco do Brasil, há informação sobre a taxa de juros a ser cobrada?

RESPOSTA DO PERITO: Considerando os extratos juntados, fls. 60-71, 230-286, 520-564, 581-779 e 780-960 não há nenhuma referência à taxa de juros a ser cobrada.

8- Se nos cálculos apresentados pela autora foram utilizados os encargos financeiros pactuados?

RESPOSTA DO PERITO: O cálculo da autora apresentou todos os encargos pactuados e efetivamente cobrados, salvo nos períodos anteriores a Jul/96.

VII - Conclusão

A conclusão se faz necessária:

VII.I) – há conclusão integral quanto a todos os pontos controvertidos, **relacionados aos extratos de conta corrente – Cheque Ouro Empresarial, cédulas de crédito comercial, Escritura Pública de Confissão de Dívida e contratos com cláusulas especiais, fls. 510-515,** *verbis*:

"(...) a) – **nulidade de alguns lançamentos em conta corrente no período de 01/12/1994 a 31/12/1998; b) a nulidade parcial do Contrato de Abertura de Crédito em conta corrente – Cheque Ouro Empresarial; da Escritura de Confissão de Dívida e das Cédulas de Crédito Comercial;** c) o valor pago de forma indevida com a repetição de indébito; d) a taxa de juros cobrada e sua legalidade; e) a capitalização dos juros e a inaplicabilidade da cobrança de comissão de permanência".

Considerando, **tecnicamente,** que o CMN (Conselho Monetário Nacional) não autorizou expressamente as instituições financeiras a cobrar taxas de juros nas operações de créditos denominadas cédulas de créditos rurais e comerciais (decretos-leis 167/67 e 413/69, respectivamente), aplicou-se os juros de 12% ao ano nas cédulas comerciais ora periciadas.

Os Anexos A-3 a A-5 (com suas subplanilhas) demonstram os débitos remanescentes da autora.

Todavia, conforme se percebe no Anexo A, após dedução/compensação dos débitos, ainda sobra **indébito** no montante de R$ 93.912,82 ou R$ 519.332,55, se for considerada atualização monetária pelos DIs.

PORTANTO, INFERE-SE:

VII.III – quanto ao instrumento público de confissão de dívida, fls. 343-347, no valor de R$ 63.600,00, este perito **CONCLUI:** A) – nesta época (02/01/98) não havia débito, mas tão-somente INDÉBITO no valor de R$ (47.341,25), conforme Anexo A-1, e R$ (58.679,76), Anexo A-2, ambos atualizados até Jan/98. Atualizando os indébitos até OUT/2008, o montante será de R$ 93.912,82. **Estes valores foram apurados pela taxa média de mercado, comparando-se com a taxa de juros efetivamente cobrada pelo Banco do Brasil, conforme DOC 4 (relatório com as taxas históricas praticadas pelo próprio Banco, juntado às fls. 1005 a 1013).**

Conforme demonstrou-se que a taxa de mercado é apurada pelos DIs ou SELIC, este perito apurou a média do mercado interbancário, conforme os DIs. Sendo assim, evidenciou-se que este perito apenas seguiu as normas do banco Central para apurar a média das taxas de juros adequadas ou razoáveis desde a contratação do cheque Ouro

Empresarial até Mar/2003, quando se findou a relação de comercial entre as partes litigantes.

Deve-se levar em consideração que limitando a cobrança das taxas de juros aplicadas ao cheque especial praticada pelo mercado, deve-se primeiramente entender o que é "Mercado"?

O **Dicionário de Finanças da Bolsa de Valores de São Paulo (BOVESPA) define bem o vocábulo financeiro:**

"1) Conjunto de atividades de compra e venda de determinado ativo financeiro, com fluxo expressivo e continuado de operações.

2) conjunto de atividades relacionadas às operações com ativos de características semelhantes - mercado de renda variável, mercado de renda fixa pública, mercado de renda fixa privada e outros".

O termo genérico mercado está intimamente relacionado ao mercado aberto: [16]

"Mercado de compra e venda de títulos públicos orientado e fiscalizado pelo Banco Central.

Instrumento de política monetária para expandir ou contrair as disponibilidades em dinheiro no mercado financeiro, e otimizar a liquidez da economia".

Agora, como já se sabe a definição de mercado e mercado aberto, mister se faz relembrar que as taxas de juros praticadas pelo mercado são determinadas pelos CDIs (Certificados de Depósitos Interfinanceiros), os quas são formados pelas Dis, definidas como:

"Taxa porcentual da média diária das operações no mercado interfinanceiro.

A taxa DI se forma a partir da taxa SELIC projetada para o dia D + 1, acrescida de:

a) custo dos impostos incidentes na operação

b) custos operacionais da instituição

c) lucro da instituição".[17]

A taxa SELIC[18] define-se:

"1) Taxa básica de juros da economia brasileira, fixada periodicamente pelo COPOM - Comitê de Política Monetária do Banco Central.

2) taxa apurada no SELIC, obtida mediante o cálculo da taxa média ponderada e ajustada das operações de financiamento por um dia, lastreadas em títulos

---

[16] - Dicionário de Finanças – BOVESPA.

[17] - Idem.
[18] - Idem.

públicos federais e cursadas no referido Sistema na forma de operações compromissadas.

EnFin. Neste caso, as operações compromissadas são operações de venda de títulos com compromisso de recompra assumido pelo vendedor, conjugadamente com compromisso de revenda assumido pelo comprador, para liquidação no dia útil seguinte.

Estão aptas a realizar operações compromissadas, por um dia útil, fundamentalmente as instituições financeiras habilitadas, como os bancos comerciais, bancos de investimento, corretoras e distribuidoras de valores.
Segundo o Banco Central, "as taxas de juros relativas às operações em questão refletem, basicamente, as condições instantâneas de liquidez no mercado monetário (oferta versus demanda de recursos).
Estas taxas de juros não sofrem influência do risco do tomador de recursos financeiros nas operações compromissadas, uma vez que o lastro oferecido é homogêneo.

Como todas as taxas de juros nominais, por outro lado, a Taxa SELIC pode ser decomposta *ex-post*, em duas parcelas: taxa de juros reais e taxa de inflação no período considerado.

A Taxa SELIC, acumulada para determinados períodos de tempo, correlaciona-se positivamente com a taxa de inflação apurada ex post".
Considerando que a taxa DI também compõe os CDIs, mensurando as taxas de mercado interbancário, praticadas pelas diversas instituições financeiras, deve-se agora apurar uma taxa de mercado razoável, permitindo a continuidade da empresa "banco" ou "instituição financeira" com margem de lucro suficiente para quitar suas obrigações trabalhistas, fiscais, comerciais e tributárias, além de prover o lucro líquido para seus sócios.

B) – considerando, **técnica, contábil e financeiramente,** que não havia débito a ser confessado, conforme demonstrativo das fls. 349-353, mas indébito de R$ 47.341,25 (Anexo A-1) ou R$ 93.912,82, atualizado até OUT/2008 (Anexo A), então por ter a requerente ainda pago o montante de R$ 719,98 (correção monetária recebida) e R$ 7.000,00 de capital amortizado, perfazendo um montante de R$ 7.719,98 em 30/12/98, fl. 353, atualizando este total, obter-se-á o valor corrigido de R$ 44.454,76. Considerando o indébito total (Anexo A), acrescentando este valor pago indevidamente, o montante geral é de R$ 93.912,82, considerando os débitos da autora, Anexo A-4.1.

C) **Para chegar aos valores de indébito, este perito desconsiderou a comissão de permanência cumulada com outros consectários, como juros** moratórios ou **remuneratórios e correção monetária;**

D) A taxa média de juros utilizada no cheque especial por este Perito foi de 8,14% ao mês, considerando o período de utilização do cheque especial, Anexo A, entre Out/93 a Mar/2003.

Portanto, Excelência, o INDÉBITO a favor da requerente é de R$ 93.912,82 **(já considerando as compensações dos débitos devidos pela requerente, utilizando-se a taxa média de 8,14% ao mês)**, se atualizado tão-somente pela média do INPC mais IGP-DI. Se for pela forma mais razoável, considerando o escopo econômico-financeiro e a correção monetária mais próxima da realidade ou conjuntura brasileira, o indébito real será de R$ 519.332,55, Anexo B, também com as deduções/compensações do Anexo A-4.1.

Sendo assim, em conformidade com o item "c", do ponto controvertido fixado pelo douto juiz, infere-se que HOUVE "(...) valor pago de forma indevida com a repetição de indébito" NOS MONTANTES acima especificados.

VIII – Anexos
São partes integrantes do presente laudo pericial:
a) – Anexo A - Demonstrativo de repetição de indébito (compensação) -BB - Cheque Especial - atualização pelo INPC-IGP-DI – Pericia;
b) – Anexo A-1 - Demonstrativo de repetição de indébito -BB - Cheque Especial - até Dez/97 – Perícia;
c) – Anexo A-2 - Demonstrativo de repetição de indébito -BB - Cheque Especial - Atualização pelos DIs - até Dez/97 – Perícia;
d) – Anexo A-3 - Demonstrativo de débito - Cédula Comercial 98/02610-0 - Espelho do réu;
e) – Anexo A-3.1 - Demonstrativo DÉBITO A FAVOR DO RÉU - cédula 98/02610-0 - subcrédito B – PERÍCIA;
f) – Anexo A-3.2 - Demonstrativo DÉBITO A FAVOR DO RÉU - cédula 98/02610-0 - subcrédito A - Espelho de réu;
g) – Anexo A.3.2.1 - Demonstrativo DÉBITO A FAVOR DO RÉU - cédula 98/02610-0 - subcrédito A – PERÍCIA;
h) – Anexo A-4 - Demonstrativo DÉBITO A FAVOR DO RÉU - cédula 98/00607-7 - subcrédito B - Espelho réu;
i) – Anexo A-4.1 - Demonstrativo DÉBITO A FAVOR DO RÉU - cédula 97/xxxxx-6 - subcrédito B – Perícia **engloba resumos de todos os débitos atualizados da autora**;
j) – Anexo A-4.2 - Demonstrativo DÉBITO A FAVOR DO RÉU - cédula 97/xxxxx-6 - subcrédito A – Perícia;
k) – Anexo A-4.2.1 - Demonstrativo DÉBITO A FAVOR DO RÉU - cédula 97/xxxxx-6 - subcrédito A - Espelho do réu;
l) – Anexo A-5 - Demonstrativo DÉBITO A FAVOR DO RÉU - cédula 98/xxxxx-X – Perícia.

Wenceslau Braz/PR, 07 de outubro de 2008.

Nestes Termos, Pede Deferimento.

RONILDO DA CONCEIÇÃO MANOEL
Perito judicial

3.5.6 – Modelo de laudo pericial judicial – Cheque Especial – Demonstra Indébito

Excelentíssimo Dr. Juiz de Direito da Vara Cível de Wenceslau Braz – Estado do Paraná

Autos: xxx/200x
Autor: BANCO DO BRASIL S/A
Requerido: xxxxxxxxxxxxxxxxxxxxx

LAUDO PERICIAL

I – Preliminares
O presente laudo pericial espelha-se na natureza intrínseca da própria perícia, buscando **aclarar** os pontos controvertidos levantados pelo douto juiz e pelas partes.

O presente laudo contém 31 páginas, mais 336 páginas dos anexos, perfazendo um total de 367 páginas.

II – Natureza da perícia
A natureza desta perícia é meramente financeira e técnico-contábil, considerando-se o envolvimento de recursos monetários lançados contabilmente em conta bancária de cheque especial e cobrança de juros pela média do mercado interfinanceiro.

III – Objeto da perícia
O contrato de abertura de crédito rotativo – Cheque Ouro (cheque especial) e os extratos bancários da conta corrente xxxx-8, Ag xxxx-x.

IV – Finalidade da perícia
O objetivo final da perícia está intimamente relacionado com o objeto da perícia e aos pontos controvertidos da lide, que se pode inferir como sendo a "(...) **discrepância entre os valores exigidos nas duas ações de cobrança com base no mesmo contrato",** considerando a acertada conclusão do louvado juiz, às fls. 343, item "d", *in fine*.

Portanto, a finalidade da perícia é determinar se houve ou não discrepância na cobrança dos valores executados nos autos xxx/98 (já julgado extinto) e na presente demanda, e demonstrar o *quantum* realmente devido, conforme se extrai dos quesitos formulados pelo douto juiz, às fls. 345.

V – Diligências

A ciência do início dos trabalhos periciais, informando data, hora e local, foi realizada via e-mail e pessoalmente, conforme se percebe nos anexos ora juntados E e F.

Salienta-se que este perito ainda ligou duas vezes para Ponta Grossa, conforme telefone demonstrado no Anexo E (3226-1896), sendo atendido pelo cidadão que se intitulava Fábio Batata, filho do Sr. Antonio Gilmar da Silva (assistente técnico do Banco do Brasil).

Quanto ao assistente técnico do réu, Sr. JOSÉ CARLOS DA SILVA, este perito não conseguiu localizá-lo, mas comunicou o início da perícia diretamente ao advogado do réu, Dr. Laércio A. dos Santos, via telefone 43-3546-xxxx, o qual se deu por ciente.

VI – Laudo pericial
VI.I – Quesitos do juiz (fls. 345)

a)   Qual o valor devido pelo requerido no referido contrato, aplicando-se as taxas de juros pactuadas?

RESPOSTA DO PERITO: Apesar de os presentes autos de cobrança, bem como o de execução, autos xxx/98 (já arquivado) não conterem o contrato de abertura de crédito em conta corrente – cheque ouro, estando ausentes as cláusulas gerais (vide fls. 29, autos xxx/98), ainda assim, geralmente, o contrato de abertura de crédito especial menciona apenas que as taxas de juros aplicadas serão as mesmas taxas de "mercado", não especificando em valores numéricos quais seriam estas taxas.

Sendo assim, necessário se faz recorrer ao "mercado" e compreendê-lo conceitualmente, mergulhado numa conjuntura atual e histórica, tendo em vista que a presente demanda envolve registros e fatos contábeis desde 13/08/1982 (data de abertura da conta corrente, objeto da lide) até o momento contemporâneo.

Os dados e conceitos a seguir são extraídos de minha futura obra literária intitulada "A Prova pericial e sua repercussão no Mundo Jurídico", Editora Juruá, em fase de revisão e diagramação (previsão de lançamento para Mar/Abr2007).

 A questão adentra no campo econômico-financeiro, sem sombras de dúvidas.

Mas considerando o conteúdo do quesito formulado pelo douto juízo, fundamentado no Ordenamento Jurídico ditado pelo STJ, limitando a cobrança das taxas de juros aplicadas ao cheque especial praticada pelo mercado, deve-se primeiramente entender quem é este Mercado?

O Dicionário de Finanças da Bolsa de Valores de São Paulo (BOVESPA) define bem o vocábulo financeiro:

"1) Conjunto de atividades de compra e venda de determinado ativo financeiro, com fluxo expressivo e continuado de operações.

2) conjunto de atividades relacionadas às operações com ativos de características semelhantes - mercado de renda variável, mercado de renda fixa pública, mercado de renda fixa privada e outros".

O termo genérico mercado está intimamente relacionado ao mercado aberto:

"Mercado de compra e venda de títulos públicos orientado e fiscalizado pelo Banco Central. Instrumento de política monetária para expandir ou contrair as disponibilidades em dinheiro no mercado financeiro, e otimizar a liquidez da economia".

Agora, como já se sabe a definição de mercado e mercado aberto, mister se faz relembrar que as taxas de juros praticadas pelo mercado são determinadas pelos CDIs (Certificados de Depósitos Interfinanceiros), os quais são formados pelas Dis, definidas como:

"Taxa porcentual da média diária das operações no mercado interfinanceiro.

A taxa DI se forma a partir da taxa SELIC projetada para o dia D + 1, acrescida de:

a) custo dos impostos incidentes na operação

b) custos operacionais da instituição

c) lucro da instituição".

Não é demasiado salientar que nos CDIs já estão embutidos o custo dos impostos incidentes na operação, os custos operacionais da instituição e o lucro da instituição financeira (Banco).

Considerando que a média dos CDIs, dos últimos 10 (dez) anos foi de 1,5649% ao mês (Jan/1997 a Dez/2006), conforme fontes do Banco Central, através do aplicativo público oficial do SISBACEN (PASCS10), opção 1 (transação PEFI300), opção 03 (taxas de juros), por último assinalar a opção DI – Depósitos Interfinanceiros.

A Tabela 01 abaixo demonstra as taxas extraídas da fonte supracitada:

Tabela 01

Mês/Ano	Taxa Mensal	Coeficiente	Mês/Ano	Taxa Mensal	Coeficiente
jan/97	1,74%	1,0174	jan/02	1,53%	1,0153
fev/97	1,66%	1,0166	fev/02	1,25%	1,0125
mar/97	1,62%	1,0162	mar/02	1,37%	1,0137
abr/97	1,66%	1,0166	abr/02	1,48%	1,0148
mai/97	1,58%	1,0158	mai/02	1,40%	1,0140
jun/97	1,59%	1,0159	jun/02	1,31%	1,0131
jul/97	1,61%	1,0161	jul/02	1,53%	1,0153
ago/97	1,58%	1,0158	ago/02	1,45%	1,0145
set/97	1,58%	1,0158	set/02	1,38%	1,0138

Mês/Ano	Taxa Mensal	Coeficiente	Mês/Ano	Taxa Mensal	Coeficiente
out/97	1,68%	1,0168	out/02	1,64%	1,0164
nov/97	2,98%	1,0298	nov/02	1,53%	1,0153
dez/97	2,91%	1,0291	dez/02	1,73%	1,0173
jan/98	2,67%	1,0267	jan/03	1,87%	1,0187
fev/98	2,11%	1,0211	fev/03	1,97%	1,0197
mar/98	2,18%	1,0218	mar/03	1,77%	1,0177
abr/98	1,69%	1,0169	abr/03	1,87%	1,0187
mai/98	1,63%	1,0163	mai/03	1,96%	1,0196
jun/98	1,60%	1,0160	jun/03	1,85%	1,0185
jul/98	1,69%	1,0169	jul/03	2,08%	1,0208
ago/98	1,47%	1,0147	ago/03	1,76%	1,0176
set/98	2,49%	1,0249	set/03	1,67%	1,0167
out/98	2,93%	1,0293	out/03	1,63%	1,0163
nov/98	2,58%	1,0258	nov/03	1,34%	1,0134
dez/98	2,38%	1,0238	dez/03	1,37%	1,0137
jan/99	2,17%	1,0217	jan/04	1,26%	1,0126
fev/99	2,35%	1,0235	fev/04	1,08%	1,0108
mar/99	3,29%	1,0329	mar/04	1,37%	1,0137
abr/99	2,28%	1,0228	abr/04	1,17%	1,0117
mai/99	1,96%	1,0196	mai/04	1,22%	1,0122
jun/99	1,63%	1,0163	jun/04	1,22%	1,0122
jul/99	1,62%	1,0162	jul/04	1,28%	1,0128
ago/99	1,55%	1,0155	ago/04	1,29%	1,0129
set/99	1,47%	1,0147	set/04	1,24%	1,0124
out/99	1,37%	1,0137	out/04	1,21%	1,0121
nov/99	1,37%	1,0137	nov/04	1,25%	1,0125
dez/99	1,58%	1,0158	dez/04	1,48%	1,0148

Mês/Ano	Taxa Mensal	Coeficiente	Mês/Ano	Taxa Mensal	Coeficiente
jan/00	1,44%	1,0144	jan/05	1,38%	1,0138
fev/00	1,44%	1,0144	fev/05	1,22%	1,0122
mar/00	1,44%	1,0144	mar/05	1,52%	1,0152
abr/00	1,28%	1,0128	abr/05	1,41%	1,0141
mai/00	1,49%	1,0149	mai/05	1,50%	1,0150
jun/00	1,39%	1,0139	jun/05	1,58%	1,0158
jul/00	1,30%	1,0130	jul/05	1,51%	1,0151
ago/00	1,40%	1,0140	ago/05	1,65%	1,0165
set/00	1,22%	1,0122	set/05	1,50%	1,0150
out/00	1,28%	1,0128	out/05	1,40%	1,0140
nov/00	1,22%	1,0122	nov/05	1,38%	1,0138
dez/00	1,19%	1,0119	dez/05	1,47%	1,0147
jan/01	1,26%	1,0126	jan/06	1,43%	1,0143
fev/01	1,01%	1,0101	fev/06	1,14%	1,0114
mar/01	1,25%	1,0125	mar/06	1,42%	1,0142
abr/01	1,18%	1,0118	abr/06	1,08%	1,0108
mai/01	1,33%	1,0133	mai/06	1,28%	1,0128
jun/01	1,27%	1,0127	jun/06	1,18%	1,0118
jul/01	1,50%	1,0150	jul/06	1,17%	1,0117
ago/01	1,60%	1,0160	ago/06	1,25%	1,0125
set/01	1,32%	1,0132	set/06	1,05%	1,0105
out/01	1,53%	1,0153	out/06	1,09%	1,0109
nov/01	1,39%	1,0139	nov/06	1,02%	1,0102
dez/01	1,39%	1,0139	dez/06	0,98%	1,0098

Ainda imerso no conceito de "Mercado", é necessário entender o que SELIC, que se define:

"1) Taxa básica de juros da economia brasileira, fixada periodicamente pelo COPOM - Comitê de Política Monetária do Banco Central.

2) taxa apurada no SELIC, obtida mediante o cálculo da taxa média ponderada e ajustada das operações de financiamento por um dia, lastreadas em títulos públicos federais e cursadas no referido Sistema na forma de operações compromissadas.

EnFin. Neste caso, as operações compromissadas são operações de venda de títulos com compromisso de recompra assumido pelo vendedor, conjugadamente com compromisso de revenda assumido pelo comprador, para liquidação no dia útil seguinte.

Estão aptas a realizar operações compromissadas, por um dia útil, fundamentalmente as instituições financeiras habilitadas, como os bancos comerciais, bancos de investimento, corretoras e distribuidoras de valores.

Segundo o Banco Central, "as taxas de juros relativas às operações em questão refletem, basicamente, as condições instantâneas de liquidez no mercado monetário (oferta versus demanda de recursos).

Estas taxas de juros não sofrem influência do risco do tomador de recursos financeiros nas operações compromissadas, uma vez que o lastro oferecido é homogêneo.

Como todas as taxas de juros nominais, por outro lado, a Taxa SELIC pode ser decomposta *ex-post*, em duas parcelas: taxa de juros reais e taxa de inflação no período considerado.

A Taxa SELIC, acumulada para determinados períodos de tempo, correlaciona-se positivamente com a taxa de inflação apurada ex post".

Considerando que a taxa DI também compõe os CDIs, mensurando as taxas de mercado interbancário, praticadas pelas diversas instituições financeiras, deve-se agora apurar uma taxa de mercado razoável, permitindo a continuidade da empresa "banco" ou "instituição financeira" com margem de lucro suficiente para quitar suas obrigações trabalhistas, fiscais, comerciais e tributárias, conforme demonstração da Tabela 01 acima. Além de prover o lucro líquido para seus sócios.

Desta forma, levando-se em conta ainda a tabela extraída do Banco Central, evidenciando a média praticada pelas 43 principais instituições financeiras, infere-se que é totalmente possível aplicar-se como taxa de juros ao cheque especial um percentual em torno de 3,06% (para o mês de agosto/2006) ao mês Ranking das Taxas de Operações de Crédito - Classificadas por ordem crescente de taxa – Pessoa Física:

Posição	Instituição	Taxa de Juros (sem encargos)			Encargos		Taxa Total (4) = (1)+(2)+(3)
		Mínima	Máxima	Média (1)	Operac. (2)	Fiscais (3)	
1	BCO DAYCOVAL S A	1,80	7,50	1,90	0,00	0,12	2,02
2	BCO PROSPER S A	2,40	4,50	2,40	0,00	0,13	2,53
3	BCO RIBEIRAO PRETO S A	1,80	4,06	2,70	0,00	0,12	2,82

Posição	Instituição	Taxa de Juros (sem encargos)			Encargos		Taxa Total (4) = (1)+(2)+(3)
		Mínima	Máxima	Média (1)	Operac. (2)	Fiscais (3)	
4	BCO MATONE S A	1,91	3,00	2,90	0,00	0,12	3,02
5	BCO CRUZEIRO DO SUL S A	1,70	5,00	3,08	0,00	0,13	3,21
6	BANCOOB	3,39	3,70	3,55	0,00	0,00	3,56
7	BANCO BONSUCESSO S A	1,74	10,90	3,46	0,00	0,12	3,59
8	BCO ALFA S A	2,17	5,47	3,58	0,00	0,13	3,71
9	BCO INDUSVAL S A	3,99	9,27	4,36	0,00	0,12	4,48
10	BCO INDUSTRIAL E COMERCIAL S A	4,23	8,19	4,71	0,00	0,13	4,84
11	BCO SAFRA S A	1,95	9,29	5,00	0,00	0,12	5,13
12	BCO INTERCAP S A	5,46	5,46	5,46	0,00	0,09	5,55
13	BCO DO NORDESTE DO BRASIL S A	3,07	5,74	5,51	0,00	0,12	5,64
14	BCO CAPITAL S A	5,70	5,72	5,71	0,00	0,12	5,83
15	BCO DO EST DO PI S A	2,12	7,13	6,02	0,00	0,11	6,14
16	BCO PAULISTA S A	5,90	7,50	6,07	0,00	0,12	6,19
17	BCO DA AMAZONIA S A	5,19	6,38	6,18	0,00	0,13	6,31
18	CAIXA ECONOMICA FEDERAL	2,25	7,20	6,54	0,00	0,12	6,66
19	BCO PANAMERICANO S A	1,71	8,00	7,00	0,00	0,09	7,09
20	BANKBOSTON BCO MULTIPLO S A	1,24	8,70	6,97	0,00	0,12	7,09
21	BCO DO EST DO RS S A	3,46	7,90	7,06	0,00	0,13	7,18
22	BCO NOSSA CAIXA S A	2,00	8,10	7,17	0,00	0,13	7,30
23	BRB BCO DE BRASILIA S A	1,69	9,20	7,36	0,00	0,12	7,48
24	BCO DO BRASIL S A	2,21	7,81	7,36	0,00	0,12	7,48

Posição	Instituição	Taxa de Juros (sem encargos)			Encargos		Taxa Total (4) = (1)+(2)+(3)
		Mínima	Máxima	Média (1)	Operac. (2)	Fiscais (3)	
25	BCO CITIBANK S A	3,32	9,30	7,41	0,00	0,09	7,50
26	BCO SUDAMERIS BRASIL S A	3,35	8,40	7,47	0,00	0,12	7,59
27	BCO ABN AMRO REAL S A	3,35	8,40	7,50	0,00	0,12	7,62
28	BCO DO EST DE SC S A	7,80	7,80	7,80	0,00	0,00	7,80
29	BCO BRADESCO S A	4,50	8,09	7,68	0,00	0,12	7,81
30	UNIBANCO UNIAO BCOS BRAS S A	3,90	8,39	7,83	0,00	0,12	7,95
31	BCO ITAU S A	3,16	8,50	7,86	0,00	0,12	7,98
32	BCO LUSO BRASILEIRO S A	6,66	10,38	7,95	0,00	0,13	8,07
33	BCO LA NACION ARGENTINA	8,20	8,20	8,20	0,00	0,08	8,28
34	BCO BANESTES S A	2,34	8,19	8,17	0,00	0,12	8,30
35	HSBC BANK BRASIL SA BCO MULTIP	1,50	8,47	8,20	0,00	0,12	8,32
36	BCO DO EST DE SE S A	2,10	8,40	8,28	0,00	0,12	8,40
37	BCO SANTANDER BRASIL S A	2,00	8,40	8,30	0,00	0,12	8,42
38	BCO.SANTANDER BANESPA	1,40	8,40	8,30	0,00	0,12	8,42
39	BCO EST SAO PAULO S A BANESPA	1,36	8,40	8,30	0,00	0,12	8,42
40	BCO MERCANTIL DO BRASIL S A	3,50	10,90	8,70	0,00	0,13	8,83
41	BCO DO EST DO PA S A	6,50	8,80	8,80	0,00	0,09	8,88
42	BCO SOFISA S A	1,40	10,00	10,00	0,00	0,12	10,12
43	BCO SCHAHIN S A	10,00	10,00	10,00	0,00	0,13	10,13

Discriminação	Geral Média Total[2]	Pessoa Física[1]			Pessoa Jurídica Média[2]
		Média	Crédito Pessoal e CDC	Cheque Especial	
Custo ao tomador (%a.a.)	83%	119%	95%	178%	66%
Taxa de captação CDB (%a.a.)	21%	21%	21%	21%	21%
Spread (%a.a.)	62%	98%	74%	157%	45%
Custo ao tomador (% a.m.)	5,17%	6,75%	5,74%	8,90%	4,31%
Taxa de captação CDB (%a.m.)	1,60%	1,60%	1,60%	1,60%	1,60%
Spread (%a.m.)	3,58%	5,15%	4,14%	7,30%	2,72%
- Despesa Administrativa	0,79%	1,48%	1,48%	1,48%	0,52%
- Impostos Indiretos (+CPMF)	0,50%	0,82%	0,82%	0,84%	0,35%
- Inadimplência	1,25%	1,42%	1,42%	1,42%	1,09%
- IR / CSLL	0,39%	0,53%	0,16%	1,32%	0,28%
- Lucro do banco	0,66%	0,90%	0,27%	2,24%	0,48%
Spread (%)	100%	100%	100%	100%	100%
- Despesa Administrativa	22%	29%	36%	20%	19%
- Impostos Indiretos (+CPMF)	14%	16%	20%	12%	13%
- Inadimplência	35%	28%	34%	19%	40%
- IR / CSLL	11%	10%	4%	18%	10%
- Lucro do banco	18%	17%	6%	31%	18%

Fonte: DEPEP-SP
[1] Custo administrativo e inadimplência obtidos a partir de informações de financeiras
[2] Obtida a partir de uma amostra de 17 grandes bancos privados responsáveis por quase 2/3 dos créditos concedidos pelo segmento privado (vide anexo I).

Primando-se pelos princípios da Justiça, Razoabilidade, Moralidade, Proporcionalidade e Boa-fé, a taxa de mercado razoável para a realidade brasileira não deveria ultrapassar os 3,06% ao mês. Em última análise, considerando a média do mercado das taxas de juros mínimas aplicadas pelas 43 instituições em foco, a taxa máxima seria 3,38% ao mês e não em torno de 8,5% cobrados atualmente pelos bancos.

Portanto, considerando que houve discrepância entre os valores ora cobrados e executados, comparando-se com outras instituições financeiras (partindo-se das taxas de juros médias mínimas), então a taxa razoável (não-discrepante) a ser aplicada para 2006 é 3,09% ou no máximo 3,38% ao mês.

A plausibilidade e razoabilidade na utilização da indigitada taxa de juros ainda se justificam, tecnicamente, pela baixa taxa de equilíbrio no mercado brasileiro, oscilando entre 8,5% a 10% ao ano.

TAXA DE EQUILÍBRIO DA ECONOMIA BRASILEIRA

Relembrando: tecnicamente, as taxas de mercado, em conformidade com as normas do BACEN, são praticadas pela apuração das taxas de CDIs (Certificados de Depósitos Interfinanceiros ou Interbancários).

Os CDIs, como já se viu, são Certificados de Depósito Interbancário ou Interfinanceiro, negociados entre bancos, apurados através de Taxa porcentual da média diária das operações no mercado interfinanceiro.

A taxa DI se forma a partir da taxa SELIC projetada para o dia D + 1.

Neste caso, as operações compromissadas são operações de venda de títulos com compromisso de recompra assumido pelo vendedor, conjugadamente com compromisso de revenda assumido pelo comprador, para liquidação no dia útil seguinte.

Estão aptas a realizar operações compromissadas, por um dia útil, fundamentalmente as instituições financeiras habilitadas, como os bancos comerciais, bancos de investimento, corretoras e distribuidoras de valores.

Segundo o Banco Central:

"(...) as taxas de juros relativas às operações em questão refletem, basicamente, as condições instantâneas de liquidez no mercado monetário (oferta versus demanda de recursos).

Estas taxas de juros não sofrem influência do risco do tomador de recursos financeiros nas operações compromissadas, uma vez que o lastro oferecido é homogêneo.

Como todas as taxas de juros nominais, por outro lado, a Taxa SELIC pode ser decomposta *ex-post*, em duas parcelas: taxa de juros reais e taxa de inflação no período considerado.

A Taxa SELIC, acumulada para determinados períodos de tempo, correlaciona-se positivamente com a taxa de inflação apurada ex post".

É IMPORTANTE SALIENTAR, em termos de economia brasileira, que a taxa de juros de mercado deveria estar limitada a no máximo o dobro da taxa de juros de equilíbrio ou como limite a própria taxa SELIC, que de acordo com a BOVESPA, a taxa de juros de equilíbrio é:

a)   – Taxa de juros, descontada a inflação, que manteria o nível de preços constante e a economia a pleno emprego. Taxas mais baixas causariam inflação e taxas mais altas, deflação.

O economista inglês J. M. Keynes definiu a taxa de equilíbrio como aquela associada ao nível de emprego de equilíbrio, que poderia não ser compatível com o pleno emprego.

Teoricamente a taxa de equilíbrio, em outros países, situa-se próximo de 1% a 2 % ao ano.

No Brasil, situa-se entre 8,5% e 10% ao ano, o que singulariza a economia brasileira.

Entre as causas possíveis, economistas realçam que o problema possa estar, de alguma forma, ligado à estrutura da formação da taxa de poupança no Brasil, muito dependente de poupança compulsória, ou falta de confiança no padrão monetário.

Para o economista Pérsio Arida, não existe conjunto pronto e acabado para lidar com a questão, mas ele alinha algumas áreas de pesquisa:

a) incentivos à poupança através de investimentos coletivos compulsórios, em lugar dos voluntários;

b) mal-estar em relação à estabilidade do padrão monetário e ao cumprimento de regras e obrigações contratuais;

c) arbitragens com taxas de juros externas em, regime de conversibilidade restrita;

d) série histórica de juros altos, onde taxas monetárias acabam por moldar a taxa de juros real.

O economista entende que tais hipóteses não são excludentes umas das outras.

Portanto, novamente infere-se que a taxa de mercado para os juros do cheque especial não poderiam ultrapassar os 3,09% ao mês, dependendo, logicamente, de cada período analisado.

CONSIDERANDO TODO O EXPOSTO, tendo em vista que as taxas de juros de mercado são flutuantes, e que no contrato de abertura de crédito em conta corrente (Cheque Ouro) não foi especificada ou estipulada nenhum "índice específico de taxa de juros", mas apenas a expressão "juros de mercado", não há como responder ao quesito do louvado juiz: "Qual o valor devido pelo requerido no referido contrato, aplicando-se as taxas de juros pactuadas?". Todavia, se for considerada a taxa de mercado estipulada conforme a taxa média, considerando a base de dados do Banco Central, **então, este quesito resta respondido através do posterior.**

b) Qual o valor devido pelo requerido no referido contrato, aplicando-se as taxas médias de juros, apuradas na mesma época pelo Banco Central do Brasil, em relação a outras instituições financeiras?

RESPOSTA DO QUESITO: Considerando as taxas médias de juros, este perito demonstra que há INDÉBITO ao réu e não valor devido pelo réu, aplicando-se tão-somente as taxas de juros médias não-discrepantes em relação a outras instituições financeiras.

O Sistema do Banco Central, que demonstra as taxas de juros média (Mínima, Média e Máxima), é o PASCS10 (transação PEFI300). Sendo assim, considerando as taxas médias pré-fixadas (flutuantes) e pós-fixadas, tem-se uma média final de 7,41% ao mês (Anexos C e Anexo C-1, "Tela do Sistema do Banco Central"), enquanto que o Banco do Brasil utilizou uma média, desde Fev/87 a Ago/99, de 17,27% (Anexos A e B). Neste mesmo período, este perito apurou a média das taxas de juros, pelo Banco Central, na proporção de 7,41% ao mês, considerando os CDIs desde Fev/87 a Mai/93 e a partir desta data até Ago/99, as taxas médias de juros do Banco Central, Anexo C, conforme demonstra também os Anexos A e B.

Portanto, com base no quesito, o requerido possui indébito no montante de R$ (615.001,95), corrigido pelos CDIs (Certificados de Depósitos Interfinanceiros ou Interbancários), mais juros moratórios na proporção de 1% ao mês. Esta sistemática de atualização monetária justifica-se tecnicamente, tendo em vista que estes Certificados compõem as taxas de juros de mercado utilizadas pelos Bancos, inclusive pelo autor.

Se a repetição de indébito for pela mesma sistemática da Lei 6.899/81 e Decreto 1.544/95, então o indébito será de R$ 223.722,34 (Anexo B).

c) Houve capitalização de juros? Qual a periodicidade?

RESPOSTA DO PERITO: Sim, houve a capitalização mensal, sempre que não havia pagamento integral das parcelas de juros cobradas pelo Banco.

292

d)   É possível identificar a origem do valor inicial R$ 3.876,00, apontado às fls. 10/12?

RESPOSTA DO PERITO: Tecnicamente, NÃO. Conforme pode-se perceber, compulsando os autos cuidadosamente, os valores demonstrados nos extratos bancários (fornecidos pelo Banco autor) são totalmente divergentes e discrepantes, conforme se visualiza às fls. 46 a 65, 1.º volume, no período de 15/09/97 a 03/08/98, apontando saldo devedor de R$ 25.840,01 (valor executado). Comparando-se com o valor dc R$ 8.100,40 (valor ora cobrado na presente demanda), percebe-se divergência palmar e inexplicável matematicamente.

Ilustrando melhor as divergências técnicas: Comparando-se os valores apresentados às fls. 46-65 (1.º volume) com as fls. 352 (verso) a 371 (2.º volume), constatam-se os seguintes erros/discrepâncias: 1.º) – às fls. 64, 1.º Vol., não foi contabilizado o empréstimo de R$ 18.605,00 (operação 677 em 09/03/98), se for comparado com os outros extratos também fornecidos pelo Banco do Brasil a este Perito (comparar com fls. 366, verso);

2.º) – a partir das fls. 64-65, 31/03/98, os lançamentos diferem com os extratos de fls. 367-371;

3.º) – às fls. 65, o saldo é devedor no montante de R$ 25.840,01 (03/08/98), enquanto que nos extratos de fls. 370, o saldo é credor no montante de R$ 7,21 (data 23/07/98). Em 26/08/98, o saldo era R$ 0,01, fls. 371.

e)   É possível identificar a origem da discrepância entre os valores cobrados nos autos de execução de título extrajudicial xxx/98 e o presente feito?

RESPOSTA DO PERITO: Tecnicamente, não. Mas considerando os aspectos contratuais e a praxe dos bancos, certamente os valores estão inchados com os juros de mercado na média de 17,27% ao mês, desde Fev/87 a Ago/99, conforme Anexo A. Vide também esclarecimentos ao quesito anterior.

f)   O banco autor deixou de cobrar algum crédito que pudesse justificar a diferença entre os valores das ações referidas valor?

RESPOSTA DO PERITO: Compulsando os autos, não se verifica qual seria o "crédito" que o Banco deixou de cobrar. Portanto, a diferença entre os valores é injustificável tecnicamente, a não ser pela própria política bancária de cobrar juros sempre pela média-alta e nunca pela média mínima, conforme demonstra o Banco Central.

VI.II – Quesitos do requerente (fls. 347 a 349, 2.º volume)

1)   – Os valores negativos/devedores da corrente em questão, de titularidade do Requerido, sofreram a incidência de encargos financeiros que se acumulavam ao capital? Em caso positivo, qual a periodicidade e época da acumulação?

RESPOSTA DO PERITO: Este quesito resta satisfeito pela resposta ao quesito "c", do juiz: "Sim, houve a capitalização mensal, sempre que não havia pagamento integral das parcelas de juros cobradas pelo Banco".

2) - Que tipo de encargo financeiro incidiu sobre os saldos devedores?

RESPOSTA DO PERITO: Os encargos financeiros incidentes sobre os saldos devedores foram as taxas de juros calculadas com base nos CDIs mais taxa de rentabilidade.

3) – Que tipo de encargo financeiro foi ajustado no contrato? Quando é previsto o débito? Foi avençada multa e em qual percentual?

RESPOSTA DO PERITO: Conforme anteriormente esclarecido, em resposta ao quesito "a" do Juiz, por serem estes contratos padrões quanto à previsão de taxas de juros de mercado, o encargo financeiro ajustado contratualmente compõe-se pelas taxas de juros de mercado (sem estipulação financeira) além de comissão de permanência, quando da inadimplência, cobrada também pelas taxas de juros de mercado.

Salienta-se, portanto, que em nenhum momento o requerente acostou o contrato de abertura de crédito, objeto da execução já extinta e também da presente demanda de cobrança. Vide fls. 29, autos xxx/98, cujo demonstrativo é apenas um extrato do contrato, sem as cláusulas gerais.

4) – Os encargos financeiros cobrados estão de acordo com o estipulado no contrato de abertura de crédito em conta corrente – cheque ouro? Ou Outros Instrumentos Contratuais? Justifique.

RESPOSTA DO PERITO: Vide também resposta ao quesito anterior. Na prática, os encargos financeiros em nenhum momento foram estipulados no contrato, pois existe apenas a menção a taxas de juros de mercado, sem especificação de índices das taxas de juros.

Este perito considerou, para a resposta, outros contratos padrões de abertura de crédito em conta corrente do Banco do Brasil.

5) – Quais os índices das taxas cobradas? Relacione.

RESPOSTA DO PERITO: Apesar de o contrato não estipular nenhuma taxa de juros, este perito apurou as taxas efetivamente cobradas mensalmente pelo método Hamburguês, conforme se demonstra no Anexo A, na coluna "Taxa Juros".

6) – Se os encargos fossem pagos no vencimento, eles seriam agregados ao capital?

RESPOSTA DO PERITO: Não.

7) – Foi ajustada no contrato a incidência de TR/TBF ou qual índice foi contratado? E, se tais encargos forem aplicados sobre os saldos devedores do empréstimo?

RESPOSTA DO PERITO: Compulsando os autos, não se verifica nenhum contrato de cheque especial. Mas se houvesse estipulação contratual de TR ou TBF, o Anexo C demonstra que: se os encargos incidentes fossem a TR ou TBF, haveria INDÉBITO ao réu. Se pela TR, o indébito seria de R$ 46.617,71; se pela TBF, R$ 385.581,11.

8) – Quais os códigos, constantes nos extratos, se referem à cobrança de encargos financeiros?

RESPOSTA DO PERITO: Conforme se percebe, o código relacionado à cobrança de juros é 123. O IOF é representado pelo código 118.

9) – Os encargos financeiros cobrados pelo Requerente estão compatíveis com os encargos financeiros de mercado para a modalidade de cheque especial bancário e ou contratos bancários?

RESPOSTA DO PERITO: Considerando a conjuntura econômico-financeira desde Fev/1987 até a presente data, os encargos financeiros de mercado cobrados pelo Banco do Brasil não estiveram compatíveis com os encargos para a modalidade de cheque especial, comparando-se com outras instituições financeiras, conforme Anexos A, B e C, fonte do Banco Central, tendo em vista que a média praticada pelo banco autor foi de 17,27% ao mês até Ago/99 (Anexo B). Já a partir desta data, ainda assim o Banco do Brasil continuou a cobrar taxas de juros acima da média mínima e média de mercado, conforme Anexo C (Fonte BACEN, aplicativo PASCS10 – transação PEFI300).

10) – De acordo com o Código Civil, como deve ser a ordem de imputação do pagamento em relação ao capital e juros?

RESPOSTA DO PERITO: O Artigo 354, do Código Civil, assim preceitua, *verbis*:
> **"Havendo capital e juros, o pagamento imputar-se-á primeiro nos juros vencidos, e depois no capital, salvo estipulação em contrário, ou se o credor passar a quitação por conta do capital".**

11) – Elabore planilha de cálculo de acordo com os encargos financeiros pactuados no contrato, imputando os pagamentos parciais na forma da Lei. Qual o valor atualizado apurado?

RESPOSTA DO PERITO: Vide anexos A e B, cujas planilhas demonstram que há indébito no montante de R$ 615.001,95 (atualizando-se pelos CDIs – Anexo A) e 223.722,34 (atualizando-se pela média simples entre IGP-DI e INPC – Anexo B, conforme previsão legal – Lei 6.899/81 c/c Decreto 1.544/95).

12) – Demais considerações que o Sr. Perito achar necessário.

RESPOSTA DO PERITO: Vide Conclusão.

VI.III – Quesitos do requerido (fls. 1.111 a 1.112, 6.º volume)

1- Houve capitalização de juros desde a origem do débito unilateralmente apurado pela instituição financeira?

RESPOSTA DO PERITO: Conforme já respondido anteriormente, houve.

2- Em que pese não existir pactuação sobre a taxa de juros no contrato/cheque ouro de fl. 29, qual foi o percentual aplicado pelo banco-autor na apuração da dívida, desde a origem, e sua repercussão na evolução da dívida, desde a origem e sua repercussão na evolução apresentada?

RESPOSTA DO PERITO: Vide o Anexo A, cuja planilha demonstra os percentuais cobrados pelo Banco na coluna "Taxa Juros".

3- De acordo com a documentação acostada aos autos, como explicar a diferença apontada na execução (autos xxx/98), e a presente ação ordinária de cobrança? Há indícios de má-fé ou culpa por parte do banco-autor, notadamente tendo em vista o fato da existência de toda a documentação inerente a conta corrente (2310-8)? Explicação complementar;

RESPOSTA DO PERITO: A resposta a este quesito está satisfeita quando dos esclarecimentos aos quesitos "d" e "e", proposto pelo douto juiz.

Salienta-se, no entanto, que os extratos juntados pelo Banco quando da execução (autos xxx/98) e os juntados recentemente nos presentes autos são divergentes nos lançamentos, conforme já explicitado nos quesitos do juiz ("d" e "e").

Quanto à problemática questão levantada neste quesito sobre "indícios de má-fé ou culpa por parte do banco-autor", **este perito considera prejudicada a questão, tendo em vista estar revestida pelas razões de direito a serem apreciadas pelo louvado juiz quando do julgamento do mérito.**

4- É possível a averiguação da repetição de indébito pelo mesmo critério utilizado pelo Banco autos na cobrança? Explicação complementar.

RESPOSTA DO PERITO: Tecnicamente, sim. Vide Anexo A-1 que demonstra um valor-monstro, astronômico de R$ 193.267.644,95 (cento e noventa e três milhões, duzentos e sessenta e sete mil, seiscentos e quarenta e quatro reais e noventa e cinco centavos), considerando uma taxa média (apurada pelos dados do BACEN) de 7,90% ao mês, de FEV/87 a Fev/2007. Não se utilizou a taxa cheia, mas apenas a taxa média pelos dias efetivamente utilizados no cheque especial, tendo em vista que os Bancos aplicam sempre as taxas de juros proporcionais ao tempo (dias) de utilização do limite de cheque especial.

5- Qual o valor utilizado pelos mesmos critérios usado pelo banco-autor, com relação à diferença do valor objeto na execução (n.º xxx/98), e a ação ordinária de cobrança? Explicação complementar.

RESPOSTA DO PERITO: O Banco partiu do valor de R$ 3.876,00, fls. 10.

6- É possível a aferição das taxas de juros cobradas no período (desde a origem, em face das Súmulas 30, 294 e 296/STJ) e sua repercussão na dívida apontada? Qual o valor apurado a esse título como indébito?

RESPOSTA DO PERITO: Considerando o teor das súmulas acima referenciadas, há de ressaltar-se, tecnicamente, que em especial a súmula 296 foi editada após pacífico entendimento do STJ quanto à limitação das taxas de juros de mercado após comparação com as outras taxas de juros utilizadas em operações de crédito

semelhantes, evitando-se assim a discrepância na cobrança de taxas de juros sem critérios técnicos e econômico-financeiros.

Desta forma, este perito, considerando que as súmulas em conjunto prevêem a não cumulação de comissão de permanência com correção monetária (súmula 30) e "Os juros remuneratórios, não cumuláveis com a comissão de permanência, são devidos no período de inadimplência, à taxa média de mercado estipulada pelo Banco Central do Brasil, limitada ao percentual contratado" (súmula 296) e, por fim, a súmula 294 que prevê: "Não é potestativa a cláusula contratual que prevê a comissão de permanência, calculada pela taxa média de mercado apurada pelo Banco Central do Brasil, limitada à taxa do contrato".

Considerando que o STJ respeita a taxa de juros de mercado, calculada pela média apurada pelo Banco Central, sempre verificando que não haja discrepância, então este perito entende que este quesito também já foi respondido anteriormente, quando dos esclarecimentos prestados ao louvado juiz, conforme resposta ao quesito "b". Vide, portanto, os Anexos A e B.

7- Na ótica da reconvenção (fls. 284/297), qual o *quantum* da repetição de indébito, considerando-se os juros ilegais, prática do anatocismo e demais abusividade? Explicação complementar.

RESPOSTA DO PERITO: Vide Anexos A e B, cuja repetição de indébito demonstrada oscila entre 615.001,95 (Anexo A) ou R$ 223.722,34 (Anexo B).

8- Demais explicação a cargo dos *expert*.

RESPOSTA DO PERITO: Vide Conclusão.

VII – Conclusão

Conclui-se que as taxas de juros de mercado geralmente não são estipuladas nos contratos de cheque especial, evidenciando prática constante das instituições financeiras.

Os contratos meramente mencionam "juros de mercado", mas não evidenciam os valores numéricos destes juros.

De qualquer forma, em conformidade com os pontos controvertidos da presente demanda, fixados pelo louvado juiz, buscando "(...) ACLARAR OS FATOS DE INTERESSE DE AMBOS OS PEDIDOS", conforme entendimento do douto juiz, exarado às fls. 344, final do terceiro parágrafo, infere-se como ponto controvertido: discrepância entre os valores executados nos autos xxx/98, já julgado extinto, e a presente ação, autos 408/2004). A dedução lógica se extrai de manifestação do próprio juiz, conforme se vê às fls. 343, item "d", *verbis*: "(...) discrepância entre os valores exigidos nas duas ações de cobrança com base no mesmo contrato". Em seguida, o douto juiz formulou quesitos que demonstram com clareza a controvérsia a ser aclarada, fls. 345, em especial atenção aos quesitos "b", "d" e "e".

Portanto, com fundamento no objeto da perícia, buscando aclarar os fatos de interesse de ambas as partes, este perito concluir que HÁ INDÉBITO devido ao réu no montante de R$ 615.001,95 (corrigido pelos CDIs) ou R$ 223.722,34 (corrigidos pela média do IGP-DI e INPC), considerando como taxa de juros de mercado a proporção média de 7,41% ao mês, conforme dados do Banco Central, já anteriormente demonstrado (Anexo C), considerando o período de utilização do limite do cheque especial, desde Fev/87 até Ago/99.

Apesar de o contrato bancário ora em lide não estipular taxa de juros, mas apenas pactuar as taxas de mercado, este perito buscou esclarecer o que é "taxa de mercado", para depois, através de minuciosa análise dos autos, contrato e extratos bancários, concluir tecnicamente pela apuração das taxas médias de mercado, considerando os CDIs, formadores destas taxas, mais as bases de dados fornecidas pelo Banco Central, através do SisBacen PASCS10, transação PEFI300, e Anexo C-1, evidenciando uma das telas de resultados da busca pelas taxas de juros médias apuradas pelo BACEN após comparação com as 43 maiores instituições financeiras (IFs). Todavia, no sistema, são apuradas todas as taxas de juros praticadas por todas os bancos devidamente cadastrados e autorizados a funcionar como IF pelo BACEN.

A comparação das 43 maiores instituições financeiras é uma análise do BACEN para apuração das taxas de juros mínimas, médias e máximas.

O Anexo D evidencia a tela do SISBACEN, utilizada por este perito. Deve-se escolher a opção 1 (Anexo D-1), depois opção 04 (Anexo D-2), assinalar a opção "Taxas" (Anexo D-2); depois escolher a opção "3 – Taxas Flutuantes" (Anexo D-3), com data de 02/02/1987 (Anexo D-4). Em seguida, escolhe-se o item "F11=P.Física", aparecendo nova tela (Anexo D-5). Agora, deve-se clicar no "F5=LISTA ITEM", escolhendo a opção "1 – Cheque especial". O Sistema irá demonstrar a próxima tela (Anexo D-6).

Desta forma, buscaram-se as taxas de juros médias, com base nos CDIs, para confecção dos Anexos A e B.

Perceber-se-á que o sistema só armazenou os dados a partir de Jun/1993. Sendo assim, a média de juros utilizada por este perito foram os CDIs de Fev/97 até Mai/93, através da opção PEFI300 (Anexo D), depois opção 03 (Anexo D-1) e opção "DI" (Anexo D-2.1). Em seguida irá surgir a próxima tela (Anexo D-2.3)[19], demonstrando os CDIs. A partir 30/de Jun/93, o BACEN já possui os dados das taxas de juros médias praticadas pelo mercado, cuja demonstração se visualiza através do Anexo C.

FINALMENTE, SE FOR PELO PRUDENTE E SÁBIO ARBÍTRIO DO DOUTO JUIZ DA LIDE, QUE SEJA DETERMINADO O ACOSTAMENTO DO CONTRATO DE ABERTURA DE CHEQUE ESPECIAL – CHEQUE OURO, O QUAL FOI OBJETO DE EXECUÇÃO NOS AUTOS xxx/98 E NA PRESENTE DEMANDA.
De qualquer forma, a juntada nos autos não irá alterar o teor do laudo pericial, quanto a valores, tendo em vista que este perito já baseou suas respostas em contratos semelhantes do Banco do Brasil.

VIII – Anexos
São partes integrantes do presente laudo pericial:

---

[19] - Por equívoco, deveria ter sido grafado como Anexo D.2.2.

Anexo A – Recálculo dos juros devidos – média pelo Banco Central – CDIs – taxas pré-fixadas e pós – correção pelos CDIs – 04 páginas;

Anexo A-1 - Recálculo dos juros devidos – correção pelas mesmas taxas utilizadas pelo Banco no cheque especial – 04 páginas;

Anexo A-2 – Espelho dos extratos da conta corrente 2310-8 – 247 páginas;

Anexo B - Recálculo dos juros devidos – média pelo Banco Central – CDIs – taxas pré-fixadas e pós – correção pelo INPC + IGP-DI – 03 páginas;

Anexo C – Taxas coletadas do SISBACEN – PEFI300 – Banco Central – Taxas do cheque especial (vide anexos D-1 a D-6) – 60 páginas;

Anexo C-1 – Primeira Página da tela de opções do SISBACEN – transação PEFI300 – 02 páginas;

Anexo D - Recálculo dos juros devidos pela TR e TBF – quesito do banco autor – INDÉBITO ao réu – 04 páginas;

Anexos D-1 a D-6 – Telas de opções do SISBACEN – transação PEFI300 – 09 páginas;

Anexo E – Cópia da tela de "envio de e-mail" para assistente técnico do Banco do Brasil e ao causídico – 01 página;

Anexo F – Cópia na íntegra do e-mail enviado dando ciência ao Banco do Brasil do local, data e hora do início da perícia – 02 páginas.

TOTAL de páginas destes anexos = 336.

W Braz, 23 de fevereiro de 2007.

Nestes Termos,
Pede Deferimento.

RONILDO DA CONCEIÇÃO MANOEL
Perito judicial

3.6 – Modelos de petições revisionais e/ou ações declaratórias
3.6.1 – Ação Declaratória de Nulidade Contratual cumulada com repetição de indébito e pedido de danos morais – CDC Veículos – Modelo adaptado ao Novo CPC

EXCELENTÍSSIMO DR. JUIZ DE DIREITO DA VARA CÍVEL DE WENCESLAU BRAZ DO ESTADO DO PARANÁ

Beltrano de Tal, brasileiro, casado, agricultor, portador da Cédula de Identidade n.º xxxxxxxx-PR e no CPF n.º xxxxxxxxxxxxxx-00, residente e domiciliado na Rua xxxxx, 157, Santo Antonio da Platina/PR, por seu procurador judicial infra-assinado (doc. em anexo), advogado inscrito na OAB/PR xxxxxx, **DR. xxxxxxxxxxxxxxxxxx**, com escritório na xxxxxxxxxxxxxxxx, Centro, Santo Antonio da Platina/PR/PR, fone: xxxxxxxxxxxxxx, vem respeitosamente à presença de V. Ex.ª propor

AÇÃO DECLARATÓRIA DE NULIDADE CONTRATUAL CUMULADA COM REPETIÇÃO DE INDÉBITO E PEDIDO de danos morais
em face de

BV FINANCEIRA S/A - CRÉDITO, FINANCIAMENTO E INVESTIMENTOS, pessoa jurídica de direito privado, inscrita no CNPJ sob n.º 01.149.953/0001-89, **com sede na Av. Roque Petroni Junior, n.º 999 - 15.º andar - cj A, São Paulo - CEP.: 04707-000, ONDE RECEBERÁ CITAÇÃO VIA A.R**, através de seu representante legal, de acordo com os fatos e fundamentos jurídicos que a seguir passa a expor:

PRELIMINARMENTE, os benefícios da justiça gratuita com base na Lei 7.115, de 29/08/1983, e para finalidade do disposto no Art. 4º, da Lei 1.060, de 05/02/1950, e Constituição Federal, art. 5º, LXXIV, **conforme entendimento do Supremo Tribunal Federal:**

"A garantia do art. 5º, LXXIV, assistência jurídica integral e gratuita aos que comprovarem insuficiência de recursos, não revogou a de assistência judiciária gratuita da Lei 1.060, de 1950, aos necessitados, certo que, para obtenção desta, basta a declaração, feita pelo próprio interessado, de que a sua situação econômica não permite vir a Juízo sem prejuízo da sua manutenção ou de sua família. Essa norma infraconstitucional põe-se, ademais, dentro no espírito da Constituição, que deseja que seja facilitado o acesso de todos à Justiça." **(STF - RE 205.746 - Rel. Min. Carlos Velloso - DJU 28.02.1997).**

Portanto, formula-se pleito da gratuidade da justiça, fazendo-o por declaração de seu patrono, isso sob a égide do art. 99, § 4º c/c 105, in

300

fine, ambos do CPC, quando tal prerrogativa se encontra inserta no instrumento procuratório acostado.

I – FATOS

O autor firmou com o requerido, em 24/02/2006, Contrato de Financiamento – CDC para aquisição de veículo, operação n.º 00000000-3, com taxa de juros contratada a 3,6416% ao mês. Valor do empréstimo de R$ 4.000,00 a ser pago em 36 parcelas mensais de R$ 201,17.

O requerente já pagou 30 parcelas das 36, mas mesmo assim, considerando que houve indébito, o contrato já se encontra quitado, cujo laudo pericial contábil demonstra indébito na proporção de R$ 8.108,34 **(com anatocismo embutido)** PORQUE o réu cobrou taxas de juros remuneratórios na proporção de **3,6416% ao mês**, extrapolando a média de mercado, enquanto que a **média de juros do mercado anterior à data da contratação era de 1,4254%% ao mês ou uma discrepância de 155,48% acima da média de mercado**, conforme demonstra o Anexo A com parecer técnico-contábil acostado, baseando-se já nos recursos repetitivos do STJ sobre as questões acima ventiladas.

O banco-réu aplicou ainda a famigerada cumulação de comissão de permanência com juros moratórios, multa e juros remuneratórios vedados pelas súmulas 30, 296 e 472 do STJ, de acordo com laudo pericial e Anexo A.

Sendo assim, socorre-se do Judiciário para buscar revisão do contrato e pedir a declaração de nulidade do débito, tendo em vista que o contrato já está **liquidado, com repetição de indébito**.

Pelo cotejo dos documentos verificou-se ainda a cobrança das taxas e tarifas não contratadas e, mesmo se contratadas fossem, não possuem respaldo de legalidade e moralidade, razão pela qual deve ser restituída a taxa de contrato e boletos bancários.

Não podendo nos esquecer que a mora do autor é inexistente em virtude da quitação integral do contrato de todas as parcelas contratadas, conforme cópia dos 24 comprovantes, razão pela qual qualquer encargo cobrado a este título deverá ser restituído.

São estes resumidamente os fatos.

II – RAZÕES DE DIREITO
II.I. DA APLICAÇÃO DO CÓDIGO DE DEFESA DO CONSUMIDOR

A relação existente entre autor é réu indiscutivelmente se encontra amparado e sob a égide do Código de Defesa do Consumidor, razão pela qual deve aplicar-se seus dispositivos, em especial o art. 6°, VIII, CDC, aplicando-se a inversão do ônus probatório, conforme entendimento pacificado da súmula 297 do STJ.

Sem mais delongas, o Código de Defesa do Consumidor é aplicável às instituições financeiras (súmula 297 – STJ)

II.II DESCARACTERIZAÇÃO DA MORA – ENCARGOS REMUNERATÓRIOS ABUSIVOS - CABIMENTO DE REVISÃO DOS JUROS REMUNERATÓRIOS ACIMA DA MÉDIA DE MERCADO – CABIMENTO DE REPETIÇÃO DE INDÉBITO E/OU COMPENSAÇÃO – QUITAÇÃO DO CONTRATO COMPROVADA

Conforme demonstra claramente a planilha, Anexo A, o débito pretenso evidenciado pelo réu é **INEXISTENTE**, pois está inchado com encargos indevidos, considerando que houve cobrança **DEVIDAMENTE COMPROVADA** de comissão de permanência com multa moratória e juros moratórios, além de juros remuneratórios com discrepância de quase 156% acima da média de mercado, o que descaracteriza a mora **(cobrança de encargos abusivos durante a fase de normalidade contratual, REsp 1.061.530/RS).**

O colendo STJ tem entendido e já pacificado sua posição que em havendo encargos excessivos, abusivos ou ilegais, a mora *debitoris* resta afastada e/ou descaracterizada, conforme ementas colacionadas. Salienta-se que o Anexo A demonstra que houve anatocismo e cobrança de juros remuneratórios bem acima da média de mercado, o que descaracteriza a mora, conforme Orientação 2 do STJ, em Recurso Repetitivo, abaixo:

1) - AgRg no RECURSO ESPECIAL N.º 807.903-RS
Rel.: Min. Carlos Alberto Menezes Direito/3.ª Turma
EMENTA - Agravo. Recurso especial. Contrato bancário. Encargos excessivos. Ausência de mora.
1. Na linha da jurisprudência firmada na Segunda Seção deste Tribunal, a cobrança de encargos ilegais e abusivos descaracteriza a mora do devedor.
2. Agravo regimental desprovido.
(STJ/DJU de 26/2/07, pág. 587);

2) - AgRg no RECURSO ESPECIAL N.º 809.642-RS
Rel.: Min. Carlos Alberto Menezes Direito/3.ª Turma
EMENTA - Agravo. Recurso especial. Contrato bancário. Encargos excessivos. Ausência de mora. **Multa indevida.**
1. Na linha da jurisprudência firmada na Segunda Seção deste Tribunal, a multa moratória não é devida quando demonstrada a

cobrança de encargos abusivos e ilegais por parte do credor, instituição financeira, fato que justifica a inadimplência.

2. Agravo regimental desprovido.

(STJ/DJU de 26/2/07, pág. 587);

3) - AgRg no RECURSO ESPECIAL N.º 480.506-RJ

Rel.: Min. Aldir Passarinho Junior/4.ª Turma

EMENTA - Processual civil. Execução movida ao cônjuge varão. Lei n.º 8.009/90 suscitada pelo executado e rejeitada por decisão já preclusa. Embargos de terceiro da esposa meeira. Reavivamento. Possibilidade. Súmula n.º 205-STJ.

I. Inobstante afastada pela instância ordinária, com decisão preclusa, a aplicação da Lei n.º 8.009/90 à penhora havida nos autos da execução movida ao cônjuge varão, tem-se que a questão pode ser reavivada em embargos de terceiro opostos pela esposa do devedor, que não integrava aquele processo.

II. Proteção que atinge a inteireza do bem, ainda que derivada apenas da meação da esposa, a fim de evitar a frustração do escopo da Lei n.º 8.009/90, que é a de evitar o desaparecimento material do lar que abriga a família do devedor.

III. Agravo desprovido.

(STJ/DJU de 26/2/07, pág. 594).

Considerando a relevância da decisão, o STJ pacificou o entendimento através da Lei de Recursos Repetitivos, com as devidas orientações extraídas do RECURSO ESPECIAL Nº 1.061.530 - RS (2008/0119992-4), Documento: 826356 - Inteiro Teor do Acórdão - Site certificado - DJ: 10/03/2009, Relatora Ministra NANCY ANDRIGHI:

"ORIENTAÇÃO 2 - CONFIGURAÇÃO DA MORA

a) O reconhecimento da abusividade nos encargos exigidos no período da normalidade contratual (juros remuneratórios e capitalização) descaracteriza a mora; (...)".

O Anexo A ainda demonstra o recálculo dos juros cobrados pela taxa média de mercado, considerando que o CODECON se aplica às instituições financeiras e, por sua vez, aos contratos bancários, conforme Súmula 297 do STJ.

A orientação do STJ quanto à possibilidade de revisar os juros remuneratórios se dá quando há relação de consumo (o que ocorre in casu):

"ORIENTAÇÃO 1 - JUROS REMUNERATÓRIOS

a) As instituições financeiras não se sujeitam à limitação dos juros remuneratórios estipulada na Lei de Usura (Decreto 22.626/33), Súmula 596/STF;

b) A estipulação de juros remuneratórios superiores a 12% ao ano, por si só, não indica abusividade;

c) São inaplicáveis aos juros remuneratórios dos contratos de mútuo bancário as disposições do art. 591 c/c o art. 406 do CC/02;

d) É admitida a revisão das taxas de juros remuneratórios em situações excepcionais, desde que caracterizada a relação de consumo e que a abusividade (capaz de colocar o consumidor em desvantagem exagerada – art. 51, §1º, do CDC) fique cabalmente demonstrada, ante às peculiaridades do julgamento em concreto".

Ou seja, no RECURSO ESPECIAL Nº 1.112.879 - PR (2009/0015831-8), **Documento: 971696 - Inteiro Teor do Acórdão - Site certificado - DJ: 19/05/2010**, em relação a questões idênticas que caracterizam multiplicidade de recursos, via relatoria da Ministra Nancy Andrighi, a orientação do STJ se firmou no sentido de permitir a revisão das taxas de juros contratadas pela média de mercado:

"BANCÁRIO. RECURSO ESPECIAL. AÇÃO REVISIONAL DE CLÁUSULAS DE CONTRATO BANCÁRIO. INCIDENTE DE PROCESSO REPETITIVO. JUROS REMUNERATÓRIOS. CONTRATO QUE NÃO PREVÊ O PERCENTUAL DE JUROS REMUNERATÓRIOS A SER OBSERVADO.
I - JULGAMENTO DAS QUESTÕES IDÊNTICAS QUE CARACTERIZAM A MULTIPLICIDADE.
ORIENTAÇÃO - JUROS REMUNERATÓRIOS
1 - Nos contratos de mútuo em que a disponibilização do capital é imediata, o montante dos juros remuneratórios praticados deve ser consignado no respectivo instrumento. Ausente a fixação da taxa no contrato, o juiz deve limitar os juros à média de mercado nas operações da espécie, divulgada pelo Bacen, salvo se a taxa cobrada for mais vantajosa para o cliente.
2 - Em qualquer hipótese, é possível a correção para a taxa média se for verificada abusividade nos juros remuneratórios praticados.
II - JULGAMENTO DO RECURSO REPRESENTATIVO
- Consignada, no acórdão recorrido, a abusividade na cobrança da taxa de juros, impõe-se a adoção da taxa média de mercado, nos termos do entendimento consolidado neste julgamento".

Conclui-se, Excelência, que as provas ora acostadas, **Anexo A e comprovantes de pagamentos do CDC**, demonstrando a média das taxas de juros de mercado, informadas pelo Banco Central, é cabal e robusta, seguindo a orientação dos recursos repetitivos do STJ e confirmada por perito-contador que assina as planilhas contendo parecer técnico-contábil sucinto, **com fundamentação estrita da jurisprudência novel do STJ.**

A jurisprudência do TJ/PR está se formando no sentido de considerar abusivas as taxas de juros cobradas em 50% acima da média de mercado:

1) APELAÇÃO CÍVEL (VIVIANE VOGLERS COSTA). REVISIONAL. EMPRÉSTIMO PESSOAL NÃO CONSIGNADO. DÉBITO EM CONTA CORRENTE. SENTENÇA DE IMPROCEDÊNCIA REFORMADA. REDUÇÃO da taxa de juros à MÉDIA DE MERCADO. contrato com parcelas fixas. juros remuneratórios abusivos. encargos da mora AFASTADOS. PETIÇÃO INICIAL PARCIALMENTE PROCEDENTE. REPETIÇÃO DE INDÉBITO NA FORMA SIMPLES. REDISTRIBUIÇÃO DOS ÔNUS SUCUMBENCIAIS. RECURSO conhecido E PARCIALMENTE PROVIDO. **(TJPR - 13ª C.Cível - 0009573-34.2017.8.16.0038 - Fazenda Rio Grande - Rel.: Athos Pereira Jorge Júnior - J. 03.04.2019)**
(...)
Sobre o limite a ser considerado abusivo, ao contrário do posicionamento do **magistrado singular, esta Câmara Cível tem considerado os juros superiores a 1,5 (uma vez e meia) à taxa média de mercado:**

APELAÇÃO CÍVEL AÇÃO REVISIONAL DE CONTRATO DE FINANCIAMENTO DE VEÍCULO. SENTENÇA DE PROCEDÊNCIA. REDUÇÃO DA TAXA DE JUROS CONTRATADA À MÉDIA DE MERCADO. CONTRATO COMPARCELAS FIXAS. JUROS REMUNERATÓRIOS ABUSIVOS. DECISÃO MANTIDA. RECURSO CONHECIDO E NÃO PROVIDO. (TJPR - 13ª C.Cível - ΛC 8873 84.2016.8.16.0170 - Rel. LUIZ HENRIQUE MIRANDA - Unânime - J. 04.07.2018).

2) APELAÇÕES CÍVEIS. AÇÃO DE REVISÃO DE CLÁUSULAS CONTRATUAIS C.C REPETIÇÃO DE INDÉBITO E PEDIDO LIMINAR DE MANUTENÇÃO DA POSSE. CONTRATO DE FINANCIAMENTO DE VEÍCULO. SENTENÇA DE PARCIAL PROCEDÊNCIA. (...) APELAÇÃO CÍVEL (02). RECURSO DA FINANCEIRA RÉ. 1. REVISÃO DAS CLÁUSULAS CONTRATADAS. POSSIBILIDADE. RELATIVIZAÇÃO DA FORÇA OBRIGATÓRIA DO CONTRATO (PRINCÍPIO DO

PACTA SUNT SERVANDA). OBSERVÂNCIA AOS PODER JUDICIÁRIO TRIBUNAL DE JUSTIÇA 13ª CÂMARA CÍVELAPELAÇÃO CÍVEL Nº. 1.626.483-22PRINCÍPIOS DO CÓDIGO DE DEFESA DO CONSUMIDOR. 2. JUROS REMUNERATÓRIOS. ABUSIVIDADE CONSTATADA. **TAXA DE JUROS CONTRATADA QUE SUPERA UMA VEZ E MEIA A MÉDIA PRATICADA PELO MERCADO.** MAGISTRADO QUE NÃO SE ENCONTRA ADSTRITO AS TAXAS MÉDIAS DIVULGADOS PELO BACEN. 3. ENCARGOS MORATÓRIOS LIMITAÇÃO, NO CASO, DEVIDA. CUMULADOS COM COMISSÃO DE PERMANÊNCIA. IMPOSSIBILIDADE. MANUTENÇÃO EXCLUSIVA DA COMISSÃO DE PERMANÊNCIA. OBSERVÂNCIA À SÚMULA 472 DO SUPERIOR TRIBUNAL DE JUSTIÇA. SENTENÇA PARCIALMENTE REFORMADA NO PONTO. 4. DISTRIBUIÇÃO DA SUCUMBÊNCIA MANTIDA. RECURSO CONHECIDO E PARCIALMENTE PROVIDO. (TJPR - 13ª C.Cível - AC - 1626483-2 - Rel. FRANCISCO EDUARDO GONZAGA DE OLIVEIRA - Unânime - J. 10.05.2017) – sem grifo no original. Diante desse contexto, constatado que os juros praticados pelo apelante resultaram numa taxa anual que superou uma vez e meia a taxa média de mercado divulgada pelo Banco Central, à época, caracterizando em abusividade, necessária a limitação e a repetição dos valores indevidamente cobrados a esse título, de forma simples, corrigidos monetariamente desde o efetivo pagamento, pelos índices oficiais, acrescidos de juros de mora de 1% ao mês, a partir da citação. (TJPR - 13ª C.Cível - 0009573-34.2017.8.16.0038 - Fazenda Rio Grande - Rel.: Athos Pereira Jorge Júnior - J. 03.04.2019).

3) APELAÇÃO CÍVEL – REVISÃO CONTRATUAL – FINANCIAMENTO COM GARANTIA DE ALIENAÇÃO FIDUCIÁRIA - SENTENÇA DE PROCEDÊNCIA – LIMITAÇÃO DOS JUROS REMUNERATÓRIOS – IMPOSSIBILIDADE IN CASU – EXCESSO EVIDENCIADO – APLICAÇÃO DA ORIENTAÇÃO Nº 01 DO SUPERIOR TRIBUNAL DE JUSTIÇA – DESVANTAGEM EXAGERADA PARA COM O CONSUMIDOR – VERIFICADA FIXAÇÃO DA TAXA DE JUROS ACIMA DA MÉDIA – SENTENÇA NÃO REFORMADA – SUCUMBÊNCIA MAJORADA NA FORMA DO ARTIGO 85, § 11º DO NCPC - PRECEDENTES DA CÂMARA – DECISÃO MONOCRÁTICA DO RELATOR – ARTIGO 932, IV, DO NCPC – RECURSO DESPROVIDO. (TJPR - 17ª C.Cível - 0009562-51.2018.8.16.0173 -

Umuarama - Rel.: Juiz Subst. 2ºGrau Fabian Schweitzer - J. 28.03.2019)

(...)

No caso em apreço, verifica-se que em 16 janeiro de 2012 as partes firmaram contrato de financiamento de veículo com alienação fiduciária no valor de R$ 6.000,00 (seis mil reais), cujo instrumento prevê a incidência de taxa mensal de juros de 4,730% e anual de 47,122% (Mov. 1.5). Da tabela referencial do Banco Central acostada à inicial (Mov. 1.11), observa-se que no mês da realização do contrato (janeiro de 2012) a média apontada para operações de crédito pessoal para aquisição de veículo era de apenas 25,49% ao ano.

VALE DIZER, PORTANTO, A TAXA DE JUROS PREVISTA NO CONTRATO É SUPERIOR A UMA VEZ E MEIA ÀQUELA PRATICADA PELO MERCADO, O QUE EVIDENCIA A SUA ABUSIVIDADE.

Importa salientar que a parte apelada não impugnou em momento algum tal assertiva apresentada pelo autor, pois tanto em sede de contestação, quanto nas contrarrazões recursais, limitou-se a defender a legalidade dos juros contratados e afirmar que não está sujeita à taxa referencial do Banco Central. Por essa razão, deve ser mantida a sentença para limitar a taxa de juros à média praticada pelo mercado à época (25,49% a.a.), com a restituição do indébito na forma simples. (TJPR - 17ª C.Cível - 0009562-51.2018.8.16.0173 - Umuarama - Rel.: Juiz Subst. 2ºGrau Fabian Schweitzer - J. 28.03.2019).

Portanto, não há que se falar em débito ou mora do devedor, mas tão-somente do credor, que inclusive precisa restituir o valor de R$ 8.108,34 ao autor, considerando ainda que o contrato está quitado, conforme demonstrado objetivamente no laudo contábil extrajudicial. **DESTA FORMA, A MORA É INEXISTENTE.**

Ademais, salienta-se que o contrato previu multa moratória de 2%, cláusula 6 e comissão de permanência fixada em 12% ao ano, mas os encargos moratórios cobrados foram em média 26,29% ao mês, enquanto que o STJ, em recursos repetitivos, pacificou a questão, determinando a cobrança máxima de 1% ao mês de juros moratórios e sem cobrança cumulada de comissão de permanência, súmulas 30 e 296.

Requer-se, assim, a substituição dos encargos moratórios cobrados pela multa de 2% sobre os débitos mais juros moratórios a 1% ao mês.

III - TARIFAS E TAXAS NÃO CONTRATADAS - TARIFA DE EMISSÃO DE CARNÊ/BOLETO E TARIFA DE ABERTURA DE CRÉDITO - SERVIÇOS DE TERCEIROS - NULIDADE/ILEGALIDADE

Conforme se percebe ao compulsar o carnê de financiamento já juntado aos autos, o réu cobrou tarifas não contratadas, dentre elas pela emissão de boleto **(R$ 3,90, SUBITEM 5.14 do contrato n.º XXXXXXXXX em apenso)** e tarifa de abertura de crédito de R$ 300,00 **(subitem 5.13 - TAC)**, o que são ilegais e, portanto, devem ser declaradas nulas, **de acordo com decisão do STJ:**

"RECURSO ESPECIAL Nº 1007561 - RS (2007/0271352-3)
RELATOR : MINISTRO LUIS FELIPE SALOMÃO
RECORRENTE : BANCO PANAMERICANO S/A
ADVOGADO : VALQUIRIA BELMENI STEFFENS E OUTRO(S)
RECORRIDO : CARLOS LEONEL DA ROSA
ADVOGADO : GABRIEL RODRIGUES GARCIA E OUTRO(S)
RECURSO ESPECIAL. AÇÃO REVISIONAL DE CONTRATO BANCÁRIO. RESTA FIRMADA NO STJ A VEDAÇÃO À DECLARAÇÃO, DE OFÍCIO, DE NULIDADE DE CLÁUSULAS ABUSIVAS PELO TRIBUNAL DE ORIGEM, IMPLICANDO JULGAMENTO ALÉM DO QUE FOI PEDIDO. IMPOSSIBILIDADE, TRATANDO-SE DE QUESTÕES EXCLUSIVAMENTE PATRIMONIAIS. RESSALVA QUANTO AO MEU ENTENDIMENTO PESSOAL. AFASTAMENTO DA LIMITAÇÃO DOS JUROS REMUNERATÓRIOS EM 12% AO ANO. INAPLICABILIDADE, NO CASO, DA LEI DE USURA. INCIDÊNCIA DA LEI Nº 4.595/64 E DA SÚMULA 596/STF. INEXISTÊNCIA DE ABUSIVIDADE DO PERCENTUAL AVENÇADO ENTRE AS PARTES EM RELAÇÃO À TAXA MÉDIA DE MERCADO. POSSIBILIDADE DE CONTROLE E REVISÃO, PELO PODER JUDICIÁRIO, EM CADA CASO, DE EVENTUAL ABUSIVIDADE, ONEROSIDADE EXCESSIVA OU OUTRAS DISTORÇÕES NA COMPOSIÇÃO CONTRATUAL DA TAXA DE JUROS, NOS TERMOS DO CÓDIGO CIVIL. APURAÇÃO QUE DEVE SER FEITA NAS INSTÂNCIAS ORDINÁRIAS, À VISTA DAS PROVAS PRODUZIDAS. APLICAÇÃO DA TAXA PREVISTA NO CONTRATO. JUROS DE MORA PACTUADOS EM 12% AO ANO. LEGALIDADE. INCIDÊNCIA DA LEI DE USURA. CAPITALIZAÇÃO MENSAL DOS JUROS E COMISSÃO DE PERMANÊNCIA. AUSÊNCIA DE INDICAÇÃO DOS DISPOSITIVOS DE LEI FEDERAL VIOLADOS E DISSÍDIO JURISPRUDENCIAL NÃO DEMONSTRADO. APLICAÇÃO DA

SÚMULA 284/STF. RECURSO ESPECIAL CONHECIDO EM PARTE E, NA EXTENSÃO, PROVIDO.

DECISÃO

1. Cuida-se de recurso especial, interposto por Banco Panamericano S/A, com fundamento no artigo 105, inciso III, alíneas "a" e "c", da Constituição Federal, contra acórdão do E. Tribunal de Justiça do Estado do Rio Grande do Sul, em ação revisional de contrato bancário, assim ementado:

AÇÃO REVISIONAL. NEGÓCIOS JURÍDICOS BANCÁRIOS. ALIENAÇÃO FIDUCIÁRIA. APLICAÇÃO DO CDC. JUROS REMUNERATÓRIOS. CAPITALIZAÇÃO. COMISSÃO DE PERMANÊNCIA. ÍNDICE DE ATUALIZAÇÃO MONETÁRIA. ENCARGOS MORATÓRIOS. COMPENSAÇÃO E / OU REPETIÇÃO DO INDÉBITO. CLÁUSULA DE EMISSÃO DE TÍTULO DE CRÉDITO. **TARIFA DE ABERTURA DE CRÉDITO. EMISSÃO DE BOLETO BANCÁRIO.** CADASTRO DE RESTRIÇÃO AO CRÉDITO. HONORÁRIOS ADVOCATÍCIOS.

(...) **9. TARIFA DE EMISSÃO DE BOLETO BANCÁRIO. A emissão de qualquer carnê ou boleto para pagamento é obrigação do credor não devendo ensejar ônus algum ao devedor, já que os arts. 319 do Código Civil/2002 e art. 939 do Código Civil/1916, não trazem no seu bojo a condição de pagamento em dinheiro para ele receber o que lhe é de direito. Disposição de ofício 10. TAXA DE ABERTURA DE CRÉDITO. Além de atender interesse exclusivo do mutuante, essa cláusula contratual contraria o disposto no art. 46, parte final, do Código de Defesa do Consumidor, pois não fornece ao mutuário todas as informações sobre sua finalidade e alcance. Disposição de ofício (...)** *In casu*, suspende-se a exigibilidade dos ônus sucumbenciais por cinco anos, nos termos do art. 12 da Lei nº 1.060/50, por ser o autor beneficiário da assistência judiciária. Publique-se. Intimem-se. Brasília (DF), 30 de junho de 2008. MINISTRO LUIS FELIPE SALOMÃO Relator".

Portanto, requer-se a declaração de nulidade das tarifas por emissão de boleto e de abertura de crédito, devidamente comprovada sua ilegalidade pela disposição jurisprudencial do Superior Tribunal de Justiça.

IV – DA INVERSÃO DO ÔNUS DA PROVA - ÔNUS PELO ADIANTAMENTO DAS CUSTAS COM DESPESA DA PROVA

Considerando que o contrato é de relação consumerista, aplica-se a inversão do ônus da prova e consequentemente do adiantamento das custas com a despesa da prova, ou seja, com o pagamento dos honorários periciais judiciais, considerando inclusive a **HIPOSSUFICIÊNCIA NOTÓRIA** do autor em relação ao banco-réu, conforme diversos julgados colacionados do TJ/PR:

a) - "...**Dispõe o art. 6°, VIII, do Código de Defesa do Consumidor, dentre os direitos básicos do consumidor, a facilitação da defesa de seus direitos. Dessa facilitação decorre, além da inversão do ônus da prova, como critério de julgamento a ser utilizado pelo juiz, a desoneração das custas relativas às provas requeridas, que passam a ser de obrigação da outra parte, que tem melhores condições econômicas de arcar com este ônus. [...] Vale observar que, exigida a antecipação das custas pela parte hipossuficiente, poderia a inversão da prova tornar-se inócua, visto que a prova de seu direito poderia ser obstada pela sua incapacidade econômica.**" (TJ-PR, Ac 20311, 4ª. Câmara Cível, Rel. Des. Dilmar Kessler, DJ 10.04.02;

b) - "...**Em primeiro lugar, correta a inversão do ônus da prova, uma vez que suficientemente provada a condição de hipossuficiente da agravada, aplicando-se ao caso o Código de Defesa do Consumidor, art. 6°, inciso VIII. [...] O mesmo ocorre com o pagamento dos honorários de perito, que deve ficar a cargo do agravante, como bem decidiu o magistrado singular**".... e ainda "...**não se trata de impor ao agravante o pagamento de honorários periciais, mas sim de lhe transferir o ônus da prova. Caso não queira arcar com este ônus, bastará deixar de realizar a perícia. A prova pericial passou a ser do seu interesse, não obstante requerida pela agravada, pois é a oportunidade que tem de comprovar que são insubsistentes os argumentos trazidos pela autora na ação de conhecimento.**" (TJ-PR, Ac 481, 8ª. Câmara Cível, Rel. Des. Campos Marques, DJ 05.08.02);

c) - "...**Não há falar, por óbvio, em ofensa ao art. 33, Código de Processo Civil, ou sua revogação. A lei especial apenas introduziu uma norma voltada ao escopo de evitar que o hipossuficiente seja prejudicado pela impossibilidade técnica ou material de produzir a prova. Material inclusive, valendo gizar que tal tratamento legal não diz com o aspecto de natureza econômica, mas com o monopólio da informação. E isso a envolver, conforme o contexto do caso, a antecipação dos encargos periciais, já que mercê da inversão do ônus incumbiria ao Banco agravado provar que não houve exorbitância ilegal nos lançamentos verificados no histórico da dívida.**" (TJ-PR, Ac 6988, 5ª Câmara Cível, Rel. Des. Luiz Cezar de Oliveira, DJ 24.04.2001);

d) - "...Diante do exposto, ACORDAM os Desembargadores da Terceira Câmara Cível do Tribunal de Justiça do Estado do Paraná, por unanimidade de votos, em dar provimento ao presente recurso de agravo de instrumento, para determinar a inversão do ônus da prova e, como decorrência, determinar que o Banco agravado adiante a importância necessária à realização da prova pericial."(TJ-PR, Ac 20835, 3ª. Câmara Cível, Rel. Des. Jesus Sarrão, DJ 06.11.01).

A Corte Superior também já se pronunciou de forma análoga ao Tribunal e Justiça do Paraná, *verbis*:

a) - "Ementa: CÓDIGO DE DEFESA DO CONSUMIDOR. Leasing. Inversão do Ônus da Prova. Perícia. Antecipação de despesas. Aplica-se o CDC às operações de leasing. A inversão do ônus da prova significa também transferir ao réu o ônus de antecipar as despesas de perícia tida por imprescindível ao julgamento da causa. Recurso não conhecido." (STJ, Ac RESP 383276/RJ; REC. ESP. 2001/0176011-2, Rel. Min. Ruy Rosado de Aguiar, DJ 18.06.02).

A conclusão a que se chega é de que é muito mais lógico que a inversão do ônus da prova abrace também o ônus pelo adiantamento de custas periciais e processuais, pois isso deixa mais cristalino a cada parte o seu papel na demanda, o seu grau de responsabilidade e não traz nenhum prejuízo a nenhuma delas, pois à mesma parte que estiver com a responsabilidade de provar os fatos caberá adiantar as custas pelas provas que pretender produzir, e, assim, ela tem escolha sobre quais provas quer ou não produzir, **POIS É ELA QUEM SOFRE AS CONSEQUÊNCIAS PELA NÃO PRODUÇÃO DE ALGUMA PROVA.**

Portanto, como este juízo já considerou a inversão do ônus da prova, requer-se também inversão do ônus do adiantamento pelas custas periciais e processuais, cabendo-as ao réu.

V – DA REPETIÇÃO DO INDÉBITO

Determina o artigo 42, parágrafo único, do CDC e o artigo 940 do CC que quando da existência de cobrança indevida o respectivo valor deverá ser restituído em dobro, e no caso em tela, por ocasião da liquidação da sentença ficará evidente que de forma maliciosa e imoral cobrou a ré valores que sabia não lhes serem devidas, razão pela qual requer seja aplicada a repetição do indébito cobrado indevidamente.

Art. 42. ...
*Parágrafo único. **O consumidor cobrado em quantia indevida tem direito à repetição do indébito**, por valor igual ao dobro do que pagou em excesso, acrescido de correção monetária e juros legais, salvo hipótese de engano justificável.*

Percebe-se que o réu cobrou encargos moratórios extremamente abusivos acima do contratado, cláusulas 6 do contrato 510072826 em anexo, pois cobrou em média 26,29% ao mês de encargos de inadimplência (Anexo A) e laudo pericial contábil extrajudicial, violando os dispositivos jurisprudenciais já pacificados em recursos repetitivos alhures demonstrados, além de cobrança de anatocismo com juros remuneratórios acima da média de mercado, gerando um indébito de R$ 8.108,34.

Desta forma, cabível a repetição do indébito em dobro.

VI – DOS DANOS MORAIS

Conforme fartamente demonstrado, o réu cobrou encargos abusivos na média de 26,29% ao mês o que por si só já gerou o dano moral pretendido, pois **onerou demasiadamente** o autor, causando-lhe transtornos psíquicos e emocionais, como insônia e ansiedade excessivas. O pior de tudo é que o autor ainda acabou **quitando 100% o contrato** e apesar de tudo ainda lhe resta saldo credor a ser restituído.

Assim caminha a jurisprudência do STJ:

AGRAVO INTERNO. AGRAVO DE INSTRUMENTO. FORNECIMENTO DE ENERGIA ELÉTRICA. ALEGAÇÃO DO FORNECEDOR DE FRAUDE NO CONSUMO. NÃO CARACTERIZAÇÃO. **COBRANÇA INDEVIDA DE MULTA. DESCONSTITUIÇÃO DO DÉBITO. EXISTÊNCIA DO DANO.** SÚMULA 7/STJ. **DANO MORAL. VALOR FIXADO EM PATAMAR RAZOÁVEL.** DISSÍDIO NÃO COMPROVADO. (AgRg no Ag 776.495/RJ, Rel. Ministro SIDNEI BENETI, TERCEIRA TURMA, julgado em 18/09/2008, DJe 08/10/2008).

VII – DAS PROVAS e DO PARECER TÉCNICO

Por ocasião da presente ação, junta-se parecer técnico elaborado por profissional capacitado à presente Inicial, no qual ficou devidamente comprovada a ilegalidade/abusividade dos encargos moratórios e na normalidade contratual, razão pela qual, caso não haja impugnação específica pela ré, de forma equitativa, requer seja reconhecida a prova, dispensando-se a realização de prova pericial por perito judicial, aplicando-se a confissão tácita.

Porém, caso entenda este juízo necessário, esclarece-se que como meio de prova **pretende-se apenas a prova pericial técnico-contábil.**

VIII – PEDIDOS

Isto posto e por tudo o mais que destes autos vierem a constar, requer, **PRELIMINARMENTE** os benefícios da justiça gratuita, gratuita com base na Lei 7.115, de 29/08/1983, e para finalidade do disposto no Art. 4°, da Lei 1.060, de 05/02/1950, e Constituição Federal, art. 5°, LXXIV, e art. 99, § 4° c/c 105, in fine, ambos do CPC;

NO MÉRITO, que seja julgada procedente a presente ação declaratória, em todos os seus termos, para o fim de:

1) – revisar o contrato ora em lide, afastando o **a taxa de juros abusiva, substituindo-a pela taxa média de mercado flutuante referenciada pelos CDIs, divulgadas pelo Banco Central,** demonstrada alhures;

2) – declarar a nulidade das tarifas por emissão de boleto e de abertura de crédito determinando sua repetição;

3) – condenar na repetição de indébito, afastando os encargos abusivos de inadimplência cobrados e determinando recálculo com taxas máximas contratadas conforme se visualiza na cláusula 6 (Encargos moratórios), sem a perniciosa cumulação com comissão de permanência com correção monetária, juros moratórios, remuneratórios e multa contratual;

4) – determinar a indenização por danos morais no patamar mínimo de 200 salários mínimos;

5) – requer ainda a inversão do ônus pelo adiantamento pelas custas periciais e/ou processuais, devendo ser imputado ao banco-réu, conforme as fundamentações alhures demonstradas.

6) – ao final julgar procedente esta ação, para decretar a nulidade do contrato e/ou da dívida cobrada, uma vez que há indébito a ser repetido, e condenar o requerido ao pagamento dos danos morais, das custas e honorários de advogado, **DETERMINANDO** a declaração de quitação do contrato e repetindo o indébito apurado de R$ 8.108,34, podendo ser confirmado via perícia contábil judicial;

7) – determinar a repetição de indébito, a ser apurado pela substituição dos índices, taxas de juros e outros encargos, previstos no item a seguir;

8) – requer o autor que sejam expungidas da dívida todas as parcelas havidas como ilegais:

    a) juros remuneratórios acima da média de mercado, **substituindo-os pelas taxas de mercado;**

    b) anatocismo e cobrança de comissão de permanência cumulada indevidamente com multa moratória e juros moratórios;

    c) tarifas de boleto e de abertura de crédito, **desde a data do primeiro instrumento firmado entre as partes;**

9) **requer-se a citação do requerido para impugnar, querendo, sob pena de revelia, através de A.R, no endereço declinado na Preambular;**

10) – Requer a produção de todos os meios de prova em direito permitidos e, em especial, pela realização de **perícia contábil, e desde já também se requer.**

Dá-se à causa o valor de R$ 110.108,00 para efeitos fiscais.

ITA SPERATUR JUSTITIA!

Termos em que Pede Deferimento.

Santo Antonio da Platina/PR, 13 de outubro de 2010.

Fulano de tal
OAB/PR xxxxxxxxxx

3.6.2 – Ação Declaratória de Nulidade Contratual cumulada com revisional das taxas de juros remuneratórios e pedidos de danos morais, **exibição de documentos, liminar inaudita altera parte para exclusão das restrições cadastrais e manutenção na posse do veículo – CDC Veículos –** Modelo adaptado ao Novo CPC

EXCELENTÍSSIMA DRA. JUÍZA DE DIREITO DA __ VARA CÍVEL DE CURITIBA DO ESTADO DO PARANÁ

xxxxxxxxxxxxxxx, brasileiro, casado, agricultor, portador da Cédula de Identidade n.º **xxxxxxxxxxx**-PR e no CPF n.º **xxxxxxxxxxx**, residente e domiciliado na Rua **xxxxxxxxxxx**, 157, Santo Antonio da Platina/PR, por seu procurador judicial infra-assinado (doc. em anexo), advogado inscrito na OAB/PR **xxxxxxxxxxx**, **DR. xxxxxxxxxxx**, com escritório na Rua **xxxxxxxxxxx, n.º xxx**, Centro, xxxxxxxx/PR, fone: 0xx-xxxxxxxx, vem respeitosamente à presença de V. Ex.ª propor

AÇÃO DECLARATÓRIA DE NULIDADE CONTRATUAL CUMULADA COM REVISIONAL das taxas de juros remuneratórios E PEDIDOS de danos morais, EXIBIÇÃO DE DOCUMENTOS, *LIMINAR INAUDITA ALTERA PARTE* **para exclusão das restrições cadastrais e MANUTENÇÃO NA POSSE DO VEÍCULO,**

em face de

BANCO FINASA S/A, pessoa jurídica de direito privado, **com agência bancária localizada na Rua Mal. Deodoro, n.º 775, bairro Centro, na cidade de Santo Antonio da Platina/PR, CEP.: 86.430-000, ONDE RECEBERÁ CITAÇÃO VIA A.R,** através de seu representante legal, de acordo com os fatos e fundamentos jurídicos que a seguir passa a expor:

PRELIMINARMENTE, os benefícios da justiça gratuita com base na Lei 7.115, de 29/08/1983, e para finalidade do disposto no Art. 4º, da Lei 1.060, de 05/02/1950, e Constituição Federal, art. 5º, LXXIV, **conforme entendimento do Supremo Tribunal Federal:**

> "A garantia do art. 5º, LXXIV, assistência jurídica integral e gratuita aos que comprovarem insuficiência de recursos, não revogou a de assistência judiciária gratuita da Lei 1.060, de 1950, aos necessitados, certo que, para obtenção desta, basta a declaração, feita pelo próprio interessado, de que a sua situação econômica não permite vir a Juízo sem prejuízo da sua manutenção ou de sua família. Essa norma infraconstitucional põe-se, ademais, dentro no espírito da Constituição, que deseja que seja facilitado o acesso de todos à Justiça." **(STF - RE 205.746 - Rel. Min. Carlos Velloso - DJU 28.02.1997).**

I – FATOS

O autor firmou com o requerido, em 24/02/2006, Contrato de Financiamento – CDC para aquisição de veículo, operação n.º xxxxxx-3, com taxa de juros contratada a 3,6416% ao mês. Valor do empréstimo de R$ 4.000,00 a ser pago em 36 parcelas mensais de R$ 201,17.

O requerente já pagou 30 parcelas das 36, cujo laudo pericial contábil demonstra indébito na proporção de R$ 2.080,73 **(com anatocismo embutido)** PORQUE o réu cobrou taxas de juros remuneratórios na proporção de 3,6416% ao mês, extrapolando a média de mercado, enquanto que a média de juros do mercado anterior à data da contratação era de 1,4254%% ao mês, conforme demonstra o Anexo A com parecer técnico-contábil acostado, baseando-se já nos recursos repetitivos do STJ sobre as questões acima ventiladas.

SALIENTA-SE QUE O CONTRATO ESTÁ RIGOROSAMENTE ADIMPLENTE, mas pelo princípio da prudência requer-se o deferimento de tutela para que o autor possa efetuar os depósitos mensais em juízo das parcelas incontroversas ou que ele entenda devidas, conforme novel jurisprudência do STJ em recursos repetitivos.

O banco-réu aplicou ainda a famigerada cumulação de comissão de permanência com juros moratórios, multa e juros remuneratórios vedados pelas súmulas 30 e 296 do STJ, de acordo com laudo pericial e Anexo A.

Sendo assim, socorre-se do Judiciário para buscar revisão do contrato e pedir a declaração de nulidade do débito, tendo em vista que o contrato está sendo pago em dia, e em especial porque existem vícios a serem sanados.

Pelo cotejo dos documentos verificou-se ainda a cobrança da taxas e tarifas não contratadas e, mesmo se contratadas fossem não possuem respaldo de legalidade e moralidade, razão pela qual deve ser restituída a taxa de contrato e boletos bancários.

Não podendo esquecer que inexiste mora do autor, razão pela qual qualquer encargo cobrado a este título deverá ser restituído.

São estes resumidamente os fatos.

II – RAZÕES DE DIREITO
II.I. DA APLICAÇÃO DO CÓDIGO DE DEFESA DO CONSUMIDOR

A relação existente entre autor e réu indiscutivelmente se encontra amparada e sob a égide do Código de Defesa do Consumidor, razão pela qual deve aplicar-se seus dispositivos, em especial o art. 6°, VIII, CDC, aplicando-se a inversão do ônus probatório, conforme entendimento pacificado da súmula 297 do STJ:

> *O Código de Defesa do Consumidor é aplicável às instituições financeiras (súmula 297 – STJ)*

II.II DESCARACTERIZAÇÃO DA MORA – CABIMENTO DE REVISÃO DOS JUROS REMUNERATÓRIOS ACIMA DA MÉDIA DE MERCADO – CABIMENTO DE REPETIÇÃO DE INDÉBITO E/OU COMPENSAÇÃO - CONTRATO COM PAGAMENTOS EM DIA

Conforme demonstra claramente a planilha, Anexo A, o débito pretenso evidenciado pelo réu é **INEXISTENTE**, pois está inchado com encargos indevidos, considerando que houve cobrança **DEVIDAMENTE COMPROVADA** de comissão de permanência com multa moratória e juros moratórios.

316

O colendo STJ tem entendido e já pacificado sua posição que em havendo encargos excessivos, abusivos ou ilegais, a mora *debitoris* resta afastada, conforme ementas colacionadas. Salienta-se que o Anexo A demonstra que houve anatocismo, o que descaracteriza a mora, conforme Orientação 2 do STJ, em Recurso Repetitivo, abaixo:

4) - AgRg no RECURSO ESPECIAL N.º 807.903-RS
Rel.: Min. Carlos Alberto Menezes Direito/3.ª Turma
EMENTA - Agravo. Recurso especial. Contrato bancário. Encargos excessivos. Ausência de mora.
1. Na linha da jurisprudência firmada na Segunda Seção deste Tribunal, a cobrança de encargos ilegais e abusivos descaracteriza a mora **do devedor.**
2. Agravo regimental desprovido.
(STJ/DJU de 26/2/07, pág. 587);

5) - AgRg no RECURSO ESPECIAL N.º 809.642-RS
Rel.: Min. Carlos Alberto Menezes Direito/3.ª Turma
EMENTA - Agravo. Recurso especial. Contrato bancário. Encargos excessivos. Ausência de mora. **Multa indevida.**
1. Na linha da jurisprudência firmada na Segunda Seção deste Tribunal, a multa moratória **não é devida quando demonstrada a cobrança de encargos abusivos e ilegais por parte do credor, instituição financeira, fato que justifica a inadimplência.**
2. Agravo regimental desprovido.
(STJ/DJU de 26/2/07, pág. 587);

6) - AgRg no RECURSO ESPECIAL N.º 480.506-RJ
Rel.: Min. Aldir Passarinho Junior/4.ª Turma
EMENTA - Processual civil. Execução movida ao cônjuge varão. Lei n.º 8.009/90 suscitada pelo executado e rejeitada por decisão já preclusa. Embargos de terceiro da esposa meeira. Reavivamento. Possibilidade. Súmula n.º 205-STJ.
I. Inobstante afastada pela instância ordinária, com decisão preclusa, a aplicação da Lei n.º 8.009/90 à penhora havida nos autos da execução movida ao cônjuge varão, tem-se que a questão pode ser reavivada em embargos de terceiro opostos pela esposa do devedor, que não integrava aquele processo.
II. Proteção que atinge a inteireza do bem, ainda que derivada apenas da meação da esposa, a fim de evitar a frustração do escopo

da Lei n.º 8.009/90, que é a de evitar o desaparecimento material do lar que abriga a família do devedor.

III. Agravo desprovido.

(STJ/DJU de 26/2/07, pág. 594).

Novamente no REsp 1.061.530/RS, assim se pronunciou o STJ para elidir as controvérsias quanto às cumulações indevidas da comissão de permanência:

> "(...) Quatro são as principais controvérsias jurídicas a respeito da cobrança da comissão de permanência, a saber: (i) cumulação da comissão com a correção monetária; (ii) cumulação com os juros remuneratórios; (iii) cálculo da comissão pelas taxas contratuais ou pela taxa média de mercado; (iv) cumulação com os encargos moratórios (multa e juros de mora).
>
> As quatro controvérsias foram resolvidas da seguinte forma: (i) Impossibilidade de cumulação com a correção monetária, porque incorporada na própria comissão de permanência (Súmula 30/STJ);
>
> (ii) Impossibilidade de cumulação com os juros remuneratórios, porque a já citada Resolução 1.129/86 proibia a cobrança de "quaisquer outras quantias compensatórias". Foi reconhecido o caráter múltiplo da comissão de permanência, que se prestava para atualizar, bem como para remunerar a moeda. O *leading case* é o REsp 271.214/RS, julgado pela 2a Seção, Relator o Min. Carlos Alberto Menezes Direito;
>
> (iii) O cálculo da taxa, a título de comissão de permanência, pela média de mercado divulgada pelo Banco Central, não caracteriza potestatividade, pois a taxa média não é calculada pela instituição financeira, mas pelo mercado, sendo que a taxa pactuada pelas partes limita o teto da cobrança (Súmulas 294 e 296/STJ);
>
> (iv) A incidência da comissão de permanência leva necessariamente à exclusão de todos os outros encargos, tenham eles natureza remuneratória ou moratória (AgRg no REsp 706.368/RS, também pela 2a Seção, de minha Relatoria, ainda no mesmo sentido o AgRg no REsp 712.801/RS, 2a Seção, Relator o Min. Carlos Alberto Menezes Direito).
>
> Esclareceu-se, portanto, que a natureza da cláusula de comissão de permanência é tríplice: índice de remuneração do capital (juros remuneratórios), atualização da moeda (correção monetária) e compensação pelo inadimplemento (encargos moratórios). Assim, esse entendimento, que impede a cobrança cumulativa da comissão

com os demais encargos, protege, como valor primordial, a proibição do *bis in idem*.(...)".

Considerando a relevância da decisão, o STJ pacificou o entendimento através da Lei de Recursos Repetitivos, com as devidas orientações extraídas do RECURSO ESPECIAL Nº 1.061.530 - RS (2008/0119992-4), Documento: 826356 - Inteiro Teor do Acórdão - Site certificado - DJ: 10/03/2009, Relatora Ministra NANCY ANDRIGHI:

"**ORIENTAÇÃO 2 - CONFIGURAÇÃO DA MORA**

a) O reconhecimento da abusividade nos encargos exigidos no período da normalidade contratual (juros remuneratórios e capitalização) descaracteriza a mora; (...)".

O Anexo A ainda recalculou os juros cobrados pela taxa média de mercado, considerando que o CODECON se aplica às instituições financeiras e, por sua vez, aos contratos bancários, conforme Súmula 297 do STJ.

A orientação do STJ quanto à possibilidade de revisar os juros remuneratórios se dá quando há relação de consumo (**o que ocorre *in casu*):**

"**ORIENTAÇÃO 1 - JUROS REMUNERATÓRIOS**

a) As instituições financeiras não se sujeitam à limitação dos juros remuneratórios estipulada na Lei de Usura (Decreto 22.626/33), Súmula 596/STF;

b) A estipulação de juros remuneratórios superiores a 12% ao ano, por si só, não indica abusividade;

c) São inaplicáveis aos juros remuneratórios dos contratos de mútuo bancário as disposições do art. 591 c/c o art. 406 do CC/02;

d) É admitida a revisão das taxas de juros remuneratórios em situações excepcionais, desde que caracterizada a relação de consumo e que a abusividade (capaz de colocar o consumidor em desvantagem exagerada – art. 51, §1º, do CDC) fique cabalmente demonstrada, ante às peculiaridades do julgamento em concreto".

Ou seja, no RECURSO ESPECIAL Nº 1.112.879 - PR (2009/0015831-8), **Documento: 971696 - Inteiro Teor do Acórdão - Site certificado - DJ: 19/05/2010**, em relação a questões idênticas que caracterizam multiplicidade de recursos, via relatoria da Ministra Nancy Andrighi, a orientação do STJ se firmou no sentido de permitir a revisão das taxas de juros contratadas pela média de mercado:

"**BANCÁRIO. RECURSO ESPECIAL. AÇÃO REVISIONAL DE CLÁUSULAS DE CONTRATO BANCÁRIO. INCIDENTE DE PROCESSO REPETITIVO. JUROS REMUNERATÓRIOS. CONTRATO QUE NÃO PREVÊ O PERCENTUAL DE JUROS REMUNERATÓRIOS A SER OBSERVADO.**

319

I - JULGAMENTO DAS QUESTÕES IDÊNTICAS QUE CARACTERIZAM A MULTIPLICIDADE.

ORIENTAÇÃO - JUROS REMUNERATÓRIOS

1 - Nos contratos de mútuo em que a disponibilização do capital é imediata, o montante dos juros remuneratórios praticados deve ser consignado no respectivo instrumento. Ausente a fixação da taxa no contrato, o juiz deve limitar os juros à média de mercado nas operações da espécie, divulgada pelo Bacen, salvo se a taxa cobrada for mais vantajosa para o cliente.

2 - Em qualquer hipótese, é possível a correção para a taxa média se for verificada abusividade nos juros remuneratórios praticados.

II - JULGAMENTO DO RECURSO REPRESENTATIVO

- Consignada, no acórdão recorrido, a abusividade na cobrança da taxa de juros, impõe-se a adoção da taxa média de mercado, nos termos do entendimento consolidado neste julgamento".

Conclui-se, Excelência, que as provas ora acostadas, **Anexo A e comprovantes de pagamentos do CDC**, demonstrando a média das taxas de juros de mercado, informadas pelo Banco Central, é cabal e robusta, seguindo a orientação dos recursos repetitivos do STJ e confirmada por perito-contador que assina as planilhas contendo parecer técnico-contábil sucinto, **com fundamentação estrita da jurisprudência novel do STJ.**

Portanto, não há que se falar em débito ou mora do devedor, mas tão-somente do credor, que inclusive precisa restituir o valor de R$ 2.080,73 ao autor, considerando ainda que há indébito a ser compensado em prestações vincendas, conforme demonstrado objetivamente no laudo contábil extrajudicial. **DESTA FORMA, A MORA É INEXISTENTE.**

III - DA VIOLAÇÃO A PRINCÍPIOS E DISPOSITIVOS CONSTITUCIONAIS

O que verificamos constantemente pela atitude das financeiras de veículos, que fazem promessas milagrosas e enganosas, é a indução dos consumidores a adquirem bens acreditando estarem sendo beneficiados pela possibilidade de conquistar um sonho. Sonho este que geralmente vira um pesadelo, pois a norma Constitucional determina em seu art. 192 "caput", que o Sistema Financeiro, no qual se enquadra a finalidade da ré, deve ser estruturado de forma a promover o desenvolvimento equilibrado do País e a servir aos interesses da coletividade, em todas as partes que o compõem.

Ora, evidente que a atitude da ré além de imoral é inconstitucional, pois se nega a obedecer a uma diretriz Constitucional, a qual está vinculada, assim a exclusão das abusividades acima apontadas, como o respeito ao contrato e à lei, com a exclusão das cláusulas que colidem com a norma do art. 192, caput, da CF.

Verifica-se ainda o desrespeito aos princípios previstos no art. 170 da Constituição, especialmente aqueles elencados nos incisos III, V e VIII, senão vejamos:

O inciso III garante o princípio da função social da propriedade, e no caso em tela, qual é o princípio social do veículo automotor adquirido, é nítido que a finalidade do bem é propiciar o transporte de mercadoria, geração de emprego, e uma vida digna ao autor, pois através deste gera seu sustento e de seus familiares. Agora, pergunta-se: **a atitude maliciosa da ré está respeitando a função social da propriedade (automóvel)?**

O inciso V em cotejo com o art. 5º, XXXII, ambos da CF, estabelecem a necessidade de defesa do consumir, o qual conforme súmula do STJ aplica-se ao caso em tela, exigindo-se assim a exclusão das cláusulas abusiva, sob pena de incorrer em desrespeito às normas constitucionais mencionadas.

E, por fim, o inciso VIII estabelece o princípio de garantia ao emprego, termo este que deve ser estendido aos trabalhadores autônomos, como é o caso do autor, o qual tem como meio de sustento o uso do objeto do contrato para sobrevivência, o qual está alicerçado em seu direito de manter-se na posse do bem, cuja expropriação injusta colide com a norma constitucional mencionada.

IV – TRIBUNAL DE JUSTIÇA DO PARANÁ UTILIZA PARECER TÉCNICO-CONTÁBIL DE PERITO-CONTADOR PARANAENSE – NÃO-INCIDÊNCIA (AFASTAMENTO) DA MORA DO DEVEDOR – ENCARGOS ILEGAIS – DEPÓSITO INCIDENTAL EM JUÍZO – DEFERIMENTO DE TUTELA E/OU LIMINAR - MANUTENÇÃO NA POSSE

Em conformidade com o entendimento pacificado no Egrégio Superior Tribunal de Justiça, é necessário que o devedor comprove, ainda que superficialmente, a existência de encargo ilegal no pacto, o que descaracterizaria a sua mora, conforme ementa colacionada:

> "Ação revisional de contratos de abertura de crédito em conta-corrente, de desconto de títulos e de refinanciamento. Mora. Encargos ilegais.
>
> 1. Caracterizada a cobrança, pela instituição financeira, de parcela abusiva, somente restam autorizados os efeitos da mora depois de apurado o valor exato do débito, afastada, no caso, a multa moratória.
>
> 2. Recurso especial do banco provido, por maioria, em menor extensão, e recurso da cliente deste não conhecido". **(REsp 713329/RS, Rel. Ministro ARI PARGENDLER, Rel. p/ Acórdão**

Ministro CARLOS ALBERTO MENEZES DIREITO, SEGUNDA SEÇÃO, julgado em 23/08/2006, DJ 07/12/2006 p. 270).

In casu, já se demonstrou que os encargos cobrados a título de juros embutidos nos CDCs Veículos, com o famigerado e proibido anatocismo, cobrança de taxas de juros remuneratórios acima da média de mercado, além da cumulação abusiva e ilegal da comissão de permanência com outros encargos, conforme inclusive juntada de laudo pericial extrajudicial pelo Dr. RONILDO DA C. MANOEL, perito-financeiro.

DESTA FORMA CABÍVEL TAMBÉM A CONSIGNAÇÃO EM JUÍZO DOS VALORES CONSIDERADOS DEVIDOS:

> **1) - "SFH. Ação Ordinária. Revisional do contrato. Depósito judicial. É possível, na ação ordinária de revisão do contrato, o depósito das parcelas que o mutuário considera devidas. A decisão que o autoriza não ofende o art. 273 do CPC. Recurso conhecido e provido".** (REsp 383129/PR, Rel. Ministro RUY ROSADO DE AGUIAR, QUARTA TURMA, julgado em 02/05/2002, DJ 24/06/2002 p. 311).

> 2) - "É possível, em sede de ação revisional de contrato bancário, **O DEPÓSITO JUDICIAL DO VALOR DAS PARCELAS QUE O AUTOR CONSIDERA DEVIDAS**". (STJ, REsp n. 707.503/SP, Rel. Min. Antônio de Pádua Ribeiro, DJU de 1º-4-2005). (Agravo em Agravo de Instrumento n. 2009.030609-5/0001.00, de Brusque. Relator: Des. Ricardo Fontes, j. em 17-9-2009).

Mais recentemente o Tribunal de Justiça do Paraná, através do Des. Laertes Ferreira Gomes Agravo de Instrumento n.º 649616-8, 0001342-79.2010.8.16.0000, 14ª Câmara Cível, citou o perito-contador Dr. Fabrício Moreno, autor de diversos laudos periciais extrajudiciais e judiciais, nos seguintes termos:

> "I - Trata-se de agravo de instrumento, com pedido de efeito suspensivo, em face de decisão proferida nos autos nº 399/2009, de Revisão de Contrato, que deferiu a tutela antecipada para abstenção ou exclusão da inscrição dos nomes dos agravados dos cadastros de proteção ao crédito, sob pena de multa diária no valor de R$ 1.000,00 (um mil reais) (f. 644-645).
>
> Alega o agravante, em síntese que: é lícita a inscrição dos nomes dos agravados inadimplentes, como meio de coagir os devedores ao adimplemento; não foram preenchidos os requisitos do art. 273 do CPC para a antecipação de tutela; os agravados não fizeram prova inequívoca de suas alegações apenas insurgem-se com base em

argumentos totalmente genéricos e desprovidos de fundamentação legal;

II - O recurso merece pronunciamento imediato.

Em sede de pleito declaratório e revisional foi concedida a liminar para que o Banco réu se abstenha de incluir o nome dos agravados nos cadastros de proteção ao crédito, só quanto a este tópico, insurge-se o agravante.

Pois bem. O art. 273 do Código de Processo Civil exige como requisitos da antecipação a tutela, a existência de prova inequívoca, suficiente para convencer o juiz da verossimilhança da alegação, e o fundado receio de dano irreparável ou de difícil reparação.

Ora, risco de dano irreparável ou de difícil reparação existe sim, mas, milita em prol dos agravados, mantida a inscrição nos cadastros restritivos até a solução da demanda, ao inverso do agravante, que sendo pertinente, poderá inscrevê-los a qualquer momento.

A jurisprudência do Superior Tribunal de Justiça tem exigido como requisitos para a exclusão do nome de devedores dos cadastros de proteção ao crédito: ação proposta pelo devedor contestando a existência do débito; a efetiva demonstração de cobrança indevida fundada na aparência do bom direito e em jurisprudência dominante do STJ, e por fim, sendo a contestação apenas parcial, seja depositado o valor da parte incontroversa, ou a prestação de caução idônea.

A propósito, o STJ: "CIVIL. RECURSO ESPECIAL - AÇÃO REVISIONAL DE CONTRATO - NSCRIÇÃO EM CADASTRO DE INADIMPLENTES - ANTECIPAÇÃO DE TUTELA - IMPOSSIBILIDADE. 1 - Conforme orientação da Segunda Seção desta Corte, nas ações revisionais de cláusulas contratuais, não cabe a concessão de tutela antecipada para impedir o registro de inadimplentes nos cadastros de proteção ao crédito, salvo nos casos em que o devedor, demonstrando efetivamente que a contestação do débito se funda em bom direito, deposite o valor correspondente à parte reconhecida do débito, ou preste caução idônea, ao prudente arbítrio do magistrado. Precedentes: REsps. 527.618-RS, 557.148-SP, 541.851-SP, Rel. Min. CÉSAR ASFOR ROCHA; REsp. 610.063-PE, Rel. Min. FERNANDO GONÇALVES; REsp. 486.064-SP, Rel. Min. HUMBERTO GOMES DE BARROS). 2 - Recurso não conhecido." (STJ - 4ª Turma - REsp 744745 / SP - Relator: Ministro Jorge Scartezzini - Julg. 24/05/2005 - Pub. DJ 01.07.2005 p. 560).

Nesse sentido, esta Corte de Justiça:

"AGRAVO DE INSTRUMENTO - AÇÃO DE RESCISÃO CONTRATUAL C/C REINTEGRAÇÃO DE POSSE E PERDAS E DANOS - DEFERIMENTO DO PEDIDO DE TUTELA ANTECIPADA - INADMISSIBILIDADE - FATO PENDENTE DE DILAÇÃO PROBATÓRIA - AUSÊNCIA DOS REQUISITOS DO ARTIGO 273 DO CÓDIGO DE PROCESSO CIVIL À CONCESSÃO - DECISÃO MONOCRÁTICA MODIFICADA. Em ação de rescisão contratual c/c reintegração de posse, a antecipação da tutela em favor da vendedora para reintegrá-la na posse do imóvel, só é admissível quando presentes os requisitos constantes do artigo 273 do Código de Processo Civil, em razão da necessidade de se aquilatar a existência de prova inequívoca para o convencimento da verossimilhança das alegações e o fundado receio de dano irreparável, motivo pelo qual descabe a concessão da antecipação. RECURSO PROVIDO." (TJPR, 5ª Cam. Cível, 314.151-7, rel. Des. Idevan Lopes - DJ de 21.02.2006)

Na hipótese dos autos, há ação declaratória de nulidade e revisão contratual, discutindo o débito e eventual demonstração cobrança indevida (f. 20-62), instruída com documentos e extensa análise financeira efetuada por perito particular, Sr. Fabrício Moreno, o qual afirma que as taxas de juro de mercado são extremamente discrepantes (f. 80-111). (destaque nosso).

Por fim, quanto ao depósito de valores incontroversos ou prestação de caução, confira-se o que mencionam na inicial, os autores, ora agravados: **"Relevante, ainda, o fato de existência de comprovado e considerável indébito a ser restituído pela empresa requerente, conforme apurado pelos inclusos Laudos periciais em anexo e demais documentações pertinentes, que comprovam técnica e contabilmente que, na verdade, o banco é que deve a requerente"** (f. 53).

Com efeito, ao inverso do que alega o agravante, foram preenchidos os requisitos exigidos pela atual jurisprudência do STJ, para a concessão da tutela para o efeito do Banco agravante se abster de incluir o nome dos agravados dos cadastros de proteção ao crédito.

III - Assim, bem fundamentada a decisão agravada e, em compasso com a jurisprudência desta Corte, na esteira do entendimento do STJ, com fundamento no art. 557, caput do Código de Processo Civil, nego seguimento ao recurso,

IV - Intime-se (f. 16).

VI - Oportunamente, baixem os autos para apensamento à ação principal. Curitiba, 19 de março de 2010. DES. LAERTES FERREIRA GOMES Relator".

Considerando ainda a orientação uniforme do STJ, Documento: 826356 - Inteiro Teor do Acórdão - Site certificado - DJ: 10/03/2009, RECURSO ESPECIAL Nº 1.061.530 - RS (2008/0119992-4), RELATORA: MINISTRA NANCY ANDRIGHI, para inscrição/manutenção em cadastro de inadimplentes, mister se faz indispensável o deferimento de liminar e/ou tutela antecipada, conforme pressuposto do § 7º do Art. 273 do CPC:

"ORIENTAÇÃO 4 – INSCRIÇÃO/MANUTENÇÃO EM CADASTRO DE INADIMPLENTES

a) A abstenção da inscrição/manutenção em cadastro de inadimplentes, requerida em antecipação de tutela e/ou medida cautelar, somente será deferida se, cumulativamente: i) a ação for fundada em questionamento integral ou parcial do débito; ii) houver demonstração de que a cobrança indevida se funda na aparência do bom direito e em jurisprudência consolidada do STF ou STJ; iii) houver depósito da parcela incontroversa ou for prestada a caução fixada conforme o prudente arbítrio do juiz; b) A inscrição/manutenção do nome do devedor em cadastro de inadimplentes decidida na sentença ou no acórdão observará o que for decidido no mérito do processo. Caracterizada a mora, correta a inscrição/manutenção".

A orientação jurisprudencial da Corte Superior, acima, é bem esclarecedora: na presente demanda, o pretenso devedor está opondo-se literalmente ao débito integral, provando que há indébito. Pressuposto 1.º satisfeito, ou "i) a ação for fundada em questionamento integral ou parcial do débito"; conforme alhures demonstrado, a autor demonstra o segundo pressuposto autorizador da tutela "ii) houver demonstração de que a cobrança indevida se funda na aparência do bom direito e em jurisprudência consolidada do STF ou STJ", uma vez que se demonstrou quase que exclusivamente com base em recursos especiais da Corte Superior, com parecer técnico-contábil que se fundamentou em jurisprudência consolidada e pacificada do STJ: no RECURSO ESPECIAL Nº 1.061.530 - RS (2008/0119992-4) e RECURSO ESPECIAL Nº 1.061.530 - RS (2008/0119992-4), provando que não há mora do devedor, contemplando o pressuposto "iii) houver depósito da parcela incontroversa ou for prestada a caução fixada conforme o prudente arbítrio do juiz", **UMA VEZ QUE O AUTOR OFERECE O DEPÓSITO DA PARCELA INCONTROVERSA DE R$ 515,13.**

Pelo demonstrado acima, nítido restou que não há mora do autor, mas ante a permissão legal de que a ré pode pleitear a busca e apreensão do bem, fica evidente o risco do autor por ocasião do curso normal processual.

Portanto, requer-se o deferimento da tutela antecipada e/ou liminar para autorizar o depósito em juízo das PARCELAS INCONTROVERSAS mensais de R$ 515,13 até julgamento definitivo do *meritum causae*, determinando ao réu que não inclua o autor nos cadastros restritivos de crédito, considerando os pressupostos autorizadores como *periculum in* mora e *fummus boni iuris*.

E mais: ficando evidentes os pressupostos autorizadores para a concessão da liminar, seja o *periculum in* mora, seja a fumaça do bom direito, requer seja concedida liminar a fim de afastar a mora do autor, **DE FORMA A GARANTIR A MANUTENÇÃO NA POSSE DO VEÍCULO.**

Ressalta-se que em Julgamento de Recurso Repetitivo, o STJ já se pronunciou quanto à inexistência da mora *debitoris*

II.II.I - DA POSSIBILIDADE DE MANUTENÇÃO NA POSSE - ENTENDIMENTO PACIFICADO NO STJ

O colendo Superior Tribunal de Justiça considera INDEVIDA A BUSCA E APREENSÃO se houver ação consignatória antes da busca e apreensão. Neste caso, o autor está requerendo a consignação incidental da parte incontroversa, o que também permite o cancelamento da liminar de busca e apreensão, caso já deferida:

> AGRAVO REGIMENTAL. AGRAVO DE INSTRUMENTO. OMISSÃO NO JULGADO. INOCORRÊNCIA. BUSCA E APREENSÃO. DESCABIMENTO. ANTERIOR AJUIZAMENTO DE AÇÃO CONSIGNATÓRIA COM DEPÓSITO DAS PRESTAÇÕES CONSIDERADAS DEVIDAS. DECISÃO AGRAVADA MANTIDA POR SEUS PRÓPRIOS FUNDAMENTOS. 1. Não há falar em violação aos artigos 458 e 535 do Código de Processo Civil, se as questões submetidas ao Tribunal de origem são adequadamente delineadas, com abordagem integral do tema e fundamentação compatível. 2. "AJUIZADA AÇÃO CONSIGNATÓRIA ANTES DE INTENTADA A AÇÃO DE BUSCA E APREENSÃO, COM DEPÓSITO DAS PRESTAÇÕES CONSIDERADAS DEVIDAS, NÃO CABE DEFERIR MEDIDA LIMINAR DE BUSCA E APREENSÃO" (REsp 489564/DF, DJ 25.08.2003). 3. Da leitura das razões expendidas na petição de agravo regimental não se extrai argumentação relevante apta a afastar os fundamentos do julgado ora recorrido. Destarte, nada havendo a retificar ou acrescentar na decisão agravada, deve esta ser mantida por seus próprios e jurídicos fundamentos. 4. Agravo

regimental desprovido. (STJ - AgRg-AI 933.957 - GO - Proc. 2007/0167849-8 - 4ª T. - Rel. Min. Fernando Gonçalves - DJ 19.10.2009).

Quanto à manutenção na posse, a Corte Superior decidiu de forma mais indelével, tendo em vista à orientação JULGAMENTO DAS QUESTÕES IDÊNTICAS QUE CARACTERIZAM A MULTIPLICIDADE, RECURSO ESPECIAL Nº 1.061.530 - RS (2008/0119992-4), Relatora Ministra Nancy Andrighi, Documento: 826356 - Inteiro Teor do Acórdão - Site certificado - DJ: 10/03/2009:

"13. MANUTENÇÃO DE POSSE. É DE SER MANTIDO O DEVEDOR NA POSSE DO BEM ALIENADO FIDUCIARIAMENTE ENQUANTO PENDENTE PLEITO REVISIONAL".

Desta forma, é inequívoco que o autor deva manter-se na posse de seu veículo até ulterior decisão final de mérito.

III – DOS PRECEITOS LEGAIS AUTORIZADORES DA REVISÃO JUDICIAL DO CONTRATO ORA EM EXAME

Na hipótese vertente há plena incidência da regra estatuída no art. 115 do Código Civil brasileiro:

"São lícitas, em geral, todas as condições que a lei não vedar expressamente. Entre as condições defesas se incluem as que privarem de todo o efeito o ato, ou o sujeitarem ao arbítrio de uma das partes".

Manifestando-se uma unilateralidade no estabelecimento dos percentuais de reajuste, não é desarrazoada a pretensão de ver incidir a norma do art. 489 do Código Civil:

"NULO É O CONTRATO (...) QUANDO SE DEIXA AO ARBÍTRIO DE UMA DAS PARTES A TAXAÇÃO DO PREÇO".

Logo, por tratar-se de ato ilícito, existem cláusulas contratuais nulas de pleno direito e, outras, anuláveis.

Do cotejo das questões de fato com as alegações de direito ora expendidas é que irão transparecer as ilegalidades/abusividades, objetos de irresignação da postulante.

III.I – DA LESÃO AO CONTRATO DE CUNHO ADESIVO

Os dois grandes princípios embasadores do CDC são os do equilíbrio entre as partes (não-igualdade) e o da boa-fé. Para a manutenção do equilíbrio temos dispositivos que vedam a existência de cláusulas abusivas, por exemplo, o art. 51, IV, que veda a criação de obrigações que coloquem o consumidor em desvantagem exagerada. A definição de vantagem exagerada esta inserta no § 1º do artigo supramencionado.

Esta excessiva onerosidade, tratada no inc. IV, diz respeito a uma verdadeira desproporção momentânea à formação do contrato, como ocorre na clássica figura da lesão, especialmente porque mencionado, no texto do CDC, a consideração às circunstâncias peculiares ao caso. Dentro deste parâmetro, a lesão é uma espécie da qual o gênero são as cláusulas abusivas. Espécie tão complexa que individualmente é capaz de ensejar a revisão dos contratos.

A cláusula abusiva é considerada nula, justamente por isto é que não podemos falar em sua sanação, característica da anulabilidade, devendo ser do contrato retirada. Aplica-se nesta situação o brocardo *utile per inutile non vitiatur*, o qual permite que se mantenha sadio o contrato em tudo aquilo que restar. A abusividade de uma cláusula pode ser decretada pelo juiz *ex officio*, pois se trata de interesse de ordem pública, não sendo suscetível de prescrição.

A disposição do art. 51 do CDC não deixa dúvidas quando à cominação de nulidade (de pleno direito), às cláusulas contratuais relativas ao fornecimento de produtos e serviços que: (...) IV - estabeleçam obrigações consideradas iníquas, abusivas, que coloquem o consumidor em desvantagem exagerada, ou seja, incompatíveis com a boa-fé ou a eqüidade; (...).

Na mesma linha segue o escólio do sempre preciso PONTES DE MIRANDA:

> "No sistema jurídico do CPC/73, tal como antes, há distinção que está à base da teoria das nulidades: nulidades cominadas, isto é nulidades derivadas da incidência de regra jurídica em que se disse, explicitamente, que, ocorrendo a infração da regra jurídica processual, a sanção seria a nulidade (...)".

Nulidade cominada, pois, vem a ser aquela decorrente de infração à regra, onde, expressamente foi prevista como consequência.

A abusividade de uma cláusula é detectada pela análise do conteúdo contratual, à luz da boa-fé, sob o ponto de vista objetivo. Vale transcrever os ensinamentos de CLÁUDIA LIMA MARQUES: "Na visão tradicional, a força obrigatória do contrato teria seu fundamento na vontade das partes...A nova concepção de contrato destaca, ao contrário, o papel da lei. ... Aos juízes é agora permitido um controle do conteúdo do contrato".(...) Assim também a vontade das partes não é mais a única fonte de interpretação que possuem os juízes para interpretar um instrumento contratual. A evolução doutrinária do direito dos contratos já pleiteava uma interpretação teleológica do contrato, um respeito maior pelos interesses sociais envolvidos, pelas expectativas legítimas das partes, especialmente das partes que só tiveram a liberdade de aderir ou não aos termos pré-elaborados".

A atuação do juiz nesta situação deve seguir o disposto no art. 51, § 2º, do CDC, ou seja, ele deverá procurar utilizar-se de uma interpretação integradora da parte saudável do contrato. Tal exegese será norteada pelo princípio da boa-fé como norma de conduta. Aqui não existe uma vinculação, ou uma busca, da vontade das partes, e, sim, objetivamente, procura-se aquilo que se pode esperar como ideal dentro de um ajuste similar.

Portanto, requer-se a declaração de abusividade das cláusulas que prevêem anatocismo e cumulação indevida da comissão de permanência com outros consectários e/ou encargos indevidos e onerosos.

IV - TARIFAS E TAXAS NÃO CONTRATADAS - TARIFA DE EMISSÃO DE CARNÊ/BOLETO E TARIFA DE ABERTURA DE CRÉDITO - NULIDADE/ILEGALIDADE

Conforme se percebe ao compulsar o carnê de financiamento já juntado aos autos, o réu cobrou tarifas não contratadas, dentre elas pela emissão de boleto e tarifa de abertura de crédito, o que são ilegais e, portanto, devem ser declaradas nulas, **de acordo com decisão do STJ:**

"RECURSO ESPECIAL Nº 1007561 - RS (2007/0271352-3)
RELATOR : MINISTRO LUIS FELIPE SALOMÃO
RECORRENTE : BANCO PANAMERICANO S/A
ADVOGADO : VALQUIRIA BELMENI STEFFENS E OUTRO(S)
RECORRIDO : CARLOS LEONEL DA ROSA
ADVOGADO : GABRIEL RODRIGUES GARCIA E OUTRO(S)
RECURSO ESPECIAL. AÇÃO REVISIONAL DE CONTRATO BANCÁRIO. RESTA FIRMADA NO STJ A VEDAÇÃO À DECLARAÇÃO, DE OFÍCIO, DE NULIDADE DE CLÁUSULAS ABUSIVAS PELO TRIBUNAL DE ORIGEM, IMPLICANDO JULGAMENTO ALÉM DO QUE FOI PEDIDO. IMPOSSIBILIDADE, TRATANDO-SE DE QUESTÕES EXCLUSIVAMENTE PATRIMONIAIS. RESSALVA QUANTO AO MEU ENTENDIMENTO PESSOAL. AFASTAMENTO DA LIMITAÇÃO DOS JUROS REMUNERATÓRIOS EM 12% AO ANO. INAPLICABILIDADE, NO CASO, DA LEI DE USURA. INCIDÊNCIA DA LEI Nº 4.595/64 E DA SÚMULA 596/STF. INEXISTÊNCIA DE ABUSIVIDADE DO PERCENTUAL AVENÇADO ENTRE AS PARTES EM RELAÇÃO À TAXA MÉDIA DE MERCADO. POSSIBILIDADE DE CONTROLE E REVISÃO, PELO PODER JUDICIÁRIO, EM CADA CASO, DE EVENTUAL ABUSIVIDADE, ONEROSIDADE EXCESSIVA OU OUTRAS DISTORÇÕES NA COMPOSIÇÃO CONTRATUAL DA TAXA DE

JUROS, NOS TERMOS DO CÓDIGO CIVIL. APURAÇÃO QUE DEVE SER FEITA NAS INSTÂNCIAS ORDINÁRIAS, À VISTA DAS PROVAS PRODUZIDAS. APLICAÇÃO DA TAXA PREVISTA NO CONTRATO. JUROS DE MORA PACTUADOS EM 12% AO ANO. LEGALIDADE. INCIDÊNCIA DA LEI DE USURA. CAPITALIZAÇÃO MENSAL DOS JUROS E COMISSÃO DE PERMANÊNCIA. AUSÊNCIA DE INDICAÇÃO DOS DISPOSITIVOS DE LEI FEDERAL VIOLADOS E DISSÍDIO JURISPRUDENCIAL NÃO DEMONSTRADO. APLICAÇÃO DA SÚMULA 284/STF. RECURSO ESPECIAL CONHECIDO EM PARTE E, NA EXTENSÃO, PROVIDO.

DECISÃO

1. Cuida-se de recurso especial, interposto por Banco Panamericano S/A, com fundamento no artigo 105, inciso III, alíneas "a" e "c", da Constituição Federal, contra acórdão do E. Tribunal de Justiça do Estado do Rio Grande do Sul, em ação revisional de contrato bancário, assim ementado:

AÇÃO REVISIONAL. NEGÓCIOS JURÍDICOS BANCÁRIOS. ALIENAÇÃO FIDUCIÁRIA. APLICAÇÃO DO CDC. JUROS REMUNERATÓRIOS. CAPITALIZAÇÃO. COMISSÃO DE PERMANÊNCIA. ÍNDICE DE ATUALIZAÇÃO MONETÁRIA. ENCARGOS MORATÓRIOS. COMPENSAÇÃO E / OU REPETIÇÃO DO INDÉBITO. CLÁUSULA DE EMISSÃO DE TÍTULO DE CRÉDITO. **TARIFA DE ABERTURA DE CRÉDITO. EMISSÃO DE BOLETO BANCÁRIO.** CADASTRO DE RESTRIÇÃO AO CRÉDITO. HONORÁRIOS ADVOCATÍCIOS.

(...) **9. TARIFA DE EMISSÃO DE BOLETO BANCÁRIO. A emissão de qualquer carnê ou boleto para pagamento é obrigação do credor não devendo ensejar ônus algum ao devedor, já que os arts. 319 do Código Civil/2002 e art. 939 do Código Civil/1916, não trazem no seu bojo a condição de pagamento em dinheiro para ele receber o que lhe é de direito. Disposição de ofício 10. TAXA DE ABERTURA DE CRÉDITO. Além de atender interesse exclusivo do mutuante, essa cláusula contratual contraria o disposto no art. 46, parte final, do Código de Defesa do Consumidor, pois não fornece ao mutuário todas as informações sobre sua finalidade e alcance. Disposição de ofício (...)** *In casu*, suspende-se a exigibilidade dos ônus sucumbenciais por cinco anos, nos termos do art. 12 da Lei nº 1.060/50, por ser o autor beneficiário da assistência judiciária.

Publique-se. Intimem-se. Brasília (DF), 30 de junho de 2008. MINISTRO LUIS FELIPE SALOMÃO Relator".

Portanto, requer-se a declaração de nulidade das tarifas por emissão de boleto, de abertura de crédito e taxas de serviços de terceiros devidamente comprovada sua ilegalidade pela disposição jurisprudencial do Superior Tribunal de Justiça.

V – DA INVERSÃO DO ÔNUS DA PROVA - ÔNUS PELO ADIANTAMENTO DAS CUSTAS COM DESPESA DA PROVA

Considerando que o contrato é de relação consumerista, aplica-se a inversão do ônus da prova e consequentemente do adiantamento das custas com a despesa da prova, ou seja, com o pagamento dos honorários periciais judiciais, considerando inclusive a **HIPOSSUFICIÊNCIA NOTÓRIA** do autor em relação ao banco-réu, conforme diversos julgados colacionados do TJ/PR:

a) - "**...Dispõe o art. 6°, VIII, do Código de Defesa do Consumidor, dentre os direitos básicos do consumidor, a facilitação da defesa de seus direitos. Dessa facilitação decorre, além da inversão do ônus da prova, como critério de julgamento a ser utilizado pelo juiz, a desoneração das custas relativas às provas requeridas, que passam a ser de obrigação da outra parte, que tem melhores condições econômicas de arcar com este ônus. [...] Vale observar que, exigida a antecipação das custas pela parte hipossuficiente, poderia a inversão da prova tornar-se inócua, visto que a prova de seu direito poderia ser obstada pela sua incapacidade econômica.**" (TJ-PR, Ac 20311, 4ª. Câmara Cível, Rel. Des. Dilmar Kessler, DJ 10.04.02;

b) - "**...Em primeiro lugar, correta a inversão do ônus da prova, uma vez que suficientemente provada a condição de hipossuficiente da agravada, aplicando-se ao caso o Código de Defesa do Consumidor, art. 6°, inciso VIII. [...] O mesmo ocorre com o pagamento dos honorários de perito, que deve ficar a cargo do agravante, como bem decidiu o magistrado singular**".... e ainda "**...não se trata de impor ao agravante o pagamento de honorários periciais, mas sim de lhe transferir o ônus da prova. Caso não queira arcar com este ônus, bastará deixar de realizar a perícia. A prova pericial passou a ser do seu interesse, não obstante requerida pela agravada, pois é a oportunidade que tem de comprovar que são insubsistentes os argumentos trazidos pela autora na ação de conhecimento.**" (TJ-PR, Ac 481, 8ª. Câmara Cível, Rel. Des. Campos Marques, DJ 05.08.02);

c) - "**...Não há falar, por óbvio, em ofensa ao art. 33, Código de Processo Civil, ou sua revogação. A lei especial apenas introduziu** uma norma voltada ao escopo de evitar que o hipossuficiente seja prejudicado pela impossibilidade técnica ou material de produzir a prova. Material inclusive, valendo gizar que tal tratamento legal não diz com o aspecto de natureza econômica, mas com o monopólio da informação. E isso a envolver, conforme o contexto do caso, a antecipação dos encargos periciais, já que mercê da inversão do ônus incumbiria ao Banco agravado provar que não houve exorbitância ilegal nos lançamentos verificados no histórico da dívida." (TJ-PR, Ac 6988, 5ª Câmara Cível, Rel. Des. Luiz Cezar de Oliveira, DJ 24.04.2001);

d) - "...Diante do exposto, ACORDAM os Desembargadores da Terceira Câmara Cível do Tribunal de Justiça do Estado do Paraná, por unanimidade de votos, em dar provimento ao presente recurso de agravo de instrumento, para determinar a inversão do ônus da prova e, como decorrência, determinar que o Banco agravado adiante a importância necessária à realização da prova pericial."(TJ-PR, Ac 20835, 3ª. Câmara Cível, Rel. Des. Jesus Sarrão, DJ 06.11.01).

A Corte Superior também já se pronunciou de forma análoga ao Tribunal e Justiça do Paraná, *verbis*:

a) - "Ementa: CÓDIGO DE DEFESA DO CONSUMIDOR. Leasing. Inversão do Ônus da Prova. Perícia. Antecipação de despesas. Aplica-se o CDC às operações de leasing. A inversão do ônus da prova significa também transferir ao réu o ônus de antecipar as despesas de perícia tida por imprescindível ao julgamento da causa. Recurso não conhecido." (STJ, Ac RESP 383276/RJ; REC. ESP. 2001/0176011-2, Rel. Min. Ruy Rosado de Aguiar, DJ 18.06.02).

A conclusão a que se chega é de que é muito mais lógico que a inversão do ônus da prova abrace também o ônus pelo adiantamento de custas periciais e processuais, pois isso deixa mais cristalino a cada parte o seu papel na demanda, o seu grau de responsabilidade e não traz nenhum prejuízo a nenhuma delas, pois à mesma parte que estiver com a responsabilidade de provar os fatos caberá adiantar as custas pelas provas que pretender produzir, e, assim, ela tem escolha sobre quais provas quer ou não produzir, **POIS É ELA QUEM SOFRE AS CONSEQUÊNCIAS PELA NÃO PRODUÇÃO DE ALGUMA PROVA.**

Portanto, como este juízo já considerou a inversão do ônus da prova, requer-se também inversão do ônus do adiantamento pelas custas periciais e processuais, cabendo-as ao réu.

VI – DA EXIBIÇÃO DE DOCUMENTOS

De forma incidental, o autor requer a determinação do réu para que exiba o contrato de empréstimo para que haja apuração do indébito oportunamente por perito judicial, se assim entender o juízo, considerando que inclusive já foi enviado requerimento diretamente ao banco solicitando a exibição dos documentos necessários (vide anexo "Requerimento-Exibição-Banco"):

O TJ/PR já pacificou a matéria:

"TJPR - Agravo de Instrumento: AI 2650615 PR Agravo de Instrumento - 0265061-5

Relator(a): Maria Aparecida Blanco de Lima

Julgamento: 16/11/2004

Órgão Julgador: Sexta Câmara Cível (extinto TA)

Publicação: 03/12/2004 DJ: 6759

DE INSTRUMENTO. INCIDENTE DE EXIBIÇÃO DE DOCUMENTOS. ADMISSIBILIDADE. DEMONSTRAÇÃO DOS REQUISITOS DO ART. 356 DO CÓDIGO DE PROCESSO CIVIL. MATÉRIA NÃO AVENTADA NO DESPACHO RECORRIDO. NÃO CONHECIMENTO. RECURSO CONHECIDO EM PARTE E, NESTA, DESPROVIDO.

Demonstrando a parte agravada, por meio de documentos idôneos, que entre as partes existiu relação jurídica, decorrente de contrato de consórcio, é admissível determinar-se a exibição de documentos que dizem respeito a tal avença, sob as penas do art. 359 do Código de Processo Civil. Não existindo referência no despacho agravado sobre nulidade do processo, inversão do ônus da prova, inépcia da inicial, dentre outras alegações, o recurso não pode ser conhecido com relação a tais aspectos, sob pena de supressão de instância".

VII – DA REPETIÇÃO DO INDÉBITO

Determina o artigo 42, parágrafo único, do CDC e o artigo 940 do CC que quando da existência de cobrança indevida o respectivo valor deverá ser restituído em dobro, e no caso em tela, por ocasião da liquidação da sentença ficará evidente que de forma maliciosa e imoral cobrou a ré valores que sabia não lhes serem devidas, razão pela qual requer seja aplicada a repetição do indébito cobrado indevidamente.

Art. 42. ...

*Parágrafo único. **O consumidor cobrado em quantia indevida tem direito à repetição do indébito**, por valor igual ao dobro do que pagou em excesso, acrescido de correção monetária e juros legais, salvo hipótese de engano justificável.*

333

VIII – DOS DANOS MORAIS

A cobrança indevida por si só não justifica o direito a receber por indenização de danos morais, entretanto no caso em tela, fica evidente tal direito seja pelo temor em perder o bem, seja pela coação da cobrança indevida, seja pela inscrição junto aos cadastros negativos a ocorrência do sofrimento na parte ideal do autor, o que justifica o deferimento nos danos morais, cujo valor deverá ser arbitrado por este juízo dentro de seu ilibado conhecer jurídico e moral.

> AGRAVO INTERNO. AGRAVO DE INSTRUMENTO. FORNECIMENTO DE ENERGIA ELÉTRICA. ALEGAÇÃO DO FORNECEDOR DE FRAUDE NO CONSUMO. NÃO CARACTERIZAÇÃO. **COBRANÇA INDEVIDA DE MULTA. DESCONSTITUIÇÃO DO DÉBITO. EXISTÊNCIA DO DANO.** SÚMULA 7/STJ. DANO MORAL. VALOR FIXADO EM PATAMAR RAZOÁVEL. DISSÍDIO NÃO COMPROVADO. (AgRg no Ag 776.495/RJ, Rel. Ministro SIDNEI BENETI, TERCEIRA TURMA, julgado em 18/09/2008, DJe 08/10/2008).

IX – DAS PROVAS e DO PARECER TÉCNICO

Por ocasião da presente ação, junta-se parecer técnico elaborado por profissional capacitado à presente Inicial, no qual ficou devidamente comprovada a ilegalidade/abusividade dos encargos moratórios e na normalidade contratual, razão pela qual, caso não haja impugnação específica pela ré, de forma equitativa, requer seja reconhecida a prova, dispensando-se a realização de prova pericial por perito judicial, aplicando-se a confissão tácita.

Porém, caso entenda este juízo necessário, esclarece-se que como meio de prova **pretende-se apenas a prova pericial técnico-contábil.**

X – PEDIDOS

Isto posto e por tudo o mais que destes autos vierem a constar, requer, **PRELIMINARMENTE** os benefícios da justiça gratuita, gratuita com base na Lei 7.115, de 29/08/1983, e para finalidade do disposto no Art. 4º, da Lei 1.060, de 05/02/1950, e Constituição Federal, art. 5º, LXXIV;

<u>LIMINARMENTE:</u>

1)   – acatamento do pedido de liminar/tutela para os efeitos de excluir o nome do pretenso devedor, ora autor, dos cadastros de inadimplência, como SERASA, SPC, CADIN e assemelhados, considerando que os pressupostos do Art. 273, CPC, foram cumpridos, em harmonia ao princípio da fungibilidade previsto no **parágrafo sétimo**

deste artigo e para **MANUTENÇÃO NA POSSE DE SEU VEÍCULO, conforme as razões jurídicas acima expostas;**

2)   - **acatamento de pedido para depósito da parcela incontroversa mensal de R$ 138,46, SALIENTANDO QUE O CONTRATO DE FINANCIAMENTO DE VEÍCULOS ESTÁ ADIMPLENTE;**

3)   a fim de promover sua defesa, o Autor requer, com supedâneo no art. 6º, inc. VIII, do Código de Defesa do Consumidor, seja definida a inversão do ônus da prova. Por isso, seja determinado que a Ré exiba, com a contestação, todos os extratos (planilhas de débitos) e contratos que resultem da relação contratual em debate, sob pena de incorrer no ônus previsto no art. 400 do novo CPC; caso não queira juntar os documentos requeridos, que seja aplicada multa conforme Parágrafo Único, Art. 403 do NCPC;

3.1) pede, outrossim, em face da discussão judicial do débito, da falta de inadimplência, seja o nome daquele excluído dos órgãos de restrições, expedindo-se, para tanto, os devidos ofícios. Em caso de eventual desobediência, desde já se requer a aplicação de multa diária de R$ 500,00 (quinhentos reais) (novo CPC, art. 297);

NO MÉRITO, que seja julgada procedente a presente ação declaratória, em todos os seus termos, para o fim de:

4)   - revisar o contrato ora em lide, afastando o a taxa de juros abusiva, substituindo-a pela taxa média de mercado flutuante, divulgadas pelo Banco Central, demonstradas alhures;

5)   - declarar a nulidade das tarifas por emissão de boleto e de abertura de crédito determinando sua repetição;

6)   - condenar na repetição de indébito e nos danos morais;

7)   - requer ainda a inversão do ônus pelo adiantamento pelas custas periciais e/ou processuais, devendo ser imputado ao banco-réu, conforme as fundamentações alhures demonstradas.

8)   - ao final julgar procedente esta ação, para decretar a nulidade do contrato e/ou da dívida cobrada, uma vez que há indébito a ser repetido, e condenar o requerido ao pagamento dos danos morais, das custas e honorários de advogado, DETERMINANDO a repetição de indébito apurado de R$ 2.080,73, podendo ser confirmado via perícia contábil judicial, a ser apurado pela substituição dos índices, taxas de juros e outros encargos, previstos no item a seguir;

9)   - requer o autor que sejam expungidas da dívida todas as parcelas havidas como ilegais: a) juros remuneratórios acima da média de mercado, substituindo pelas taxas de mercado; b) anatocismo, cobrança de comissão de permanência cumulada indevidamente com multa moratória e juros moratórios; c) tarifas de boleto e de abertura de crédito, desde a data do primeiro instrumento firmado entre as partes;

10)   - a citação do requerido para impugnar, querendo, sob pena de revelia, através de A.R, no endereço declinado na Preambular;

11)   – Requer a produção de todos os meios de prova em direito permitidos e, em especial, pela realização de perícia contábil, e desde já também se requer.

Dá-se à causa o valor de R$ 40.000,00 para efeitos fiscais.

ITA SPERATUR JUSTITIA!

Termos em que Pede Deferimento.

Wenceslau Braz/PR, 21 de julho de 2018.

xxxxxxxxxxxxxxxxxx
OAB/PR xxxxxxxxxxx

3.6.3 – Ação declaratória de nulidade contratual cumulada com revisional e repetição de indébito e liminar ou tutela antecipada para consignação em pagamento – cédula de crédito bancário para aquisição de veículo (CPC anterior – apenas para subsídio argumentativo)

EXCELENTÍSSIMA DRA. JUÍZA DE DIREITO DA VARA CÍVEL DE BANDEIRANTES DO ESTADO DO PARANÁ

xxxxxxxxxxxxxxxxxxxxxxxxxxxxxxxxx, brasileira, casada, comerciante, portadora da Cédula de Identidade n.º xxxxxxxxx/PR e no CPF n.º xxxxxxxxxxx-72 e seu esposo **xxxxxxxxxxxxx,** brasileiro, casado, comerciante, residentes e domiciliados na R. xxxxxxxxx, xxxxx, cj xxxxxxxxx, Bandeirantes/PR, por seu procurador judicial infra-assinado (doc. em anexo), advogado inscrito na OAB/PR xxxxx, **DR. xxxxxxxxxxxxxxxxxx**, com escritório na Rua xxxxxxxxxxxxxxxxxxxx, n.º xxxx, Centro, xxxxxx/PR, fone: 043-xxxx-xxxx, vem respeitosamente à presença de V. Ex.ª propor
AÇÃO DECLARATÓRIA DE NULIDADE CONTRATUAL CUMULADA COM REVISIONAL e

REPETIÇÃO DE INDÉBITO e liminar ou tutela antecipada para CONSIGNAÇÃO EM PAGAMENTO

em face de

OMNI S/A - Crédito, Financiamento e Investimento, instituição financeira de direito privado, **com sede na Av. São Gabriel, 555, 5.º andar, São Paulo/SP - CEP.: 01435-001,** ONDE **RECEBERÁ CITAÇÃO VIA A.R,** através de seu representante legal, de acordo com os fatos e fundamentos jurídicos que a seguir passa a expor:

PRELIMINARES

Considerando-se a aplicabilidade do Art. 292 do CPC, requer-se o deferimento do depósito consignatório de R$ 824,32, **tendo em vista que através da Lei de Recursos Repetitivos,** o colendo Superior Tribunal de Justiça já pacificou a possibilidade do depósito das parcelas consideradas devidas, conforme REsp 1.061.530/RS, relatora Ministra NANCY ANDRIGHI - Documento: 826356 - Inteiro Teor do Acórdão - Site certificado - DJ: 10/03/2009, páginas 41-42 do Acórdão:

> **"10. Depósitos.**
> **Embora a recorrida tenha pleiteado e o Tribunal de origem tenha aceitado a realização de depósitos parciais, o recorrente vem sustentando que, nos termos do art. 890 do CPC, só é possível o depósito integral.**
> **NESSE ASPECTO, CUMPRE RESSALTAR QUE NÃO HÁ QUALQUER VEDAÇÃO LEGAL À EFETIVAÇÃO DE DEPÓSITOS PARCIAIS, SEGUNDO AQUILO QUE A PARTE ENTENDE DEVIDO. ISSO, POR SI SÓ, AFASTA A PRETENSÃO DO RECORRENTE.**
> **É bem verdade que a existência de depósito integral, ou não, pode ser relevante para a análise de uma série de questões legais. Como demonstrado, a vedação à inscrição do nome do devedor em cadastro de inadimplentes, em pedido de antecipação dos efeitos da tutela, exige, entre outros requisitos, o depósito apenas parcial.**
> **Veja-se, à guisa de exemplo, as seguintes situações em que esta Corte aceitou o depósito parcial:** AgRg no REsp 827035/RS, 4a Turma, Rel. Min. Aldir Passarinho, DJ 19/06/2006; REsp 448.602/SC, 4a Turma, Rel. Min. Ruy Rosado de Aguiar DJ 17/02/2003".

Portanto, requer-se a aplicação da decisão jurisprudencial do STJ em recursos repetitivos, acatando o depósito consignatório incidental, via deferimento de liminar e/ou tutela de R$ 824,32, até Maio/2011, quando o contrato estará quitado por decurso de prazo.

I – FATOS

Os autores firmaram com a requerida, em 17/09/2009, CÉDULA DE CRÉDITO BANCÁRIO n.º xxxxxxxxxxxxxxxx09 (Anexo C) para aquisição de um Ônibus marca MERCDES BENZ, ano 1989, placas xxxx-xxxx, com taxa de juros contratada a 4,86% ao mês, **MAS FOI EFETIVAMENTE COBRADA TAXA DE JUROS NA PROPORÇÃO MENSAL DE 5,9098%** (Anexo A). Valor do empréstimo de R$ 12.686,00 a ser pago em 18 parcelas mensais de R$ 1.163,71.

Para esta época, Setembro/2009, a média de mercado era 1,87%, conforme anexos A e B, este último representa a Tabela XVII - Operações com juros prefixados - Aq. de bens PF veículos, do BACEN.

AO PAGAR ALGUMAS PARCELAS, RENEGOCIOU O CONTRATO, JÁ TENDO PAGO DEZESSEIS PARCELAS DAS DEZOITO CONTRATADAS.

Além de o contrato já estar quitado antecipadamente, há indébito a ser repetido a favor dos requerentes, cujo laudo pericial contábil demonstra um montante na proporção de R$ 9.642,41 **(com anatocismo embutido),** PORQUE o réu cobrou taxas de juros remuneratórios na proporção de 5,9098% ao mês, extrapolando a média de mercado, cuja taxa na época da contratação era de 1,87% ao mês, conforme demonstram os Anexos A e B com laudo pericial técnico-contábil acostado, baseando-se já nos recursos repetitivos do STJ sobre as questões acima ventiladas, mais precisamente REsp 1.061.530/RS.

O banco-réu aplicou ainda a famigerada cumulação de comissão de permanência com juros moratórios, multa e juros remuneratórios vedados pelas súmulas 30 e 296 do STJ, de acordo com laudo pericial e Anexo A, **COBRANDO ENCARGOS MORATÓRIOS DE 17,50% AO MÊS, cujo percentual tornou-se "inchado" em virtude da cumulação indevida e ilegal da comissão de permanência com juros moratórios e remuneratórios, violando as súmulas 30 e 296 do STJ.**

Sendo assim, socorre-se do Judiciário para buscar revisão do contrato e pedir a declaração de nulidade do contrato que previa encargos abusivos no período da normalidade, ou seja, taxas de juros acima da média de mercado e anatocismo **(REsp 1.061.530/RS)** tendo em vista que o contrato já está **liquidado contabilmente, com repetição de indébito.**

Mas pelo princípio da Prudência, ainda requer-se o deferimento para depósito das parcelas consideradas devidas na proporção de R$ 824,32, a partir de Abril/2011, pois a parcela do acordo de Março já está quitada, até Maio/2011.

Pelo cotejo dos documentos verificou-se ainda a cobrança da taxas e tarifas não contratadas e, mesmo se contratadas fossem não possuem respaldo de legalidade e moralidade, razão pela qual devem ser restituídas a Tarifa de Avaliação, Tarifa de Cadastro e Serviços de Terceiros e tarifa por emissão de boleto.

São estes resumidamente os fatos.

II – RAZÕES DE DIREITO

II.I. DA APLICAÇÃO DO CÓDIGO DE DEFESA DO CONSUMIDOR

A relação existente entre autor é réu indiscutivelmente se encontra amparado e sob a égide do Código de Defesa do Consumidor, razão pela qual deve aplicar-se seus dispositivos, em especial o art. 6°, VIII, CDC, aplicando-se a inversão do ônus probatório, conforme entendimento pacificado da súmula 297 do STJ.

O Código de Defesa do Consumidor é aplicável às instituições financeiras (súmula 297 – STJ)

II.II RECONHECIMENTO DA ABUSIVIDADE DOS ENCARGOS - PACIFICAÇÃO DA JURISPRUDÊNCIA DO STJ – CABIMENTO DE REVISÃO DOS JUROS REMUNERATÓRIOS PELA MÉDIA DE MERCADO – CABIMENTO DE REPETIÇÃO DE INDÉBITO E/OU COMPENSAÇÃO - QUITAÇÃO DO CONTRATO COMPROVADA CONTABILMENTE

Conforme demonstram claramente as planilhas, Anexos A e B, há mero indébito a ser restituído aos autores.

O colendo STJ tem entendido e já pacificado sua posição que o reconhecimento de encargos abusivos descaracteriza a mora, conforme Orientação 2 do STJ, em Recurso Repetitivo, RECURSO ESPECIAL N° 1.061.530 - RS (2008/0119992-4), Documento: 826356 - Inteiro Teor do Acórdão - Site certificado - DJ: 10/03/2009, Relatora Ministra NANCY ANDRIGHI, página 2 do Acórdão:

"ORIENTAÇÃO 2 - CONFIGURAÇÃO DA MORA

a) O reconhecimento da abusividade nos encargos exigidos no período da normalidade contratual (juros remuneratórios e capitalização) descaracteriza a mora".

Apesar de que para o caso ora em lide não houve mora do devedor, pois o que se pretende com esta ação é apenas a repetição de indébito pelo pagamento mensal de encargos abusivos embutidos nas parcelas mensais como anatocismo e cobrança de juros acima da média de mercado, e **DEPÓSITO CONSIGNATÓRIO INCIDENTAL PELO PRINCÍPIO DA PRUDÊNCIA**, cujas provas estão acostadas nos autos: laudo pericial contábil com comprovantes da quitação das as parcelas mensais e Tabela do Banco Central demonstrando as taxas médias de juros de mercado.

Os Anexos A e B ainda evidenciam os juros cobrados pela taxa média de mercado, considerando que o CODECON se aplica às instituições financeiras e, por sua vez, aos contratos bancários, conforme Súmula 297 do STJ.

A orientação do STJ quanto à possibilidade de revisar os juros remuneratórios se dá quando há relação de consumo (**o que ocorre** *in casu*):

"ORIENTAÇÃO 1 - JUROS REMUNERATÓRIOS

a) As instituições financeiras não se sujeitam à limitação dos juros remuneratórios estipulada na Lei de Usura (Decreto 22.626/33), Súmula 596/STF;

b) A estipulação de juros remuneratórios superiores a 12% ao ano, por si só, não indica abusividade;

c) São inaplicáveis aos juros remuneratórios dos contratos de mútuo bancário as disposições do art. 591 c/c o art. 406 do CC/02;

d) É admitida a revisão das taxas de juros remuneratórios em situações excepcionais, desde que caracterizada a relação de consumo e que a abusividade (capaz de colocar o consumidor em desvantagem exagerada – art. 51, §1º, do CDC) fique cabalmente demonstrada, ante às peculiaridades do julgamento em concreto".

Ou seja, no RECURSO ESPECIAL Nº 1.112.879 - PR (2009/0015831-8), **Documento: 971696 - Inteiro Teor do Acórdão - Site certificado - DJ: 19/05/2010**, em relação a questões idênticas que caracterizam multiplicidade de recursos, via relatoria da Ministra Nancy Andrighi, a orientação do STJ se firmou no sentido de permitir a revisão das taxas de juros contratadas pela média de mercado:

"**BANCÁRIO. RECURSO ESPECIAL. AÇÃO REVISIONAL DE CLÁUSULAS DE CONTRATO BANCÁRIO. INCIDENTE DE PROCESSO REPETITIVO. JUROS REMUNERATÓRIOS. CONTRATO QUE NÃO PREVÊ O PERCENTUAL DE JUROS REMUNERATÓRIOS A SER OBSERVADO.**

I - JULGAMENTO DAS QUESTÕES IDÊNTICAS QUE CARACTERIZAM A MULTIPLICIDADE.

ORIENTAÇÃO - JUROS REMUNERATÓRIOS

1 - Nos contratos de mútuo em que a disponibilização do capital é imediata, o montante dos juros remuneratórios praticados deve ser consignado no respectivo instrumento. Ausente a fixação da taxa no contrato, o juiz deve limitar os juros à média de mercado nas operações da espécie, divulgada pelo Bacen, salvo se a taxa cobrada for mais vantajosa para o cliente.

2 - Em qualquer hipótese, é possível a correção para a taxa média se for verificada abusividade nos juros remuneratórios praticados.

II - JULGAMENTO DO RECURSO REPRESENTATIVO

- Consignada, no acórdão recorrido, a abusividade na cobrança da taxa de juros, impõe-se a adoção da taxa média de mercado, nos termos do entendimento consolidado neste julgamento".

Conclui-se, Excelência, que as provas ora acostadas, **Anexos A, B, B, C, C-1, D e comprovantes de pagamentos**, demonstrando a média das taxas de juros de mercado, informadas pelo Banco Central, é cabal e robusta, seguindo a orientação dos recursos repetitivos do STJ e confirmada por perito-contador que assina as planilhas contendo parecer técnico-contábil sucinto, **com fundamentação estrita da jurisprudência novel do STJ.**

Portanto, há mora do credor, que inclusive precisa restituir o valor de R$ 9.642,41 aos autores, considerando ainda que o contrato está quitado CONTABILMENTE, conforme demonstrado objetivamente no laudo contábil extrajudicial e pelos comprovantes de quitação das parcelas. **DESTA FORMA, A MORA É INEXISTENTE.**

II.III - DA VEDAÇÃO DA CUMULAÇÃO DE COMISSÃO DE PERMANÊNCIA COM CORREÇÃO MONETÁRIA, JUROS MORATÓRIOS E REMUNERATÓRIOS CONFORME DISPÕES AS SÚMULAS 30 E 296 DO STJ E RESP N.º 1.061.530/RS

A matéria já está pacificada, não havendo necessidade de muitas delongas, conforme disposição das súmulas 30 e 296 do STJ e REsp n.º 1.061.530/RS (Recurso Repetitivo) - Documento: 826356 - Inteiro Teor do Acórdão - Site certificado - DJ: 10/03/2009, **Páginas 44-46 de 97**:

"(...) **2. A evolução jurisprudencial da 2ª Seção.**

Quatro são as principais controvérsias jurídicas a respeito da cobrança da comissão de permanência, a saber: (i) cumulação da comissão com a correção monetária; (ii) cumulação com os juros remuneratórios; (iii) cálculo da comissão pelas taxas contratuais ou pela taxa média de mercado; (iv) cumulação com os encargos moratórios (multa e juros de mora).

As quatro controvérsias foram resolvidas da seguinte forma:

(i) Impossibilidade de cumulação com a correção monetária, porque incorporada na própria comissão de permanência (Súmula 30/STJ);

(ii) Impossibilidade de cumulação com os juros remuneratórios, porque a já citada Resolução 1.129/86 proibia a cobrança de "quaisquer outras quantias compensatórias". Foi reconhecido o caráter múltiplo da comissão de permanência, que se prestava para atualizar, bem como para remunerar a moeda. O leading case é o REsp 271.214/RS, julgado pela 2a Seção, Relator o Min. Carlos Alberto Menezes Direito;

(iii) O cálculo da taxa, a título de comissão de permanência, pela média de mercado divulgada pelo Banco Central, não caracteriza potestatividade, pois a taxa média não é calculada pela instituição financeira, mas pelo mercado, sendo que a taxa pactuada pelas partes limita o teto da cobrança (Súmulas 294 e 296/STJ);

(iv) A incidência da comissão de permanência leva necessariamente à exclusão de todos os outros encargos, tenham eles natureza remuneratória ou moratória (AgRg no REsp 706.368/RS, também pela 2a Seção, de minha Relatoria, ainda no mesmo sentido o AgRg no REsp 712.801/RS, 2a Seção, Relator o Min. Carlos Alberto Menezes Direito).

Esclareceu-se, portanto, que a natureza da cláusula de comissão de permanência é tríplice: índice de remuneração do capital (juros remuneratórios), atualização da moeda (correção monetária) e compensação pelo inadimplemento (encargos moratórios). Assim, esse entendimento, que impede a cobrança cumulativa da comissão com os demais encargos, protege, como valor primordial, a proibição do bis in idem.

Mais recentemente, o Ministro Ari Pargendler passou a adotar – em nome da transparência – posicionamento que explicita quais encargos podem ser cobrados sob a denominação 'comissão de permanência'.

Confira-se:

"A Segunda Seção, no julgamento do REsp nº 863.887, RS, consolidou o entendimento de que a comissão de permanência abrange três parcelas, a saber, os juros remuneratórios, à taxa média de mercado, nunca superiores àquela contratada para o empréstimo, os juros moratórios e a multa contratual; daí ser impossível a sua cobrança cumulada com juros de mora e multa contratual, sob pena de incorrer em bis in idem." (AgRg no REsp 986.508/RS, Terceira Turma, j. em 20.05.2008)

Em outro precedente, julgado na mesma data pela Terceira Turma, o Min. Ari Pargendler chegou, inclusive, a classificar de abusiva a comissão calculada em percentual muito acima do cobrado nos juros remuneratórios, não sem antes reforçar a natureza tríplice daquela:

"Quer dizer, após o vencimento, a comissão de permanência visa manter, por meio dos juros remuneratórios, a base econômica do negócio, desestimular, mediante os juros de mora, a demora no cumprimento da obrigação e reprimir o inadimplemento pela aplicação da multa contratual." (AgRg no REsp 1.016.657/RS, Terceira Turma, j. em 20.05.2008)

Neste julgado, a cláusula que estipulava a comissão de permanência em 14,90% ao mês foi considerada manifestamente abusiva, uma vez que, no período da normalidade, os juros remuneratórios eram de 2,451% ao mês.

No âmbito da Quarta Turma, também o Min. João Otávio de Noronha já seguiu tal orientação. Confira-se: "PROCESSO CIVIL. CONTRATO BANCÁRIO. REVISIONAL. COMISSÃO DE PERMANÊNCIA. LICITUDE DA COBRANÇA. 1. A partir do vencimento do mútuo bancário, o devedor responderá exclusivamente pela comissão de permanência (assim entendida como os juros remuneratórios, à taxa média de mercado, acrescidos de juros moratórios e multa contratual) sem cumulação com a correção monetária (Súmula nº 30, STJ). 2. Agravo regimental provido." (AgRg no REsp 930.807/RS, Quarta Turma, Rel. Min. João Otávio de Noronha, j. em 23.09.2008) Da jurisprudência consolidada, duas orientações surgiram:

(i) É possível a cobrança da comissão de permanência, **desde que não cumulada com nenhum outro encargo** moratório ou remuneratório. Prevista a cobrança da comissão de permanência cumulada com outro encargo, este deve ser afastado, mantendo-se somente aquela".

III - TARIFAS E TAXAS ILEGAIS - TARIFA DE EMISSÃO DE CARNÊ/BOLETO, TARIFA DE CADASTRO, TARIFA DE AVALIAÇÃO E SERVIÇOS DE TERCEIROS - NULIDADE/ILEGALIDADE

Conforme se percebe ao compulsar o carnê de financiamento e contratos ora juntados aos autos, o réu cobrou tarifas não contratadas e/ou ilegais, dentre elas pela emissão de boleto, tarifa de cadastro (ou tarifa de abertura de crédito), tarifa de avaliação e serviços de terceiros, o que são ilegais e, portanto, devem ser declaradas nulas, **de acordo com decisão do STJ:**

"RECURSO ESPECIAL Nº 1007561 - RS (2007/0271352-3)

RELATOR : MINISTRO LUIS FELIPE SALOMÃO

RECORRENTE : BANCO PANAMERICANO S/A

ADVOGADO : VALQUIRIA BELMENI STEFFENS E OUTRO(S)

RECORRIDO : CARLOS LEONEL DA ROSA

ADVOGADO : GABRIEL RODRIGUES GARCIA E OUTRO(S)

RECURSO ESPECIAL. AÇÃO REVISIONAL DE CONTRATO BANCÁRIO. RESTA FIRMADA NO STJ A VEDAÇÃO À DECLARAÇÃO, DE OFÍCIO, DE NULIDADE DE CLÁUSULAS ABUSIVAS PELO TRIBUNAL DE ORIGEM, IMPLICANDO JULGAMENTO ALÉM DO QUE FOI PEDIDO. IMPOSSIBILIDADE, TRATANDO-SE DE QUESTÕES EXCLUSIVAMENTE PATRIMONIAIS. RESSALVA QUANTO AO MEU ENTENDIMENTO PESSOAL. AFASTAMENTO DA LIMITAÇÃO DOS JUROS REMUNERATÓRIOS EM 12% AO ANO. INAPLICABILIDADE, NO CASO, DA LEI DE USURA. INCIDÊNCIA DA LEI Nº 4.595/64 E DA SÚMULA 596/STF. INEXISTÊNCIA DE ABUSIVIDADE DO PERCENTUAL AVENÇADO ENTRE AS PARTES EM RELAÇÃO À TAXA MÉDIA DE MERCADO. POSSIBILIDADE DE CONTROLE E REVISÃO, PELO PODER JUDICIÁRIO, EM CADA CASO, DE EVENTUAL ABUSIVIDADE, ONEROSIDADE EXCESSIVA OU OUTRAS DISTORÇÕES NA COMPOSIÇÃO CONTRATUAL DA TAXA DE JUROS, NOS TERMOS DO CÓDIGO CIVIL. APURAÇÃO QUE DEVE SER FEITA NAS INSTÂNCIAS ORDINÁRIAS, À VISTA DAS PROVAS PRODUZIDAS. APLICAÇÃO DA TAXA PREVISTA NO CONTRATO. JUROS DE MORA PACTUADOS EM 12% AO ANO. LEGALIDADE. INCIDÊNCIA DA LEI DE USURA. CAPITALIZAÇÃO MENSAL DOS JUROS E COMISSÃO DE PERMANÊNCIA. AUSÊNCIA DE INDICAÇÃO DOS DISPOSITIVOS DE LEI FEDERAL VIOLADOS E DISSÍDIO JURISPRUDENCIAL NÃO DEMONSTRADO. APLICAÇÃO DA SÚMULA 284/STF. RECURSO ESPECIAL CONHECIDO EM PARTE E, NA EXTENSÃO, PROVIDO.

DECISÃO

1. Cuida-se de recurso especial, interposto por Banco Panamericano S/A, com fundamento no artigo 105, inciso III, alíneas "a" e "c", da Constituição Federal, contra acórdão do E. Tribunal de Justiça do Estado do Rio Grande do Sul, em ação revisional de contrato bancário, assim ementado:

AÇÃO REVISIONAL. NEGÓCIOS JURÍDICOS BANCÁRIOS. ALIENAÇÃO FIDUCIÁRIA. APLICAÇÃO DO CDC. JUROS REMUNERATÓRIOS. CAPITALIZAÇÃO. COMISSÃO DE PERMANÊNCIA. ÍNDICE DE ATUALIZAÇÃO MONETÁRIA. ENCARGOS MORATÓRIOS. COMPENSAÇÃO E / OU REPETIÇÃO DO INDÉBITO. CLÁUSULA DE EMISSÃO DE TÍTULO DE CRÉDITO. **TARIFA DE ABERTURA DE CRÉDITO. EMISSÃO DE BOLETO BANCÁRIO.** CADASTRO DE RESTRIÇÃO AO CRÉDITO. HONORÁRIOS ADVOCATÍCIOS.

(...) **9. TARIFA DE EMISSÃO DE BOLETO BANCÁRIO. A emissão de qualquer carnê ou boleto para pagamento é obrigação do credor não devendo ensejar ônus algum ao devedor, já que os arts. 319 do Código Civil/2002 e art. 939 do Código Civil/1916, não trazem no seu bojo a condição de pagamento em dinheiro para ele receber o que lhe é de direito. Disposição de ofício 10. TAXA DE ABERTURA DE CRÉDITO. Além de atender interesse exclusivo do mutuante, essa cláusula contratual contraria o disposto no art. 46, parte final, do Código de Defesa do Consumidor, pois não fornece ao mutuário todas as informações sobre sua finalidade e alcance. Disposição de ofício (...)** In casu, suspende-se a exigibilidade dos ônus sucumbenciais por cinco anos, nos termos do art. 12 da Lei nº 1.060/50, por ser o autor beneficiário da assistência judiciária. Publique-se. Intimem-se. Brasília (DF), 30 de junho de 2008. MINISTRO LUIS FELIPE SALOMÃO Relator".

Portanto, requer-se a declaração de nulidade das tarifas por emissão de boleto, tarifa de cadastro (ou tarifa de abertura de crédito), tarifa de avaliação e serviços de terceiros, devidamente comprovadas suas ilegalidades pela disposição jurisprudencial do Superior Tribunal de Justiça.

IV - DA INVERSÃO DO ÔNUS DA PROVA - ÔNUS PELO ADIANTAMENTO DAS CUSTAS COM DESPESA DA PROVA

Considerando que o contrato é de relação consumerista, aplica-se a inversão do ônus da prova e consequentemente do adiantamento das custas com a despesa da prova, ou seja, com o pagamento dos honorários periciais judiciais, considerando inclusive a **HIPOSSUFICIÊNCIA NOTÓRIA** dos autores em relação ao banco-réu, conforme diversos julgados colacionados do TJ/PR:

a) - "...Dispõe o art. 6°, VIII, do Código de Defesa do Consumidor, dentre os direitos básicos do consumidor, a facilitação da defesa de

344

seus direitos. Dessa facilitação decorre, além da inversão do ônus da prova, como critério de julgamento a ser utilizado pelo juiz, a desoneração das custas relativas às provas requeridas, que passam a ser de obrigação da outra parte, que tem melhores condições econômicas de arcar com este ônus. [...] Vale observar que, exigida a antecipação das custas pela parte hipossuficiente, poderia a inversão da prova tornar-se inócua, visto que a prova de seu direito poderia ser obstada pela sua incapacidade econômica." (TJ-PR, Ac 20311, 4ª. Câmara Cível, Rel. Des. Dilmar Kessler, DJ 10.04.02;

b) - "...Em primeiro lugar, correta a inversão do ônus da prova, uma vez que suficientemente provada a condição de hipossuficiente da agravada, aplicando-se ao caso o Código de Defesa do Consumidor, art. 6°, inciso VIII. [...] O mesmo ocorre com o pagamento dos honorários de perito, que deve ficar a cargo do agravante, como bem decidiu o magistrado singular".... e ainda "...não se trata de impor ao agravante o pagamento de honorários periciais, mas sim de lhe transferir o ônus da prova. Caso não queira arcar com este ônus, bastará deixar de realizar a perícia. A prova pericial passou a ser do seu interesse, não obstante requerida pela agravada, pois é a oportunidade que tem de comprovar que são insubsistentes os argumentos trazidos pela autora na ação de conhecimento." (TJ-PR, Ac 481, 8ª. Câmara Cível, Rel. Des. Campos Marques, DJ 05.08.02);

c) - "...Não há falar, por óbvio, em ofensa ao art. 33, Código de Processo Civil, ou sua revogação. A lei especial apenas introduziu uma norma voltada ao escopo de evitar que o hipossuficiente seja prejudicado pela impossibilidade técnica ou material de produzir a prova. Material inclusive, valendo gizar que tal tratamento legal não diz com o aspecto de natureza econômica, mas com o monopólio da informação. E isso a envolver, conforme o contexto do caso, a antecipação dos encargos periciais, já que mercê da inversão do ônus incumbiria ao Banco agravado provar que não houve exorbitância ilegal nos lançamentos verificados no histórico da dívida." (TJ-PR, Ac 6988, 5ª Câmara Cível, Rel. Des. Luiz Cezar de Oliveira, DJ 24.04.2001);

d) - "...Diante do exposto, ACORDAM os Desembargadores da Terceira Câmara Cível do Tribunal de Justiça do Estado do Paraná, por unanimidade de votos, em dar provimento ao presente recurso de agravo de instrumento, para determinar a inversão do ônus da prova e, como decorrência, determinar que o Banco agravado adiante a importância necessária à realização da prova pericial."(TJ-PR, Ac 20835, 3ª. Câmara Cível, Rel. Des. Jesus Sarrão, DJ 06.11.01).

A Corte Superior também já se pronunciou de forma análoga ao Tribunal e Justiça do Paraná, *verbis*:

a) - "Ementa: **CÓDIGO DE DEFESA DO CONSUMIDOR. Leasing. Inversão do Ônus da Prova. Perícia. Antecipação de despesas. Aplica-se o CDC às operações de leasing. A inversão do ônus da prova significa também transferir ao réu o ônus de antecipar as despesas de perícia tida por imprescindível ao julgamento da causa. Recurso não conhecido.**" (STJ, Ac RESP 383276/RJ; REC. ESP. 2001/0176011-2, Rel. Min. Ruy Rosado de Aguiar, DJ 18.06.02).

A conclusão a que se chega é de que é muito mais lógico que a inversão do ônus da prova abrace também o ônus pelo adiantamento de custas periciais e processuais, pois isso deixa mais cristalino a cada parte o seu papel na demanda, o seu grau de responsabilidade e não traz nenhum prejuízo a nenhuma delas, pois à mesma parte que estiver com a responsabilidade de provar os fatos caberá adiantar as custas pelas provas que pretender produzir, e, assim, ela tem escolha sobre quais provas quer ou não produzir, **POIS É ELA QUEM SOFRE AS CONSEQUÊNCIAS PELA NÃO PRODUÇÃO DE ALGUMA PROVA.**

Portanto, como este juízo já considerou a inversão do ônus da prova, requer-se também inversão do ônus do adiantamento pelas custas periciais e processuais, cabendo-as ao réu.

V - DA REPETIÇÃO DO INDÉBITO

Determina o artigo 42, parágrafo único, do CDC e o artigo 940 do CC que quando da existência de cobrança indevida o respectivo valor deverá ser restituído em dobro, e no caso em tela, por ocasião da liquidação da sentença ficará evidente que de forma maliciosa e imoral cobrou a ré valores que sabia não lhes serem devidas, razão pela qual requer seja aplicada a repetição do indébito cobrado indevidamente.

Art. 42. ...

Parágrafo único. **O consumidor cobrado em quantia indevida tem direito à repetição do indébito**, por valor igual ao dobro do que pagou em excesso, acrescido de correção monetária e juros legais, salvo hipótese de engano justificável.

VI - DOS DANOS MORAIS

Os requerentes têm sido submetidos à verdadeira humilhação e constrangimento constantes, tendo em vista que algumas vezes atrasaram as parcelas mensais, conforme se comprova de forma inequívoca, houve acordo que está sendo adimplido, com parcelas extremamente abusivas, oscilando entre R$ 1.268,43 a R$ 1.965,68.

Ora, Excelência, o ônibus antigo, fabricado em 1989, já está bastante desgastado e velho, todavia é a única alternativa de ganho financeiro para o sustento do casal e filhos, desta forma incabível a cobrança vexatória, que caracteriza danos morais pela jurisprudência assente nos egrégios tribunais:

1) - DANO MORAL - PREPOSTOS DE ESTABELECIMENTO COMERCIAL QUE CAUSARAM CONSTRANGIMENTO E HUMILHAÇÃO A CLIENTE - INDENIZAÇÃO PELO DANO MORAL - RECURSOS DESPROVIDOS - 1. Deve ser responsabilizado, a título de indenização por dano moral, decorrente da violação da honra e imagem, o estabelecimento comercial que expõe publicamente o cliente a situação constrangedora, em decorrência de falsa imputação de furto de mercadoria. 2. A fixação do quantum está afeta às circunstâncias em que ocorreu o evento, à gravidade do dano sofrido e às condições do ofensor e ofendido. 3. A indenização por danos morais tem caráter dúplice - compensação pelos prejuízos experimentados pela vítima e como medida educativa do infrator, desestimulando-o à prática de novos ilícitos, não podendo ser fixada em valor tão irrisório que nada signifique, nem tampouco em valor exageradamente elevado a ponto de ensejar enriquecimento sem causa do ofendido. **(TAPR - 190991-5 - 9ª C. Cív. - Rel. Juiz Wilde Pugliese - DJPR 14.06.2002);**

2) - CÍVEL - UNÂNIME - PROVIMENTO PARCIAL APELAÇÃO CÍVEL. Ação de indenização por danos morais e materiais. Preliminares de existência de coisa julgada e ilegitimidade ativa e passiva de parte rejeitadas. Danos materiais não comprovados. Danos morais decorrentes da busca e apreensão de automóvel legalmente adquirido. Redução do valor. Princípio da razoabilidade e proporcionalidade. Sentença reformada. Sucumbência recíproca. Recurso parcialmente provido. Uma vez comprovado o nexo de causalidade entre a conduta culposa da apelante, por ter apreendido o veículo regularmente adquirido, e dano acarretado pela humilhação e constrangimento pelos quais passou a vítima, a indenização é devida. Somente os danos materiais comprovados são passíveis de ressarcimento. Não havendo prova dos lucros cessantes alegados, o autor não faz jus à indenização pleiteada. Na fixação do quantum reparatório deve ser levado em conta o fato da honra do autor ter sido atingida ao ser apreendido seu veículo regularmente adquirido através de compra e venda lícita. Afinal, o valor da indenização deve corresponder à extensão do agravo, com observância do princípio da razoabilidade e proporcionalidade, para que desestimule a prática de novas infrações e evite o enriquecimento sem causa. Considerando que a sucumbência foi parcial, já que a sentença foi reformada, decaindo o pedido de condenação pelo dano material, devem as custas e honorários advocatícios ser rateados pro rata, na forma

prevista na norma do art. 21 do CPC. **(TJBA - AC 2758792001 - 1ª C. Cív. - Relª Desª Ruth Pondé - J. 06.04.2005).**

<u>O STJ CAMINHA NO MESMO DIAPASÃO</u>:

1) - Direito civil e processual civil. Recurso especial. Reparação por danos morais. Falsa imputação de furto. Constrangimento e humilhação a que é submetido o consumidor, em via pública, para retornar ao estabelecimento comercial e ser revistado. Embargos de declaração. Omissão e prequestionamento ausentes. Vedação do revolvimento do substrato fático e probatório em recurso especial. Valor dos danos morais. Proporcionalidade e razoabilidade. - Não padece de omissão o acórdão recorrido se o Tribunal de origem decide fundamentadamente todas as questões pertinentes à resolução da controvérsia, embora sem adentrar expressamente na análise de dispositivos de lei invocados pelo recorrente, notadamente porque o julgador não está adstrito a decidir com base em teses jurídicas predeterminadas pela parte, bastando que fundamente suas conclusões como entender de Direito. - Se o Tribunal de origem atesta a presença dos pressupostos para a configuração da responsabilidade civil: (i) o fato, consubstanciado no comportamento do preposto da recorrente; (ii) o dano, caracterizado pela humilhação e situação vexatória a que foi submetido o recorrido, ao ser instado, em via pública a retornar ao estabelecimento comercial para ser revistado por falsa imputação de furto; (iii) o nexo de causalidade entre a conduta da recorrente e o constrangimento experimentado pelo consumidor, não há como revolver, na via especial, o substrato fático e probatório colhido no processo e delineado no acórdão recorrido. - O valor dos danos morais, indiscutivelmente sofridos pelo consumidor, fixado em R$ 7.000,00, não destoa da jurisprudência do STJ, em julgamentos de situações similares, que manteve a condenação em patamares inclusive superiores ao estabelecido no acórdão impugnado. Houve, portanto, razoabilidade e proporcionalidade no arbitramento da condenação, consideradas as peculiaridades do processo. - A não demonstração da similitude fática entre os julgados confrontados, afasta a apreciação do recurso especial pela alínea "c" do permissivo constitucional. Recurso especial não conhecido. **(STJ - REsp 1.042.208 - RJ - Proc. 2008/0063204-5 - 3ª T. - Relª Minª Nancy Andrighi - DJ 11.09.2008);**

2) - Responsabilidade Civil - Extravio de Talão de Cheques - Súmula 7/STJ - Danos Morais - Quantum - Redução - 1. A questão atinente à ocorrência do dano e ao nexo de causalidade refoge ao âmbito do recurso especial, porquanto importaria em reexame fático, obstado pelo enunciado da Súmula 7/STJ. O Tribunal a quo entendeu que

restou comprovado "o nexo causal entre o ato (furto do talonário) e o dano causado ao autor (vários constrangimentos e transtornos, especialmente a inclusão no SPC e a negativa de concessão de crédito, como muito bem descritos na sentença)". 2. Precedentes desta Corte, a propósito da responsabilidade civil da instituição bancária decorrente do extravio de talões de cheques: REsp 684.150/RS, REsp 126.819/GO, REsp 241.771/SP. 3. O dano moral decorre do próprio ato lesivo de inscrição indevida junto aos órgãos de proteção ao crédito, "independentemente da prova objetiva do abalo à honra e à reputação sofrida pelos autores, que se permite, na hipótese, facilmente presumir, gerando direito à ressarcimento" (Cf. REsps nsº: 110.091/MG; 323.356/SC; 165.727/DF) 4. Recurso especial conhecido em parte e parcialmente provido para reduzir o valor indenizatório a um patamar mais adequado à espécie. **(STJ - REsp 705688 - RS - 4ª T. - Rel. Min. Jorge Scartezzini - DJU 14.11.2005).**

Sendo assim, por questões de justiça, por envolver o casal, requer-se indenização por danos morais no montante de R$ 200.000,00.

VII – DAS PROVAS e DO PARECER TÉCNICO

Por ocasião da presente ação, junta-se parecer técnico elaborado por profissional capacitado à presente Inicial, no qual ficou devidamente comprovada a ilegalidade/abusividade dos encargos moratórios e na normalidade contratual, razão pela qual, caso não haja impugnação específica pela ré, de forma equitativa, requer seja reconhecida a prova, dispensando-se a realização de prova pericial por perito judicial, aplicando-se a confissão tácita.

Porém, caso entenda este juízo necessário, esclarece-se que como meio de prova **pretende-se apenas a prova pericial técnico-contábil e eventual prova documental (se houver necessidade de juntada de novos documentos ou complementares).**

VIII – PEDIDOS

Isto posto e por tudo o mais que destes autos vierem a constar, requer

PRELIMINARMENTE, aplicabilidade do Art. 292 do CPC, acatando o depósito consignatório judicial de R$ 824,32, conforme orientação em recurso repetitivo via REsp 1.061.530/RS, deferindo liminar e/ou tutela antecipada (fungibilidade prevista no § 7.º do Art. 273 do CPC), tendo em vista que os pressupostos são intrínsecos.

<u>NO MÉRITO, que seja julgada procedente a presente ação declaratória, em todos os seus termos, para o fim de:</u>

11) – revisar o contrato ora em lide, afastando **os encargos abusivos, substituindo-os pela taxa média de mercado, divulgadas pelo Banco Central,** expurgando o

anatocismo e cumulação ilegal banida pelas súmulas 30 e 296 do STJ e REsp 1.061.530/RS, alhures fundamentada;

12) - declarar a nulidade das tarifas por emissão de boleto, tarifa de cadastro (ou tarifa de abertura de crédito), tarifa de avaliação e serviços de terceiros determinando sua repetição e determinando sua repetição;

13) - requer ainda a inversão do ônus pelo adiantamento pelas custas periciais e/ou processuais, devendo ser imputado ao banco-réu, conforme as fundamentações alhures demonstradas.

14) – ao final julgar procedente esta ação, para decretar a nulidade do contrato, uma vez que há indébito a ser repetido, e condenar o requerido ao pagamento das custas e honorários de advogado, **DETERMINANDO** a repetição do indébito apurado de R$ 9.642,41, podendo ser confirmado via perícia contábil judicial, com as atualizações monetárias legais;

15) - manutenção de eventual tutela e/ou liminar deferida;

16) - determinação da indenização por danos morais sofridos pelo casal, ora autores;

17) – **a citação do requerido para impugnar, querendo, sob pena de revelia, através de A.R, no endereço declinado na Preambular;**

18) – Protesta pela produção de todos os meios de prova em direito permitidos e, em especial, pela realização de perícia contábil, **e desde já também se requer.**

Dá-se à causa o valor de R$ 209.643,00 para efeitos fiscais.

Termos em que Pede Deferimento.

Bandeirantes/PR, 23 de março de 2011.

XXXXXXXXXXXXXXXXXXX
OAB/PR XXXXXXXX

3.6.4 – Réplica à contestação em ação declaratória de nulidade de contratos bancários – Quando há capitalização, deve haver repetição do indébito em dobro conforme entendimento do TJ/PR

EXCELENTÍSSIMO SENHOR DOUTOR JUIZ DE DIREITO DA 11.ª VARA CÍVEL DE CURITIBA/PR

Autos: xxxxx/2007 (apensado aos Autos xxxxx/2005)

xxxxxxxxxxxxxxxxxxx, já qualificado nos autos em epígrafe, vem respeitosamente perante Vossa excelência, apresentar

RÉPLICA À CONTESTAÇÃO promovida pelo réu, **em conformidade com as razões de fato e de direito a seguir expendidas:**

I – SÍNTESE DA CONTESTAÇÃO

O réu, em sua defesa, alegou (tergiversou):

a)   – nas preliminares, alegou decadência em relação às tarifas e demais valores cobrados, devendo ser de 90 dias;

b)   – existência de coisa julgada quanto à composição amigável;

c)   – pretensão de revisão do contrato celebrado entre as partes improcedente;

d)   – inexistência da onerosidade excessiva;

e)   – legalidade da limitação das taxas de juros a 12% ao ano para as instituições financeiras;

f)   – taxa de juros variável - aplicação da taxa média de mercado;

g)   – legalidade da capitalização de juros ou anatocismo;

h)   – legalidade da cobrança das tarifas bancárias;

i)– devolução dos valores pagos a maior em dobro – improcedência;

j)   – incabível a inversão do ônus da prova;

k)   – perícia contábil apresentada pelo autor – improcedente e unilateral;

l)– inexistência de danos morais ou arbitramento em valor diminuto.

II – RÉPLICA DO AUTOR
II.I – IMPROCEDÊNCIA DE TODAS AS ALEGAÇÕES DO RÉU

II.I.I – DECADÊNCIA EM RELAÇÃO ÀS TARIFAS E DEMAIS VALORES COBRADOS, DEVENDO SER DE 90 DIAS

Improcedentes as alegações do réu quanto à possível decadência em relação às tarifas e demais valores cobrados pelo banco.

Apesar de ser instituto da prescrição, o réu equivoca-se ao alegar que já prescreveu o direito de o autor litigar para que sejam reparados os danos pelas cobranças indevidas.

Na prática, Excelência, trata-se de uma ação global, e não específica, buscando tão-somente a restituição de tarifas ou outros encargos cobrados a maior, **como pretende indevidamente o réu.**

O autor busca a declaração de nulidade do contrato, cláusulas abusivas, e repetição de indébito pelas taxas de juros cobradas acima da média do mercado, considerando que a taxa de juros de mercado é formada pelos DIs (Depósitos Interfinanceiros).

Trata-se, ainda, na espécie de ação pessoal, cujo prazo prescricional é de 20 anos, uma vez que as relações jurídicas ocorreram anteriores à vigência do Novo Código Civil, conforme cominam os Arts. 2.028 c/c 2.035, ambos do CCB.

Apesar de o CDC aplicar-se ao caso ora em lide, sabe-se também que não se aplicam as regras do Art. 26 para ações revisionais, conforme jurisprudência:

> "Tratando-se de ação revisional de cláusulas contratuais, não se aplicam à espécie as disposições dos artigos 178, § 9º, inciso V, do antigo Código Civil e 26, § 1º, da Lei nº 8,078/90". **(TJRS – 14ª Câmara Cível; ACi nº 70009417007 – Porto Alegre; Relatora Desembargadora Isabel de Borba Lucas; julgado em 14/10/2004; votação unânime).**

Ademais, tratando-se de revisional de contratos bancários, o que ocorre na presente demanda, **o prazo prescricional é 20 anos, conforme jurisprudência completamente pacificada do Superior Tribunal de Justiça[20], relatoria do Ministro CARLOS ALBERTO MENEZES DIREITO, em AGRAVO DE INSTRUMENTO nº 745108 - MS (2006/0028806-1), DJ 11/04/2006,** *verbis*:

> "(...) Primeiramente, no que diz respeito à prescrição, não merece trânsito o recurso especial, uma vez que as ações revisionais de negócios jurídicos bancários são fundadas em direito pessoal, o que as sujeita à prescrição vintenária prevista na legislação civil em vigor nas datas em que celebrados os contratos. Anote-se: **REsp nº 693.783/RS, de minha relatoria, DJ de 3/5/05; REsp nº 588.965/RS, Relator o Ministro Antônio de Pádua Ribeiro, DJ de 27/5/04; REsp nº 789.628/GO/RS, Relator o Ministro Humberto Gomes de Barros, DJ de 11/11/05; REsp nº 573.714/RS, Relatora a Ministra Nancy Andrighi, DJ de 28/11/03; REsp nº 540.146/RS, Relator o Ministro**

---

[20] - Documento: 2335402 - Despacho / Decisão - Site certificado - DJ: 11/04/2006.

Aldir Passarinho Junior, DJ de 28/11/03; REsp nº 760.317/RS, Relator o Ministro Cesar Asfor Rocha, DJ de 12/8/05. Anote-se que, para evitar uma *reformatio in pejus*, mantém-se o prazo prescricional fixado no acórdão recorrido".

II.I.II – EXISTÊNCIA DE COISA JULGADA QUANTO À COMPOSIÇÃO AMIGÁVEL

Não há que se falar em coisa julgada material, tendo em vista que a composição amigável, fls. 162-163, autos de exibição de documentos, pois é contraditório e injusto apenas o autor aceitar o acordo, enquanto que o réu persiste em cobrar valores que ele mesmo acatou como inexistentes (através da composição amigável), consentindo nas restrições ilegais e ilegítimas nos cadastros restritivos de crédito.

Conforme se comprova, Anexo B (já acostado nos autos de declaratória), o réu continua insistindo na cobrança do mesmo débito que oportunizou a ação exibitória, autos em epígrafe, nesta Vara Cível.

Portanto, louvado juiz, a presente demanda objetiva declarar a nulidade da pretensa cobrança, conforme Anexo B, uma vez que foi o próprio réu que insiste em cobrá-la, contrariando a coisa julgada que se formou **em relação à pretensão de cobrança** indevida, ilegal e completamente nula.

O autor requer, portanto, declaração de nulidade da cobrança do réu, considerando o acordo amigável já realizado, aplicando-se, todavia, a indenização por dano moral, considerando a cobrança indevida e inclusive aceita pelo réu em sua contestação, fls. 269-271.

Ora, Excelência, se o réu honrasse o seu compromisso, não haveria pretexto para o autor continuar a *querella*, **salvo a ausência de exibição de extratos e contratos de empréstimos bancários, os quais não foram exibidos na ação exibitória proposta.**

De qualquer forma, como o réu entabulou com o autor composição amigável, é totalmente aceitável a desistência da ação se tão-somente o réu não mais cobrar o autor por valores vinculados a contratos inexistentes, pois não foram exibidos na ação própria em comento. Mesmo assim, caberia ainda o dano moral pela indevida cobrança e submissão do autor aos danos emocionais ou perturbações de ordem psíquica, conforme ampla e pacífica jurisprudência da Corte Superior.

II.I.III – PRETENSÃO DE REVISÃO DO CONTRATO CELEBRADO ENTRE AS PARTES IMPROCEDENTE

O réu alega de forma imprópria e sem fundamento técnico-jurídico que é incabível a revisão do contrato bancário, uma vez que as taxas de juros variam de acordo com o custo do dinheiro pela financeira, acrescidos dos custos operacionais, taxa de risco, *spread*, etc.

Ora, excelência, o autor tanto está ciente destas questões que requereu que a revisão fosse feita com base na média dos juros de mercado pelos DIs (Depósitos Interfinanceiros), pois este indexador já contempla a cunha fiscal e todos os encargos operacionais (tributação, risco da operação e compulsório do BACEN) e financeiros (*spread* e rentabilidade).

O DI é "taxa porcentual da média diária das operações no mercado interfinanceiro.

A taxa DI se forma a partir da taxa SELIC projetada para o dia D + 1, acrescida de:

a) custo dos impostos incidentes na operação
b) custos operacionais da instituição
c) lucro da instituição".[21]

Portanto, cabível a revisão dos contratos e extratos bancários, se forem exibidos, para demonstrar que os bancos, em especial o réu, cobra taxas superiores aos DIs (taxa de juros de mercado), onerando demasiadamente as operações de créditos, impondo ao consumidor (cliente) um ônus financeiro demasiadamente elevado, descumprindo as normas razoáveis do mercado interbancário.

II.I.IV – INEXISTÊNCIA DA ONEROSIDADE EXCESSIVA

Conforme demonstrado alhures, há sim onerosidade excessiva, tão logo o réu oportunize o direito à prova, exibindo os contratos e extratos até o momento não juntados ou cumpra sua obrigação conforme entabulado na composição amigável, sob pena de indenizar o autor por danos morais, considerando que insiste em cobrar dívida já amigavelmente negociada.

II.I.V – LEGALIDADE DA LIMITAÇÃO DAS TAXAS DE JUROS A 12% AO ANO PARA AS INSTITUIÇÕES FINANCEIRAS

Sem adentrar no mérito da matéria, conforme pode-se concluirão analisar detidamente a petição inicial do autor, não se pediu limitação das taxas de juros a 12% ao ano, apesar de se considerar mais justa, mas foi requerido revisão dos contratos com base na taxa de juros de mercado formada pelos DIs.

II.I.VI – TAXA DE JUROS VARIÁVEL – APLICAÇÃO DA TAXA MÉDIA DE MERCADO

---

[21] - Dicionário de Finanças da BOVESPA.

O Banco-réu apenas alegou e nada provou, pois onde estão os contratos e extratos bancários, até o momento não exibidos?

Portanto, para obter-se a certeza de que não há violação à prática do mercado interbancário, a exibição dos extratos e contratos é imprescindível.

II.I.VII – LEGALIDADE DA CAPITALIZAÇÃO DE JUROS OU ANATOCISMO

Não há muito o que se falar quanto à matéria ventilada, obstada pela aplicação da Súmula 121 do STF, até o momento não revogada.

II.I.VIII – LEGALIDADE DA COBRANÇA DAS TARIFAS BANCÁRIAS

A cobrança das tarifas bancárias só são legais à medida que não prevejam cobrança que onere ainda mais a relação comercial entre cliente e banco. Na prática, os bancos além de cobrar as taxas de juros pela utilização do limite do cheque especial, é notória a cobrança de encargos (tarifas) sobre adiantamento a depositantes, sobre excesso de limite ou ainda pela utilização do limite. Ora, se já existe a cobrança de juros, indevida cobranças suplementares que oneram a relação creditícia, muitas vezes inchadas ainda pela cumulação de comissão de permanência.

Todas estas questões serão facilmente provadas via perícia financeira, por economista habilitado e qualificado.

II.I.IX – DEVOLUÇÃO DOS VALORES PAGOS A MAIOR EM DOBRO – IMPROCEDÊNCIA

O TJ/PR já entendeu que os valores relativos ao anatocismo devem ser repetidos em dobro:

"(...) NA REPETIÇÃO DE INDÉBITO DECORRENTE DE CAPITALIZAÇÃO DE JUROS, A DEVOLUÇÃO DEVE SER EM DOBRO, CONFORME AUTORIZA O PARÁGRAFO ÚNICO DO ARTIGO 42 DO CÓDIGO DE DEFESA DO CONSUMIDOR, POSTO QUE A PRÁTICA DO ANATOCISMO É VEDADA HÁ MAIS DE TRÊS DÉCADAS PELA JURISPRUDÊNCIA, CONFORME SE EXTRAI DA SÚMULA 121 DO STF.A ALEGAÇÃO EM CONTRÁRIO NÃO PODE SER ACOLHIDA. TAL PROCEDIMENTO É ADOTADO COM VISÍVEL INTENÇÃO DE INCORRER O CONSUMIDOR EM ERRO. APENAS UMA PEQUENA PARTE DOS CONSUMIDORES LEVA SUAS REIVINDICAÇÕES AO PODER JUDICIÁRIO, GARANTINDO ASSIM DIREITOS QUE NEM DEVERIAM PRECISAR REIVINDICAR. AS INSTITUIÇÕES

BANCÁRIAS TÊM CONHECIMENTO DA LEGISLAÇÃO E JURISPRUDÊNCIA E, AINDA ASSIM INSISTEM EM PRATICAR A CAPITALIZAÇÃO DE JUROS. MÁ-FÉ RESTA CONFIGURADA".(TJPR - AC n. 0260754-5 - 15.ª CC - Rel. Des. Paulo Habith - Julgado em 21.06.05 - V. Acórdão n.º 1438).

II.I.X - INCABÍVEL A INVERSÃO DO ÔNUS DA PROVA

A inversão do ônus da prova é totalmente cabível, em especial quando o autor é deveras hipossuficiente em relação ao Banco. Ou seja: a inversão do ônus da prova é, pois, oportuna e necessária à garantia de uma real equidade entre as partes no processo, conforme jurisprudência abaixo destacada (TJ/PR e TJ/SC):

* - "Órgão Julgador: 13ª Câmara Cível
  Tipo de Documento: Decisão Monocrática
  Comarca: Foro Central da Comarca da Região Metropolitana de Curitiba
  Processo: 0490637-2
  Recurso: Agravo de Instrumento
  Relator: Cláudio de Andrade
  Data Movimento: 29/04/2008 09:55
  Ramo de Direito: Civel
  Dados da Publicação: DJ: 7606
  AGRAVO DE INSTRUMENTO Nº. 490.637-2 - 7ª VARA CÍVEL DO FORO CENTRAL DA COMARCA DA REGIÃO METROPOLITANA DE CURITIBA
  AGRAVANTE: UNIBANCO - UNIÃO DE BANCOS BRASILEIROS S/A
  AGRAVADO: ROBERTO FIRMINO DE SOUZA
  RELATOR: DESEMBARGADOR CLAUDIO DE ANDRADE
  VISTOS.
  1. Trata-se de agravo de instrumento com pedido de efeito suspensivo interposto por UNIBANCO - UNIÃO DE BANCOS BRASILEIROS S/A em face da decisão de fl. 93 (TJPR), proferida nos autos de revisão de contrato nº. 789/2007, em trâmite na 7ª Vara Cível do Foro Central da Comarca da Região Metropolitana de Curitiba, que determinou a aplicabilidade do Código de Defesa do Consumidor e a inversão do ônus da prova em favor do autor, ora agravado.
  Em suas razões recursais, alega o agravante que: a) não se enquadra no conceito de fornecedor, tampouco o correntista agravado no de consumidor; b) em um contrato de mútuo, não há que se falar em

destinatário final; c) não há dificuldade, para nenhuma das partes, na obtenção e produção da prova, pois a perícia será realizada com base em contratos e extratos aos quais o agravado tem acesso, e que serão oportunamente colacionados aos autos; d) não está caracterizada a hipossuficiência técnica, tampouco a econômica, do recorrido; e) quem utiliza bem ou produto na obtenção de lucro ou na realização de atividade profissional não pode ser tido como consumidor; f) não estão presentes os requisitos necessários à inversão do ônus da prova.

Pugna pela suspensão liminar do cumprimento da decisão agravada e pelo posterior provimento do recurso.

2. Em caráter monocrático, com fulcro no art. 557 do Código de Processo Civil, nego seguimento ao agravo, por considerá-lo manifestamente improcedente.

O presente recurso volta-se contra decisão interlocutória que determinou a aplicação do Código de Defesa do Consumidor ao caso e inverteu o ônus probandi em favor do autor, ora agravado.

Inicialmente, insta salientar que a Lei nº. 8.078/90 é plenamente aplicável à espécie, restando preenchidos os requisitos necessários à configuração de uma relação de consumo.

Os negócios jurídicos bancários sofrem incidência do Código de Defesa do Consumidor, tanto por força de expressa previsão legal (art. 3º, § 2º da Lei Consumerista), quanto do entendimento uníssono da jurisprudência pátria.

Com efeito, é pacífico o posicionamento de que as instituições financeiras, ao prestarem serviços relacionados à concessão de crédito, portam-se da forma descrita pelo art. 3º da referida Lei e, assim, são consideradas fornecedoras de serviços. A Súmula 297 do Superior Tribunal de Justiça sedimentou tal entendimento: "O Código de Defesa do Consumidor é aplicável às instituições financeiras".

O agravado, por seu turno, enquadra-se na definição de consumidor trazida pelo art. 2º da Lei, *verbis*: "Consumidor é toda pessoa física ou jurídica que adquire ou utiliza produto ou serviço como destinatário final".

Nas razões de recurso, o agravante alega que o agravado não pode ser considerado destinatário final do serviço por ele prestado, porquanto teria utilizado os valores recebidos em decorrência do contrato de mútuo celebrado para realização de lucro em sua atividade profissional.

Todavia, não há qualquer comprovação nesse sentido, e nem mesmo se pode ter ciência, com base nos elementos constantes dos autos, da atividade profissional desenvolvida pelo agravado.

Ademais, ainda que ele efetivamente tenha participação em alguma sociedade (o que, reitere-se, não está provado), é certo que o contrato objeto da lide foi celebrado entre o agravante e a pessoa física do Sr. Roberto Firmino de Souza, circunstância esta que faz presumir que os recursos financeiros captados junto à instituição financeira agravante foram utilizados com destinação final.

É que esta Corte tem entendido que, tratando-se de pessoa física, presume-se que o crédito é utilizado em benefício próprio, cabendo à instituição financeira comprovar o contrário, o que, conforme asseverado, não ocorreu no caso em tela.

Nesse sentido:

"(...)1. 'O Código de Defesa do Consumidor adotou conceito claro com relação ao consumidor: pessoa física ou jurídica que adquire bens ou contrata a prestação de serviços na condição de destinatário final, que passa a ter o bem ou serviços para uso privado, pessoal, para necessidade própria, não para desenvolvimento profissional ou comercial'. 2. 'Nos contratos bancários, em se tratando de pessoa física, ou jurídica sem fins de lucro, a presunção é de que se utiliza do crédito em benefício próprio, cabendo ao banco demonstrar que não é consumidor, no sentido jurídico da expressão. Inversamente, com relação à pessoa jurídica que tenha finalidade lucrativa, a presunção é de que aplica os valores recebidos em atividade produtiva, cabendo-lhe, nesta hipótese, demonstrar a vulnerabilidade'" (grifou-se).

(TJPR - Acórdão 6755 - 13ª Câmara Cível - Rel. Des. Airvaldo Stela Alves - j. 22/08/2007).

Confirmada a incidência do Código de Defesa do Consumidor ao caso, passa-se à análise da necessidade ou não da inversão do ônus da prova.

Reza o art. 6º, VIII da Lei nº. 8.078/90:

"Art. 6º. São direitos básicos do consumidor:

(...)

VIII - a facilitação da defesa de seus direitos, inclusive com a inversão do ônus da prova, a seu favor, no processo civil, quando, a critério do juiz, for verossímil a alegação ou quando for ele hipossuficiente, segundo as regras ordinárias de experiência".

O Ilustre Magistrado Singular determinou a inversão do ônus da prova com base no reconhecimento da hipossuficiência técnica e financeira do agravado, no que lhe assiste total razão.

Com efeito, o conhecimento que tem a instituição financeira em relação às operações de crédito é infinitamente mais amplo do que o detido pelo recorrido. Ainda que todos os documentos pertinentes à demanda sejam acostados aos autos, facilitando, assim, a prova das alegações do agravado, a inferioridade técnica deste pode lhe ser prejudicial, pois não tem as mesmas condições de interpretação das cláusulas contratuais e conhecimento acerca dos encargos cobrados.

Diante de tal quadro, aliado ao fato de que as condições econômicas do agravante são muito superiores às do recorrido, que inclusive formulou pedido de concessão do benefício da assistência judiciária gratuita, acompanhado de declaração de pobreza, e assim se mostra hipossuficiente também sob o aspecto econômico, resta atendido o referido pressuposto, necessário à inversão do ônus da prova, consoante se infere do art. 6º, VIII do Código de Defesa do Consumidor.

Em casos semelhantes, assim se pronunciou este Tribunal:

"AGRAVO DE INSTRUMENTO - AÇÃO DE INDENIZAÇÃO - FABRICAÇÃO DE VEÍCULO - DEFEITO - HIPOSSUFICIÊNCIA - CÓDIGO DE DEFESA DO CONSUMIDOR - INVERSÃO DO ÔNUS DA PROVA - APLICABILIDADE - RECURSO - NEGA PROVIMENTO. 1. - 'A chamada inversão do ônus da prova, no Código de Defesa do Consumidor, deve ser compreendida no contexto da facilitação da defesa dos direitos do consumidor, ficando subordinada ao critério do juiz, quando for verossímil a alegação ou quando for ele hipossuficiente, segundo as regras ordinárias da experiência (art. 6, VIII)'; 2. - A situação da concessionária e ou fabricante é de evidente vantagem, pois somente ele tem pleno conhecimento do projeto, da técnica e do processo utilizado na fabricação do veículo, e por isto está em melhores condições de mostrar a inocorrência do vício de fabricação. A situação do consumidor é de manifesta vulnerabilidade".
(TJPR - Agravo de Instrumento nº. 03785319 - 9ª Câmara Cível - Rel. Des. Sérgio Luiz Patitucci - j. 08.02.2007).

APELAÇÃO CÍVEL (1). AÇÃO DE COBRANÇA. CARTÃO DE CRÉDITO. 1. AGRAVO RETIDO NÃO PROVIDO. MANUTENÇÃO DA INVERSÃO DO ÔNUS DA PROVA. 2. CAPITALIZAÇÃO DE JUROS VERIFICADA. 3. EXCLUSÃO. ILEGALIDADE DO ANATOCISMO. 4. JUROS REMUNERATÓRIOS. LIMITAÇÃO A 12% AO ANO. CONTRATO NÃO-JUNTADO AOS AUTOS. 1. A hipossuficiência técnica é observada quando o comprador não possui conhecimentos específicos sobre o objeto que está adquirindo e, portanto, é mais facilmente enganado quanto às características do bem ou quanto à sua utilidade. Já a hipossuficiência fática ou econômica ocorre quando o fornecedor, por sua posição de monopólio, fático ou jurídico, por seu grande poder econômico ou em razão da essencialidade do serviço, impõe sua superioridade a todos que com ele contratam. No caso, presentes tanto a hipossuficiência técnica quanto a fática, pois foi o Banco quem elaborou os contratos objeto da discussão por meio da sua equipe de profissionais especializados e profundos conhecedores da matéria financeira (vulnerabilidade técnica) e, além disso, a entidade financeira tem grande poderio econômico e conta com todos os recursos para a sua atividade (vulnerabilidade fática ou econômica)".

(TJPR - Acórdão 10539 - 15ª Câmara Cível - Rel. Des. Hayton Lee Swain Filho - j. 26/03/2008). A inversão do ônus da prova é, pois, oportuna e necessária à garantia de uma real eqüidade entre as partes no processo. Nessas condições, nego seguimento ao agravo, ante sua manifesta improcedência.

3. Dê-se baixa nos registros de pendência do presente agravo.

4. Intimem-se. Curitiba, 28 de abril de 2008.

Des. Claudio de Andrade – Relator";

- • - "CÓDIGO DE DEFESA DO CONSUMIDOR - INSTITUIÇÕES FINANCEIRAS - CONTRATO DE FINANCIAMENTO PELO SFH - APLICABILIDADE - PRECEDENTES. CONSUMIDOR - INVERSÃO DO ÔNUS DA PROVA - HIPOSSUFICIÊNCIA - CARACTERIZAÇÃO. A hipossuficiência que gera a inversão do ônus probatório nas relações de consumo não é a meramente econômica, mas sim a de acesso às informações e à técnica necessária para produção da prova. PROCESSUAL CIVIL - ÔNUS DA PROVA - CONCEITO QUE NÃO SE CONFUNDE COM O DE RESPONSABILIDADE PELAS DESPESAS PARA A PRODUÇÃO DA PROVA - RECURSO PROVIDO NESTA PARTE". (TJSC - AI 01.025363-1 - 3ª C.Cív. - Rel. Des. Torres Marques - J. 20.08.2002).

II.I.XI – PERÍCIA CONTÁBIL APRESENTADA PELO AUTOR – IMPROCEDENTE E UNILATERAL

Ora, Excelência, a perícia fora baseada em dados do Banco Central, tendo em vista que o banco, conforme já repisado exaustivamente, não cumpriu sua obrigação de exibir os contratos e extratos bancários.

II.I.XII – INEXISTÊNCIA DE DANOS MORAIS OU ARBITRAMENTO EM VALOR DIMINUTO

O dano moral já foi configurado e comprovado pelo simples fato de ainda existir a cobrança indevida pelo banco-réu, que apesar de reconhecer a coisa julgada quanto à homologação de acordo amigável na via judicial, ainda insiste na cobrança indevida e extorsiva, oportunizando a presente demanda declaratória.

O Superior Tribunal de Justiça tem sido enfático quanto à configuração do dano moral, bastando para tal a perturbação na ordem psíquica. Ora, Excelência, o autor é médico. E como todo profissional da saúde, em especial médico, precisa do mínimo de tranquilidade e serenidade para atender seus pacientes e diagnosticar seus sintomas com a maior precisão possível, sem interferência externas. Todavia, a cobrança do banco-réu tem causado muitas noites mal-dormidas, insônias, ansiedade, etc., fruto da cobrança abusiva e sem prova de sua existência.

Sem adentrar em questões outras, o Superior Tribunal de Justiça, com MUITO ACERTO E JUSTIÇA, sentenciou, através do Recurso Especial n.º 608918 – RS – 1ª T. – Rel. Min. José Delgado – DJU 21.06.2004 – p. 00176, que:

> "(...) PARA O DANO SER INDENIZÁVEL, 'BASTA A PERTURBAÇÃO FEITA PELO ATO ILÍCITO NAS RELAÇÕES PSÍQUICAS, NA TRANQÜILIDADE, NOS SENTIMENTOS, NOS AFETOS DE UMA PESSOA, PARA PRODUZIR UMA DIMINUIÇÃO NO GOZO DO RESPECTIVO DIREITO."

Portanto, o dano moral é totalmente cabível, pois está completamente configurável e provado.

Quanto ao valor da indenização, deve-se ter em mente que o ressarcimento do dano moral vai além da satisfação para a vítima, é um modo de reparação devido a ela pela depreciação que sofreu em sua honra perante a sociedade, consistindo também numa punição ao agente a fim de coagi-lo a não mais praticar atos semelhantes àqueles que causaram o dano.

Por certo o sofrimento moral não pode ser valorado, uma vez que atinge a esfera íntima da vítima podendo até mesmo causar sérios danos psicológicos a esta, no entanto, o recebimento de um montante em dinheiro faz com que a vítima compense este abalo com coisas materiais, proporcionando a si e seus familiares algum tipo de diversão.

> "Embora o dano moral seja um sentimento de pesar íntimo da pessoa ofendida, para o qual se não encontra estimação perfeitamente adequada, não é isso razão para que se lhe recuse em absoluto uma compensação qualquer. Essa será perfeitamente adequada, não é isso razão para que se lhe recuse em absoluto uma compensação qualquer. Essa será estabelecida, como e quando possível, por meio de uma soma, que não importando uma exata reparação, todavia representará a única salvação cabível nos limites das forças humanas. O dinheiro não os extinguirá de todo: não os atenuará mesmo por sua

própria natureza; mas pelas vantagens que o seu valor permutativo poderá proporcionar, compensando, indiretamente e parcialmente embora, o suplício moral que os vitimados experimentam". **(RTJ 57/789-790, voto do Min. Thompson Flores).**

Para a fixação do quantum indenizatório o juiz deve levar em conta a condição financeira tanto do Requerente quanto do Requerido e o prejuízo causado, nunca se esquecendo da dupla finalidade da mesma - punição do causador do dano e compensação à dor do ofendido, sempre de acordo com o bom senso inerente aos magistrados.

"Indenização. Danos morais. Na fixação do montante reparatório devem ser considerados os fatores sócio econômicos dos litigantes e a função punitiva da indenização. Embargos providos parcialmente. Vencidos os Desembargadores Relator e Wilson Marques quanto a honorários advocatícios." **(TJRJ, 4° Câm. Cível. Bem. Infr., Ap. 48/96. Decisão em 24.04.96. Rel. Dês. Marden Gomes. Fonte TJRJ. Reg 05.06.96, fls. 1935).**

Sendo assim, Excelência, pede-se que seja arbitrado o valor da indenização levando-se em conta as condições em que ocorreram o fato danoso (utilização de cobranças ilícitas, aproveitando-se o Banco de sua condição de superioridade ante os Requerentes), o poder aquisitivo da instituição financeira responsável pelo dano e o dano causado ao Autor (um dos Bancos que mais obteve lucro nos últimos anos), arbitrando Vossa Excelência, em sua prudente análise, o valor que achar conveniente a este caso, conforme estabelecido pela nossa legislação, tendo por base o valor de R$ 100.000,00, no mínimo, conforme decisão específica d do Superior Tribunal de Justiça que **em caso semelhante, via relatoria do Ministro Castro Filho, determinou a indenização no valor acima suplicado,** *verbis*:

"Após a apresentação da contestação pelo Banco do Brasil S.A. e posteriores audiência de instrução e juntada de laudos contábeis, a d. juíza Maria Valéria Lins Calheiros julgou procedentes os pedidos. Condenou o Banco em R$ 79.331,98 por danos materiais e **R$ 100.000,00 POR DANOS MORAIS. (...) "RECURSO ESPECIAL. AÇÃO ORDINÁRIA DE REVISÃO, DESCUMPRIMENTO E NULIDADE DE CLÁUSULA CONTRATUAL. PEDIDO DE INDENIZAÇÃO. ATO ILÍCITO. CLIENTE BANCO DO BRASIL. CHEQUE OURO. LIMITE. EMPRÉSTIMO. JUROS. INCLUSÃO DO NOME NO SERASA.**
SPC. DANO MORAL. REEXAME DE PROVAS. SÚMULA 07.
- Em recurso especial não é possível reexame de prova. (Súmula 07/STJ).

- SE EXISTE PROCESSO JUDICIAL IMPUGNANDO A DÍVIDA, É LÍCITO IMPEDIR-SE, PROVISORIAMENTE, O REGISTRO DO NOME DO DEVEDOR NOS ÓRGÃOS DE PROTEÇÃO AO CRÉDITO.

- **A INSCRIÇÃO INDEVIDA NO CADASTRO DE INADIMPLENTES FAZ PRESUMIR DANO MORAL, NÃO HAVENDO NECESSIDADE DE PROVAR-SE O PREJUÍZO".**

(...) CONSOANTE REMANSOSA JURISPRUDÊNCIA DESTA TURMA, SÓ SE ADMITE ALTERAR O VALOR IMPOSTO A TÍTULO DE REPARAÇÃO POR DANO MORAL SE A IMPORTÂNCIA FOR IRRISÓRIA OU, AO CONTRÁRIO, EXAGERADAMENTE ALTA. No caso, embora elevado o valor, sua fixação pelos órgãos ordinários se fez com base nos fatos e na sua repercussão. Logo, não extrapolando as raias da razoabilidade, não merece alteração.

Feitas essas considerações, acompanho o digno relator.

É como voto.

Ministro **CASTRO FILHO"**. Resp. Nº 324.069 – AL (2001/0060558-4) – DJ 04/04/2005 - p. 298 - Decisão: 03/02/2005).

Portanto, cabível a indenização por danos morais, tendo em vista ao constrangimento/perturbações em sua relação psíquica a que está se submeteu o autor até o momento, pelas restrições cadastrais indevidas, **mesmo não havendo débito a ser legitimamente cobrado.**

III – PEDIDOS

Diante do exposto, requer:

1) – ACATAR a presente manifestação, **pugnando** pela total improcedência da contestação do banco-réu, em especial por ter sido o causador da violação à coisa julgada material, conforme faz prova o Anexo B já juntado com a peça vestibular, priorizando o pedido de indenização por dano moral absolutamente configurado e comprovado, pela análise do processo em si (fatos e direitos).

Reiteram-se todos os demais pedidos já descritos na Inicial.

Nestes Termos,
Pede deferimento.

xxxxxxxxxxxxxxxxxxxx
OAB/PR xxxxxxxxx

4) – Devolução do VRG (Valor Residual Garantido) quando pago antecipadamente – Consolidação da Jurisprudência do Tribunal de Justiça de São Paulo e Paraná – Posicionamento do Superior Tribunal de Justiça – Prazo prescricional

Ainda há poucas ações versando sobre cobrança do VRG pago antecipadamente, talvez por pouca experiência de alguns operadores de Direito ou pela baixa procura dos cidadãos brasileiros arrendatários acostumados a pagar muito por pouco.

Em quais situações é possível cobrar os valores pagos do VRG antecipadamente?

Pelo menos em duas situações: nos casos em que o arrendatário perdeu o bem pela busca e apreensão ou reintegração de posse proposta pelo arrendador ou ainda quando no decurso do prazo contratual (término do pagamento das parcelas ajustadas no contrato de arrendamento mercantil) não houver mais interesse de o arrendatário permanecer com o bem objeto do leasing.

A Doutrina e jurisprudência utilizadas pelos arrendadores tratam da "**Validade do pagamento antecipado do VRG nos contratos de Leasing**", de acordo com artigo extraído da Internet do Portal da ABEL (Associação Brasileira das Empresas de Leasing), conforme se vê abaixo (http://www.leasingabel.com.br/site/Site/php/conteudo.php?codpagina=89):

> "**Discutiu-se muito, durante certo período, no âmbito do Poder Judiciário, acerca da licitude da pactuação, nos contratos de arrendamento mercantil (ou leasing), de cláusula prevendo o pagamento do chamado Valor Residual Garantido (VRG) em qualquer momento do contrato.**
>
> **Bem recentemente, essa controvérsia logrou obter solução definitiva, por decisão da Corte Especial do Superior Tribunal de Justiça (STJ), instância máxima do Poder Judiciário em discussões envolvendo tema de nível infraconstitucional, como era o caso.**
>
> **Pela relevância da decisão, que tende a por fim ao quadro de insegurança que por bom tempo manteve retraído tão importante setor da economia, convém realçar os pontos que marcaram essa discussão, e como se deu o seu desfecho.**

Nos termos da lei (Lei n° 6.099/74, art. 1°), considera-se arrendamento mercantil a operação realizada entre uma pessoa jurídica, a arrendadora, e uma pessoa física ou jurídica, a arrendatária, tendo por objeto o arrendamento de bens adquiridos a terceiros pela primeira, segundo as especificações feitas pela última. Adquirido o bem pela arrendadora, esta o repassa, via contrato de arrendamento mercantil, à arrendatária, que paga, por isso, uma contraprestação mensal durante um determinado período, especificado no contrato.

A doutrina considera o contrato de leasing (relação de direito privado entre arrendadora e arrendatária) um contrato complexo, a abranger elementos de diferentes contratos civis - como a compra e venda, a locação e o financiamento (este último nitidamente prevalecente no leasing financeiro) -, mas que guarda sua própria autonomia. Uma das características a acentuar essa autonomia é o direito assegurado à arrendatária, ao final do contrato, de poder optar pela compra do bem, por sua devolução ao arrendador, ou pela renovação do contrato.

O instituto do leasing recebeu atenção especial do legislador, que, procurando estimulá-lo, contemplou com tratamento benéfico a arrendatária, no campo do imposto de renda, ao considerar como custo ou despesa operacional as contraprestações do arrendamento. Por isso, no que tange à disciplina de direito público presente na relação entre o fisco e a arrendatária, uma operação que não se identifique com a definição legal de arrendamento mercantil é de ser considerada, para fins de tributação, como uma compra e venda a prazo, o que significa não ter a arrendatária, nessa hipótese, qualquer benefício de ordem fiscal. É o que estabelece o § 1° do art. 11 da lei citada.

O chamado leasing financeiro (tema em que se deu a discussão aqui narrada) é aquele em que, nos termos do aparato normativo de regência (Resolução n° 2.309, de 1996, do Conselho Monetário Nacional), as obrigações pecuniárias da arrendatária, principalmente contraprestações mais VRG (pago parceladamente ou não, em qualquer momento do contrato) devem ser suficientes para que a arrendadora recupere o custo do bem arrendado, acrescido de um retorno sobre os recursos investidos. Nessa modalidade, as despesas de manutenção, assistência técnica e afins são suportadas pela arrendatária.

Os contratos de arrendamento mercantil usualmente contêm cláusula estabelecendo o chamado Valor Residual Garantido (VRG), assim entendido aquele valor - normalmente composto de uma parte do valor de custo do bem, do custo de captação do capital empregado em sua aquisição, do custo operacional do arrendamento, e da margem de lucro da arrendadora - que é assegurado à arrendadora receber ao final do contrato, caso a arrendatária não exerça a opção de compra do bem arrendado e também não prorrogue o contrato de arrendamento. Não é difícil entender a razão: o bem arrendado, nas referidas hipóteses, será vendido a terceiro pelo valor de mercado, que pode estar abaixo dos custos incorridos pela arrendadora, sobretudo em função das condições de uso dadas pela arrrendatária. Como os recursos investidos na operação (fruto de captação no mercado) não são, na origem, da arrendadora, mas sim de terceiros, e como a venda do bem à arrendatária é um evento incerto (na medida em que é sua opção comprar ou não o bem arrendado), o VRG é o meio de assegurar-se à arrendadora, ao final do contrato, que recuperará o capital que investiu na operação (regra básica de funcionamento das entidades que compõem o sistema financeiro).

Dentro desse contexto, a diluição do pagamento do VRG ao longo do contrato foi a forma encontrada pelas partes de trazer esse elemento de segurança à relação, sem com isso acarretar, para a arrendatária, um desembolso significativo de recursos ao final do contrato, na hipótese de não optar pela compra do bem. A regulamentação do Conselho Monetário Nacional prevê, aliás, como inerente ao contrato de arrendamento mercantil financeiro, cláusula que contenha a previsão de a arrendatária pagar valor residual garantido em qualquer momento durante a vigência do contrato, sem que com isso fique caracterizado o exercício da opção de compra.

A discussão quanto à validade da cláusula prevendo o pagamento antecipado do VRG chegou ao Poder Judiciário no bojo de processos oriundos de duas situações.

Uma primeira situação fazia-se presente em ações de reintegração de posse ajuizadas pelas empresas arrendadoras, em função de inadimplemento das arrendatárias. Na defesa dessas ações usou-se o argumento de que o pagamento antecipado do VRG significava o exercício antecipado da opção de compra, o que evidenciaria a supressão de um dos elementos essenciais do contrato de leasing - o direito conferido à arrendatária de, ao final do contrato, poder optar entre adquirir o bem, devolvê-lo ao arrrendador ou prorrogar o contrato. O contrato de leasing resultaria, assim, descaracterizado (transformado em contrato de compra e venda a prestação), o que impossibilitaria a reintegração pretendida pelas arrendadoras.

Esse entendimento predominou nas Turmas de Direito Privado do Superior Tribunal de Justiça, que chegaram a editar súmula (de n° 263) nesse sentido.

Uma segunda situação fez-se presente em ações propostas pela autoridade fiscal, objetivando a mesma descaracterização, com a conseqüente perda do benefício fiscal para a arrendatária, ao argumento de que o pagamento antecipado do VRG resultava em ser meramente simbólico o valor a ser pago ao final do contrato pela arrendatária, no caso de vir a exercer a opção de compra.

Essa última discussão desaguou nas Turmas de Direito Público do mesmo Superior Tribunal de Justiça, onde prevaleceu o entendimento de que, não existindo norma de ordem pública a proibir o pagamento antecipado do VRG, haveria de prevalecer, na espécie, em toda a sua extensão, o princípio da autonomia da vontade. Negaram acolhimento, por isso, à pretensão do fisco, mantendo o benefício tributário legalmente conferido às arrendatárias, já que não descaracterizado o contrato de leasing.

Como se vê, embora tratando de ações com objetivos distintos, nos dois conjuntos de situações submetidas ao STJ a discussão era rigorosamente a mesma: a descaracterização ou não do contrato de arrendamento mercantil, em função da cobrança antecipada do VRG. O detalhe é que, examinando a mesma questão, as Turmas do STJ, de Direito Privado, de um lado, e de Direito Público, de outro, chegaram a entendimentos conflitantes: para as primeiras, o contrato de leasing estaria descaracterizado, o que impossibilitava a reintegração de posse pretendida pelas arrendadoras, em função do inadimplemento das arrendatárias; para as últimas, o contrato de leasing se mantinha inalterado, o que assegurava a manutenção do benefício fiscal para as arrendatárias.

Essa divergência foi submetida, por meio de embargos, à Corte Especial do Superior Tribunal de Justiça, competente para dirimir conflitos de entendimentos sobre o mesmo assunto, entre as Seções que compõem aquela Corte.

A decisão tomada pela Corte Especial nesses embargos foi no sentido de reconhecer a plena validade da pactuação do pagamento antecipado do VRG, como elemento ínsito aos contratos de arrendamento mercantil, e de interesse das próprias arrendatárias.

Assinalou a decisão que o pagamento adiantado do Valor Residual Garantido (VRG) não implica antecipação da opção de compra, posto subsistirem as opções de devolução do bem ou prorrogação do contrato. Daí que a cláusula não descaracteriza o contrato de leasing, muito menos o transforma em compra e venda a prestação.

A linha de argumentação subjacente à decisão, expressamente contida em sua ementa, é aquela prevalecente nas Turmas de Direito Público: "Como as normas de regência não proíbem a antecipação do pagamento do VRG, que, inclusive, pode ser de efetivo interesse do arrendatário, deve prevalecer o princípio da livre convenção entre as partes".

Esse entendimento encontra-se agora pacificado no Superior Tribunal de Justiça, tendo sido cancelada a Súmula nº 263, por não refletir a posição do Tribunal.

Como já acentuado, essa decisão é da maior relevância para o mercado de leasing, na medida em que, contribuindo para inserir segurança nas relações entre arrendadoras e arrendatárias, contribui também para a expansão desse importante segmento da economia, com reflexos altamente positivos na geração de empregos e na produção de renda, vitais no presente momento para a tão desejada retomada do desenvolvimento do País.

É o que assinala o editorial do último informativo (edição 165, set/out/nov 2003) da Associação Brasileira das Empresas de Leasing (ABEL), com a informação de que, desde a decisão reconhecendo a legalidade do pagamento antecipado do VRG, o número de contratos e valores negociados tem crescido de maneira expressiva, informação ilustrada pelos dados do mês de agosto deste ano, em que os novos negócios somaram R$ 510 milhões, valor 99,75% maior do que os R$ 255 milhões registrados no mesmo mês do ano passado".

Conforme se percebe no artigo supra, a ABEL considera que a jurisprudência deu solução **definitiva** pela Corte Especial do STJ. Mas na prática, não é bem isso que estamos vendo.

Pois realmente o STJ considera que a cobrança antecipada do VRG é permitida. Neste sentido é que se consolidou a jurisprudência do STJ, mas quando se trata de resolução do contrato e/ou inadimplência, deve ser devolvido o valor do VRG pago antecipadamente:

> "1. Ocorrida a resolução do contrato, com a reintegração do bem na posse da arrendadora, possível a devolução ao arrendatário dos valores pagos a título de VRG. 2. Agravo regimental desprovido".
> (AgRg no Ag 549567/SP, Rel. Ministro CARLOS ALBERTO MENEZES DIREITO, TERCEIRA TURMA, DJ 30/08/2004).

A jurisprudência, felizmente, **se consolidou no STJ,** tanto que o recurso repetitivo tratou da matéria, conforme REsp 1.099.212/RJ, assim definindo as teses, que culminou na Súmula 564 do STJ:

> **No caso de reintegração de posse em arrendamento mercantil financeiro, quando a soma da importância antecipada a título de valor residual garantido (VRG) com o valor da venda do bem ultrapassar o total do VRG previsto contratualmente, o arrendatário terá direito de receber a respectiva diferença, cabendo, porém, se estipulado no contrato, o prévio desconto de outras despesas ou encargos pactuados.**

Portanto, com a Lei de Recursos Repetitivos, há que se falar em **SOLUÇÃO** sobre a devolução do VRG pago antecipadamente em casos de busca e apreensão ou ação similar.

Portanto, é CABÍVEL A DEVOLUÇÃO DO VRG PAGO ANTECIPADAMENTE, tendo em vista à faculdade de devolução do bem preconizada pelo Art. 5.º da Lei 6.099/74.

Acrescentando: o Ministro relator do REsp 373.674 assim entendeu, páginas 5 e 7 do Acórdão (com destaques não incluídos no original):

> **"Quanto ao ponto, portanto, aplica-se o enunciado 83 da Súmula desta Corte. Todavia, conquanto se admita a cobrança do valor residual garantido, em recente julgamento, esta Terceira Turma, em 04/09/2003, ao julgar o REsp 445.954/SP, relator Ministro Antônio de Pádua Ribeiro, entendeu que, diante da RESOLUÇÃO DO CONTRATO DE ARRENDAMENTO MERCANTIL POR INADIMPLEMENTO DO ARRENDATÁRIO, É DEVIDA A DEVOLUÇÃO DO VRG, à conta de ser uma conseqüência da reintegração do bem na posse da arrendante, razão pela qual a providência nem depende de requerimento expresso. (...)**

> **O FATO DE O VALOR RESIDUAL PODER SER DILUÍDO PELO PRAZO DO CONTRATO SIGNIFICA QUE EXISTE A POSSIBILIDADE DA COMPRA DO BEM, DESDE QUE A OPÇÃO INTERESSE AO ARRENDATÁRIO. Nessa linha de raciocínio, respeita-se o pacta sunt servanda , que também autoriza a arrendadora, por meio da cláusula resolutiva, a considerar antecipadamente vencido o contrato e exigível o pagamento da dívida no caso de o arrendatário não cumprir suas obrigações.**

> **Retomada a posse direta do bem pela arrendante, por meio da ação de reintegração de posse, extinguiu-se a possibilidade de o arrendatário adquirir o bem.**

Por conseguinte, deve ser devolvido o valor residual pago antecipadamente. Se esta devolução pode ser feita nos autos da ação de reintegração de posse, consoante o precedente desta Turma, deve ser admitida a compensação, evitando-se delongas desnecessárias e a propositura de outras ações para que o arrendatário possa reaver o valor despendido a esse título".

Finalmente, tratando sucintamente sobre a prescrição, conforme se viu alhures na decisão do STJ, o prazo prescricional fora reduzido de vinte para dez anos pela disposição do Art. 205 do Código Civil Brasileiro.

5) – Purgação da mora – somente parcelas vencidas e/ou vincendas? Integralidade da dívida pendente

Apesar das controvérsias, muitos tribunais já têm se posicionado de forma firme quanto a esta temática, demonstrando com clareza e objetividade que para purgação da mora consideram-se apenas as parcelas **vencidas**, sem incluir as vincendas, conforme se depreende das decisões do STJ:

- AGRAVO REGIMENTAL NO AGRAVO DE INSTRUMENTO. AÇÃO DE BUSCA E APREENSÃO. DECISÃO INTERLOCUTÓRIA. AUTORIZA PURGAÇÃO DA MORA.

  DEPÓSITO DAS PARCELAS VENCIDAS ACRESCIDO DOS HONORÁRIOS ADVOCATÍCIOS E CUSTAS PROCESSUAIS. RECURSO ESPECIAL RETIDO. RECEIO DE DANO IRREPARÁVEL OU IRREVERSÍVEL NÃO-CARACTERIZADO. AGRAVO REGIMENTAL IMPROVIDO.

  1. A agravante não demonstrou a existência concreta de dano irreparável ou irreversível capaz de afastar a retenção do recurso especial.

  2. Agravo regimental a que se nega provimento. (AgRg no Ag 1132334/PR, Rel. MIN. LUIS FELIPE SALOMÃO, QUARTA TURMA, julgado em 15/03/2011, DJe 18/03/2011);

- PROCESSUAL CIVIL. AÇÃO DE BUSCA E APREENSÃO. PURGAÇÃO DA MORA. PARCELAS VENCIDAS ATÉ O CÁLCULO. VIOLAÇÃO DO ART. 535 DO CPC. INEXISTÊNCIA. HONORÁRIOS ADVOCATÍCIOS. CONDENAÇÃO. CABIMENTO.

1. Não há por que falar em violação do art. 535 do CPC quando o acórdão recorrido dirime, de forma expressa, congruente e motivada, as questões suscitadas nas razões recursais.

2. O montante da dívida cobrada, objeto da purgação da mora, deve compreender somente as prestações vencidas no momento do cálculo. Interpretação com base na antiga redação do art. 3º do Decreto-Lei n. 911/69.

3. Cabível a condenação a honorários advocatícios do devedor que purga a mora em sede de ação de busca e apreensão.

4. Recurso especial conhecido em parte e provido. (REsp 882.384/GO, Rel. MIN. JOÃO OTÁVIO DE NORONHA, QUARTA TURMA, julgado em 18/02/2010, DJe 01/03/2010);

• Direito bancário. Pedido de busca e apreensão. Requerimento de purgação da mora formulado, pelo devedor, à época em que o DL 911/69 vigia com sua redação original, que estabelecia, como requisitos para a purgação, o depósito das parcelas vencidas consoante cálculo do contador judicial. Apreciação de tal pedido promovida pelo juízo somente meses após sua formulação, momento em que o DL 911/69 já fora alterado pela Lei 10.931/2004, que estabeleceu, para a purgação da mora, o depósito de toda a dívida. Impossibilidade de aplicação da lei nova para decisão de pedido formulado quando vigente a lei antiga.

A norma que disciplina a purgação da mora tem conteúdo de direito material, não de direito processual. Vale dizer, na hipótese em que o devedor exerce o direito à purgação da mora, é restabelecida a vigência do contrato, retirando-se do credor a faculdade de promover sua rescisão por inadimplemento.

A alteração da Lei quanto aos requisitos da purgação da mora não pode impedir o deferimento de pedido já formulado pela parte, com observância das exigências fixadas na lei anterior. Recurso especial a que se nega provimento. (REsp 904.752/MG, Rel. MIN. NANCY ANDRIGHI, TERCEIRA TURMA, julgado em 20/10/2009, DJe 11/11/2009).

Os operadores do Direito terão, talvez, trabalho demasiado pela frente para alterar o entendimento do STJ, **que parece pacificado,** quando se trata de purgação da mora após a vigência da Lei 10.931/2004, conforme de pode deduzir da decisão monocrática em REsp 64.190/SP:

AGRAVO EM RECURSO ESPECIAL Nº 64.190 - SP (2011/0175775-8)

RELATOR: MINISTRO MASSAMI UYEDA

AGRAVANTE: BANCO AYMORÉ CRÉDITO FINANCIAMENTO E INVESTIMENTO S/A

ADVOGADO: ELIZETE APARECIDA DE OLIVEIRA SCATIGNA E OUTRO(S)

AGRAVADO: MARCELO FONTES DA COSTA

ADVOGADO: SEM REPRESENTAÇÃO NOS AUTOS

AGRAVO EM RECURSO ESPECIAL – AÇÃO DE BUSCA E APREENSÃO – CONTRATO DE ALIENAÇÃO FIDUCIÁRIA - PURGAÇÃO DA MORA – IMPOSSIBILIDADE – ACÓRDÃO RECORRIDO EM DESACORDO COM O ENTENDIMENTO DESTA CORTE – RECURSO PROVIDO.

DECISÃO

Cuida-se de recurso especial interposto pelo BANCO AYMORÉ CRÉDITO FINANCIAMENTO E INVESTIMENTO S/A fundamentado no artigo 105, inciso III, alínea "a", da Constituição Federal.

Busca o recorrente a reforma do v. decisum sustentando, em síntese, que o depósito das parcelas vencidas não tem o condão de afastar os efeitos da mora, devendo o recorrido proceder ao pagamento integral da dívida, inclusive das parcelas vincendas.

É o relatório.

O recurso merece prosperar.

Com efeito.

Os elementos existentes nos autos dão conta de que o v. acórdão recorrido entendeu ser possível a purgação da mora em contrato de alienação fiduciária, com o pagamento das parcelas vencidas.

No entanto, este Tribunal Superior já firmou entendimento de que após o advento da Lei 10.931/04, que alterou a redação do §2º do art. 3º do Decreto-Lei 911/69, não é mais possível a purgação da mora, podendo, todavia, o credor pagar a integralidade da dívida no prazo de cinco dias contados da execução da medida liminar.

Nesse sentido, confiram-se os seguintes precedentes: REsp 767.227/SP, Rel. Min. Carlos Alberto Menezes Direito, DJ de 13.2.2006; AgRg no Ag 772.797 / DF, Rel. Min. Hélio Quaglia Barbosa, DJ de 6.8.2007; REsp 1.061.388 / SP, Rel. Min. Massami Uyeda, DJ de 27/06/2008, este assim ementado:

"RECURSO ESPECIAL - AÇÃO DE BUSCA E APREENSÃO - CONTRATO DE FINANCIAMENTO - PURGAÇÃO DA MORA APÓS A VIGÊNCIA DA LEI N. 10.931/2004 - IMPOSSIBILIDADE. I - Na vigência da Lei n.º

10.931/2004, não há mais se falar em purgação da mora, uma vez que, sob o novo regime, cinco dias após a execução da liminar, a propriedade do bem fica consolidada com o credor fiduciário. II – A nova redação da lei autoriza ao devedor que, no prazo de cinco dias, pague a integralidade da dívida, segundo os valores apresentados pelo credor fiduciário na inicial, hipótese na qual o bem lhe será restituído livre do ônus. III - Recurso provido."

Observa-se que o acórdão recorrido diverge da jurisprudência do Superior Tribunal de Justiça, com o que importa sua reforma no ponto.

Assim, com amparo no artigo 544, § 4º, II, "c", do CPC, dá-se provimento ao próprio recurso especial para o fim de reformar o acórdão que possibilitou a purgação da mora, permitindo-se ao recorrido, contudo, pagar a integralidade da dívida, nos termos do art. 3º, § 2º, do Decreto-Lei 911/69, com redação dada pela Lei 10.931/2004.

Publique-se. Intimem-se.

Brasília (DF), 28 de outubro de 2011.

MINISTRO MASSAMI UYEDA -Relator

(MIN. MASSAMI UYEDA, 10/11/2011)".

Portanto, o colendo STJ entende que "Com a nova redação do artigo 3º do Decreto-Lei n.º 911/69, dada pela Lei 10.931/04, não há mais se falar em purgação da mora nas ações de busca e apreensão de bem alienado fiduciariamente, devendo o devedor pagar a integralidade da dívida, no prazo de 5 dias após a execução da liminar, hipótese na qual o bem lhe será restituído livre de ônus".

De qualquer forma não é este o entendimento do autor, pois o STJ deveria ter acrescentado o conteúdo integral do Art. 3.º do DL 911/69, alterado pela Lei 10.931/2004, *verbis*:

"**§ 2o No prazo do § 1o, o devedor fiduciante poderá pagar a integralidade da** <u>DÍVIDA PENDENTE</u>[22]**, segundo os valores apresentados pelo credor fiduciário na inicial, hipótese na qual o bem lhe será restituído livre do ônus".**

Sendo assim, ainda cabível recursos quanto ao conteúdo material do dispositivo legal, pois como se trata de **dívida pendente**, apesar de ser consolidada pelo credor e apresentada na Inicial, pelo princípio legal da boa-fé objetiva, o débito total só poderá ser cobrado até o montante da dívida vencida, pois se trata de débito pendente e obrigações vincendas não estão nem são **PENDENTES.**

Ademais, seria uma violação literal ao Art. 52, § 2.º, do Código de Defesa do Consumidor, *verbis*:

"**§ 2º. É ASSEGURADA AO CONSUMIDOR A LIQUIDAÇÃO DO DÉBITO, TOTAL OU PARCIALMENTE, MEDIANTE REDUÇÃO PROPORCIONAL DOS JUROS E DEMAIS ACRÉSCIMOS".**

Se assim não fosse, ser-lhe-ia suprimida ao devedor a prerrogativa de tornar-se adimplente e de garantir constitucionalmente o princípio da propriedade privada (bem como seu direito) de seu bem arrendado (Art. 170, II; Art. 5.º, incisos XXII e XXIII, CF).

Este é, inclusive, o entendimento pacífico dos Tribunais de Justiça do Paraná e de São Paulo:

- AÇÃO DE BUSCA E APREENSÃO - PURGAÇÃO DA MORA - EXPRESSÃO "INTEGRALIDADE DA DÍVIDA PENDENTE" - ABRANGÊNCIA APENAS DAS PARCELAS VENCIDAS - PRETENSÕES DO RECORRENTE EM CONFRONTO COM A JURISRUDÊNCIA DOMINANTE. RECURSO DESPROVIDO. "A expressão **"integralidade da dívida pendente", estampada no artigo 3º, § 2º, do Decreto-Lei nº 911/1969, deve ser interpretada como a integralidade da dívida pendente até aquele momento, contemplando, portanto, apenas as prestações vencidas até o ajuizamento do feito, excluindo-se as vincendas.** 3º§ 2º911. (AI 6954270 TJPR 0695427-0, Relator: Roberto Portugal Bacellar, Data de Julgamento: 23/02/2011, 18ª Câmara Cível, Data de Publicação: DJ: 591);

- AGRAVO DE INSTRUMENTO. REINTEGRAÇÃO DE POSSE. "INTEGRALIDADE DA DÍVIDA PENDENTE". QUE CONTEMPLA SOMENTE AS PRESTAÇOES VENCIDAS ATÉ O MOMENTO DA PURGAÇÃO DA MORA. JURISPRUDÊNCIA DOMINANTE NESSE SENTIDO. DECISÃO MANTIDA. RECURSO NÃO PROVIDO.Com o

---

[22] - Nosso destaque.

advento da Lei 10.931/2004, que alterou a redação , , do art. 3º § 2º do Decreto-Lei nº 911/69, embora não mais se admita a figura da purgação da mora, é possível que o devedor efetue o pagamento da "integralidade da dívida pendente, segundo os valores apresentados pelo credor fiduciário, na inicial, hipótese na qual o bem lhe será restituído livre de ónus" E, sendo assim, tal dispositivo legal há de ser interpretado de forma a afastar as parcelas vincendas do valor a ser depositado pelo devedor fiduciário, incluindo-se apenas as vencidas.10.9313º§ 2º911. (AI 7194109 PR 0719410-9, Relator: Luis Espíndola, Data de Julgamento: 16/03/2011, 18ª Câmara Cível, Data de Publicação: DJ: 612).

- Alienação fiduciária - Busca e apreensão - Purga da mora - Possibilidade mesmo com a nova redação dada pela Lei n.º 10.931/04. **"A expressão 'dívida pendente', constante do artigo 56, § 2o, da lei 10931/04, dando nova redação ao artigo 3o do Decreto-lei 911/69, refere-se à dívida vencida, e não vincenda, ou seria inviabilizada a faculdade à purgação da mora.** Não fosse assim e estaria o devedor fiduciante, ao pagar a integralidade de toda a dívida - vencida e vincenda -, não purgando a mora e sim adquirindo o bem objeto do contrato à vista, o que desnaturaria a própria natureza do contrato de financiamento garantido por alienação fiduciária". Recurso improvido. 10.93156109313o911 (APL 5735632420108260000 TJSP - 0573563-24.2010.8.26.0000, Relator: Orlando Pistoresi, Data de Julgamento: 16/03/2011, 30ª Câmara de Direito Privado, Data de Publicação: 21/03/2011);

- ALIENAÇÃO FIDUCIÁRIA - BUSCA E APREENSÃO - DECRETO-LEI Nº 911/69, ART. 3º, § 2º - PURGAÇÃO DA MORA - INTEGRALIDADE DA DÍVIDA PENDENTE - PRESTAÇÕES VENCIDAS E SEUS ACRÉSCIMOS - INCIDENTE DE INCONSTITUCIONALIDADE.9113º§2ºConforme decidido no Incidente de Inconstitucionalidade nº 150.402.0/5, a interpretação da expressão "integralidade da dívida pendente" do § 2º, do art. 3º, do DL 911/69, restringe-se às prestações vencidas e seus acréscimos.§ 2º3º911. (APL 59343520088260526 SP 0005934-35.2008.8.26.0526, Relator: Mendes Gomes, Data de Julgamento: 19/09/2011, 35ª Câmara de Direito Privado, Data de Publicação: 19/09/2011).

Este também é o entendimento de outros tribunais:

- BUSCA E APREENSÃO. RESTITUIÇÃO DO BEM AO DEVEDOR. PAGAMENTO DA INTEGRALIDADE DA DÍVIDA PENDENTE. 1. Nas ações de busca e apreensão, a restituição do bem ao devedor é condicionada ao pagamento da integralidade da dívida pendente, que abrange o valor principal da obrigação, os encargos contratuais, as custas processuais e as parcelas que se venceram após o ajuizamento da demanda.2. Agravo conhecido e provido. Unanimidade. (AI 19572011 TJMA, Relator: PAULO SÉRGIO VELTEN PEREIRA, Data de Julgamento: 24/03/2011, SAO LUIS);

- APELAÇÃO CÍVEL - AÇÃO DE BUSCA E APREENSÃO - DÍVIDA PENDENTE - PURGA DA MORA - CONSIDERAÇÃO DAS PARCELAS VENCIDAS E IMPAGAS - APLICAÇÃO DA SÚMULA 15 DO TJPE - APELO IMPROVIDO - DECISÃO UNÂNIME. (APL 17485920098170210 TJPE 0001748-59.2009.8.17.0210, Relator: José Carlos Patriota Malta, Data de Julgamento: 05/04/2011, 6ª Câmara Cível, Data de Publicação: 75).

Os operadores de Direito devem ser incansáveis em suas proposições judiciais, arguindo a inconstitucionalidade da Lei 10.931/2004, em especial quanto à alteração do Art. 3.º do Decreto-Lei 911/69, apesar de recurso repetitivo ter consolidado a inexistência da purgação da mora, REsp 1418593/MS:

> **"Dessarte, é inegável que, com a vigência da Lei n. 10.931/2004, o art. 3º, parágrafos 1º e 2º, do Decreto-Lei 911/1969, para os casos de alienação fiduciária envolvendo bem móvel, é mitigado o princípio da conservação dos contratos consagrado pelo ordenamento jurídico brasileiro, notadamente pelo afastamento, para esta relação contratual, do art. 401 do CC.**
>
> **Nesse particular, ademais, cumpre consignar que, evidentemente, naquilo que compatível, aplicam-se à relação contratual envolvendo alienação fiduciária de bem móvel, integralmente, as disposições previstas no Código Civil e, nas relações de consumo, o Código de Defesa do Consumidor."**

Assim, o entendimento consignado pelo Superior Tribunal de Justiça no julgamento submetido à sistemática dos recursos repetitivos, deverá ser adotado pelos Tribunais inferiores, em observância ao que dispõem os artigos 1.039 e 1.040 do Código de Processo Civil. **Este é o entendimento legal. Mas será que é justo?** Porque se não for justo, logo não é legítimo.

6) – Conclusão

O nosso Sistema Judiciário só se aproximará da Razoabilidade e Justiça quando sentir empatia pelo sofrimento de milhões de consumidores brasileiros que, apesar de soerguerem nossa pujante economia, passam pela exaustão ou estresse de perderem seu patrimônio financiado e/ou arrendado: imóveis, caminhão, ônibus, utilitário, máquinas ou trator que são utilizados para suas atividades profissionais e/ou econômicas.

É necessário perceber a importância das operações de financiamentos de veículos e de leasing (apenas pessoas físicas), que atingiram R$ 125,4 bilhões em 2018, de acordo com levantamento da Associação Nacional das Empresas Financeiras das Montadoras (ANEF):

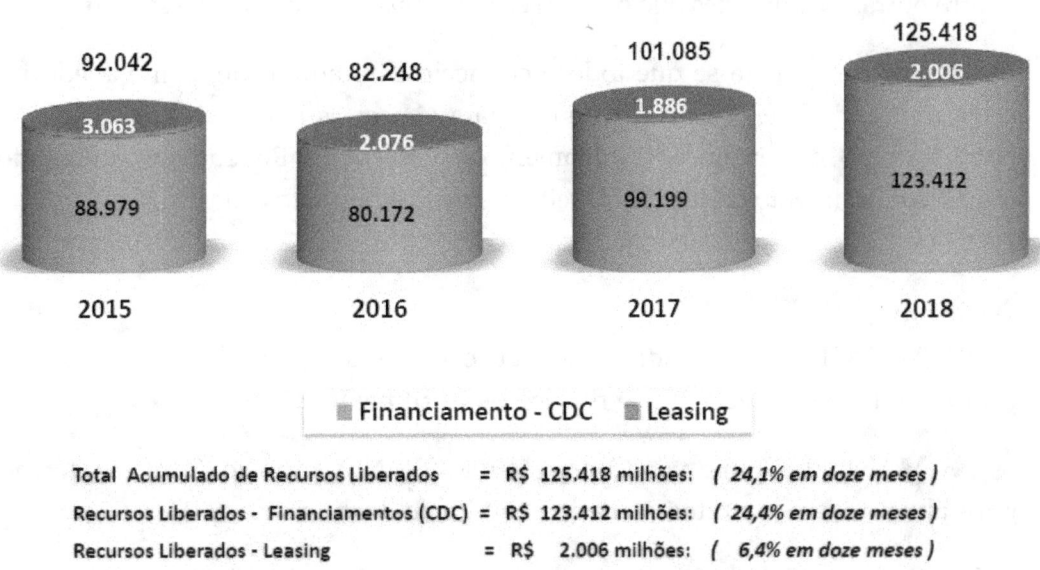

Este valor corresponde a quase 8% da arrecadação de impostos federais em 2018.

Comparando estes dados com a quantidade de ações judiciais tramitando no país, infere-se que os consumidores ainda preferem perder seus bens financiados a brigarem na Justiça.

Demonstrou-se, portanto, nesta obra literária, a possibilidade real de ser vitorioso numa lide, desde que os contratos de financiamentos de veículos e leasing (inclusive cheque especial e outros empréstimos relacionados aos contratos bancários) tenham sido ajustados com taxa de juros bem acima da média de mercado (mínimo 50%) e que haja anatocismo no período da normalidade contratual (sem contratação expressa). Quando da inadimplência, é necessário verificar se houve cobrança de comissão de permanência cumulativa com outros encargos moratórios, remuneratórios e correção monetária, pois neste caso o banco credor poderá apenas decidir por cobrar juros moratórios limitados a 12% ao ano, multa moratória a 2% e correção monetária,

377

se for o caso, e taxa de juros remuneratórios limitada à taxa contratada ou ainda à taxa de mercado, ou seja, não se deve esquecer que a comissão de permanência, apesar de legal, só pode ser cobrada após o período de inadimplência, todavia sem as cumulações com outros encargos moratórios e remuneratórios. Pela importância do tema, é o que define a súmula 472 do STJ.

Ainda deve-se analisar se as taxas cobradas são ilegais e/ou abusivas **(discrepantes ou acima da média de mercado)**, como as famigeradas tarifas de abertura ou aprovação de cadastro, serviços de terceiros e tarifas de avaliação do bem, que acabam onerando as parcelas mensais dos financiamentos de veículos.

O Direito Bancário deve fazer parte da rotina diária do operador do Direito já que milhões de clientes de instituições financeiras utilizam-se de diversas operações de créditos, algumas delas contemplando cobrança de juros verdadeiramente abusivos, dentre outras ilegalidades que oneram em demasia a relação jurídica contratual.

Por fim, espera-se que todo o conhecimento adquirido, com Sabedoria, seja a arma imprescindível, eficaz e poderosa para vencer as lides judiciais, considerando o novo formato do Sistema de Julgamento em Recursos Repetitivos, utilizando-se de todo o conhecimento adquirido da leitura atenta e proveitosa deste livro.

7) – Bibliografia

-      MANOEL, Ronildo da Conceição e JUNIOR, Vital Ferreira. Perito Contador como foco na perícia econômico-financeira. Curitiba: Juruá, 2005;

-      MANOEL. Ronildo da Conceição e MORENO, Fabrício. Como se defender dos juros abusivos em contratos bancários. São Paulo: Habermann, 2011.

- MANOEL. Ronildo da Conceição e outros. Ações Revisionais de Contratos Bancários - Prática Processual Bancária de Acordo com as mais Recentes Decisões Judiciais. Curitiba: Juruá, 2014.

8) – Referências Bibliográficas

-      ABEL – Associação Brasileira das Empresas de Leasing – Setembro a Dezembro de 2010 - N° 191 - ANO 30;

-      ABEL – Associação Brasileira das Empresas de Leasing – Abril a Junho de 2010 - N°190 ANO 30;

-      ANEF – Associação Nacional das Empresas Financeiras das Montadoras – 15/02/2011;

-      Banco Central do Brasil – www.bcb.gov.br;

- Editora Globo – Revista Época Negócios on-line: "Os bancos que cobraram os juros mais altos em 2010" - http://epocanegocios.globo.com/Revista/Common/0,,EMI198330-16359,00-OS+BANCOS+QUE+COBRARAM+OS+JUROS+MAIS+ALTOS+EM.html;

- FEEB – Federação dos Bancários do Paraná – Lucros dos Bancos;

- GIANCOLI, Brunno Pandori. **O Superendividamento do Consumidor Como Hipótese de Revisão dos Contratos de Crédito.** Porto Alegre: Verbo Jurídico, 2008.

- GREGÓRIO, Orlamar Teixeira. Procurador de Justiça. **"O que é uma operação de leasing?".** http://www.inpecon.com.br/leasing.htm. Acesso em 21/10/2011;

- MANCUSO, Rodolfo de Camargo. **Leasing**. 3.ª edição. São Paulo: RT, 2002;

- MERENIUK, Ruy Orlando. **Contratos Bancários e o Impacto das Taxas de Juros: a usura na velocidade do tempo.** Curitiba: Juruá, 2002;

- NUNES, Rizzato. **Curso de Direito do Consumidor**. 6ª edição. São Paulo: Saraiva, 2011;

- OLIVEIRA, Celso Marcelo de. **Código de Defesa do Consumidor e os contratos bancários.** LZN Editora, 2010;

- PEDROTTI, Irineu Antonio. **Arrendamento Mercantil (leasing) e Alienação Fiduciária.** Juarez de Oliveira, 2000;

- RIZZARDO, Arnaldo. **Leasing: Arrendamento Mercantil no Direito Brasileiro.** 5.ª edição. São Paulo: RT, 2010;

- TALAVERA, Glauber Moreno. **Aspectos jurídicos controversos dos juros e da comissão de permanência.** São Paulo: RT, 2009.

www.ingramcontent.com/pod-product-compliance
Lightning Source LLC
Chambersburg PA
CBHW081715220526
45468CB00008B/1847